21世纪经济管理新形态教材·金融学系列

# 期货、期权及其他衍生工具

杨艳军 ◎编　著

清华大学出版社
北　京

## 内 容 简 介

本书系统地阐述期货、期权及衍生工具知识，贯彻理论与实务相结合、深入浅出的原则，用大量生动有趣的实例说明和验证所阐述的原理，便于读者理解，增强可操作性；反映了国内外衍生工具领域的最新研究成果，对近年来国内外衍生工具市场的创新工具和创新交易方式进行了总结分析，并在例证上突出了中国市场的实践和先进经验；以方便教学和学习为出发点，提供丰富的教学辅助支撑材料；依据课程知识点的逻辑性组织内容，不仅适用于线下教学与学习，也适用于线上教学与学习。

本书可以作为高等院校经济管理专业研究生和高年级本科生的教材，也可以作为理论研究和投资领域实践工作者的参考书。

本书封面贴有清华大学出版社防伪标签，无标签者不得销售。
版权所有，侵权必究。举报：010-62782989，beiqinquan@tup.tsinghua.edu.cn。

图书在版编目（CIP）数据

期货、期权及其他衍生工具/杨艳军编著. —北京：清华大学出版社，2022.4
21世纪经济管理新形态教材. 金融学系列
ISBN 978-7-302-60299-6

Ⅰ. ①期… Ⅱ. ①杨… Ⅲ. ①金融市场－高等学校－教材 Ⅳ. ①F830.9

中国版本图书馆CIP数据核字(2022)第039392号

责任编辑：左玉冰
封面设计：汉风唐韵
责任校对：王荣静
责任印制：杨 艳

出版发行：清华大学出版社
网　　址：http://www.tup.com.cn, http://www.wqbook.com
地　　址：北京清华大学学研大厦A座　　　　邮　　编：100084
社 总 机：010-83470000　　　　　　　　　邮　　购：010-62786544
投稿与读者服务：010-62776969, c-service@tup.tsinghua.edu.cn
质 量 反 馈：010-62772015, zhiliang@tup.tsinghua.edu.cn
课 件 下 载：http://www.tup.com.cn, 010-83470332

印 装 者：三河市君旺印务有限公司
经　　销：全国新华书店
开　　本：185mm×260mm　　　　印　张：19.75　　　　字　数：450千字
版　　次：2022年4月第1版　　　　　　　　　　　　印　次：2022年4月第1次印刷
定　　价：59.00元

产品编号：091513-01

# 前　言

新中国的期货市场产生于改革开放后，是随着改革开放的逐步深化，伴随着价格体制改革而生的。经过30年的发展，期货市场已成为我国市场经济价格机制的核心。随着期货与期权市场创新的加快、品种体系的日益完善，截至2020年底，我国共上市期货、期权品种92个，基本覆盖了农产品、金属、能源化工、金融等国民经济主要领域，不断完善的期货品种体系不仅奠定了期货市场服务实体经济的基础，也为投资者通过衍生品市场扩大资产配置范围提供了条件。我国商品期货交易量已连续多年位居世界第一，各期货交易所的全球场内衍生品成交量排名持续上升，定价权不断提升，影响力不断扩大。随着我国对外经济贸易的发展，外汇期权等汇率类场外衍生工具也在实践中不断创新，利率互换等利率类衍生工具也伴随着利率市场化而兴起并快速发展。随着我国市场化改革的进一步深化，衍生工具作为市场不可或缺的重要部分，也迎来了快速发展的机遇，在价格发现、风险管理、资产配置等方面发挥着越来越重要的作用。

随着市场的发展，期货、期权及其他衍生工具的理论研究更加广泛和深入；该领域的实践也向纵深发展，既采用了国际惯例，也形成了一些中国特色的做法。这要求我们在本科生和研究生教学中，既要把握当前理论研究前沿，又要深刻理解实践探索的创新。基于这个想法，编者编著了这本教材，希望给读者提供一本理论紧密结合实际的教材。既培养思考能力和实践能力，又有助于进行开放性和探索性学习。

本书得到了中南大学精品教材建设和金课建设项目的资助。在写作过程中，中国期货业协会专家胡俞越、王德河、邵永同、刘晓雪等人给予了支持，编者的研究生李倡瑶、朱永琪从事了一些资料收集整理和编校工作，在此一并致谢！

本书在充分借鉴、吸收中外理论研究和教材建设成果的基础上，在内容和体系上形成了自己的特色。本书具有以下特点。

第一，系统全面，内容翔实。系统地阐述分析了期货与期权的特点及合约设计、市场机制、交易规则与制度，交易方式与交易策略、结算方法、定价理论、风险管理等；分析了远期、互换、信用衍生工具等的定价理论、市场机制、运用方法。

第二，力求反映最新理论研究和实践成果。编著者所在的中南大学金融创新研究中心对金融工程与金融创新进行了大量系统深入的研究，承担了不少期货、期权研究课题。

我们将期货与期权投资领域的某些研究成果纳入此书中。近年来，期货、期权及其他衍生工具在实践领域的创新速度也非常快。本书对我国实务操作中的新工具和新做法进行了总结分析。

第三，力求做到深入浅出，贴近实务。期货、期权及其他衍生工具的交易机制与原理具有很强的专业性，本书不是纯粹的理论研究，而是强调理论的运用。如在定价理论中，不可避免地要涉及许多数量关系，在讲解重要的理论时都有实例或例题。尽量深入浅出，使理论不至于枯燥，而是变得生动。又如，本书对于交易策略的分析与运用，都配有实际的案例。为了方便理解与操作，在主要章节都配有即测即练、思考题、习题，以便于对内容难点的理解与掌握。

第四，注重知识性与可操作性相结合。本书在分析期货、期权及其他衍生工具基本原理与交易机制的基础上，对于期货与期权的交易策略和定价理论进行了详尽分析。本书的实践性内容、例题和案例大都取自国内外的第一手资料，有很好的实际参考价值。

全书按照理论与实务相结合、深入浅出的原则分为15章。第1章从总体上介绍衍生工具及其市场；第2~8章阐明期货市场与远期市场相关原理与实务，其中第2章阐述远期与期货的特征、期货市场制度及机制，第3章为远期定价与期货定价，第4、5章分别深入浅出地分析期货交易的基本策略——套期保值、投机和套利交易，第6、7、8章为金融远期与金融期货，分别阐述和分析外汇远期与外汇期货、利率远期与利率期货和股指期货的基本知识与投资运作；第9章阐述了互换及互换市场的基本原理、定价与估值、应用；第10~14章为期权及期权市场，其中第10章阐述期权合约及市场机制，第11章分析期权交易策略，第12、13章分别分析期权定价、期权价格敏感性及风险对冲策略，第14章介绍新型期权；第15章阐述了信用衍生工具。

本书虽然是近30年教学与研究经验的总结，但由于编者时间精力和能力所限，难免有疏漏之处，敬请广大读者批评指正。

杨艳军

2022年2月于长沙岳麓山下中南大学

# 目 录

## 第1章 衍生工具概论 ... 1
1.1 衍生工具的概念与种类 ... 1
1.2 衍生工具市场的功能 ... 7
1.3 衍生工具市场交易机制 ... 9
1.4 衍生工具市场主要参与者 ... 12

## 第2章 远期与期货概述 ... 15
2.1 远期合约 ... 15
2.2 期货交易的特征 ... 17
2.3 期货合约与期货市场基本制度 ... 19
2.4 期货交易的结算与交割 ... 25
2.5 期货行情解读 ... 34

## 第3章 远期定价与期货定价 ... 42
3.1 远期与期货的定价原理 ... 42
3.2 远期合约与期货合约的理论价格 ... 44

## 第4章 期货套期保值 ... 51
4.1 期货套期保值概述 ... 51
4.2 套期保值类型及其应用 ... 53
4.3 基差与套期保值效果 ... 58
4.4 套期保值交易的发展 ... 62

## 第5章 期货套利 ... 70
5.1 套利交易概述 ... 70
5.2 期现套利 ... 71
5.3 价差套利 ... 72

5.4 期货投机与套利交易的发展趋势 ………………………………………… 82

## 第 6 章 外汇远期与外汇期货

6.1 外汇远期 ……………………………………………………………………… 91
6.2 外汇期货 ……………………………………………………………………… 101

## 第 7 章 利率远期与利率期货

7.1 远期利率协议 ………………………………………………………………… 116
7.2 主要利率期货品种及合约 …………………………………………………… 121
7.3 我国国债期货 ………………………………………………………………… 125
7.4 利率期货套期保值 …………………………………………………………… 133
7.5 国债基差交易 ………………………………………………………………… 140
7.6 国债期货套利交易 …………………………………………………………… 145

## 第 8 章 股票指数期货

8.1 股指期货的特点 ……………………………………………………………… 158
8.2 股指期货套期保值 …………………………………………………………… 163
8.3 股指期货期现套利 …………………………………………………………… 166
8.4 股指期货套利交易 …………………………………………………………… 170

## 第 9 章 互换与互换市场

9.1 互换概述 ……………………………………………………………………… 175
9.2 互换的定价与估值 …………………………………………………………… 187
9.3 互换的应用 …………………………………………………………………… 191

## 第 10 章 期权与期权交易

10.1 期权的概念与种类 …………………………………………………………… 199
10.2 场内期权合约 ………………………………………………………………… 201
10.3 场内期权交易机制 …………………………………………………………… 204

## 第 11 章 期权交易策略

11.1 期权的损益特征 ……………………………………………………………… 214
11.2 期权基本交易策略 …………………………………………………………… 219
11.3 合成期权与合成期货策略 …………………………………………………… 222

| 11.4 | 期权价差策略 | 227 |
| 11.5 | 组合期权 | 233 |
| 11.6 | 期权交易策略总结 | 234 |

## 第 12 章 期权的价格 237

| 12.1 | 期权的价格分析 | 237 |
| 12.2 | Black-Scholes 期权定价模型 | 245 |
| 12.3 | 二叉树期权定价模型 | 253 |

## 第 13 章 期权价格敏感性及风险对冲 270

| 13.1 | Delta 与 Delta 套期保值策略 | 270 |
| 13.2 | Gamma 与 Gamma 套期保值策略 | 274 |
| 13.3 | 期权的时间敏感性 Theta | 277 |
| 13.4 | 期权价格的波动率与波动率风险 Vega | 280 |
| 13.5 | 期权价格的利率风险 Rho | 284 |
| 13.6 | 关于期权风险指标的总结 | 285 |

## 第 14 章 新型期权 288

| 14.1 | 新型期权概述 | 288 |
| 14.2 | 亚式期权 | 292 |
| 14.3 | 障碍期权 | 294 |

## 第 15 章 信用风险及信用衍生工具 298

| 15.1 | 信用衍生工具概述 | 298 |
| 15.2 | 主要的信用衍生工具 | 300 |
| 15.3 | 我国的信用衍生工具 | 302 |

参考文献 305

# 第 1 章　衍生工具概论

**本章学习目标：**

通过本章学习，学员应该能够：
1. 掌握衍生工具的概念、特点与种类；
2. 分析衍生工具市场的功能；
3. 分析指令驱动系统与报价驱动系统、连续竞价制与集合竞价制的特点；
4. 熟悉衍生工具市场的主要参与者；
5. 了解国内外衍生工具市场的产生与发展。

## 1.1　衍生工具的概念与种类

### 1.1.1　衍生工具的概念

衍生工具（derivatives）自诞生以来，改变了大宗商品贸易定价机制，通过传导至相关产业链，进而对实体经济产生了广泛影响。20 世纪 70 年代以来，衍生工具在金融领域的地位越来越重要。近年来，衍生工具在我国迅速发展，并逐步产生国际影响力。然而，衍生工具自诞生以来，关于其风险性的争议质疑从未停止，展示了其"双刃剑"的特性。

国际掉期与衍生工具协会（International Swaps and Derivatives Association，ISDA）将衍生工具表述为："有关互换现金流量和旨在为交易者转移风险的双边合约。合约到期时，交易者所欠对方的金额由基础商品、证券或指数的价格决定。"美国财务会计准则委员会（Financial Accounting Standards Board，FASB）认为，"衍生工具是价值衍生于一个或多个标的资产的业务或合约"。

由此可归纳出衍生工具的定义：衍生工具是从基础资产衍生而来的，通过交易实现基础资产（未来）价格波动风险转移/风险管理的合约，其价格依赖于基础资产价值。衍生品交易的对象是合约，其中标准化合约在交易所场内交易，非标准化合约是 OTC（场外交易）市场的双边合约。

衍生工具，也译为衍生品、衍生金融工具、金融衍生工具、金融衍生品等。标的资产（underlying assets），也称基础资产、标的、标的物，主要包括大宗商品和金融工具等。其中大宗商品是用于工农业生产与消费使用的大批量买卖的商品，如能源化工商品、工业基础原材料和农副产品等；金融工具有股票、债券、外汇、股票指数等。

### 1.1.2　衍生工具的特点

衍生工具一般具有如下特点。

**1. 联动性**

首先,衍生品和标的资产之间存在衍生关系,如债券衍生出利率期货(futures),商品铜衍生出铜期货,并进而衍生出铜期货期权(options)。其次,这种衍生关系决定了衍生工具的价值与标的资产价值存在内在的紧密联系,两者的价格往往具有联动性,如决定原油价格的因素也是影响原油期货价格的主要因素。通常,衍生工具与标的资产相联系的支付特征由衍生工具合约规定,其联动关系既可以是简单的线性关系,也可以表达为非线性函数或者分段函数。

**2. 跨期性**

衍生工具是交易双方通过对商品、利率、汇率、股价等因素变动趋势的预测,约定在未来某一时间按照一定条件进行交易或选择是否交易的合约。无论是哪一种衍生工具,都可能影响交易者在未来一段时间内或未来某时点上的现金流,跨期交易的特点十分突出。

**3. 风险性**

从发展史来看,衍生工具是风险管理的产物,在现代经济中被广泛用于价格风险管理。但由于其跨期交易的特点,衍生工具的交易结果取决于交易者对标的资产未来价格的预测和判断的准确程度,而标的资产价格的波动性决定了衍生工具交易盈亏的不确定性,某些衍生工具组合的复杂性及交易的高杠杆性可能会放大这种不确定性。

**4. 杠杆性**

衍生工具是一种约定的未来交易,交易双方或一方将承担未来的不确定性。为了强化履约责任,期货、期权等品种采用了保证金交易机制,这使得交易者能以较少的资金成本控制较多的投资,从而提高投资的收益,达到"以小博大"的目的。

### 1.1.3 衍生工具的种类

衍生工具有很多种类,其中远期(forward)、期货、期权和互换(swap)是最基础的衍生工具。

(1)远期。远期交易双方约定在未来特定时间以特定价格买卖特定数量和质量的标的。到期双方都必须履行协议。

(2)期货。期货是在远期交易的基础上发展起来的。期货合约是交易所制定的标准化合约,合约的品种、规格、质量、交货地点、结算方式等内容都有统一的规定。

(3)期权。期权赋予其买方在指定日期以预先约定的价格购买或出售特定数量和质量的标的的权利。

(4)互换。互换是指交易双方按照商定条件,在约定时间内交换一系列现金流。

在这些最基础的衍生工具中,远期为锁定未来价格的工具,它最古老且现在还被广泛应用;期货是重要的衍生工具,因为期货通过交易,会形成一系列的期货价格,这些期货价格已成为现货贸易以及期权等其他衍生产品交易的定价基准;期权使用起来方便灵活;互换最年轻,在金融领域应用非常广泛,一般来说,双方协议确定合约的各项条款,其合约条件是为买卖双方量身定制的,一般通过场外交易市场达成。

远期、互换和部分期权仅存在于场外市场，主要事项要由交易双方一一协商确定，可以满足双方的多样化要求；而期货和部分期权是在交易所场内交易，由交易所制定标准化合约。

## 1.1.4 衍生工具的产生与发展

从世界衍生工具的发展史可以看出，衍生工具是风险管理的产物。早在古希腊和古罗马时期，欧洲就出现了中央交易场所和大宗易货交易，形成了既定时间在固定场所开展的交易活动。在此基础上，产生了远期交易的雏形。在农产品收获以前，商人先向农民预购农产品，待收获以后再进行交付，这就是比较原始的远期交易。

最初的现货交易是双方口头承诺在某一时间交收一定数量的商品，后来随着交易范围的扩大，口头承诺逐渐被买卖契约代替。这种契约行为日益复杂化，需要有中间人担保，以便监督买卖双方按期交货和付款。到了12世纪，这种交易方式开始在英、法等国逐步发展壮大，交易也变得逐步规范和专业。1251年，英国大宪章正式允许外国商人到英国参加季节性交易会。后来，在贸易中出现了对在途货物提前签署文件，列明商品品种、数量、价格，预交保证金购买，进而出现买卖文件合同的现象。16世纪，英国创建了真正意义上第一家集中的商品市场——伦敦皇家交易所，荷兰阿姆斯特丹在不久之后也建立了第一家谷物交易所。18世纪，法国巴黎诞生了第一家商品交易所。

现代真正意义上的期货交易产生于19世纪的美国。1848年3月，82位美国商人在芝加哥发起组建了CBOT（Chicago Board of Trade，芝加哥贸易理事会，即后来的芝加哥期货交易所）。1851年，CBOT引进了远期合同。这是由于当时粮食运输很不可靠，轮船航班也不定期，从美国东部和欧洲传来的供求消息很长时间才能传到芝加哥，价格波动相当大。在这种情况下，农场主希望利用远期合同保护他们的利益，避免运粮到芝加哥时因价格下跌或需求不足等原因而造成损失。同样，加工商和出口商也可以利用远期合同降低粮食价格上涨的风险。当时交易的参与者主要是生产商、经销商和加工商，他们利用CBOT来寻找交易对手，签订远期合同，待合同期满，双方进行实物交收。当时的CBOT主要起稳定产销、规避季节性价格波动风险等作用。

在这种远期交易方式中，商品的品质、数量、价格、交货时间、交货地点等都是根据双方的情况协商达成，当出现需转让已签订合同的情况时，远期交易就开始显现出它的局限性，并且当合同到期需要履约时，拒绝履约的情况也时常发生。而由于当时条件所限，全面调查对方的信誉几乎是一件不可能完成的事情。为了进一步规范交易，CBOT于1865年推出了标准化合约，对一张合约所代表的商品品质、数量、交货时间、交货地点等条款进行了统一规定。同年，该交易所又实行了保证金制度，向合约签订双方收取不超过合约价值10%的保证金，作为交易双方按期履约的保证。1882年，CBOT允许以对冲合约的方式结束交易，而不必交割实物，这使得投机者开始进入，增加了市场流动性。1925年，CBOT结算公司（BOTCC）成立，要求CBOT所有交易都进入结算公司结算，现代意义上的结算机构初具雏形。随着交易规则和制度的不断健全与完善，交易方式和市场形态开始发生质的飞跃，标准化合约、保证金制度、对冲机制和统一结算的实施，标志着现代期货市场的确立。

国际期货市场的发展，大致经历了由商品期货到金融期货、交易品种不断增加、交易规模不断扩大的过程。商品期货的标的一般为大宗商品。商品期货历史悠久、种类繁多，主要包括农产品期货、金属期货和能源化工期货等。"大宗商品期货交易"在社会经济生活中产生了广泛影响，以至于被简称为"商品交易"（commodity trading）。农产品期货是历史最悠久的期货品种，目前，芝加哥期货交易所是全球最大的农产品期货交易中心。1876 年成立的伦敦金属交易所（LME）最早进行金属期货交易，很长时间内其期货交易价格被认为是世界有色金属的定价标准。纽约商品交易所（COMEX）成立于 1933 年，交易品种有黄金、白银、铜、铝等。能源期货于 1978 年开始在纽约商业交易所交易，当时石油等能源产品价格剧烈波动，直接导致了石油等能源期货的产生。目前，纽约商业交易所（NYMEX）和洲际交易所（ICE）是世界上最具影响力的能源期货交易所，上市品种有原油、汽油、取暖油、乙醇等。

金融期货的标的是货币、债券、股票指数等金融工具。20 世纪 70 年代初，世界金融体制发生了重大变化，浮动汇率制取代了固定汇率制，利率管制等金融管制政策逐渐取消。汇率、利率频繁剧烈波动，市场迫切需要便利有效的防范外汇风险和利率风险的工具。在这一背景下，外汇期货（foreign currency futures）和利率期货应运而生。1972 年 5 月，美国的芝加哥商业交易所（Chicago Mercantile Exchange，CME）推出了外汇期货交易，这标志着金融期货交易的开始。1975 年 10 月，芝加哥期货交易所上市国民抵押协会债券（GNMA）期货合约，从而成为世界上第一个推出利率期货合约的交易所。1977 年 8 月，美国长期国债期货合约在芝加哥期货交易所上市。1982 年 2 月，美国堪萨斯期货交易所（KCBT）开发了价值线综合指数期货合约，使股票价格指数也成为期货交易的对象。20 世纪 80 年代以来，西方国家的政府纷纷放松金融管制，出现了金融体系自由化的趋势，加上计算机信息技术的发展，衍生工具市场迅速发展起来。目前，金融期货与期权已经在国际期货市场上占据了主导地位，对世界经济产生了深远影响。

随着期货交易实践的不断发展，期货交易所不断推出新的衍生产品，以满足社会和经济发展的需要，如温度期货、降雪量期货、霜冻期货和飓风期货等天气期货与期权品种；各种指数期货，如经济指数期货、房地产指数期货、消费者物价指数期货等；以碳排放权交易为基础的碳期货和期权品种。

期权萌芽于古希腊和古罗马时期，17 世纪前后，荷兰阿姆斯特丹交易中心形成了交易郁金香的期权市场。到 18 世纪和 19 世纪，美国和欧洲的农产品期权交易已相当流行，但均为场外交易，直到 1973 年芝加哥期权交易所（Chicago Board Options Exchange，CBOE）成立后，第一张标准化期权合约——股票期权合约才出现。1983 年，芝加哥期权交易所推出了 S&P100 和 S&P500 股票指数期权。随着指数期权的成功，1984—1986 年，芝加哥期货交易所陆续推出了大豆、玉米、小麦等品种的期货期权，1989 年推出了利率期货期权；费城期权交易所则主要从事外汇期权交易。随后，世界各国场内期权市场也得到发展。全球有影响的期权市场还有韩国期货交易所、欧洲交易所、泛欧交易所等。随着场内标准化期权的发展，场外期权也日益增长。20 世纪 90 年代后，场外奇异期权日益增多，既满足了交易者的个性化需求，同时也保证了开发者的利润空间。场外期权越来越有竞争力，一方面迫使一些交易所推出非标准化的期权交易；另一方面促使交易所合作日益加强，购并浪潮不断涌现。

1981年，美国所罗门兄弟公司为美国商用机器公司（IBM）和世界银行进行了美元与西德马克和瑞士法郎之间的货币互换。此后，利率互换（interest rate swap，IRS）、货币互换及商品互换等衍生工具获得了长足发展。第一例利率互换出现于1982年。美国学生贷款市场协会发行了中期固定利率债券，由投资银行做中介，将固定利息支付互换成3个月国债收益为标准的浮动利息支付。通过互换，学生贷款市场协会获得了与其浮动利率资产更加匹配的负债现金流。利率互换自问世以来，其市场规模迅速增长。第一例商品互换于1987年出现，该年美国货币审计署允许曼哈顿银行成为石油生产者商品互换的中介，不久花旗银行也获准通过其外贸附属子公司参与商品互换交易。从此美国商品互换交易迅速发展。

得益于20世纪后半叶金融量化理论的发展，以及20世纪80年代以后现代信息技术的迅猛发展，金融领域的创新日新月异，信用衍生工具，如债务抵押债券（CDO）、信用违约互换（credit default swap，CDS）等也被开发并迅速发展起来。市场参与者队伍不断扩大，衍生工具的品种数量不断增多，无论是市场的深度还是市场的广度都获得了迅速的发展。

近年来，金融衍生工具的使用规模越来越大，国际清算银行的数据显示，2020年6月，全球场内衍生品规模62.3万亿美元，场外衍生品规模607万亿美元。衍生产品在各个行业、各个机构的应用程度不断提高，使用目的更加多样，范围也越来越广，2020年已上市的414家全球500强企业中，使用衍生工具的占92.03%。

### 1.1.5 我国衍生工具市场的产生与发展[①]

新中国衍生工具市场产生于改革开放后。随着改革开放的逐步深化，价格体制逐步放开，农产品开始出现价格波动的问题。这时，不解决价格调控的滞后性问题，就难以满足供求双方对远期价格信息的需要。1988年5月，国务院决定进行期货市场试点。1990年10月12日，中国郑州粮食批发市场经国务院批准设立，其宗旨是以现货交易为基础，逐步引入期货交易机制。1993年5月28日，中国郑州粮食批发市场更名为中国郑州商品交易所，正式引入标准化合约、保证金交易等期货机制，完成了从现货批发市场到真正期货交易所的转变。1991年6月10日，深圳有色金属交易所成立，它是国内最早引入期货机制的交易所。1992年5月，上海金属交易所成立。

随后，由于人们在认识上存在偏差，加上受部门和地方利益驱动，各地的期货交易所如雨后春笋般建立起来。在缺乏统一管理的情况下，法规监管严重滞后，期货市场一度陷入无序状态，多次酿成期货市场风险，直接影响到期货市场的功能发挥。1993—1999

---

① 本书对我国衍生工具的介绍（含后文的我国国债期货和股指期货等处）只包括我国内地市场，未包括我国港澳台地区市场。

年，我国期货市场经历了整顿时期，中国证券监督管理委员会的行政监督管理、期货业协会的行业自律管理和期货交易所的自律管理构成的三级监管体系初步形成，期货市场逐渐规范有序。期货保证金安全存管机构——中国期货保证金监控中心（后更名为"中国期货市场监控中心"）于 2006 年 5 月成立，随后我国期货市场进入稳步发展时期。

中国金融期货交易所于 2006 年 9 月在上海挂牌成立，并于 2010 年 4 月推出了沪深 300 股票指数期货，这标志着中国期货市场进入商品期货与金融期货共同发展的新阶段。2013 年 9 月，中国金融期货交易所推出了 5 年期国债期货。2018 年 3 月，原油期货上市交易，铁矿石期货、原油期货相继上市并允许国际投资者参与交易，此举实现了境外投资者直接参与境内期货市场的重大突破，我国期货市场正式走向国际。2015 年 2 月，上海证券交易所上市了首个金融期权——上证 50ETF 期权；2017 年，大连商品交易所和郑州商品交易所分别推出豆粕和白糖期货期权交易，场内期权获得了突破性进展。随着我国期货市场创新的加快、品种体系的日益完善，截至 2020 年底，我国共上市期货、期权品种 92 个，基本覆盖了农产品、金属、能源化工、金融等国民经济主要领域，不断完善的期货品种体系不仅奠定了期货市场服务实体经济的基础，也为投资者通过衍生品市场扩大资产配置范围提供了条件。我国现有上海期货交易所（含上海国际能源交易中心）、大连商品交易所、郑州商品交易所、中国金融期货交易所、广州期货交易所 5 家期货交易所，在全球场内衍生品市场中，成交量排名持续上升，影响力不断扩大。2020 年，我国期货市场累计成交量达 61.53 亿手（单边），成交额为 437.53 万亿元（图 1-1），成交量占全球期货市场总成交量的 13.2%，其中商品期货交易量连续多年位居世界第一。

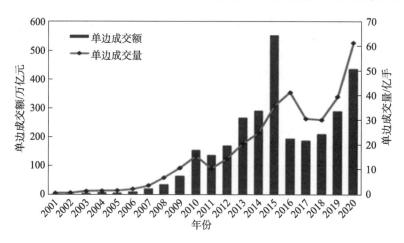

图 1-1  2001—2020 年中国期货交易单边成交量及成交额变动图
资料来源：中国期货业协会。

我国的场外衍生工具以汇率类品种最为齐全。1997 年，中国银行开始进行远期结售汇试点；2003 年，四大国有商业银行全面展开远期售汇业务。亚洲金融危机后，离岸市场出现了人民币无本金交割远期（non-deliverable forwards，NDF）。2005 年人民币汇率机制改革之后，中国人民银行正式建立人民币远期市场。2005 年 11 月，中国人民银行在银行间外汇市场与包括 4 家国有银行在内的 10 家商业银行首次进行了美元与人民币 1 年期货币掉期业务操作。自此，参与机构不断增加，业务不断丰富。2007 年，商业银行之间可以两两进行交易；2011 年，允许外汇指定银行对客户开展人民币外汇货币掉期业务；2012 年，汇丰银行在外汇市场上达成了首笔无本金交换人民币外汇货币掉期业务。现阶段银行间远期外汇市场已开展了美元、欧元、日元、港币、英镑、澳元兑人民币等货币对货币的掉期业务。在场外期权方面，2002 年 12 月，中国银行上海分行在中国人民银行的批准下，宣布推出个人外汇期权交易"两得宝"，初期的品种为普通欧式期权，客户只能办理买入期权业务。2011 年 11 月开始允许客户做卖出期权业务。

利率衍生工具是伴随着我国利率市场化逐渐兴起的。为降低远期债券交易的违约风险，2006 年我国开展了人民币利率互换试点，国家开发银行与光大银行进行了第一笔利率互换交易。2007 年 9 月，中国人民银行公布《远期利率协议业务管理规定》，银行间市场债券远期交易正式推出，为金融机构债券组合管理、利率风险管理和结构性产品创新提供了基础的衍生工具，2008 年，利率互换交易正式全面推进。自 2016 年开始，各类资管产品进入利率互换市场，市场参与主体迅速扩容。近年来随着我国债券市场对外开放进程明显提速，中国国债被全球三大主要债券指数纳入，越来越多的境外主体和产品投资我国债券市场，这也促进了我国利率互换市场的发展。截至 2020 年，已有 582 家机构或资管产品进行了利率互换交易的备案，当年利率互换共成交 17.84 万亿元。

受 2008 年金融危机影响，世界各国纷纷将场外业务纳入场内结算，实行中央对手结算体系，中国也适时于 2009 年 11 月建立了银行间市场清算所股份有限公司（简称"上海清算所"），为场外市场提供结算服务。

随着我国市场化改革的进一步深化，衍生工具作为市场不可或缺的重要部分，也迎来了快速发展的机遇，发挥着越来越重要的作用。

## 1.2 衍生工具市场的功能

衍生工具市场主要有规避风险、价格发现、风险投资三大功能。

### 1.2.1 规避风险功能

衍生工具是为规避风险而创设的。金融机构、生产企业或贸易商等可以运用衍生工具提前锁定成本或收益；他们可以根据现货头寸风险敞口情况选择合适的工具，也可以根据特殊需要设计出新的工具，从而达到避险的目的。

例如，某饲料加工企业决定 2 个月后购入一批玉米原料，该企业担心未来玉米价格上涨，从而原料成本上升，利润减少甚至出现亏损。为了规避价格风险，该企业可以有如下选择：

运用远期避险：与种植者签订在 2 个月后交货的远期销售合同，从而将价格锁定在满意的水平。

运用期货市场避险：在大连商品交易所买入玉米期货合约，如果 2 个月后玉米价格果真上涨了，那么该企业玉米现货交易成本上升，但到时该企业可以通过卖出玉米期货合约获利，从而弥补损失，达到避险目的。

运用期权交易避险：在大连商品交易所买入玉米期货看涨期权合约，如果2个月后玉米价格果真上涨了，该企业将有权以合约中协定的价格买入，从而达到锁定成本的目的；该企业还将发现，期权价格也随着玉米价格上涨了，它也可以选择将期权卖出，以获得的收益弥补现货市场的损失。

以上交易过程就是生产经营者通过套期保值（hedging）来规避风险的具体措施。

衍生市场的风险规避机制主要源于其与标的资产的联动特性。通过恰当的设计与组合，可以使衍生工具与标的资产的风险对冲。例如，现货经营者通过在衍生品市场上进行与现货风险敞口相反的交易，以期在未来某一时间通过在衍生工具市场的获利而补偿因现货市场价格不利变化带来的损失，从而有效地回避、转移或分散现货市场上价格波动的风险。以商品期货避险为例，经营者在期货市场买进或卖出与现货数量相等但交易方向相反的商品期货，其基本经济原理就在于，某一特定商品的期货价格与现货价格在同一时空内会受相同经济因素的影响和制约，因而一般情况下两个市场的价格变动趋势相同。避险就是利用两个市场上的这种价格关系，取得在一个市场上出现亏损、在另一个市场上获得盈利的结果。此外，两个市场走势的"趋同性"也使避险机制行之有效，即当期货合约临近交割时，现货价格与期货价格趋于一致，二者的基差（basis）接近于零。

### 1.2.2 价格发现功能

衍生工具具有跨期性，买方和卖方基于对未来价格的预期进行交易，因而其行情信息体现了市场对未来价格的看法，体现了价格发现功能。相比于场外交易而言，衍生工具场内交易价格发现效率更高。这是因为，场内交易聚集了众多的买方和卖方，交易者将众多影响标的资产价格的信息及预期集中反映到市场内，从而形成一个公开的自由竞争市场，通过公开、公正、高效、竞争的交易运行机制形成具有真实性、预期性、连续性和权威性的均衡价格。

### 1.2.3 风险投资功能

对交易者来说，衍生工具还有进行风险投资、获取风险收益的功能。首先，与避险保值正相反的是，风险投资的目的在于多承担一点风险去获得高额收益。风险投资者利用衍生工具市场中保值者的头寸并不恰好互相匹配对冲的机会，通过承担保值者转嫁出去的风险的方法，博取高额投机利润。其次，衍生工具市场还有大量套利者，他们的目的与一般风险投资者差不多，但不同的是套利者寻找的是几乎无风险的获利机会，当不同市场、不同金融工具之间有定价偏差时，就产生了无风险套利机会。大量的套利有助于市场回复均衡，并增加市场流动性。再者，衍生市场交易机制和衍生工具本身的特征，使得其成为投资组合优化资产配置的主要工具。衍生工具的配置，可以使投资组合在风险一定的情况下显著提升收益，或在收益一定的情况下显著降低投资组合风险。衍生工具的出现也使得投资者在应对经济运行周期时有了更多的投资选择。

## 1.3 衍生工具市场交易机制

### 1.3.1 做多与做空

在衍生工具合约交易中,当交易者预测合约价格在未来将会上涨时,他将会买入合约,此时他成为该衍生工具合约的多头方,在市场中持有多头头寸(long position),其交易行为被称为做多(long);而相对地,当交易者预测合约价格在未来将会下跌时,他将会卖出合约,此时他成为该衍生工具合约的空头方,在市场中持有空头头寸(short position)其交易行为被称为做空(short)。

值得注意的是,衍生工具合约价格上涨(或下跌)并不一定意味着标的价格上涨(或下跌)。在远期、期货与互换交易中,标的与衍生工具的价格涨跌理论上一致,但期权等衍生工具就不一定了,应该具体问题具体分析。

### 1.3.2 指令驱动系统与报价驱动系统

按交易价格的决定特点,衍生工具市场的交易系统可以分为交易者指令驱动系统和做市商报价驱动系统。

**1. 指令驱动系统**

指令也称订单,指令驱动系统也称竞价市场、订单驱动市场,交易价格由买方指令和卖方指令共同驱动。如果采用经纪商制度,投资者在竞价市场中将自己的买卖指令报给自己的经纪商,经纪商提供买卖指令进入市场的通道,市场交易中心以买卖双向价格为基准进行撮合。

可以看出,指令驱动具有如下特点:第一,交易价格由买方和卖方的力量直接决定;第二,投资者的交易对手是其他投资者。

一般而言,指令系统遵循"价格优先和时间优先"的原则成交。价格最好的合约将最先成交,在价格相同的情况下,时间在前的指令先成交。例如,假设2021年7月26日交易系统中某衍生工具有四个卖出指令,见表1-1。若这些指令都能成交,则成交顺序为cadb。

表 1-1 卖出指令成交

| 卖单 | 交易量/手 | 时间 | 报价/元 |
|---|---|---|---|
| a | 30 | 10:45:00 | 2 776.8 |
| b | 10 | 10:46:00 | 2 777.8 |
| c | 20 | 10:46:00 | 2 776.6 |
| d | 16 | 10:48:00 | 2 776.8 |

在指令驱动系统中,买卖指令的种类较多,常见指令如下。

(1)市价指令。市价指令是期货交易中常用的指令之一。它是指按当时市场价格即刻成交的指令。客户在下达这种指令时不须指明具体的价位,而是要求以当时市场上可执行的最好价格达成交易。这种指令的特点是成交速度快,一旦指令下达,不可更改或撤销。

（2）限价指令。限价指令是指执行时必须按限定价格或更好的价格成交的指令。下达限价指令时,客户必须指明具体的价位。它的特点是可以按客户的预期价格成交,但成交速度相对较慢,有时甚至无法成交。

（3）止损（盈）指令。止损（盈）指令是指当市场价格达到客户预先设定的触发价格时,即变为市价指令予以执行的一种指令。客户利用止损（盈）指令,既可有效地锁定利润,又可将可能的损失降至最低限度,还可以相对较小的风险建立新的头寸。

（4）停止限价指令。停止限价指令是指当市场价格达到客户预先设定的触发价格时,即变为限价指令予以执行的一种指令。它的特点是可以将损失或利润锁定在预期的范围,但成交速度较止损指令慢,有时甚至无法成交。

（5）触价指令。触价指令是指在市场价格达到指定价位时,以市价指令予以执行的一种指令。触价指令与止损指令的区别在于：其预先设定的价位不同。就卖出指令而言,卖出止损指令的止损价低于当前市场价格,而卖出触价指令的触发价格高于当前市场价格；买进指令则与此相反。此外,止损指令通常用于平仓（offset, close out）,而触价指令一般用于开新仓。

（6）限时指令。限时指令是指要求在某一时间段内执行的指令。如果在该时间段内指令未被执行,则自动取消。

（7）长效指令。长效指令是指除非成交或由委托人取消,否则持续有效的交易指令。

（8）套利指令。套利指令是指同时买入和卖出两种或两种以上期货合约的指令。

（9）取消指令。取消指令又称撤单,是要求将某一指定指令取消的指令。通过执行该指令,将客户以前下达的指令完全取消,并且没有新的指令取代原指令。

（10）立即全部成交否则自动撤销指令（FOK 指令）。其是指在限定价位下达指令,如果该指令下所有申报手数未能全部成交,该指令下所有申报手数自动被系统撤销。

（11）立即成交剩余指令自动撤销指令（FAK 指令）。其是指在限定价位下达指令,如果该指令下部分申报手数成交,该指令下剩余申报手数自动被系统撤销。在 FAK 指令下,可以设定最小成交数量,也可以不设定最小成交数量。如果设定最小成交数量,若可成交的申报手数低于最小成交数量,该指令下所有申报手数自动被系统撤销。

目前,我国各期货交易所普遍采用了限价指令、取消指令等。此外,郑州商品交易所还采用了市价指令、跨期套利指令和跨品种套利指令。大连商品交易所则采用了市价指令、限价指令、止损（盈）指令、停止限价指令、跨期套利指令和跨品种套利指令。上海期货交易所还推出立即全部成交否则自动撤销指令和立即成交剩余指令自动撤销指令两种新型交易指令。我国各交易所的指令均为当日有效。在指令成交前,投资者可以提出变更和撤销。

**2. 报价驱动系统**

报价驱动系统也称作市商市场。做市商（market maker）是衍生工具市场上具备一定实力和信誉的特许交易商，它们按交易所要求提供持续性的买卖双边报价，并在该价位上接受公众投资者的买卖要求，以其自有资金和头寸与投资者进行交易；或者在收到询价请求后，提供回应性双边报价。

可以看出，报价驱动具有如下特点：第一，证券成交价格的形成由做市商决定；第二，投资者交易都以做市商为对手，与其他投资者不发生直接关系。

如某做市商对衍生品 a 的当前报价为 51.34/56 元，表示该做市商愿意以 51.34 元的价格买入，以 51.56 元的价格卖出，其中的买卖价差（spread）就是做市商的收入。如果投资者买入，则成交价格为 51.56 元；若卖出，则成交价格为 51.34 元。由于市场采用竞争性做市商制度，投资者可以在不同做市商之间选择，因而做市商的定价能力非常重要。

在衍生品交易中，期货合约交易一般采用指令驱动系统，而场内的期权交易一般都引入了做市商制度。例如，我国上海证券交易所 50ETF 期权交易采用了在竞价交易制度下引入竞争性做市商的混合交易制度。在实际中，多数交易都是与做市商成交，只有少量成交发生在交易者之间。

### 1.3.3 公开喊价与电子交易系统成交

按是否采用电子化系统交易，期货竞价可分为公开喊价和电子交易系统（计算机撮合）成交两种方式。

（1）公开喊价。公开喊价是在交易池面对面喊价交易，按照规则，交易者在报价时既要发出声音，又要做出手势，以保证报价的准确性。公开喊价方式属于传统的竞价方式，曾经在欧美期货市场较为流行。

（2）电子交易系统成交。电子交易系统成交是根据公开喊价的原理设计而成的一种计算机自动化交易方式，是指期货交易所的电子交易系统对交易双方的交易指令进行配对的过程。这种交易方式相对公开喊价方式来说，具有准确、连续等特点。21 世纪以来，随着信息技术的发展，越来越多的交易所采用了电子交易系统成交方式，而原来采用公开喊价方式的交易所也逐步引入电子交易系统。中国衍生工具市场具有后发优势，是全世界最早采用电子交易系统的国家。

### 1.3.4 连续竞价制与集合竞价制

从交易价格形成的特点来看，衍生工具交易机制可以分为连续竞价制和集合竞价制。

**1. 连续竞价制**

在连续竞价制下，交易者可以在交易时间内随时申报指令，指令逐笔竞价成交，每笔成交的价格可能都有所不同。

连续竞价制的特点有：交易具有即时性；交易过程能提供大量信息；价格具有波动性；便于活跃交易。

**2. 集合竞价制**

在集合竞价制下，交易者需在指定的时间段内申报指令，然后所有指令将集中竞价，以统一的价格成交。

集合竞价制的特点有：批量指令统一成交保证了价格的稳定性；指令执行和结算的成本很低；适合于不活跃证券的交易，以及收盘和开盘价格的确定。

集合竞价采用最大成交量原则，即以此价格成交能够得到最大成交量。高于集合竞价产生的价格的买入申报全部成交；低于集合竞价产生的价格的卖出申报全部成交；等于集合竞价产生的价格的买入或卖出申报，根据买入申报量和卖出申报量的多少，按少的一方的申报量成交。

目前大多数衍生品交易所都将以上两种竞价机制结合起来使用。一般采用集合竞价制形成开盘价和收盘价，其他交易时间段则采用连续竞价制。

## 1.4 衍生工具市场主要参与者

### 1.4.1 套期保值者、风险投资者和套利者

按其性质及进入市场的目的不同，衍生工具市场投资者可分为套期保值者、风险投资者和套利者。

**1. 套期保值者、风险投资者和套利者的定义**

1）套期保值者

套期保值者把衍生工具市场当成转移价格风险的场所，利用衍生工具交易来减小其面临的、由于市场变化而带来的现货市场价格波动风险。套期保值者通常是商品的生产商、加工商、经营商或贸易商等，以及金融市场的投资者、证券公司、银行、保险公司等金融机构或跨国公司等，或者优化资产配置的基金等组合管理者。

2）风险投资者

风险投资者是通过预测价格未来走势，利用衍生工具获利的交易者。他们或者利用有利的头寸获利，或者通过买卖衍生工具获取价格波动差额。风险投资者也希望利用衍生工具的"高杠杆性"以少量的资金来博取较多的利润。为了获取收益，他们愿意承担价格波动的风险。

3）套利者

套利者是利用不同市场间或不同合约间价差变化获利的交易者。套利者或者同时进入两个或多个市场进行交易，或者同时在不同的衍生工具合约上进行方向相反的交易，其目的往往是无风险的收益。

**2. 套期保值者、风险投资者和套利者的区别**

套期保值者、风险投资者和套利者的主要区别有以下几方面。

（1）套期保值者的根本目的是避险，而风险投资者和套利者则以获取投资收益为目的。

（2）套期保值者之所以利用衍生工具避险，往往是因为其在现货市场的风险暴露达到了一定程度和规模，因此，其每次交易量都相对较大；而风险投资者出于获利的目的参与期货交易，其每次交易量可能会大，也可能会较小；套利者一般以获取无风险收益

为目的，其每单位头寸的获利相对于风险投资者可能要小得多，但其交易量一般较大。

（3）套期保值者在市场中的头寸一般不随意变动，具有相对稳定性，这是因为其在保值期间，现货市场风险暴露资产和头寸是一定的；而风险投资者则会审时度势，根据市场行情变化，随时变换其买卖方向、头寸大小；套利者基于对市场间或衍生合约间价格均衡关系的判断交易，且由于市场无套利机会的短时性，一般不随意变动头寸方向。

## 1.4.2 对冲基金和商品投资基金

在国际衍生工具市场上，对冲基金（hedge fund）和商品投资基金（commodity pool）是非常重要的机构投资者。两者给投资者提供了一种投资于衍生产品的获利方式，并且其投资资产同股票、债券等相关度很低，因此，商品投资基金和对冲基金通常被称为另类投资工具（alternative investment asset）或其他投资工具。

**1. 对冲基金**

对冲基金，又称避险基金或套期保值基金，是一种私人投资基金，经常运用卖空、程序交易、套利等交易手段进行高杠杆比率的操作，以图从市场短暂快速的波动中获取高水平的回报。因对冲基金募集资金的门槛往往很高，对冲基金的投资者通常限于金融机构和富人。随着对冲基金的发展，对冲基金的组合基金（funds of hedge fund）出现了，其将募集的资金投资于多个对冲基金，以实现分散风险的目的。目前，对冲基金的组合基金已成为对冲基金行业的一股重要力量。

对冲基金和共同基金的区别主要体现在以下两方面。一是对冲基金是私募基金，非公开市场发行，面向较为成熟或者高净值的机构客户或者个人，采取有限合伙制，其出资人一般在 100 人以下；而共同基金是公司制形式，受到监管条约的限制。二是共同基金投资组合中的资金不能投资衍生工具市场，对冲基金可投资衍生工具市场。尽管共同基金不能在衍生工具市场进行风险投资，但当共同基金为其持有的股票、债券、外汇等相关资产避险时，可以套期保值者的身份参与衍生工具交易。

**2. 商品投资基金**

商品投资基金是指专业的投资机构将投资者的资金集中起来，通过商品交易顾问（commodity trading advisor，CTA）进行期货和期权交易，投资者承担风险并享受投资收益的一种集合投资方式。

商品投资基金包括公募期货基金（public funds）和期货私募基金（private pools）。两者有不同的最小投资要求，在组织和运作上也有一定的差异。

从组织形式上看，公募期货基金类似于其他公募基金，集中了众多投资者的资金投资于期货与期权市场，体现了专家投资和集合投资的特点，每份基金的价格低，资金募集的门槛低，适合于中小投资者。作为公募基金，其信息透明，受到监管部门严格监管。公募期货基金中也出现了上市交易的商品 ETF（交易所交易基金）。期货私募基金一般为有限合伙形式，对投资者的最低出资要求相对要高。在运作中，所有投资者都是"有限合伙人",而操盘手则作为"普通合伙人",属于"合伙人开办的投资公司自营式的基金"。

商品投资基金与共同基金在集合投资方面存在共同之处,其明显差异是商品投资基金专注于投资期货和期权合约,它给予中小投资者通过专业机构参与期货和期权市场投资、获取多元化工具的机会。

**3. 商品投资基金和对冲基金的区别**

商品投资基金与对冲基金都投资于衍生工具市场,但也存在明显区别,主要体现在以下两个方面。

第一,商品投资基金的投资领域比对冲基金小得多,它的投资对象主要是在交易所交易的期货和期权,而不涉及股票、债券、互换和其他衍生工具,因而其业绩表现与股票和债券市场的相关度更低。

第二,在组织形式上,公募商品投资基金运作透明度更高,风险相对较小。

### 思考题

1. 衍生工具的定义是什么?简述衍生工具的特点与种类。
2. 衍生工具市场有哪些基本功能?
3. 期货市场为何具有规避风险的功能?
4. 简述衍生工具市场价格发现功能的含义及其特点。
5. 指令驱动系统与报价驱动系统各有怎样的特点?
6. 连续竞价制与集合竞价制各有怎样的特点?
7. 衍生工具市场的主要参与者有哪些?
8. 套期保值者、风险投资者和套利者有何区别?
9. 商品投资基金和对冲基金有哪些区别?
10. 国内外市场常见的衍生工具有哪些?

答案解析 扫描此码

# 第 2 章　远期与期货概述

**本章学习目标：**

通过本章学习，学员应该能够：
1. 掌握远期合约和期货合约的概念；
2. 分析与区别远期交易与期货交易的特征；
3. 熟悉期货合约的主要条款及规定，掌握期货市场基本制度；
4. 理解期货结算原理，比较逐日盯市和逐笔对冲结算的异同，并对一般性账户进行结算；
5. 掌握交割的基本概念及分类；
6. 解读期货行情。

## 2.1　远期合约

### 2.1.1　远期合约的概念

远期合约（forward contract）是交易双方签订的在未来的某一确定时间，以确定的价格买入或卖出确定数量的某种资产的合约。远期合约约定了标的资产在未来的交易价格，称为远期价格（forward price）。与远期合约相对的是即期合约（spot contract），是即刻就要买入或卖出的合约，即期合约约定的交易价格称为即期价格（spot price）。远期交易与即期交易相比，相同点在于交易合同都是即期达成，其主要区别在于两者的实际交割时间不同。远期合约在买卖成交时并不发生现金流动，双方只是将交易的各项条件用合约的形式确定下来，实际交割在预约的将来某一特定日期进行。

远期合约交易的优点是将事后的市场信号调节转变为事前的市场信号调节，既可以稳定供需关系，又可以避免或减少一定程度的市场风险。商品的远期合约通常在商品的生产者、消费者和中间商之间签订，而金融远期交易则经常在金融机构之间或金融机构与其客户之间进行。目前远期合约交易在世界范围内相当普遍，并形成了一定的规模。

### 2.1.2　远期合约交易的特点

与其他衍生工具相比，远期合约交易具有如下特点。

**1. 远期合约是非标准化合约**

远期合约是交易双方一对一签订的，双方可以对合约的具体条款（如交割地点、交割时间、交割价格、合约规模、标的质量等级等）进行协商，灵活性较大，可以满足多样化需求。但是，其缺乏中央对手方和标准化交易条款，也使得交易效率低下。在现代规模较大的金融远期合约交易中,行业协会等组织发布了远期交易主协议,但其目的是设立相对固定的交易条件以及较为明确的违约处理机制,方便参与者便捷地达成交易,并未改变远期合约条款非标准化的实质。

**2. 远期合约信用风险较大**

由于远期合约交易从交易达成到最终交收或交割有相当长的一段时间,而在这一段时间中,市场可能会发生各种变化,各种不利于履约的情况便可能产生。如卖方生产不足,不能保证供给;买方资金不足,不能如期付款;标的资产价格趋高,卖方不愿按原定价格卖出;商品价格趋低,买方不愿按原定价格买入;等等,将使远期交易不能最终完成。因为违约风险较高,为确保远期交割成功,交易双方建立适当的履约保障机制非常必要。但远期合约的保证金是由双方商定的,对双方的约束力非常有限。

**3. 远期合约交易一般是在场外进行**

相对于场内交易,场外交易不利于信息交流和传递,导致价格发现的效率较低。目前国际上某些金融远期合约交易已具有了相当规模,并形成了一些交易平台或市场,行业组织也发布了交易主协议以减少大量的重复性劳动和文本制作成本,虽然起到了提高交易效率的作用,但在信息效率、交易效率、价格发现效率等方面与场内交易有较大差距。

**4. 远期合约一般流动性较差**

一般而言,远期合约交易双方到期后必须按合同约定履约,其间难以转让,流动性较差。这是因为:第一,远期合约是非标准化合约,难以找到承接方;第二,远期合约缺乏中央对手方,信用风险大;第三,远期合约在场外交易,信息效率较低,难以找到交易对手。

## 2.1.3 交割价格、远期价值与远期价格

远期合约签订时,买卖双方确定了未来到期时的交割价格(delivery price)。如果市场透明、双方信息对称,则当时确定的交割价格必须对双方都合理,即确定的交割价格应使合约本身的价值为 0,否则无法达成交易。合约本身的价值称为远期(合约)价值(forward value)。可见,无须成本即可成为远期合约的多头和空头。

远期合约协议一旦达成,交割价格不再变化,而标的价格的变化可能使得一方获利,另一方受损,合约价值将不再为 0。

如图 2-1 所示,$S$ 为标的市场价格,$S_T$ 为到期日标的市场价格,$X$ 为远期合约的交割价格,多头和空头的合约价值分别为 $f_l$ 和 $f_s$。则在远期合约到期日有 $f_l = S_T - X$,$f_s = X - S_T$。在远期合约签订时,多头和空头的合约价值均为 0。当标的资产价格上涨时,多头的合约价值变为正值,而空头的合约价值则为负值;当标的资产价格下跌时,则反之。

远期价格(forward price)是远期合约的理论交割价格,即使远期合约价值为 0 的交割价格。显然,远期合约签订时的远期价格就等于其交割价格。

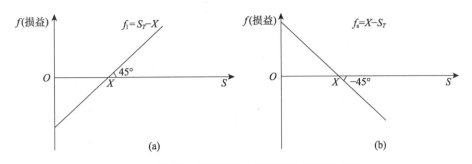

**图 2-1 远期合约到期时多头和空头的损益状况**
（a）远期合约到期时多头的损益状况；（b）远期合约到期时空头的损益状况

## 2.2 期货交易的特征

### 2.2.1 期货交易的基本特征

期货交易的基本特征是合约标准化、集中竞价交易、双向交易、对冲了结、保证金交易、当日无负债结算。

**1. 合约标准化**

期货合约是由期货交易所制定的标准化合约，其中对每张合约代表的标的数量、规格、交割时间和地点等条款进行了规定。这种标准化合约给期货交易带来极大的便利，交易双方不需要事先对交易的具体条款进行协商，只需要关注期货合约价格变化，从而节约了交易成本，提高了交易效率和市场流动性。

**2. 集中竞价交易**

期货交易实行场内（或电子交易系统内）交易，所有买卖指令必须在交易所内（或电子系统内）进行集中竞价成交。这样便于集中信息，形成有效率的价格。

**3. 双向交易**

期货交易采用双向交易方式。交易者既可以先通过买入期货合约开始交易，也可以先通过卖出期货合约开始交易。前者也称为"买空"，后者也称为"卖空"。双向交易给予投资者双向的投资机会，在期货价格上升时，可通过低买高卖来获利；在期货价格下降时，可通过高卖低买来获利。

**4. 对冲了结**

交易者在期货市场买空或卖空后，大多并不是通过交收现货来结束交易，而是通过在合约到期前，做一笔反向的交易来对冲了结，解除履约责任。对冲了结使投资者可以在合约到期前，依据对价格的预测分析多次买卖期货合约，从而提高了期货市场的流动性。

**5. 保证金交易**

期货交易实行保证金制度。交易者在买卖期货合约时不必缴纳全额资金，而是按合约价值的一定比率缴纳保证金（一般为 5%～15%）作为履约保证，即可进行数倍于保证金的交易。期货交易的这一特征使期货交易具有高收益和高风险的特点。保证金比率越低，杠杆效应就越大，高收益和高风险的特点就越明显。

**6. 当日无负债结算**

期货交易实行当日无负债结算，也称为逐日盯市（marking-to-market），即结算机构在每日交易结束后，按当日结算价（settlement price）对交易者的期货交易账户资金进行结算，从而做到当日无负债。当日无负债可以有效防范信用风险，保障期货市场的正常运转。

### 2.2.2 期货交易与远期交易的联系和区别

**1. 期货交易与远期交易的联系**

期货交易与远期交易的相似之处是，两者均为买卖双方约定于未来一定时期或某特定期间内以约定的价格买入或卖出一定数量商品的契约。远期交易是期货交易的雏形，期货交易是在远期交易的基础上发展起来的。

**2. 期货交易与远期交易的区别**

1）交易对象不同

期货交易的对象是交易所统一制定的标准化期货合约，是一种可以反复交易的衍生工具；远期交易的对象是交易双方私下协商达成的非标准化合同，所涉及的标的没有任何限制。远期合同交易代表两个交易主体的意愿，交易双方通过一对一的谈判，就交易条件达成一致意见而签订远期合同。

2）功能作用不同

期货交易的功能是规避风险和发现价格。期货交易是众多的买主和卖主根据期货市场的规则，通过公开、公平、公正、集中竞价的方式进行的期货合约的买卖，易于形成一种真实而权威的期货价格，指导企业的生产经营活动，同时又为套期保值者提供了规避、转移价格波动风险的机会。远期交易尽管在一定程度上也能起到调节供求关系、减少价格波动的作用，但由于远期合同缺乏流动性，所以其价格的权威性和分散风险的作用大打折扣。

3）履约方式不同

期货交易有实物交割和对冲平仓两种履约方式，其中绝大多数期货合约都是通过对冲平仓的方式了结的。远期交易主要采用实物交收方式履约，虽然也可采用背书转让方式，但最终的履约方式是实物交收。

4）信用风险不同

期货交易中，以保证金制度为基础，实行当日无负债结算制度，每日进行结算，信用风险较小。远期交易从交易达成到最终完成实物交割有相当长的一段时间，其间市场会发生各种变化，

视频 2.1

央视说什么是期货？
要求：讨论央视新闻中所说的哪些是远期、哪些是期货。远期和期货的联系与区别是什么？人们对期货有哪些认识误区？

各种不利于履约的情况都有可能出现。此外，远期合约不易转让，所以，远期交易具有较高的信用风险。

5）保证金制度不同

期货交易有特定的保证金制度，保证金既是期货交易履约的财力保证，又是期货交易所控制期货交易风险的重要手段。而远期合约交易则由交易双方自行商定是否收取保证金。

## 2.3 期货合约与期货市场基本制度

### 2.3.1 期货合约

**1. 期货合约的概念**

期货合约是指由期货交易所统一制定的、规定在将来某一特定的时间和地点交割一定数量和质量标的的标准化合约。期货合约是期货交易的对象，期货交易参与者正是通过在期货交易所买卖期货合约，转移价格风险，获取风险收益。期货合约的标准化便利了期货合约的连续买卖，使之具有很强的市场流动性，极大地简化了交易过程，降低了交易成本，提高了交易效率。

**2. 期货合约标的的选择**

现货市场中的商品和金融工具不计其数，但并非都适合作为期货合约的标的。交易所为了保证期货合约上市后能有效地发挥其功能，在选择标的时，一般需要考虑以下条件。

1）规格或质量易于量化和评级

期货合约的标准化条款之一是交割等级，这要求标的的规格或质量能够进行量化和评级。因此，期货的标的一般是金融工具和大宗商品。

2）价格波动幅度大且频繁

没有价格波动，就没有价格风险，从而也就失去了规避价格风险的需要。因此计划经济下没有期货市场。价格垄断的行业及其产品也没有对应的期货品种。而在市场经济环境下，自由竞争的行业内，期货市场成为价格形成的核心。

3）供应量较大，不易为少数人控制和垄断

能够作为期货品种的标的在现货市场上必须有较大的供应量，否则，其价格很容易被操纵，即通过垄断现货市场然后在期货市场进行买空交易，一直持仓（open interest）到交割月，使交易对手无法获得现货进行交割，只能按高价平仓了结。由此可能会引发违约风险，增加期货市场的不稳定性。

**3. 期货合约的主要条款及设计依据**

尽管各品种期货合约的具体规定有所区别，但它们都有一些共同的条款，包括合约名称和代码条款、数量条款、报价条款、时间条款、交割条款、风险管理条款等几大类。期货合约各项条款的设计对期货交易有关各方的利益以及期货交易能否活跃至关重要。表 2-1 和表 2-2 分别列示了上海期货交易所黄金期货合约和大连商品交易所豆粕期货合约。

表2-1 上海期货交易所黄金期货合约

| 交易品种 | 黄金 |
|---|---|
| 交易单位 | 1 000 克/手 |
| 报价单位 | 元（人民币）/克 |
| 最小变动价位 | 0.02 元/克 |
| 涨跌停板幅度 | 上一交易日结算价±3% |
| 合约月份 | 最近 3 个连续月份的合约以及最近 13 个月以内的双月合约 |
| 交易时间 | 上午 9:00—11:30，下午 1:30—3:00 和交易所规定的其他交易时间 |
| 最后交易日 | 合约月份的 15 日（遇国家法定节假日顺延，春节月份等最后交易日交易所可另行调整并通知） |
| 交割日期 | 最后交易日后第一个工作日 |
| 交割品级 | 金含量不小于 99.95%的国产金锭及经交易所认可的伦敦金银市场协会（LBMA）认定的合格供货商或精炼厂生产的标准金锭（具体质量规定见附件） |
| 交割地点 | 交易所指定交割金库 |
| 最低交易保证金 | 合约价值的 4% |
| 交割方式 | 实物交割 |
| 交割单位 | 3 000 克 |
| 交易代码 | AU |
| 上市交易所 | 上海期货交易所 |

资料来源：上海期货交易所。

表2-2 大连商品交易所豆粕期货合约

| 交易品种 | 豆粕 |
|---|---|
| 交易单位 | 10 吨/手 |
| 报价单位 | 元（人民币）/吨 |
| 最小变动价位 | 1 元/吨 |
| 涨跌停板幅度 | 上一交易日结算价的 4% |
| 合约月份 | 1、3、5、7、8、9、11、12 月 |
| 交易时间 | 每周一至周五 9:00—11:30，13:30—15:00，以及交易所规定的其他时间 |
| 最后交易日 | 合约月份第 10 个交易日 |
| 最后交割日 | 最后交易日后第 3 个交易日 |
| 交割等级 | 大连商品交易所豆粕交割质量标准（F/DCE M004—2020） |
| 交割地点 | 大连商品交易所豆粕指定交割仓库 |
| 最低交易保证金 | 合约价值的 5% |
| 交割方式 | 实物交割 |
| 交易代码 | M |
| 上市交易所 | 大连商品交易所 |

资料来源：大连商品交易所。

下面对一些主要条款进行说明。

1）交易单位/合约价值

交易单位是指在期货交易所交易的每手期货合约代表的标的的数量。合约价值是指每手期货合约代表的标的的价值。如大连商品交易所豆粕期货合约的交易单位为"10 元/吨",而沪深 300 指数期货的合约价值为"300 元×沪深 300 指数"(其中"300 元"为沪深 300 指数期货的合约乘数)。在进行期货交易时,只能以交易单位(合约价值)的整数倍进行买卖。

期货合约交易单位/合约乘数的确定主要应当考虑合约标的市场规模、交易者资金规模、期货交易所会员结构、现货交易习惯等因素。一般来说,某品种的市场规模较大,交易者的资金规模较大,期货交易所中愿意参与该期货交易的会员单位较多,则该合约的交易单位/合约乘数就可以设计得大一些,反之则小一些。

2)最小变动价位

最小变动价位是指在期货交易所的公开竞价过程中,对合约每计量单位报价的最小变动数值,在期货交易中,每次报价的最小变动数值必须是最小变动价位的整数倍。最小变动价位乘以交易单位,就是该合约价值的最小变动值。例如,上海期货交易所锌期货合约的最小变动价位是 5 元/吨,即每手合约的最小变动值是 5 元/吨×5 吨 = 25 元。

期货合约最小变动价位的确定,通常取决于该合约标的的种类、性质、市场价格波动情况和商业规范等。

最小变动价位的设置是为了保证市场有适度的流动性。一般而言,较小的最小变动价位有利于市场流动性的增加,但过小的最小变动价位将会增加交易协商成本;较大的最小变动价位,一般会减少交易量,影响市场的活跃程度,不利于交易者进行交易。

3)每日价格最大波动限制

每日价格最大波动限制规定了期货合约在一个交易日中的交易价格波动不得高于或者低于规定的涨跌幅度,一般以合约上一交易日的结算价为基准确定。期货合约上一交易日的结算价加上(减去)允许的最大涨幅(跌幅)构成当日价格上涨的上限(下跌的下限),称为涨(跌)停板。在我国期货市场,每日价格最大波动限制设定为合约上一交易日结算价的一定百分比。

每日价格最大波动限制的确定主要取决于该种标的市场价格波动的频繁程度和波幅的大小。一般来说,若标的价格波动频繁、剧烈,该商品期货合约允许的每日价格最大波动幅度就应设置得大一些。

4)合约交割月份

合约交割月份是指某种期货合约到期交割的月份。

商品期货合约交割月份的确定一般受该合约标的的商品的生产、使用、储藏、流通等方面的特点影响。例如,许多农产品期货的生产与消费具有很强的季节性,因而其交割月份的规定也具有季节性特点。金融期货合约交割月份多设置为 3 月、6 月、9 月、12 月等季月。

5)最后交易日

最后交易日是指某种期货合约在合约交割月份中进行交易的最后一个交易日,过了这个期限的未平仓期货合约,必须按规定进行实物交割或现金交割。期货交易所根据不同期货合约标的物的现货交易特点等因素确定其最后交易日。

6）交割日期

交割日期是指合约标的物所有权进行转移，以实物交割或现金交割方式了结未平仓合约的时间。

7）交割等级

交割等级是指由期货交易所统一规定的、准许在交易所上市交易的合约标的的质量等级或规格。在进行期货交易时，交易双方无须对标的质量等级或规格进行协商，发生实物交割时按期货合约规定的质量等级或规格进行交割。常常采用国内市场或国际贸易中最通用和交易量较大的品级为标准交割等级。

一般来说，为了保证期货交易顺利进行，许多期货交易所都在合约中规定了替代品级，即允许用与标准品有一定等级差别的替代品交割。期货交易所统一规定替代品的质量等级和升贴水标准。

8）交割地点

交割地点是由期货交易所统一规定的进行实物交割的指定地点。

商品期货交易大多涉及大宗实物商品的买卖，因此，统一指定交割仓库可以保证卖方交付的商品符合期货合约规定的数量与质量等级，保证买方收到符合期货合约规定的商品。期货交易所在指定交割仓库时主要考虑的因素是：指定交割仓库所在地区的生产或消费集中程度，指定交割仓库的储存条件、运输条件和质检条件等。

金融期货交易中，交易所会指定交割银行。负责金融期货交割的指定银行，必须具有良好的金融资信、较强的进行大额资金结算的业务能力，以及先进、高效的结算手段和设备。

9）交割方式

期货交易的交割方式分为实物交割和现金交割两种。商品期货、外汇期货、中长期利率期货等通常采取实物交割方式，指数期货和短期利率期货通常采用现金交割方式。

### 2.3.2 期货市场的基本制度

期货市场的基本制度包括保证金制度、当日无负债结算制度、涨跌停板制度、持仓限额及大户报告制度、强行平仓制度、风险警示制度、信息披露制度等。

**1. 保证金制度**

1）保证金制度的内涵及特点

期货交易实行保证金制度。在期货交易中，期货买方和卖方必须按照其所买卖期货合约价值的一定比率（通常为5%~15%）缴纳资金，用于结算和保证履约。保证金制度是期货市场风险管理的重要手段。

在国际期货市场上，保证金制度的实施一般有如下特点。

第一，对交易者的保证金要求与其面临的风险相对应。一般来说，交易者面临的风险越大，对其要求的保证金也越多。例如，在美国期货市场，对投机者要求的保证金要大于对套期保值者和套利者要求的保证金。

第二，交易所根据合约特点设定最低保证金标准，并可根据市场风险状况等调节保证金水平。例如，价格波动越大的合约，其投资者交易时面临的风险也越大，设定的最低保证金标准也越高；当投机过度时，交易所可提高保证金，增大交易者入市成本，从而抑制投机行为，控制市场风险。

第三，保证金的收取与管理是分级进行的。一般而言，交易所或结算机构只向其会员收取保证金，作为会员的期货公司则向其客户收取保证金，两者分别称为会员保证金和客户保证金。保证金的分级收取与管理，对于期货市场的风险分层次分担与管理具有重要意义。

2）我国期货交易保证金制度的特点

我国期货交易的保证金制度除了采用国际通行的一些做法外，在施行中，还形成了自身的特点。

第一，对商品期货合约上市运行的不同阶段规定不同的交易保证金比率。一般来说，距交割月份越近，交易者面临到期交割的可能性就越大，为了防止实物交割中可能出现的违约风险，促使不愿进行实物交割的交易者尽快平仓了结，交易保证金比率随着交割临近而提高。

第二，随着合约持仓量的增大，交易所将逐步提高该合约交易保证金比例。一般来说，当合约持仓量增加，尤其是持仓合约所代表的期货商品的数量远远超过相关商品现货数量时，往往表明期货市场投机交易过多，蕴含的风险较大。因此，随着合约持仓量的增大，交易所将逐步提高该合约的交易保证金比例，以控制市场风险。

第三，当某期货合约出现连续涨跌停板的情况时，交易保证金比率相应提高。

第四，当某品种某月份合约按结算价计算的价格变化，连续若干个交易日的累积涨跌幅达到一定程度时，交易所有权根据市场情况，对部分或全部会员的单边或双边、同比例或不同比例提高交易保证金，限制部分会员或全部会员出金，暂停部分会员或全部会员开新仓，调整涨跌停板幅度，采取限期平仓、强行平仓等一种或多种措施，以控制风险。

第五，当某期货合约交易出现异常情况时，交易所可按规定的程序调整交易保证金的比例。

在我国，期货交易者交纳的保证金可以是资金，也可以是价值稳定、流动性强的标准仓单或者国债等有价证券。

**2. 当日无负债结算制度**

当日无负债结算制度，在国际上称为"逐日盯市"制度，是指在每个交易日结束后，由期货结算机构对期货交易保证金账户当天的盈亏状况进行结算，并根据结算结果进行资金划转。当交易发生亏损，进而导致保证金账户资金不足时，则要求必须在结算机构规定的时间内向账户中追加保证金，以做到"当日无负债"。

当日无负债结算制度的实施为及时调整账户资金、控制风险提供了依据，对于控制期货市场风险、维护期货市场的正常运行具有重要作用。

当日无负债结算制度是通过期货交易分级结算体系实施的。由交易所（结算所）对会员进行结算，期货公司根据期货交易所（结算所）的结算结果对客户进行结算。期货交易所会员（客户）的保证金不足时，会被要求及时追加保证金或者自行平仓；否则，其合约将会被强行平仓。

### 3. 涨跌停板制度

涨跌停板制度又称每日价格最大波动限制制度，即指期货合约在一个交易日中的交易价格波动不得高于或者低于规定的涨跌幅度，超过该涨跌幅度的报价将被视为无效报价，不能成交。

涨跌停板制度的实施，能够有效地减缓、抑制一些突发性事件和过度投机行为对期货价格的冲击而造成的狂涨暴跌，会员和客户的当日损失也被控制在相对较小的范围内，从而为保证金制度和当日结算无负债制度的实施创造了有利条件。向会员和客户收取的保证金数额只要大于在涨跌幅度内可能发生的亏损金额，就能够保证当日期货价格波动达到涨停板或跌停板时也不会出现透支情况。

期货交易所可以根据市场风险状况对涨跌停板进行调整，如对新上市的品种和新上市的期货合约，其涨跌停板幅度一般为合约规定涨跌停板幅度的 2 倍或 3 倍；认为市场风险明显变化时，也可以根据市场风险调整其涨跌停板幅度。

### 4. 持仓限额及大户报告制度

持仓限额制度是指交易所规定会员或客户可以持有的、按单边计算的某一合约投机头寸的最大数额。大户报告制度是指当交易所会员或客户某品种某合约持仓达到交易所规定的持仓报告标准时，会员或客户应向交易所报告。在我国，当会员或客户某品种持仓合约的投机头寸达到交易所对其规定的投机头寸持仓限量 80%及以上时，会员或客户应向交易所报告其资金情况、头寸情况等，客户须通过期货公司会员报告。

通过实施持仓限额及大户报告制度，交易所可以对持仓量较大的会员或客户进行重点监控，了解其持仓动向、意图，有效防范操纵市场价格的行为；同时，也可以防范期货市场风险过度集中于少数投资者。

通常来说，一般月份合约的持仓限额及持仓报告标准设置得高；临近交割时，持仓限额及持仓报告标准设置得低。持仓限额通常只针对一般投机头寸，套期保值头寸、风险管理头寸及套利头寸可以向交易所申请豁免。

### 5. 强行平仓制度

强行平仓是指按照有关规定对会员或客户的持仓实行平仓的一种强制措施，其目的是控制期货交易风险。强行平仓制度适用的情形一般包括以下两种。

第一，因账户交易保证金不足而实行强行平仓。这是最常见的情形。当价格发生不利变动，当日结算后出现保证金账户资金不足以维持现有头寸的情况，而会员（客户）又未能按照期货交易所（期货公司）通知及时追加保证金或者主动减仓，且市场行情仍朝其持仓不利的方向发展时，期货交易所（期货公司）强行平掉会员（客户）部分或者全部头寸，将所得资金填补保证金缺口。强行平仓制度有利于避免账户损失扩大，通过控制个别账户的风险，从而有力地防止风险扩散，是一种行之有效的风险控制措施。

第二，因会员（客户）违反持仓限额制度而实行强行平仓，即超过了规定的持仓限额，且并未在期货交易所（期货公司）规定的期限自行减仓，其超出持仓限额的部分头寸将会被强制平仓。强行平仓成为持仓限额制度的有力补充。

我国期货交易所规定的强行平仓情形主要包括：会员结算准备金余额、客户可用资金小于零，并未能在规定时限内补足的；客户、从事自营业务的交易会员持仓量超出其限仓规定等。

在我国，期货公司有专门的风险控制人员实时监督客户的持仓风险，当客户除保证金外的可用资金为负值时，期货公司会通知客户追加保证金或自行平仓，如果客户没有自己处理，而价格又朝不利于持仓的方向继续变化，各个期货公司会根据具体的强行平仓标准，对客户进行强行平仓。

## 2.4 期货交易的结算与交割

一般而言，客户进行期货交易可能涉及以下几个环节：开户、下单、竞价、结算、交割。这里主要对期货交易的结算与交割环节进行介绍。在实际操作中，绝大多数期货头寸都是通过对冲平仓的方式了结履约责任，进入交割环节的比重非常小，所以交割环节并不是交易流程中的必经环节。

### 2.4.1 期货市场的分级结算制度

期货结算是指根据期货交易所公布的结算价格对交易双方的交易结果进行的资金清算和划转。

目前，我国大连商品交易所、郑州商品交易所、上海期货交易所实行全员结算制度，交易所对所有会员的账户进行结算。中国金融期货交易所实行会员分级结算制度，其会员由结算会员和非结算会员组成，期货交易所只对结算会员进行结算；由结算会员对非结算会员进行结算。

期货交易的结算，由期货交易所统一组织进行。但交易所并不直接对客户的账户结算、收取和追收客户保证金，而由期货公司承担该工作。期货交易所应当在当日及时将结算结果通知会员。期货公司根据期货交易所的结算结果对客户进行结算，并应当将结算结果按照与客户约定的方式及时通知客户。

在我国，会员（客户）的保证金可以分为结算准备金（可用资金）和交易保证金。结算准备金（可用资金）是交易所会员（客户）为了交易结算，在交易所（期货公司）专用结算账户预先准备的资金，是未被合约占用的保证金；而交易保证金是会员（客户）在交易所（期货公司）专用结算账户中确保合约履行的资金，是已被合约占用的保证金。在实际中，交易保证金也被称为保证金占用。

### 2.4.2 结算相关术语

**1. 开仓、持仓、平仓**

开仓也称建仓，是指期货交易者新建期货头寸的行为，包括买入开仓和卖出开仓。

交易者开仓之后手中就持有头寸,即持仓,若交易者买入开仓,则构成了买入(多头)持仓,反之,则形成了卖出(空头)持仓。平仓是指交易者了结持仓的交易行为,了结的方式是针对持仓方向做相反的对冲买卖。持仓合约也称为未平仓合约。

**2. 结算价**

结算价是当天交易结束后,对未平仓合约进行当日交易保证金及当日盈亏结算的基准价。

我国郑州商品交易所、大连商品交易所和上海期货交易所规定,当日结算价取某一期货合约当日成交价格按照成交量的加权平均价。中国金融期货交易所规定,当日结算价是指某一期货合约一定时间内成交价格按照成交量的加权平均价或以收盘集合竞价等方式确定的用于当日结算的价格。

### 2.4.3 对持仓合约逐日盯市的基本原理与方法

对持仓合约进行结算是期货结算的特点之一。这里以一个简单的例子来演示对持仓合约进行保证金逐日盯市的基本原理与方法。

【例 2-1】某交易者向其保证金账户转入 50 000 元,买入上海期货交易所黄金期货合约 2 手,交易单位为每手 1 000 克,保证金要求为合约价值的 4%。交易者于 12 月 7 日以 400 元/克的价格开仓,并于 12 月 28 日以 392.30 元/克的价格平仓。表 2-3 中第二列除第一个数字和最后一个数字为交易价格外,均为交易日期货结算价。

表 2-3 保证金逐日盯市示例

| 日期 | 期货价格/(元/克) | 当日盈亏/元 | 累计盈亏/元 | 交易保证金/元 | 可用资金/元 | 追加保证金/元 |
|---|---|---|---|---|---|---|
|  | 400.0 |  |  |  | 50 000 |  |
| 7 | 397.0 | −6 000 | −6 000 | 31 760 | 12 240 |  |
| 8 | 396.1 | −1 800 | −7 800 | 31 688 | 10 512 |  |
| 9 | 398.2 | 4 200 | −3 600 | 31 856 | 14 544 |  |
| 10 | 397.1 | −2 200 | −5 800 | 31 768 | 12 432 |  |
| 11 | 396.7 | −800 | −6 600 | 31 736 | 11 664 |  |
| 14 | 395.4 | −2 600 | −9 200 | 31 632 | 9 168 |  |
| 15 | 393.3 | −4 200 | −13 400 | 31 464 | 5 136 |  |
| 16 | 393.6 | 600 | −12 800 | 31 488 | 5 712 |  |
| 17 | 391.8 | −3 600 | −16 400 | 31 344 | 2 256 |  |
| 18 | 392.7 | 1 800 | −14 600 | 31 416 | 3 984 |  |
| 21 | 387.0 | −11 400 | −26 000 | 30 960 | −6 960 | 6 960 |
| 22 | 387.6 | 1 200 | −24 800 | 31 008 | 1 152 |  |
| 23 | 388.1 | 1 000 | −23 800 | 31 048 | 2 112 |  |
| 24 | 388.7 | 1 200 | −22 600 | 31 096 | 3 264 |  |
| 25 | 391.0 | 4 600 | −18 000 | 31 280 | 7 680 |  |
| 28 | 392.3 | 2 600 | −15 400 | 0 | 41 560 |  |

12月7日交易者开仓时，必须有保证金 400×1 000×2×4% = 32 000（元）。此后，虽然该交易者只在28日进行了账户操作，但由于有持仓头寸，期货结算机构为了控制风险，会对其账户进行逐日盯市结算，以保证当日无负债，直至其平仓。表中第三、四、五、六列的数据结算如下。

**1. 交易保证金（保证金占用）的计算**

逐日盯市中很重要的一项，是对持仓头寸当日交易保证金（保证金占用）的计算，有

$$当日交易保证金 = 当日结算价 \times 持仓数量 \times 保证金比率$$

如12月7日这一日收市后的交易保证金为 397×2 000×4% = 31 760 元。

**2. 当日盈亏的计算**

由表中12月7日这一行的数据可知，因为是当日开仓，所以其每日盈亏由当日结算价与当日开仓价之差决定。又因为是买入开仓，所以有当日盈亏 =（当日结算价 − 当日开仓价）× 持仓数量 =（397 − 400）× 2 000 = −6 000 元。

再看12月8日这一行数据，因为这一天并未发生交易，所以当日盈亏由当日结算价与上日结算价之差决定。因为是买入持仓，所以12月8日的当日盈亏 =（当日结算价 − 上日结算价）× 持仓数量 =（396.10 − 397）× 2 000 = −1 800。

**3. 累计盈亏的两种算法**

累计盈亏有以下两种算法。

（1）累计盈亏 = 上日累计盈亏 + 当日盈亏。

如12月8日，累计盈亏 = −6 000 − 1 800 = −7 800

（2）对于多头持仓有

$$累计盈亏 =（当日结算价 - 开仓价）\times 持仓数量$$

12月8日，累计盈亏 =（396.10 − 400）× 2 000 = −7 800。

两种算法结果完全一样，其区别是：第一种算法是在上一交易日结算的基础上进行结算，采用逐日累加的方法；第二种算法是以当日情况与开仓时情况进行比较，采用总计的方法，不考虑中间过程。可见，第二种算法类似于股票、债券等现货交易的结算方法，属于我国期货结算的逐笔对冲方法；而第一种算法是期货独特的结算方法，属于我国期货结算的逐日盯市方法。

**4. 可用资金的两种算法**

可用资金不能为负，否则将要追加保证金。

将当日交易保证金从账户中扣减，这部分资金作为履约保证暂时被冻结；再考虑持仓头寸的盈亏，就可得到12月7日收市后的可用资金为 50 000 − 31 760 − 6 000 = 12 240。该交易者当日无须追加保证金，可将这 12 240 元提取，也可作为下一交易日开仓之用。

同理，可用资金的计算也有两种方法。

1）逐日累加（逐日盯市）

当日可用资金 = 上日可用资金 + 当日盈亏 + 上日交易保证金 − 当日交易保证金 + 入金 − 出金

式中"+ 上日交易保证金"是因为，上一日结算后冻结的交易保证金将被释放，成

为可用资金，同时，按当日的新结算价计算当日交易保证金。

如 12 月 8 日收市后计算出的当日可用资金 = 12 240 − 1 800 + 31 760 − 31 688 = 10 512（元）。

2）总计法（逐笔对冲法）

当日可用资金 = 期初可用资金 + 当日累计盈亏 − 当日交易保证金 + 入金 − 出金

12 月 8 日收市后计算出的当日可用资金 = 50 000 − 7 800 − 31 688 = 10 512（元）。

可见，两种结算方法殊途同归，所得结论相同。

### 2.4.4 逐日盯市与逐笔对冲结算

我国境内期货交易所的结算程序分两步进行，首先是交易所对会员结算，然后是会员（期货公司）对客户结算。结算原理与方法相同。其中交易所对会员采用逐日盯市的方式结算；而对客户的结算有逐日盯市和逐笔对冲两种方式。

**1. 各结算项目的构成与计算公式**

结算的目的是控制风险，通过结算出会员结算准备金余额（客户可用资金），从而判断其风险。结算准备金余额（客户可用资金）不能为负，否则，将被要求追加保证金。

交易所对会员期货头寸进行结算的各项目构成与计算公式如图 2-2 所示，将图中"结算准备金余额"换成"可用资金"，正好是期货公司对客户账户进行逐日盯市结算的项目构成与计算公式。式中"作为保证金的资产的实际可用金额"考虑了以国债、标准仓单等有价证券及其他资产冲抵保证金的状况。

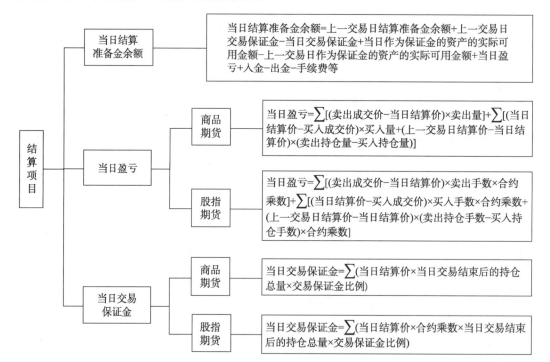

图 2-2　各结算项目的构成与计算公式

股指期货计算公式中，"成交价"与"结算价"均以点数表示。

国债期货的结算项目与商品期货完全一样，但因为国债期货是以每 100 元面值进行报价交易，所以应用上述公式计算当日盈亏和交易保证金时，应以所得结果除以 100。

结算时，若要计算"当日结算准备金余额"（可用资金），应先计算出"当日交易保证金"和"当日盈亏"。

扩展阅读 2.1

交易所对会员期货头寸结算示例

**2. 逐日盯市和逐笔对冲的比较**

1）逐日盯市结算和逐笔对冲结算对照表

逐日盯市和逐笔对冲两种结算方式计算的项目及公式列于表 2-4 中。

表 2-4　逐日盯市结算和逐笔对冲结算对照表

| 项　目 | 逐 日 盯 市 | 逐 笔 对 冲 |
|---|---|---|
| 平仓盈亏 | 平仓盈亏 = 平当日仓盈亏 + 平历史仓盈亏<br>平当日仓盈亏 = ∑[(卖出成交价 − 买入成交价) × 交易单位 × 平仓手数]<br>平历史仓盈亏 = ∑[(卖出成交价 − 上日结算价) × 交易单位 × 平仓手数] + ∑[(上日结算价 − 买入成交价) × 交易单位 × 平仓手数] | 平仓盈亏 = ∑[(卖出成交价 − 买入成交价) × 交易单位 × 平仓手数] |
| 持仓盯市盈亏 | 持仓盯市盈亏 = 当日持仓盈亏 + 历史持仓盈亏<br>当日持仓盈亏 = ∑[(卖出成交价 − 当日结算价) × 交易单位 × 卖出手数] + ∑[(当日结算价 − 买入成交价) × 交易单位 × 买入手数]<br>历史持仓盈亏 = ∑[(上日结算价 − 当日结算价) × 交易单位 × 卖出手数] + ∑[(当日结算价 − 上日结算价) × 交易单位 × 买入手数] | |
| 浮动盈亏 | | 浮动盈亏 = ∑[(卖出成交价 − 当日结算价) × 交易单位 × 卖出手数] + ∑[(当日结算价 − 买入成交价) × 交易单位 × 买入手数] |
| 当日盈亏 | 当日盈亏 = 平仓盈亏（逐日盯市）+ 持仓盯市盈亏（逐日盯市） | |
| 当日结存 | 当日结存 = 上日结存（逐日盯市）+ 当日盈亏 + 入金 − 出金 − 手续费（等） | 当日结存 = 上日结存（逐笔对冲）+ 平仓盈亏（逐笔对冲）+ 入金 − 出金 − 手续费（等） |
| 客户权益 | 客户权益 = 当日结存（逐日盯市） | 客户权益 = 当日结存（逐笔对冲）+ 浮动盈亏 |

注：若是股指期货，则算式中的价格改为"点数"，"交易单位"改为"合约乘数"；若是国债期货，运用上述平仓盈亏、持仓盯市盈亏、浮动盈亏公式计算的结果除以 100。

2）两种结算方式的比较

两种结算方式的根本区别在于以下方面。

逐日盯市是每日计算当日盈亏，在上一日的基础上逐日累加；而逐笔对冲则是每日计算自开仓之日起至当日的总盈亏。体现在具体项目上，两者对历史持仓结算时，采用的价格不同：其中前者用"上日结算价"，而后者用"开仓价"，并由此在过程中用了不同的名称与项目，如图2-3和图2-4所示。此外，前者将未平仓合约的盈亏计入当日结存；后者不将未平仓合约的盈亏计入当日结存，也正是因为前者逐日累加计算，后者只计算最终的总盈亏。

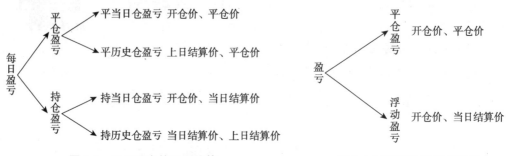

图 2-3 逐日盯市的盈亏结算　　　　图 2-4 逐笔对冲的盈亏结算

在两种结算方式下，交易保证金、当日出入金、当日手续费、客户权益、质押金、可用资金、追加保证金和风险度等参数的值没有差别；对于当日开仓平仓的合约，盈亏的计算也相同。

### 2.4.5 客户结算单示例及解读

以下分别为某交易日某客户两种结算单的示例。其中，在逐日盯市交易结算单中，列示的"持仓盯市盈亏"即持仓盈亏，"总盈亏"即当日盈亏。

#### 1. 客户逐日盯市交易结算单

1）结算单示例一：交易结算单（逐日盯市）

某期货公司

交易结算单（逐日盯市）

客户号：　　　　　　　　　　客户名称：张三
日　　期：20190111

资金状况　币种：人民币

| 上日结存： | 1 324 127.65 | 当日结存： | 1 519 670.29 | 可用资金： | 69 154.69 |
| --- | --- | --- | --- | --- | --- |
| 出入金： | 0.00 | 客户权益： | 1 519 670.29 | 风 险 度： | 95.45% |
| 手续费： | 2 877.36 | 保证金占用： | 1 450 515.60 | 追加保证金： | 0.00 |
| 平仓盈亏： | 205 800.00 | | | 交割保证金： | 0.00 |
| 持仓盯市盈亏： | −7 380.00 | | | | |
| 可提资金： | 69 154.69 | | | | |
| 总盈亏： | 198 420.00 | | | | |

成交记录

| 成交日期 | 交易所 | 品种 | 交割期 | 买卖 | 成交价 | 手数 | 开平 | 成交额 | 手续费 | 投保 | 平仓盈亏 | 交易所成交号 |
| --- | --- | --- | --- | --- | --- | --- | --- | --- | --- | --- | --- | --- |
| 20190111 | 中金所 | 沪深300 | 1902 | 买 | 2 971.200 | 1 | 开 | 891 360.00 | 178.27 | 投 | 0.00 | |

| | | | | | | | | | | | |
|---|---|---|---|---|---|---|---|---|---|---|---|
| 20190111 | 中金所 | 沪深300 | 1902 | 买 | 2 971.600 | 3 | 开 | 2 674 440.00 | 534.89 | 投 | 0.00 |
| 20190111 | 中金所 | 沪深300 | 1902 | 买 | 3 000.000 | 5 | 开 | 4 500 000.00 | 900.00 | 投 | 0.00 |
| 20190111 | 中金所 | 沪深300 | 1902 | 买 | 3 010.000 | 7 | 平 | 6 321 000.00 | 1 264.20 | 投 | 205 800.00 |
| 共 4 条 | | | | | | 16 | | 14 386 800.00 | 2 877.36 | | 205 800.00 |

持仓汇总

| 交易所 | 品种 | 交割期 | 买持 | 买均价 | 卖持 | 卖均价 | 昨结算 | 今结算 | 浮动盈亏 | 持仓盯市盈亏 | 保证金占用 | 投保 |
|---|---|---|---|---|---|---|---|---|---|---|---|---|
| 中金所 | 沪深300 | 1902 | 9 | 2 987.333 | 0 | 0.000 | 3 108.000 | 2 984.600 | –7 380.00 | –7 380.00 | 1 450 515 | 投 |
| 共 1 条 | | | 9 | | 0 | | | | –7 380.00 | –7 380.00 | 1 450 515.60 | |

本公司提供数据以客户交易结算单为准,您若有异议,请在下一交易日开市前 30 分钟提出,否则视为对本账单所载事项的确认。

公司盖章: 客户签名(章):

制表:结算 001 制表日期:

客户号: 客户地址:

2)逐日盯市结算单解读

下面对逐日盯市结算单中的主要项目进行说明:

平仓盈亏(逐日盯市)= 平当日仓盈亏 + 平历史仓盈亏

在本结算单中,仅有平历史仓盈亏。当日买入平历史仓 7 手,买入平仓价为 3 010 点,上一交易日结算价为 3 108 点,则有

平仓盈亏 =(上日结算价 – 买入成交价)× 平仓手数 × 合约乘数] =(3 108 – 3 010)
× 7 × 300 = 205 800(元)

持仓盯市盈亏(逐日盯市)= 当日持仓盈亏 + 历史持仓盈亏

在本结算单中,仅有当日持仓盈亏。当日分 3 次买入开仓 9 手,买入平仓价分别为 2 971.2 点、2 971.6 点、3 000 点,当日结算价为 2 984.6 点,则有

持仓盯市盈亏 = $\sum$ [(当日结算价 – 买入成交价)× 买入手数 × 合约乘数]
= (2 984.6 – 2 971.2)× 1 × 300 +(2 984.6 – 2 971.6)× 3 × 300
+(2 984.6 – 3 000)× 5 × 300 = –7 380(元)

总盈亏 = 平仓盈亏 + 持仓盯市盈亏 = 205 800.00 – 7 380.00 = 198 420(元)

保证金占用 = $\sum$(当日结算价 × 合约乘数 × 持仓手数 × 公司要求的保证金比例)

在本结算单中,公司对该客户要求的保证金比例为 18%,则有

保证金占用 = 当日结算价 × 合约乘数 × 持仓手数 × 公司要求的保证金比例
= 2 984.6 × 9 × 300 × 18% = 1450 515.60(元)

上日结存:上一交易日结算后客户权益。

当日结存:当日结算后客户权益。

客户权益 = 当日结存(逐日盯市)= 上日结存(逐日盯市)+ 出入金 + 平仓盈亏
+ 持仓盯市盈亏 – 当日手续费 = 1 324 127.65 + 205 800.00 – 7 380.00
– 2 877.36 = 1 519 670.29(元)

可提资金 = 客户权益 − 保证金占用 = 1 519 670.29 − 1 450 515.60 = 69 154.69（元）
可用资金 = 客户权益 − 保证金占用 = 1 519 670.29 − 1 450 515.60 = 69 154.69（元）
出入金：当日入金 − 当日出金。
手续费：当日交易所产生的全部费用（包括交割费）。目前我国手续费的收取方式有两种：商品期货一般按每手若干元收取，金融期货一般按成交金额的一定比例收取。

若无交割，则商品期货有

$$当日手续费 = \sum（成交手数 \times 每手手续费）$$

在本结算单中，仅有金融期货。期货公司与该客户商定的当日交易手续费率为成交金额的 0.02%。则有

$$手续费 = \sum [（成交价 \times 合约乘数 \times 成交手数] \times 交易手续费率 = （2\,971.2 \times 1 + 2\,971.6 \times 3 + 3\,000 \times 5 + 3\,010 \times 7）\times 300 \times 0.02\% = 2\,877.36（元）$$

追加保证金：当保证金不足时客户须追加的金额，追加至可用资金大于等于 0。在本结算单中，可用资金大于 0，不需追加保证金。

### 2. 客户逐笔对冲交易结算单

1）结算单示例二：交易结算单（逐笔对冲）

某期货公司

交易结算单（逐笔）

客户号： 　　　　　　　　　　客户名称：张三
日　期：20190111

资金状况　币种：人民币

| 上日结存： | 1 368 227.65 | 当日结存： | 1 527 050.29 | 可用资金： | 69 154.69 |
|---|---|---|---|---|---|
| 出入金： | 0.00 | 浮动盈亏： | −7 380.00 | 风 险 度： | 95.45% |
| 手续费： | 2 877.36 | 客户权益： | 1 519 670.29 | 追加保证金： | 0.00 |
| 平仓盈亏： | 161 700.00 | 保证金占用： | 1 450 515.60 | 交割保证金： | 0.00 |
| 可提资金： | 69 154.69 | | | | |

成交记录

| 成交日期 | 交易所 | 品种 | 交割期 | 买卖 | 成交价 | 手数 | 开平 | 成交额 | 手续费 | 投保 | 平仓盈亏 | 交易所成交号 |
|---|---|---|---|---|---|---|---|---|---|---|---|---|
| 20190111 | 中金所 | 沪深300 | 1902 | 买 | 2 971.200 | 1 | 开 | 891 360.00 | 178.27 | 投 | 0.00 | |
| 20190111 | 中金所 | 沪深300 | 1902 | 买 | 2 971.600 | 3 | 开 | 2 674 440.00 | 534.89 | 投 | 0.00 | |
| 20190111 | 中金所 | 沪深300 | 1902 | 买 | 3 000.000 | 5 | 开 | 4 500 000.00 | 900.00 | 投 | 0.00 | |
| 20190111 | 中金所 | 沪深300 | 1902 | 买 | 3 010.000 | 7 | 平 | 6 321 000.00 | 1 264.20 | 投 | 161 700.00 | |
| 共 4 条 | | | | | | 16 | | 14 386 800.00 | 2 877.36 | | 161 700.00 | |

持仓汇总

| 交易所 | 品种 | 交割期 | 买持 | 买均价 | 卖持 | 卖均价 | 昨结算 | 今结算 | 浮动盈亏 | 持仓盯市盈亏 | 保证金占用 | 投保 |
|---|---|---|---|---|---|---|---|---|---|---|---|---|
| 中金所 | 沪深300 | 1902 | 9 | 2 987.333 | 0 | 0.000 | 3 108.000 | 2 984.600 | −7 380.00 | 0.00 | 1 450 515.60 | 投 |
| 共 1 条 | | | 9 | | 0 | | | | −7 380.00 | 0.00 | 1 450 515.60 | |

本公司提供数据以客户交易结算单为准,您若有异议,请在下一交易日开市前30分钟提出,否则视为对本账单所载事项的确认。

| 公司盖章: | 客户签名(章): |
| --- | --- |
| 制表:结算 001 | 制表日期: |
| 客户号: | 客户地址: |

2)逐笔对冲结算单解读

(1)平仓盈亏的计算。

平仓盈亏(逐笔对冲)= $\sum$[(卖出成交价 − 买入成交价)× 合约乘数 × 平仓手数]

在本结算单中,客户买入平仓 7 手,成交价为 3 010 点,其历史卖出开仓价为 3 087 点,则有

平仓盈亏(逐笔对冲)=(3 087 − 3 010)× 300 × 7 = 161 700(元)

(2)浮动盈亏的计算。

浮动盈亏 = $\sum$[(卖出成交价 − 当日结算价)× 合约乘数 × 卖出手数] + $\sum$[(当日结算价 − 买入成交价)× 合约乘数 × 买入手数] =(2 984.6 − 2 971.2)× 300 × 1 +(2 984.6 − 2 971.6)× 300 × 3 +(2 984.6 − 3 000)× 300 × 5 = −7 380(元)

当日结存(逐笔对冲)= 上日结存(逐笔对冲)+ 平仓盈亏(逐笔对冲)+ 入金 − 出金 − 手续费(等)= 1 368 227.65 + 161 700 − 2 877.36
= 1 527 050.29(元)

客户权益(逐笔对冲)= 当日结存(逐笔对冲)+ 浮动盈亏 = 1 527 050.29 − 7 380.00
= 1 519 670.29(元)

可用资金 = 可提资金 = 客户权益 − 保证金占用 = 1 519 670.29 − 1 450 515.60
= 69 154.69(元)

### 3. 风险度

风险度的计算是期货公司风险管理中的重要环节。目前各期货公司使用的系统不尽相同,因而存在几种不同的风险度算法,期货公司可以根据其管理需要选择不同的风险度计算方式。

以业界广泛应用的金仕达系统为例,系统提供的风险度计算公式有好几种,而绝大多数期货公司采取了系统默认的算法,即

风险度 = 保证金占用/客户权益 × 100%

风险度越接近 100%,风险越大;等于 100%,则表明客户的可用资金为 0。由于客户的可用资金不能为负,因此,风险度不能大于 100%。当风险度大于 100% 时则会收到《追加保证金通知书》。

在上面的结算单示例一和示例二中:

风险度 = 保证金/客户权益 × 100%
= 1 450 515.60/1 519 670.29 = 95.45%

扩展阅读 2.2

风险度与保证金追加

### 2.4.6 交割的概念与方式

**1. 交割的概念**

交割是指期货合约到期时，按照期货交易所的规则和程序，交易双方通过该合约所载标的所有权的转移，或者按照结算价进行现金差价结算，了结到期未平仓合约的过程。其中，以标的所有权转移方式进行的交割为实物交割；按结算价进行现金差价结算的交割方式为现金交割。一般来说，商品期货以实物交割方式为主；股票指数期货、短期利率期货多采用现金交割方式。

尽管期货市场的交割量仅占总成交量的很小比例，但交割作为联系期货与现货的纽带，是促使期货价格和现货价格趋向一致的制度保证。

**2. 交割的方式**

1）实物交割

在商品期货实物交割的具体实施中，买卖双方并不是直接进行标的交收，而是交收代表商品所有权的标准仓单。标准仓单，是指交割仓库开具并经期货交易所认定的标准化提货凭证。

实物交割方式包括集中交割和滚动交割两种。

（1）集中交割。集中交割也称一次性交割，是指所有到期合约在交割月份最后交易日过后一次性集中交割的交割方式。

（2）滚动交割。滚动交割也称分散交割，是指在合约进入交割月以后，在交割月第一个交易日至交割月最后交易日前一交易日之间进行交割的交割方式。滚动交割使交易者在交易时间的选择上更为灵活，可减少储存时间，降低交割成本。

集中交割是期货交割的普遍形式。也有交易所对商品期货采用了两种方式的结合。如郑州商品交易所在合约进入交割月后就可以申请交割，而且，最后交易日过后，对未平仓合约进行一次性集中交割。

2）现金交割

现金交割是指合约到期时，交易双方按照交易所的规则、程序及其公布的交割结算价进行现金差价结算，了结到期未平仓合约的过程。

中国金融期货交易所的股指期货合约采用现金交割方式，规定股指期货合约最后交易日收市后，交易所以交割结算价为基准，划付持仓双方的盈亏，了结所有未平仓合约。其中，交割结算价为最后交易日标的指数最后 2 小时的算术平均价。

## 2.5 期货行情解读

### 2.5.1 期货行情相关术语

期货交易所和期货资讯机构发布的期货行情提供了期货交易的相关信息。表 2-5 为大连商品交易所期货行情表，下面对表 2-5 中相关术语进行解读。

表 2-5 大连商品交易所期货行情表（2021 年 8 月 31 日）

| 合约 | 开盘价 | 最高价 | 最低价 | 最新价 | 涨跌 | 买价 | 买量 | 卖价 | 卖量 | 成交量 | 持仓量 | 收盘价 | 结算价 | 昨收盘 | 昨结算 | 分时图 |
|---|---|---|---|---|---|---|---|---|---|---|---|---|---|---|---|---|
| 豆一 | | | | | | | | | | | | | | | | |
| a2109 | 5 750 | 5 787 | 5 705 | 5 753 | −25 | 5 708 | 1 | 5 753 | 1 | 1 723 | 3 068 | — | — | 5 762 | 5 778 | ∠ |
| a2111 | 5 762 | 5 776 | 5 709 | 5 750 | −64 | 5 750 | 19 | 5 751 | 15 | 104 823 | 130 985 | — | — | 5 762 | 5 814 | ∠ |
| a2201 | 5 768 | 5 785 | 5 734 | 5 771 | −44 | 5 770 | 3 | 5 771 | 11 | 33 045 | 48 757 | — | — | 5 768 | 5 815 | ∠ |
| a2203 | 5 757 | 5 783 | 5 741 | 5 778 | −27 | 5 777 | 31 | 5 779 | 11 | 9 201 | 19 357 | — | — | 5 763 | 5 805 | ∠ |
| a2205 | 5 807 | 5 823 | 5 782 | 5 823 | −19 | 5 818 | 3 | 5 829 | 1 | 534 | 2 095 | — | — | 5 802 | 5 842 | ∠ |
| a2207 | 5 797 | 5 811 | 5 768 | 5 803 | −18 | 5 805 | 9 | 5 807 | 4 | 3 523 | 3 948 | — | — | 5 794 | 5 821 | ∠ |
| 豆一 | 成交：152 849 | | 持仓：208 210 | | 豆二 | | 成交：50 038 | | 持仓：68 362 | | 豆粕 | | 成交：1 241 004 | | 持仓：2 184 748 | | |
| 豆油 | 成交：796 788 | | 持仓：819 279 | | 棕榈油 | | 成交：673 056 | | 持仓：868 774 | | 玉米 | | 成交：467 741 | | 持仓：1 306 728 | | |
| 玉米淀粉 | 成交：141 345 | | 持仓：188 706 | | 鸡蛋 | | 成交：267 928 | | 持仓：124 196 | | 粳米 | | 成交：16 667 | | 持仓：29 737 | | |
| 生猪 | 成交：28 193 | | 持仓：77 957 | | 纤维板 | | 成交：837 | | 持仓：6 320 | | 胶合板 | | 成交：— | | 持仓：— | | |
| 聚乙烯 | 成交：490 585 | | 持仓：642 451 | | 聚氯乙烯 | | 成交：757 882 | | 持仓：540 943 | | 聚丙烯 | | 成交：670 013 | | 持仓：801 831 | | |
| 苯乙烯 | 成交：264 981 | | 持仓：242 843 | | 焦炭 | | 成交：247 600 | | 持仓：263 632 | | 焦煤 | | 成交：359 052 | | 持仓：356 900 | | |
| 铁矿石 | 成交：747 480 | | 持仓：1 090 812 | | 乙二醇 | | 成交：382 179 | | 持仓：274 890 | | 液化石油气 | | 成交：92 732 | | 持仓：110 836 | | |
| 合计 | 成交：7 616 547 | | 持仓：10 440 558 | | | | | | | | | | | | | | |

资料来源：大连商品交易所网站。

### 1. 合约

行情表中第一行"豆一、豆二、豆粕、豆油、玉米、……",表示在期货交易所上市交易的期货品种。

行情表中每一个期货合约都用合约代码来标识。合约代码由期货品种交易代码和合约到期月份组成。以合约"a2111"为例,"a2111"代表大连商品交易所2021年11月到期交割的黄大豆一号期货合约。其中,"a"是黄大豆一号(简称"豆一")期货品种的交易代码;"2111"是合约到期时间,指2021年11月合约到期。

表2-5中的第1列为上市交易的"豆一合约"不同交割月份的合约代码。表中显示2021年8月31日,"豆一"期货品种有6个不同月份的合约在交易,分别是a2109、a2111、a2201、a2203、a2205、a2207。

### 2. 开盘价

开盘价是当日某一期货合约交易开始前5分钟集合竞价产生的成交价。如集合竞价未产生成交价,则以集合竞价后的第一笔成交价为开盘价。表2-5中的第二列是不同月份期货合约的开盘价,其中a2111合约的开盘价为5 762元/吨。

### 3. 最高价

最高价是指一定时间内某一期货合约成交价中的最高价格。表2-5中的第三列是不同月份期货合约的最高价,其中a2111合约的最高价为5 776元/吨,是2021年8月31日开盘到当日行情发布时间内的最高成交价。

### 4. 最低价

最低价是指一定时间内某一期货合约成交价中的最低价格。表2-5中的第四列是不同月份期货合约的最低价,其中a2111合约的最低价为5 709元/吨,是2021年8月31日开盘到当日行情发布时间内的最低成交价。

### 5. 最新价

最新价是指某交易日某一期货合约交易期间的即时成交价格。表2-5中的第五列是不同月份期货合约的最新价,其中a2111合约的最新一笔成交的价格为5 750元/吨。

### 6. 涨跌

涨跌是指某交易日某一期货合约交易期间的最新价与上一交易日结算价之差。表2-5中的第六列是不同月份期货合约的涨跌,其中a2111合约的涨跌为–64元/吨。其含义是最新价5 750元/吨与上一交易日结算价(昨结算)5 814元/吨相比,下跌64元/吨。

### 7. 买价

买价是指当日买方申报买入但未成交的即时最高申报价格。表2-5中的第七列是不同月份期货合约的买价,其中a2111合约当时买方申报买入的即时最高价格为5 750元/吨。

### 8. 买量

买量是指某一期货合约"买价"对应的下单数量,单位为"手"。表2-5中的第八列是不同月份期货合约的买量,其中a2111合约当前买价对应的申请买入数量为19手。

### 9. 卖价

卖价是指当日卖方申报卖出但未成交的即时最低申报价格。表 2-5 中的第九列是不同月份期货合约的卖价，其中 a2111 合约当日卖方申报卖出的即时最低价格为 5 751 元/吨。

### 10. 卖量

卖量是指某一期货合约"卖价"对应的下单数量，单位为"手"。表 2-5 中的第十列是不同月份期货合约的卖量，其中 a2111 合约当前卖价对应的申请卖出数量为 15 手。

### 11. 成交量

成交量是某一期货合约当日成交的单边累计数量，单位为"手"。表 2-5 中的第十一列是不同月份期货合约的成交量，其中 a2111 合约的成交量为 104 823 手。期货交易所的成交量和持仓量数据均按单边计算，即只算买成交，或只算卖成交。

### 12. 持仓量

持仓量，也称空盘量或未平仓合约量，是指期货交易者所持有的未平仓合约的单边累计数量。表 2-5 中的第十二列是不同月份期货合约的持仓量，其中 a2111 合约的持仓量为 130 985 手。

### 13. 收盘价

收盘价是指某一期货合约当日最后一笔成交价格。表 2-5 中的第十三列是不同月份期货合约的收盘价。因为截取的是当日交易中即时行情，当日收盘价还未产生。

### 14. 结算价

结算价是当日未平仓合约盈亏结算和确定下一交易日涨跌停板幅度的依据。表 2-5 中的第十四列是不同月份期货合约的结算价。同理，因为截取的是交易进行中的即时行情，当日结算价还未产生。在我国，商品期货结算价一般是指某一期货合约当日成交价格按成交量的加权平均价。当日无成交的，用上一交易日的结算价作为当日结算价。黄金期货、股指期货、国债期货等的结算价一般取收盘前一段时间内成交价格按交易量的加权平均价。

### 15. 昨收盘

昨收盘是"昨日收盘价"的简写，指某一期货合约在上一交易日的收盘价。表 2-5 中的第十五列是不同期货合约的昨收盘，其中 a2111 合约的上一交易日收盘价为 5 762 元/吨。

### 16. 昨结算

昨结算是"昨日结算价"的简写，指某一期货合约在上一交易日的结算价。表 2-5 中的第十六列是不同期货合约的昨结算，其中 a2111 合约的上一交易日结算价为 5 814 元/吨。

### 17. 其他

在期货行情表的下方，对当日截止至当时的同一品种不同到期月份期货合约的成交量和持仓量进行了加总。例如，6 个不同到期月份豆一期货合约的成交量合计为 152 849 手，持仓量合计为 208 210 手。同时，豆一、豆二、豆粕、豆油、棕榈油、玉米、玉米淀粉、鸡蛋、粳米、生猪、纤维板、胶合板、聚乙烯、聚氯乙烯等 21 个期货品种的成交量和持仓量总计分别为 7 616 547 手和 10 440 558 手。

## 2.5.2 常见的期货行情图

常见的期货行情图有期货合约的分时图、Tick 图、K 线图（candle stick charts）等，以及各种连续图。

### 1. 分时图

分时图是指在某一交易日内，按照时间顺序将对应的期货成交价格进行连线所构成的行情图。图 2-5 为沪铜 2110 合约的分时行情图，图中标注曲线即为分时图曲线。

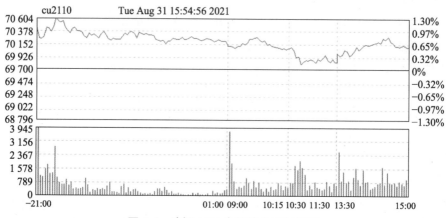

图 2-5　沪铜 2110 合约的分时行情图

### 2. Tick 图

Tick 图，也称闪电图，理论上是按照时间顺序将期货合约的每一笔成交价格依次标注出来并连线形成；在价格成交频率较高时，根据行情推送和更新频率确定，比如国内期货行情每 500 毫秒推送一次，Tick 图就是每 500 毫秒推送的最新价按时间顺序的连线。Tick 图可以标示出一段时间内所有成交价格及其变动幅度。图 2-6 为沪铜 2110 合约的 Tick 图，图中标注曲线即为其 Tick 图曲线，横轴代表时间，纵轴代表价格。

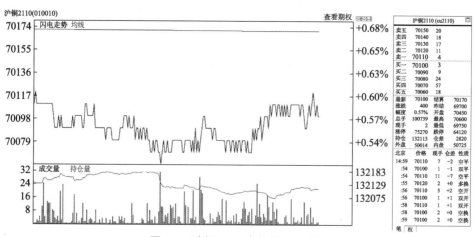

图 2-6　沪铜 2110 合约的 Tick 图

### 3. K 线图

K 线图，也称蜡烛图、烛线图、阴阳线图等。蜡烛图起源于日本 18 世纪德川幕府时代（1603—1867 年）的米市交易，用来记录米价每天的涨跌。因其标画方法具有独到之处，人们把它引入股票市场价格走势的分析中，并广泛应用于期货、外汇、期权等市场。

图 2-7 为沪铜 2110 合约的日 K 线图，横轴代表时间，纵轴代表价格。

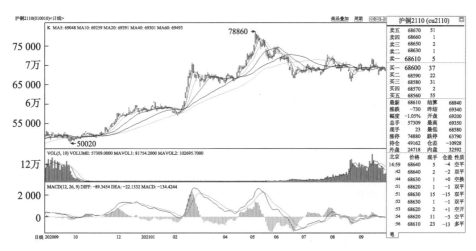

图 2-7　沪铜 2110 合约的日 K 线图

K 线图中的每一根 K 线标示了某一交易时间段中的开盘价、收盘价、最高价和最低价。根据单根 K 线所代表的时间长短不同，可以画出不同周期的 K 线图，如 5 分钟 K 线、15 分钟 K 线、30 分钟 K 线、60 分钟 K 线、日 K 线、周 K 线、月 K 线等。

**4. 主力合约连续图**

因为期货合约的寿命期有限，要了解某期货品种的长期趋势，一般要将不同时间段的期货合约连在一起，形成连续图，其中最常用的是主力合约连续图。同一时间成交量和持仓量最大的合约为该品种的主力合约，取其价格和交易量作图，就可得到该期货品种的主力合约连续图。图 2-8 为沪铜期货的主力合约连续图。

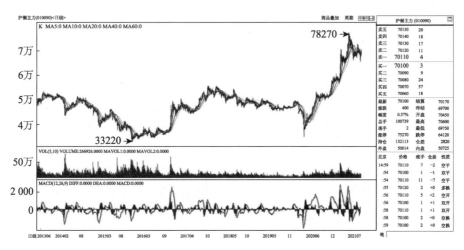

图 2-8　沪铜期货的主力合约连续图

此外，交易所及期货服务机构会编制品种指数并制作指数趋势图，也为不少交易者使用。

## 思考题

1. 什么是远期合约？远期合约交易有哪些特点？
2. 什么是期货交易？期货交易和远期交易有哪些联系和区别？
3. 期货合约标准化的意义是什么？
4. 具有何种特征的商品能够成为期货合约标的？
5. 期货合约的主要条款有哪些？其设置依据是什么？
6. 比较不同品种期货合约交割月份设置的特点。
7. 期货交割方式主要有哪几种？
8. 简述期货市场保证金制度的作用及其实施的特点。
9. 什么是当日无负债结算制度？实施当日无负债结算制度有什么作用？
10. 什么是涨跌停板制度？
11. 什么是持仓限额及大户报告制度？
12. 试述强行平仓的几种情形。
13. 简述期货交易结算的程序。
14. 比较逐日盯市和逐笔对冲的异同。
15. 什么是结算价？
16. 我国期货交割的方式有哪些？
17. 分别解读金融期货和商品期货行情。

## 习题

1. 某客户在 7 月 2 日买入上海期货交易所 9 月铝期货合约一手，价格 15 050 元/吨，该合约当天的结算价为 15 020 元/吨，收盘价为 15 010 元/吨，若交易所规定的涨跌停板为 ±3%，求该期货合约下一交易日跌停板价格。

2. 5 月 12 日，大连商品交易所 9 月份玉米期货合约的收盘价为 2 460 元/吨，结算价为 2 455 元/吨，若交易所规定的涨跌停板为 ±4%，求该合约下一交易日涨停板价格。

3. 某客户在 9 月 15 日开仓买入锌期货合约 10 手（每手 5 吨），成交价为 14 500 元/吨，同一天该客户卖出 5 手锌合约平仓，成交价为 14 530 元/吨，当日结算价为 14 520 元/吨，交易保证金比例为 5%。该客户上一交易日可用资金为 2 000 000 元，且未持有任何期货合约。计算该客户的当日盈亏（不含手续费、税金等费用）和可用资金。

4. 接第 3 题，9 月 16 日，该客户再买入 5 手铜合约，成交价为 52 500 元/吨，铜期货交易保证金比例为 5%，当日铜合约结算价为 52 580 元/吨，当日锌合约结算价为 14 500，计算该会员的当日盈亏和当日可用资金。

5. 接第 4 题，9 月 17 日，该会员将所持合约全部平仓，锌、铜合约的成交价分别为

14 450 元/吨和 52 600 元/吨，计算其当日盈亏和当日可用资金。

6. 7月2日，某客户在大连商品交易所开仓买进9月份玉米期货合约20手，成交价格2 460元/吨，当天平仓10手合约，成交价格2 450元/吨，当日结算价格2 444元/吨，交易保证金比例为5%。假设该客户上日结存为10万元，且当日开市时未持有任何合约。计算该客户当天的平仓盈亏、持仓盈亏和当日交易保证金。该客户的逐日盯市和逐笔对冲结算单会有哪些项目不同？

7. 以下为某客户的交易结算单（逐日盯市），请完成以下问题：
（1）试对空缺的数据进行计算。
（2）制作该客户的交易结算单（逐笔对冲）。

客户号： 　　　　　　　　　客户名称：李四
日　　期：20210527
资金状况　币种：人民币

| 上日结存： | 1 540 007.88 | 当日结存： | | 可用资金： | |
| 出入金： | 0.00 | 客户权益： | | 风 险 度： | |
| 手续费： | | 保证金占用： | | 追加保证金： | |
| 平仓盈亏： | | | | 交割保证金： | 0.00 |
| 持仓盯市盈亏： | | | | | |
| 可提资金： | | | | | |
| 总盈亏： | | | | | |

成交记录

| 成交日期 | 交易所 | 品种 | 交割期 | 买卖 | 成交价 | 手数 | 开平 | 成交额 | 手续费 | 投保 | 平仓盈亏 | 交易所成交号 |
|---|---|---|---|---|---|---|---|---|---|---|---|---|
| 20210527 | 中金所 | 沪深300 | 2106 | 买 | 5 173.200 | 5 | 开 | | 投 | | 0.00 | |
| 20210527 | 中金所 | 沪深300 | 2106 | 买 | 5 173.600 | 2 | 开 | | 投 | | 0.00 | |
| 共2条 | | | | | | 7 | | | | | | |

持仓汇总

| 交易所 | 品种 | 交割期 | 买持 | 买均价 | 卖持 | 卖均价 | 昨结算 | 今结算 | 浮动盈亏 | 持仓盯市盈亏 | 保证金占用 | 投保 |
|---|---|---|---|---|---|---|---|---|---|---|---|---|
| 中金所 | 沪深300 | 2106 | 7 | | 0 | 0.000 | 5 589 | 5 579 | | | | 投 |
| 共1条 | | | 7 | | 0 | | | | | | | |

## 即测即练

自学自测　扫描此码

# 第 3 章 远期定价与期货定价

**本章学习目标：**

通过本章学习，学员应该能够：
1. 掌握远期定价与期货定价原理；
2. 对常见的远期合约与期货合约进行定价。

## 3.1 远期与期货的定价原理

### 3.1.1 利率、复利与连续复利

衍生品定价中必须考虑利率。利息的计算方法分为单利和复利。假设一笔资金的现值为 $P$，如果每年计息一次，经过 $n$ 年，用单利与复利计算的终值 FV 分别为

$$\text{单利：FV} = P(1 + nr) \tag{3-1}$$

$$\text{复利：FV} = P(1 + r)^n \tag{3-2}$$

可见，两者的主要区别是，复利计算是将之前计息期所获利息加入本金参与下一个计息期的利息计算。

复利现值是指在计算复利的情况下，要达到未来某一特定的资金金额，现今必须投入的本金；复利终值是指本金在约定的期限内获得利息后，将利息加入本金再计利息，逐期滚算到约定期末的本息之和。上述复利计算公式（3-2）中，$P$ 为复利现值，FV 为对应的复利终值。

考虑到资金投入社会生产中不断增值，复利及复利率更符合经济学基本原理。因此在经济决策及理论分析中，使用更多的是复利。

复利分为间断复利与连续复利。比如，若要计算一笔投资一年的利息，可以在一年内只计息一次，为单利；也可以每半年或每季度计息一次，当然，一年内的计息时间间隔可以更短，如每天甚至每秒计息一次，甚至不间断地连续计息，前者为间断复利，后者为连续复利。

一般金融市场和金融机构给出的都是名义年利率。每个计息期的实际利率是用名义年利率除以年计息频率得到的。因此，如果利率报价为 $r$，每年计息 $m$ 次，则每个计息期的实际利率为 $r/m$。当考虑到每年有 $m$ 次计息后，计算终值的式（3-2）变为

$$\text{FV} = P\left(1 + \frac{r}{m}\right)^{mn} \tag{3-3}$$

连续复利下的年名义利率称为连续复利率，设其为 $r_c$，则计算终值的公式为

$$\text{FV} = Pe^{nr_c} \tag{3-4}$$

显然，计息频率不同，同样名义利率下，实际利率的高低不同。在年名义利率相同

的情况下，一段时间内复利的次数越多，终值越大，实际收益和实际利率越高。要比较不同计息频率的利率的高低，需要把它们折算到同样的计息频率基础上。一般的做法是把不同计息频率的利率折算为一年计息一次的实际利率。其公式为

$$r_e = \left(1 + \frac{r}{m}\right)^m - 1 \tag{3-5}$$

连续复利率折算为一年计息一次的实际利率计算公式为

$$r_e = e^{r_c} - 1 \tag{3-6}$$

### 3.1.2 无套利定价原理

无套利定价（no-arbitrage pricing principle）是金融市场上常用的定价方法。其原理在于金融市场上的套利行为是十分短暂的，因为一旦有套利的可能性，投资者会很快实施套利从而使得市场重新回到无法套利的均衡中。无套利定价经常假设市场是无摩擦的。无摩擦市场隐含以下假设。

（1）市场上没有交易成本、没有佣金要求、没有买卖差价、没有保证金要求。
（2）无须考虑税收因素。
（3）没有信用风险。
（4）市场完全竞争。
（5）市场上存在唯一的无风险利率。
（6）市场没有卖空及交易头寸的限制。

无套利定价的关键是利用一组金融资产来复制另一组金融资产的未来现金流，当两种不同的资产组合未来损益（payoff）相同时，它们之间应该实现头寸上的完全对冲。一旦两者的价格有差距，市场上的参与者可以通过买入其中一组被市场低估的资产组合，同时卖出另一组被市场高估的资产组合来进行套利，这种套利活动会推动市场走向均衡，使得两种资产组合的最终收益率相同。因此，某种金融产品在市场的合理价格就应当是它在无套利机会时的价格。

### 3.1.3 远期合约定价的一般原理

根据无套利原理，在无摩擦的均衡市场上，未来有同样损益的交易决策必然有同样的交易成本。假设交易者希望在 $T$ 时间之后拥有一个单位的某种资产，以下两种交易策略均可达到目的：

策略一：当前以资产的市场价格 $P$ 买进该资产并持有 $T$ 时间。

策略二：签署一份期限为 $T$ 的远期合约，到期以约定交割价格 $X$ 买进资产。

两种交易策略的现金流如图 3-1 所示。这两种策略最后的结果都是到时间 $T$ 当事人拥有一个单位的资产，因此其未来损益相同，其交易成本也应相同。下面来

图 3-1 两种交易策略的现金流

分析这两种策略的交易成本情况。

策略一的交易成本为：买进资产占用了资金 $P$ 直到 $T$，产生资金占用成本（为无风险利息）；资产可能有储存成本；资产在持有期间可能产生收益。有

策略一的交易成本 = 资产的当前价格 + 无风险利息成本 + 储存成本 − 资产收益

即

$$C = P + P \times R + U - I \tag{3-7}$$

式中，$C$ 为从 0 到 $T$ 期间的交易成本；$P$ 为资产的当前价格；$R$ 为 0 到 $T$ 期间的无风险利率；$U$ 为资产持有至 $T$ 时间的储存成本；$I$ 为资产持有至 $T$ 期间的收益。

策略二的交易成本为：到期的交割价格 $X$。

在签订远期合约时，使得合约价值为 0 的公平合理的交割价格，也就是开始时资产的远期价格，就应当等于第一种策略的持有成本。如以 $F$ 表示资产的远期价格，则有

$$F = C = P + P \times R + U - I \tag{3-8}$$

以上讨论的是在无摩擦的有效市场签订一份远期合约时的情况。此时资产的远期价格等于所签合约的交割价格，合约价值为 0。对于一个已存在的远期合约，如图 3-1 中的 $T$ 时刻，合约的交割价格仍然为 $X$。但是这时的市场利率应该用 $T'$ 到 $T$ 这一段时间的利率 $R'$，资产的市场价格也变成了 $P'$。这时的合约价值可能就不再为 0 了。但是，资产的远期价格仍是使这时的远期合约价值为 0 的未来交割价格。因此，可用式（3-8）求得 $T'$ 时刻资产的远期价格 $F' = P' + P' \times R' + U' - I'$。则 $T'$ 时刻远期合约多头的合约价值应为

$$V = \frac{F' - X}{1 + R'} = \frac{P' + P' \times R' + U' - I' - X}{1 + R'} = P' + \frac{U' - I' - X}{1 + R'} \tag{3-9}$$

式中，$P'$ 为资产在 $T'$ 时刻的价格；$R'$ 为 $T'$ 至 $T$ 期间的无风险利率；$U'$ 为资产从 $T'$ 持有到 $T$ 的储存成本；$I'$ 为资产从 $T'$ 持有到 $T$ 的收益。对于合约空头，合约价值正好与式（3-9）符号相反。

## 3.2　远期合约与期货合约的理论价格

### 3.2.1　期货合约与远期合约理论价格的关系

推导期货合约的理论价格，通常从推导远期合约的理论价格入手，因为远期合约和期货合约都是规定在将来某一特定的时间和地点交割一定数量标的资产的标准化合约。两者的主要区别在于远期合约的盈亏在交割时进行结算，而期货合约的盈亏则每日结算。从远期合约理论价格入手的优点是可以将问题简单化，在此基础上，再进一步论证期货合约的理论价格与远期合约的理论价格之间的差别。

远期合约的理论价格是建立在套利模型基础上的。假定远期合约价格高估，投资者可以买进现货，同时卖出远期合约以获得套利利润，当投资者都这么做时，远期合约价格趋向于下降（现货价格趋向于上扬）；相反，当远期合约价格低估时，投资者可以买进远期合约的同时卖出现货资产以获得套利利润，当投资者都这么做时，远期合约的价格

会趋向于上扬（现货价格趋向于下降）；只有当远期合约价格位于其中某个均衡点使得套利者的收益为零时，套利者才会停止套利活动，这一理论均衡价格就是无套利均衡价格。远期合约理论价格就是这一无套利均衡价格。

远期合约理论价格的推导是建立在一系列假设条件之上的，具体如下。

（1）不考虑交易费用。

（2）所有的交易净利润使用同一税率。

（3）市场参与者能够以相同的无风险利率借入和贷出资金。

（4）市场参与者能够对资产进行做空。

（5）当套利机会出现时，市场参与者将参与套利活动。

（6）除非特别说明，所使用的利率均以连续复利来计算。

拓展知识 3.1

远期与期货定价的关系

在数学上可以证明，当无风险利率恒定，且所有到期日都不变时，两个交割日相同的远期合约和期货合约有同样的价格。

现实中利率是会变化的。如果在合约到期前利率发生变动，远期合约价格和期货合约价格从理论上来讲就会产生差异。如果标的资产价格与利率高度正相关，当标的资产价格上升时，持有期货合约多头头寸的投资者会因每日结算而立即获利，由于标的资产价格的上涨几乎与利率的上涨同时出现，获得的利润能够以新的较高的利率水平进行投资；同样，当标的资产价格与利率水平下跌时，该投资者立即亏损，亏损能够以新的较低的利率水平进行融资，而持有远期合约多头头寸的投资者不会因利率的这种变动而受到类似影响。因此，在其他条件相同时，期货合约的理论价格略高于远期合约的理论价格。同理，当标的资产价格与利率的负相关性很强时，远期合约理论价格高于期货合约理论价格。

尽管如此，对于有效期仅为几个月的远期合约与期货合约而言，它们之间的理论价格差异在大多数情况下小到可忽略不计。只有当合约期限很长时，两者之间才会出现较大的差别。由于流动性较强的期货合约的存续期通常都不长，因此，假定远期合约和期货合约的理论价格相同很合理。用符号 $F$ 既可代表某个资产的期货合约价格，也可代表该资产的远期合约价格。

当然，在实际中，引起远期合约价格和期货合约价格差异的因素还有很多，如税收、交易成本和保证金等。另外，期货合约对方违约的风险大大低于远期合约，期货合约的流动性大大高于远期合约，这些都会导致两者的价格出现差别。

远期合约与期货合约的标的资产一般分为两类：一类是投资性资产，即众多投资者仅仅出于投资的目的而持有的标的资产；另一类是消费性资产，即出于消费或生产的目的而持有的标的资产。

### 3.2.2 标的为不支付收益投资性资产的远期定价与期货定价

对于标的为不提供任何期间收益的投资性资产衍生出的远期合约与期货合约而言，其定价最为简单。典型的如金、银、不付红利的股票、贴现债券等衍生的远期合约与期货合约。

**【例 3-1】** 某不支付红利股票的远期合约，6 个月后到期。假设股价为 60 元，6 个月的无风险利率为年利 8%。

假定远期（期货）合约的价格偏高，为 65 元，套利者可以卖空远期（期货），同时以 8%的无风险年利率借入 60 元，买一只股票。6 个月后到期时，投资者交割该股票，获得 65 元，并归还借款。应归还贷款的现金总额为：$60e^{0.08 \times 6/12} = 62.45$ 元[①]。通过这个策略，套利者在 6 个月后能够获得的收益为 65 - 62.45 = 2.55 元。

再假定远期（期货）合约的价格偏低，为 59 元。套利者可以买入远期（期货）合约，同时借入股票卖空，获得 60 元。6 个月后到期时，投资者交割，支付 59 元，获得股票，并归还股票。考虑资金的时间价值，当初卖空股票的收益为：$60e^{0.08 \times 6/12} = 62.45$ 元。通过这个策略，套利者在 6 个月后能够获得的收益为 62.45 - 59 = 3.45 元。

可以看出，不考虑交易成本，只有远期合约的价格在 62.45 元时，才不存在套利机会。

**【结论】** 将【例 3-1】推广到一般情况，假定不支付中间收益的投资性资产的即期价格为 $S_0$，$T$ 是远期（期货）合约到期的期限，$r$ 是以连续复利计算的无风险年利率，$F_0$ 是远期（期货）合约的即期价格，那么 $F_0$ 和 $S_0$ 之间的关系为

$$F_0 = S_0 e^{rT} \tag{3-10}$$

如果 $F_0 > S_0 e^{rT}$，套利者可以买入投资性资产同时做空远期（期货）合约进行套利；如果 $F_0 < S_0 e^{rT}$，套利者可以卖空投资性资产同时买入远期（期货）合约进行套利。

根据 3.1 节对远期定价一般性原理的讨论，也可以得到 $F_0 = S_0 + S_0 \times R$。两个公式的结果一致，只不过，式（3-10）是以连续复利计算。$r$ 和 $R$ 之间可以用式（3-6）进行换算。

### 3.2.3 标的为支付已知收益投资性资产的远期定价与期货定价

考虑远期合约标的资产将为持有者提供可完全预测的期间现金收益的情形，如支付已知红利的股票和附息债券。

**【例 3-2】** 某附息债券的远期合约，债券的当前价格为 80 元。假定远期合约期限为 1 年，债券在 5 年后到期，则该远期合约实际上相当于一份 1 年之后购买 4 年期债券的合约。已知该债券 6 个月后支付 4 元的利息，6 个月和 1 年期的无风险利率（连续复利）分别为 8%和 10%。

假设当前远期合约价格偏高，为 86 元。套利者可以借 80 元购买债券，并以 86 元的价格卖出远期合约。首次付息的现值为 $4e^{-0.08 \times 0.5} = 3.84$ 元。在 80 元中，有 3.84 元可以按 8%的年利率借入 6 个月，在 6 个月后用债券利息偿还。剩下的 76.16 元以 10%的年利率借入 1 年，年底所支付的本息和为 $76.16e^{0.1 \times 1} = 84.17$ 元。合约到期后，套利者交割债券可获得 86 元，同时偿还借款。则套利者净盈利为：86 - 84.17 = 1.83 元。

再假设当前远期价格偏低，为 82 元。持有该债券的某个投资者可以卖出债券，购买

---

[①] 在连续复利情况下，金额 $A$ 以利率 $R$ 投资 $n$ 年后，将达到 $Ae^{Rn}$；同样条件下，$n$ 年后的金额 $B$ 贴现到现在的现值为 $Be^{-Rn}$。

远期合约。卖出债券所得 80 元，其中 3.84 元以 8%的年利率投资 6 个月，以保证支付债券息票利息的现金流。剩下的 76.16 元以 10%的年利率投资 1 年，得到 84.17 元。到期后用 82 元按远期合约协议价格买入债券。与投资者一直持有债券的情形相比，该策略的净盈利为：84.17 − 82 = 2.17 元。

若 $F_0$ 是远期合约的即期价格，第一种套利策略中，当 $F_0 > 84.17$ 元时，投资者会产生净收益；第二种套利策略中，当 $F_0 < 84.17$ 元时，投资者也会产生净收益，所以只有远期合约价格等于 84.17 元时才不存在套利机会。

【结论】将【例 3-2】推广到一般情况，当一项资产在远期合约期限内能够产生收益，且其收益的现值为 $I$，那么远期合约的即期价格为

$$F_0 = (S_0 - I)e^{rT} \tag{3-11}$$

当 $F_0 > (S_0 - I)e^{rT}$ 时，套利者可以通过买入资产同时做空远期合约套利；当 $F_0 < (S_0 - I)e^{rT}$ 时，套利者可以通过卖出资产同时买入远期合约来套利。

以上定价公式也适用于标的为支付已知收益投资性资产的期货定价。

同理，根据 3.1 节对远期定价一般性原理的讨论，也可以得到类似的公式。

### 3.2.4 标的为支付已知收益率投资性资产的远期定价与期货定价

现在考虑远期合约的标的资产能够为持有者提供收益，且这种收益以连续复利收益率形式表达的情况。假设某资产可以按照连续复利率 $d$ 支付，远期合约的理论价为

$$F_0 = S_0 e^{(r-d)T} \tag{3-12}$$

以上定价公式也适用于标的为支付已知收益率投资性资产的期货定价。

### 3.2.5 考虑存储成本的远期定价与期货定价

对于商品期货与远期而言，持有其标的会产生一定的存储成本。在定价时，可以将存储成本看作是一个负收入。假如 $U$ 是远期合约或期货合约有效期内所有存储成本的现值，由式（3-11）可知，期货价格为

$$F_0 = (S_0 + U)e^{rT} \tag{3-13}$$

式（3-13）的成立也可以用套利机制来说明，假如 $F_0 > (S_0 + U)e^{rT}$，套利者以无风险利率借入金额为 $S_0 + U$ 的资金，用来购买一单位的商品并支付存储成本，同时卖出一单位商品的远期合约或期货合约，在时刻 $T$ 可以得到套利收益 $F - (S + U)e^{rT}$。当许多套利者都这样操作时，$S_0$ 将上涨，而 $F_0$ 将下降；同样地，$F_0 < (S_0 + U)e^{rT}$ 也不会维持很久，因此一定有 $F_0 = (S_0 + U)e^{rT}$。

若任何时刻的存储成本与商品的价格呈一定的比例，存储成本可以看作是负的红利收益率。在这种情况下，由式（3-12）可知

$$F_0 = S_0 e^{(r+u)T} \tag{3-14}$$

这里，$u$ 是每年的存储成本与现货价格的比例。

### 3.2.6 标的为消费性资产的远期定价与期货定价

公司或者个人保留商品库存主要是因为其有消费价值或用于生产。当远期定价或期货价格偏低时，他们会选择出售商品套利吗？显然不一定。生产厂家需要持续生产，可能无法出售商品；消费主体可能也不会积极主动出售商品，因为买进远期合约或期货合约并不能用于当前生产和消费。在这种情况下，$F_0 < (S_0 + U)e^{rT}$ 可能继续存在下去。

因此，对于消费和生产目的的商品，套利讨论只能给出期货价格的上限，即

$$F_0 \leqslant (S_0 + U)e^{rT} \qquad (3\text{-}15)$$

如果存储成本用现货价格的比例 $u$ 来表示，则有

$$F_0 \leqslant S_0 e^{(r+u)T} \qquad (3\text{-}16)$$

持有实实在在的商品可以从暂时的商品短缺中获利，或者可以起到满足生产所需的作用。这些利益可以用商品的便利收益率（convenience yield）来表示。如果存储成本可知，且现值为 $U$，便利收益率可定义为满足式（3-17）的 $y$：

$$F_0 e^{yT} = (S_0 + U)e^{rT} \qquad (3\text{-}17)$$

若每单位的存储成本为现货价格的固定比例 $u$，则 $y$ 定义为

$$F_0 e^{yT} = S_0 e^{(r+u)T} \qquad (3\text{-}18)$$

便利收益率反映了市场对未来商品可获得性的预期。在远期合约和期货合约有效期间，商品短缺的可能性越大，便利收益就越高。若商品使用者拥有大量的库存，则在不久的将来出现商品短缺的可能性很小，从而便利收益率会比较低。反之，较低的库存会导致较高的便利收益。

### 3.2.7 持有成本与持有成本理论

持有成本理论，也称持有成本假说，由 Kaldor、Working 和 Telser 提出，是最早的商品期货定价理论，后来也被用于金融期货的定价，目前在实际操作中广为应用。

该理论认为，在不考虑直接交易费用、现货市场卖空限制、借贷利率的不等性以及商品仓储的限制性等因素的前提下，期货价格等于商品现货的价格加上将现货持有到期的成本。持有成本由融资利息、存储成本和收益三部分组成，等于存储成本加上融资购买资产所支付的利息，再减去该资产的收益。

在市场均衡时，现货价格和期货价格之间以及不同交割月的期货合约价格之间的价差反映了不同时间段持有现货的持有成本。

下面基于持有成本理论对期货合约进行定价，其中 $c$ 表示成本因子。

（1）对不支付红利的股票而言，既无存储成本，又无收益，持有成本就是利息占用，持有成本因子为 $r$，因而其远期合约或期货合约的理论价格为

$$F_0 = S_0 e^{cT} = S_0 e^{rT}$$

（2）对股票指数而言，大部分指数可以看成支付红利的投资资产。这里的投资资产就是计算指数的股票组合，投资资产所支付的红利就是该组合的持有人收到的红利。根

据合理的近似，可以认为红利是连续支付的。如假设 $d$ 为红利收益率，则持有成本因子为 $r-d$，因而其远期或期货的理论价格为

$$F_0 = S_0 e^{cT} = S_0 e^{(r-d)T}$$

（3）对货币而言，假定 $S_0$ 代表以本币表示的一单位外汇的即期价格。外汇的持有人能获得货币发行国的无风险利率 $r$ 的收益（假如持有人能将外汇投资于以该国货币标价的债券），设 $r_f$ 为外汇的无风险利率，则持有成本因子为 $r-r_f$，因而其远期或期货的理论价格为

$$F_0 = S_0 e^{cT} = S_0 e^{(r-r_f)T}$$

这就是国际金融领域著名的利率平价关系。

（4）对投资性商品而言，若其存储成本与价格比例为 $u$，则持有成本因子为 $r+u$，因而其远期或期货的理论价格为

$$F_0 = S_0 e^{cT} = S_0 e^{(r+u)T}$$

（5）对消费型商品资产而言，同样引进 $y$ 表示便利收益率，则持有成本因子为 $c-y$，因而其远期或期货的理论价格为

$$F_0 = S_0 e^{(c-y)T}$$

可见，持有成本理论所得出的结论实际上与前面是一致的，其实质也体现了无风险套利思想，不过在表达上有所差异。

### 思考题

1. 简述无套利定价原理及其基本假设。
2. 期货合约与远期合约的理论价格存在怎样的关系？
3. 什么是便利收益？
4. 标的为消费性资产与标的为投资性资产的远期（期货）定价有何不同？

答案解析扫描此码

### 习题

1. 某企业将现金 10 000 元存入银行，期限为 5 年，年利率为 3%，按单利计息，计算该企业存款到期时将得到的本利和。若每年复利一次，到期时本利和是多少？
2. 某施工企业从银行借款 100 万元，期限 3 年，年利率 6%，按半年复利计息，求企业第 3 年末应支付的本息和。
3. 某股票现货市场价格为 60 元，该股票 3 个月后到期的期货合约理论价格是多少？假定该股票是公平定价的，其间不支付红利，且对应的无风险收益率为 3%。
4. 8 月 17 日，沪深 300 指数值为 5 000 点，假设该指数值是合理的，则 9 月 17 日到期的沪深 300 指数期货的理论价格是多少？假设对应的无风险收益率为 3%，其间不支付红利。

5. 假设某债券 6 个月和 1 年期的无风险利率（连续复利）分别为 4% 和 5%，6 个月后支付 2 元的利息，该债券当前价格为 99 元，其远期合约在 1 年后到期，求此远期合约的价格。

6. 某日，铜现货价为 56 000 元/吨，假设铜现货是公平定价的，且对应的无风险收益率为 5%，铜 6 个月的存储成本的现值为 130 元/吨，则 6 个月后到期的铜期货价应该是什么价位？为什么？

7. 8 月初，玉米现货价格为 2 450 元/吨。粮食经销商为储存玉米而建有粮仓，粮仓的看管、维护等方面的成本为每年 10 元/吨。根据经验，持有足够的粮食现货，可以在维护客户、应对市场意外变化方面使粮食经销商有更多的回旋余地，从而可看作便利收益。据统计，这一便利收益为每年 1 元/吨。假设 3 个月期市场无风险利率为 4%，求 3 个月期玉米远期合约的价格。

8. 假设中证 500 指数值为 7 000 点，无风险收益率为 3%，其间不支付红利。则理论上，1 个月后到期的中证 500 指数期货与 3 个月后到期的中证 500 指数期货点位之差是多少？

答案解析 扫描此码

### 即测即练

自学自测 扫描此码

# 第 4 章 期货套期保值

**本章学习目标：**

通过本章学习，学员应该能够：
1. 掌握期货套期保值的概念与基本原则、类型；
2. 理解套期保值的逻辑，掌握套期保值的基本原理；
3. 掌握基差的概念，分析基差变动与套期保值效果的关系；
4. 理解点价交易如何与套期保值操作相结合；
5. 为企业或机构设计套期保值方案，并进行方案优化。

## 4.1 期货套期保值概述

### 4.1.1 套期保值的概念与基本原则

**1. 套期保值的概念**

套期保值又称对冲、避险。广义的套期保值工具包括期货、期权、远期、互换等衍生产品。而狭义的套期保值工具仅指期货与期权。本章主要讨论期货套期保值。

期货套期保值就是同时买进（或卖出）与现货品种、数量相同但交易方向相反的期货合约，以便在未来某一时间再通过平仓获利来抵偿因现货价格波动带来的风险。

企业通过套期保值，可以降低价格风险对企业经营活动的影响，实现稳健经营。

**2. 套期保值的基本原则**

一般而言，套期保值交易应遵循品种相同、数量相等、交易时间相同或相近、交易方向相反这四大基本原则。

1）品种相同

所选择的期货合约的标的与所需保值的现货应相同。例如，某贸易商签订了 3 万吨的白糖进口合同，价格已确定下来。为了预防日后白糖价格下跌，使得这批白糖的销售收益下降，可以用郑州商品交易所白糖期货合约进行套期保值。

2）数量相等

所交易的期货合约代表的标的资产与需保值的现货在数量上应相等。譬如某交易商两个月后想要购进 100 吨铜的现货，但是担心铜的价格上涨，购买成本增加，那么他就需用20手上海期货交易所铜期货合约（5 吨/手）来保值。

3）交易时间相同或相近

期货头寸持有时间段应与现货承担风险的时间段对应。当企业在现货市场的头寸已经了结或现货已经交易完成，应将期货头寸平仓，或通过交割的方式同时将现货和期货头寸了结，一般而言，选用的期货合约的交割月份要与交易者将来实际要买进或卖出现货商品的月份相同或相近。

4）交易方向相反

在期货市场上的交易方向应与在现货市场上的交易方向相反，前者是买进（或卖出），后者应是卖出（或买进）。

然而，考虑到现实情况的制约，人们在实际操作中，往往会在上述基本原则的基础上进行一些变通。

（1）在实际中，只有少数商品才有完全对应的期货品种。因此，某些商品的套期保值只能选择价格上具有较强相关性的期货品种来代替。这种选择与被套期保值商品或资产种类不相同但价格走势大体一致的期货合约进行的套期保值，称为交叉套期保值（cross hedging）。一般地，选择作为替代物的期货品种最好是该现货商品或资产的替代品，相互替代性越强，交叉套期保值交易的效果就会越好。

（2）在实际中，不一定要硬性遵循交易数量相等原则。其一，期货交易要求买卖整数倍的期货合约数量。当现货标的数量不是对应的期货合约数量的整数倍时，就无法做到交易数量完全相等。如交易商想要为103吨铜保值，那么期货合约的数量就大致为20或21手。其二，在交叉套期保值的情形下，交易数量不应相等。其三，人们可以依据组合投资风险最小的原理来确定套期保值比率，对此，后面将专门讨论。

（3）在实际中，由于期货合约的流动性存在差异，交易者往往会选择流动性好的合约用于保值，以及掌握好时机进行期货合约的平仓，以便达到预期的保值效果。例如，5月下旬某榨油厂计划在9月购进大豆做原料，为预防价格上涨带来风险，他决定买入大连商品交易所的大豆期货合约保值，此时，期货市场上有当年7月、9月、11月合约以及来年1月、3月、5月、7月、9月合约在挂牌交易。这时，选择11月合约要比9月合约更好，因为到了交割月，保证金水平会提高，期货合约的流动性会降低，这给套期保值头寸的对冲带来困难。

### 4.1.2 套期保值的经济学原理

套期保值之所以能实现风险对冲，基于以下两个基本原理。

**1. 期现价格走势一致**

这是指同一品种的期货价格走势与现货价格走势一致。同一品种的商品或资产，由于其期货价格与现货价格在无人为操纵的情况下都受相同经济因素的影响和制约，因而两者的价格走势和波动幅度保持大致相同。这样，当在两个市场采取反向交易时，若在现货市场上亏损，在期货市场就有盈利，便可用期货市场上的盈利来抵偿现货市场上的亏损。

**2. 期现价格到期聚合**

这是指随期货合约到期日的临近，期货价格与现货价格趋向一致。随着某月期货合约到期日的临近，该期货价格应与现货价格逐渐接近，在到期日两者相差甚微。这是因为，如果两者不一致就会引发两市场之间的套利交易，其结果必定会使两个价格大致相等，市场不再有套利机会。

## 4.2 套期保值类型及其应用

期货套期保值具有规避现货价格波动风险的功能，对于相关企业而言，可以起到锁定成本、稳定产值和利润、减少资金占用、降低储运成本、提高借贷能力、提供购买和销售时机的更大选择性和灵活性等作用，本节将对期货套期保值的应用进行具体分析。

### 4.2.1 套期保值的基本类型

根据在期货市场操作方式的不同，套期保值可以分为买入套期保值（buying hedging）和卖出套期保值（selling hedging）。

**1. 买入套期保值**

买入套期保值，又称多头套期保值（long hedging），是指为了规避价格上涨的风险，先在期货市场上买入与其将在现货市场上买入的现货商品或资产数量相等、交割日期相同或相近的以该商品或资产为标的的期货合约，然后，在该套期保值者在现货市场上买入现货商品或资产的同时，将原先买进的期货合约对冲平仓，从而为其在现货市场上买进现货商品或资产的交易进行保值。

买入套期保值主要适用于以下情形。

（1）预计在未来要购买某种商品或资产，担心未来市场价格上涨，使其购入成本提高。

（2）目前供货方尚未持有某种商品，但已按固定价格与需求方签订好了现货供货合同，担心市场价格上涨，影响其销售收益或者采购成本。

（3）需求方认为当前的价格很合适，但是由于资金不足、仓库已满等情况不能立即买进现货，担心将来购进现货时价格上涨的情况。

（4）目前处于金融资产的卖空状态，担心将来价格上涨，使持有头寸的价值下降。

以上情形下，我们称交易者目前在现货市场处于"空头"状态。

【例 4-1】5月份，国内豆粕的现货价格为 3 484 元/吨，某饲料企业为避免将来现货价格可能上升，从而提高其购买原材料的成本，因此在大连商品交易所进行豆粕套期保值交易。5月15日，该企业在期货市场上买入10手9月到期的豆粕合约，价格为 3 548 元/吨。7月初，该企业在现货市场上以每吨 3 600 元的价格买入豆粕 100 吨，同时在期货市场上以每吨 3 664 元卖出10手9月份豆粕合约对冲多头头寸。该饲料企业的套期保值结果见表 4-1。

表 4-1 套期保值结果（价格上涨情形）

| 时间 | 现货市场 | 期货市场 |
| --- | --- | --- |
| 5月15日 | 市场价格 3 484 元/吨 | 买入9月份豆粕期货合约，3 548 元/吨 |
| 7月5日 | 买入价格 3 600 元/吨 | 卖出平仓，3 664 元/吨 |
| 盈亏 | 成本比计划高 116 元/吨 | 盈利 116 元/吨 |

由此可见，该饲料企业在过了 2 个月后以 3 600 元/吨的价格购进豆粕，比先前 5 月初买进豆粕多支付了 116 元/吨的成本，但在期货交易中盈利 116 元/吨，抵补了现货市场成本上升的影响。通过套期保值，该饲料企业实际购买豆粕的成本为 3 600 − 116 = 3 484 元/吨，正好等于 5 月中旬豆粕的价格，完全规避了豆粕价格上涨的风险。如果不进行套期保值，该企业将遭受每吨豆粕成本上涨 116 元的损失，影响其生产利润。

**2. 卖出套期保值**

卖出套期保值，又称空头套期保值（short hedging），是为了规避价格下跌的风险，先在期货市场上卖出与其将在现货市场上卖出的现货商品或资产数量相等、交割日期相同或相近的以该商品或资产为标的的期货合约，在该套期保值者在现货市场上卖出现货商品或资产的同时，将原卖出的期货合约对冲平仓，从而为其在现货市场上卖出现货商品或资产的交易进行保值。

卖出套期保值主要适用于以下情形。

（1）预计在未来要卖出某种商品或资产，担心未来市场价格下跌，使其销售收益下降。

（2）生产商、储运商、贸易商已经按固定价格买入未来交收的商品，担心市场价格下跌，使其商品市场价值下降。

（3）加工制造企业担心库存原材料价格下跌。

（4）目前持有金融资产多头头寸，担心将来价格下跌，使其组合的资产净值减少。

以上情形下，称交易者目前在现货市场处于"多头"状态。

**【例 4-2】** 某年 5 月初，焦炭的现货价格为 2 807 元/吨，某焦炭企业月产能 10 万吨，该企业认为未来两个月焦炭价格可能下跌，为了避险，该企业决定在大连商品交易所进行焦炭期货卖出套期保值交易。5 月初，该企业卖出 1 000 手（100 吨/手）当年 8 月交割的焦炭期货合约，成交均价为 3 000 元/吨。到了 7 月初，焦炭的现货价格下降为 2 559 元/吨，该厂以此价格卖出 10 万吨焦炭，与此同时将期货合约买入平仓，平仓价格为 2 752 元/吨，结束了套期保值。套期保值结果见表 4-2。

表 4-2 套期保值结果（价格下跌情形）

| 时间 | 现货市场 | 期货市场 |
| --- | --- | --- |
| 5 月 4 日 | 市场价格 2 807 元/吨 | 卖出当年 8 月焦炭期货合约，3 000 元/吨 |
| 7 月 4 日 | 平均售价 2 559 元/吨 | 买入平仓，2 752 元/吨 |
| 盈亏 | 收益减少 248 元/吨 | 盈利 248 元/吨 |

可见，由于焦炭现货价格下跌，该焦炭生产厂在销售焦炭时，每吨焦炭少赚 248 元，但是由于期货空头头寸因价格下跌而获利 248 元/吨，期货市场的盈利完全抵偿了现货市场的亏损。通过套期保值操作，焦炭的实际售价相当于 2 559 + 248 = 2 807 元/吨，正好等于开始套期保值操作时的现货价格。套期保值使焦炭生产厂不再受未来价格变动不确定性的影响，保持其盈利的稳定性。如果没有进行套期保值，价格下跌将导致收益减少 248 元/吨，这将减少焦炭生产厂商的利润，甚至会导致亏损。

## 4.2.2 套期保值的其他分类

套期保值除了以上的基本类型，还可以从其他不同的角度进行分类。

**1. 按期货合约的了结方式不同分类**

按期货合约的了结方式不同，套期保值可以分为平仓式套期保值和实物交割式套期保值。其中前者是指保值结束时，在现货市场买入或卖出，同时期货合约以平仓形式了结；而后者是指保值者直接在期货市场实物交割，其实质是远期合约交易。

绝大多数套期保值都是平仓式保值，这是因为，通过实物交割式保值买入或卖出，在时间、品质规格、交割仓库地点等方面不一定合乎需要。

**2. 按套期保值的性质和目的不同分类**

按性质和目的不同，套期保值可以分为以下四种。

1）存货保值

存有现货的交易者关心的是存货价格将来是否会下跌以及保存现货的持有成本。当他判断将来期货价格比现货价格高出的部分能够弥补持有成本时，可以卖出期货保值。

2）经营性保值

金融机构、贸易商、经销商及某些厂商在市场面临双重风险，既担心购进商品或资产时价格可能上涨，又担心卖出商品或资产时价格可能下跌。因此，它们有时做多头保值，有时做空头保值，其目的是保证其中间利润。

3）预期保值

预期保值是以价格的预期为基础进行的保值交易，交易者在期货市场建立多头或空头头寸时，并没有相对应的现货或现货交易合同。预期保值是作为以后进行现货交易的一个暂时替代交易，其目的是抓住当时的有利价格的机会，抵御以后价格不利带来的亏损。例如，生产者在其产品产出之前就在期货市场卖出相应的期货合约，以便其产品能够卖出好价格；加工商在没有成品出售之前，就在期货市场买进原材料的期货合约，以便确保原材料价格较低，从而降低成本；贸易商在没有签订现货买卖合同之前先在期货市场卖出或买进期货合约。

4）选择性保值或投机性保值

现货交易者在适当的时候进行价格投机交易，如一些大公司根据对未来价格的预期，进行全额保值或部分保值，甚至不进行保值或超额保值，其目的是以大宗现货为后盾企图在期货市场上投机，取得超额利润。选择性保值者将对价格发现功能起到较大的作用。

**3. 按会计准则分类**

企业会计准则把套期保值按保值工具和被保值项目之间的关系划分为公允价值套期保值、现金流量套期保值和境外经营净投资套期保值。

（1）公允价值套期保值。公允价值套期保值是对已确认的资产和负债、未确认的确定承诺和这些资产负债确定承诺中的可辨认部分的公允价值变动风险进行的套期保值。如2021年6月17日，甲公司为规避所持有的铜价格下跌的风险卖出铜期货合约。

（2）现金流量套期保值。现金流量套期保值是对现金流动性风险的套期保值，规避的是未来现金流量变动风险，该类现金流量变动源于与已确认资产或负债（如浮动利率债务的全部或部分未来利息支付）、很可能发生的预期交易（如预期的购买或出售）有关的特定风险，且将影响企业的损益。如 2021 年 7 月，乙公司预期在 12 月 15 日购入白糖作为原材料。为规避白糖价格上涨导致的现金流量风险，甲公司于 7 月 27 日在期货市场上买入白糖期货。

对确定承诺的外汇风险进行的套期保值，企业可以视作现金流量套期保值或公允价值套期保值。

（3）境外经营净投资套期保值。境外经营净投资套期保值是指对境外经营净投资外汇风险进行的套期保值。境外经营净投资是指企业在境外经营净资产中的权益份额。

### 4.2.3 影响套期保值效果的因素

如果对期货市场缺乏足够的了解，套期保值也可能会失败。套期保值的失败源于错误的决策，其具体原因包括：对价格变动的趋势预期错误，或者买卖期货合约的时期选择不当；资金管理不当，对期货价格的大幅波动缺乏足够的承受力，当期货价格短期内朝不利方向变动时，交易者无法追加足够的保证金，被迫斩仓，致使保值计划中途夭折。

而成功的套期保值，其避险程度也可能会出现以下三种情形：期货市场的盈利正好弥补现货市场上的亏损；以期货市场上的盈利弥补现货市场上的亏损有余；期货市场上的盈利不足以弥补现货市场上的亏损。

上述第一种情形称为完全套期保值，后两种情形称为非完全套期保值。从理论上讲，完全套期保值是一种完美的保值状态，但这种情况在现实中很少存在。那么，现实中保值不完全的原因在哪里呢？一般来说，影响保值效果的因素主要有以下几个。

**1. 时间差异的影响**

第一，保值时往往有好几个不同月份的期货合约可供选择。选择不同的月份，保值效果并不一样。按照套期保值原理，要达到完美保值效果，最好选择与未来现货交易时间同一月份的期货合约保值，如在 3 月份签订了 6 月份交货的合同，最好选 6 月期货合约保值。但实际操作中，考虑到市场流动性等因素，往往会选择更晚到期的合约。

第二，期货价与现货价的波动幅度往往不完全一样，不同时点两种价格差不同，特别是对于那些具有明显生产周期的农产品来说，季节性的供求关系的剧烈变动对两个市场的影响程度不一样。

**2. 地点差异的影响**

同一品种在不同地区的现货交易价格并不相同。同样，在不同的交易所，即使是同一品种相同月份的合约，其价格也存在差异。同一品种在交易所不同地区的定点注册仓库的价格也并不相同。交易所会根据实际情况制定合理的升贴水标准，以反映不同地点间的运输成本。但在以下两种情况下，地点差异可能会严重影响保值效果：交易所设定的异地交割升贴水不合理，不能反映实际情况；不可知因素的影响，如运输紧张、自然条件异常等，会造成现货交易地价格与交易所当地价格有较大背离。

### 3. 品质规格差异的影响

有时，现货商需保值的品种与标准化合约标的有差异，其价格波动幅度不会完全一致，很难预期基差的变化；而且当现货品质较差时，难以交割或要承担贴水损失。如果不注意被保值现货与标准化合约标的质量差异，则可能达不到好的保值效果。在进行交叉套期保值时，需保值品种与期货标的不完全一样，价格的影响因素也有差异，会影响到套期保值效果。一般而言，保值品与标的价格相关系数越大，保值效果越好。

### 4. 数量差异的影响

标准化合约的交易单位标准化，决定了期货市场的交易数量必须是它的整数倍。而现货交易的数量不受限制。例如，贸易商进口的铜锭为180吨，若在LME保值，合约规模是25吨，则无论用7张合约保值还是用8张合约保值，都不一定符合最佳数量比，其效果都可能受影响。

### 5. 市况变化的影响

商品期货具有正的持有成本，因此，在商品供求正常的情况下，其市场价格关系应是期货价高于现货价，远期期货价高于近期期货价。这就是通常所说的正向市场（normal market 或 contango）。例如7月3日大豆市场的现货价和各月期货价见表4-3。

表 4-3　商品期货正向市场示例　　　　　　　　　　　　　　　　　元/吨

| 现货价 | 9月期货价 | 11月期货价 | 次年1月期货价 | 次年3月期货价 |
|---|---|---|---|---|
| 4 000~4 240 | 4 379 | 4 448 | 4 532 | 4 550 |

反向市场（inverted market）又称逆向市场（backwardation），其体现的市场价格关系与正向市场相反，表现为现货价高于期货价，近期期货价高于远期期货价。例如7月2日阴极铜市场的现货价和各月期货价见表4-4。

表 4-4　商品期货反向市场示例　　　　　　　　　　　　　　　　　元/吨

| 现货价 | 7月期货价 | 8月期货价 | 9月期货价 | 10月期货价 |
|---|---|---|---|---|
| 55 850 | 55 830 | 55 800 | 55 690 | 55 490 |

反向市场的出现有两大原因：一是近期对某种商品的需求非常迫切，远大于近期产量及库存量，造成市场供不应求；二是预计将来该商品的供给会大幅度增加。

现实生活中，正向市场与反向市场有时是交替出现的，这使得期货价、现货价变动趋势和方向不能总是保持一致性，影响了套期保值的效果。值得注意的是，有时市况可能突然变化。例如，智利铜矿工人罢工的消息很快就会使铜由正向市场变为反向市场，尽管这种改变持续时间很短，但它对套期保值者的影响非常大。因为反向市场的突然出现可能会导致保值者短期内必须追加一定数量的保证金。如果保值者资金准备不足，则可能使保值计划中途受挫。

除了以上因素，手续费、佣金、保证金占用的利息等是套期保值者的成本费用，若所占比例过高，也会影响保值效果。

## 4.3 基差与套期保值效果

### 4.3.1 基差概述

从【例 4-1】和【例 4-2】可以看出，完全套期保值的实现前提是现货价格和期货价格变动方向、幅度一致。在实际操作中，两个市场的变动趋势一般情况下是相同的，但由于影响套期保值效果的诸多因素的存在，现货市场与期货市场价格的变动幅度在多数情况下是不相同的。在这种情况下，两个市场的盈亏不会完全相抵，会出现不完全套期保值情形。因此，在这里我们将引入基差的概念，分析两个市场价格变动幅度不完全一致与套期保值效果之间的关系。

**1. 基差的概念**

基差是指在某一时刻，需保值的商品（或资产）的现货价与所选用的期货合约的期货价的价差。计算公式如下：

基差 =（需保值的商品或资产的）现货价 −（所选用的期货合约的）期货价

进行套期保值时，由于每个交易者面临的情形不同，其关注的基差也不同，因此，基差具有个别性。若画出某交易者在保值期间的基差图，会发现其基差也是随时间不断波动的，只不过变动幅度要比价格变动幅度小得多。

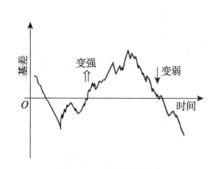

图 4-1 基差的变动

如图 4-1 所示，若基差沿双箭头方向变动，称为基差变强或走强，这分为三种情况：基差负值缩小（如从 −100 到 −50）；基差由负变正（如从 −50 变为 50）；基差正值增大（如从 50 变为 100）。综合这三种情况，都是基差数值的增大。

相反，若基差沿单箭头方向变动，则称为基差变弱或走弱，也有三种情况：基差正值缩小；基差由正变负；基差负值增大。综合这三种情况，都是基差数值的减小。

**2. 影响基差变化的因素**

影响基差变化的因素很多，其中主要是供求关系。原油、有色金属和农产品等商品由于供需之间的不平衡及有时存储商品的困难，可能导致基差的大幅度变化；而对于黄金、白银、外汇、股指等投资资产来说，基差变动幅度较小。一般来说，影响商品期货基差的因素除供求关系外，还包括以下因素：上年转入的结转库存、当年产量预测值、仓储费用、运输费、运输过程中存在的问题、保险费、国家政策、季节性价格波动等。

总的来说，对不同品种的基差变化规律要具体问题具体分析。比如，分析我国小麦、棉花、玉米等品种的基差，主要考虑国内的供求状况、仓储、运输条件、季节性价格波动等。而对于铁矿石、原油、铜、大豆等需大量进口的商品来说，还要考虑国际市场情况、国外产量与需求、国家进口政策等。对于金融期货，则主要考虑金融市场走势、宏观经济政策与数据等。

### 4.3.2 基差风险

前面例题中，均假设了保值期间基差不变，考虑到基差是波动的，有必要讨论基差变化对套期保值效果的影响，假设表 4-5 所示的套期保值情形。

表 4-5 基差变动时的套期保值情形

| 时间 | 现货市场价 | 期货市场价 | 基差 |
| --- | --- | --- | --- |
| $t_1$（开仓） | $S_1$ | $F_1$ | $b_1$ |
| $t_2$（平仓） | $S_2$ | $F_2$ | $b_2$ |

保值者在 $t_1$ 时开仓建立期货头寸，此时现货市场价、期货市场价分别为 $S_1$、$F_1$；保值者在 $t_2$ 时平仓，此时现货市场价、期货市场价分别为 $S_2$、$F_2$；$t_1$、$t_2$ 时刻的基差分别为 $b_1$、$b_2$。

多头套期保值者希望以期货市场的盈利来弥补未来（$t_2$ 时刻）现货价格上涨带来的损失，因而其买入现货实际支付的价格为 $t_2$ 时刻支付的现货买入价扣除期货盈利，有

$$S_2 - (F_2 - F_1) = F_1 + (S_2 - F_2) = F_1 + b_2$$

空头套期保值者希望以期货市场的盈利来弥补未来（$t_2$ 时刻）现货价格下跌带来的损失，因而其卖出现货实际收到的价格为 $t_2$ 时刻现货买入价加上期货盈利，有

$$S_2 + (F_1 - F_2) = F_1 + (S_2 - F_2) = F_1 + b_2$$

套期保值者一旦开仓，$F_1$ 就成为已知因素，而最终实际交易的价格将取决于 $b_2$ 的值。我们把由于 $b_2$（平仓时基差）的不确定性给保值者带来的风险称为基差风险。此时，保值者未来现货交易的实际价格变为 $F_1 + b_2$，称该价格为实际有效价格。

一般而言，与现货价格和期货价格波动幅度相比，基差的波动相对要小得多，因此，套期保值的实质是用较小的基差风险代替较大的现货价格风险。

### 4.3.3 基差变动与买入套期保值

买入套期保值者在期货市场有多头头寸，相应地，在现货市场有空头头寸，如表 4-5 所示情形，买入套期保值者的避险结果可表示为

$$(F_2 - F_1) + (S_1 - S_2) = (S_1 - F_1) - (S_2 - F_2) = b_1 - b_2$$

则有：$b_1 - b_2 = 0$ 时，完全套期保值；$b_1 - b_2 > 0$，即基差走弱，两个市场盈亏相抵后存在净盈利；$b_1 - b_2 < 0$，即基差走强，两个市场盈亏相抵后存在净亏损。

下面通过案例来说明基差变动与买入套期保值效果之间的关系。

**1. 基差走强与买入套期保值**

【例 4-3】 某加工厂的主要原料是铝锭，某年 4 月初铝锭的现货价格为 15 950 元/吨。

该厂计划 7 月份需使用 500 吨铝锭。为了避免将来现货价格上升提高原材料的成本，该厂决定在上海期货交易所通过铝期货进行买入套期保值。该加工厂于是在期货市场上以 16 200 元/吨买入 100 手 8 月份铝期货合约（每手 5 吨）。7 月 1 日，该厂在现货市场以 16 100 元/吨的价格买入 500 吨铝锭，同时在期货市场上以 16 250 元/吨的价格卖出 100 手 8 月铝期货合约平仓，结束套期保值。该加工厂的套期保值结果见表 4-6。

表 4-6 基差走强与买入套期保值

| 时 间 | 现 货 市 场 | 期 货 市 场 | 基 差 |
|---|---|---|---|
| 4月1日 | 市场价格 15 950 元/吨 | 买入 8 月份铝期货合约，16 200 元/吨 | −250 元/吨 |
| 7月1日 | 买入价格 16 100 元/吨 | 卖出平仓，16 250 元/吨 | −150 元/吨 |
| 盈亏 | 成本上升 150 元/吨 | 盈利 50 元/吨 | 走强 100 元/吨 |
| 计算公式 | 净损失 = 100 元/吨<br>实际购入价 = $S_2$ − 期货盈利 = 16 100 − 50 = 16 050（元/吨）<br>实际购入价 = $F_1 + b_2$ = 16 200 − 150 = 16 050（元/吨） | | |

在【例 4-3】中，由于现货价格上涨幅度大于期货价格上涨幅度，基差走强 100 元/吨。现货市场成本上升 150 元/吨，期货市场盈利 50 元/吨，两者相抵后存在净亏损 100 元/吨。通过套期保值，该加工厂铝锭的实际购入价是 16 050 元/吨。该价格要比 4 月初的 15 950 元/吨的现货价格高 100 元/吨。而这 100 元/吨，正是基差走强的变化值。这表明，进行买入套期保值，如果基差走强，两个市场盈亏相抵后存在净亏损。

**2. 基差走弱与买入套期保值**

【例 4-4】 在【例 4-3】中，4 月初铝的现货价和期货价不变，如果 7 月 1 日，铝的现货价变为 16 100 元/吨，期货价变为 16 400 元/吨，那么，该加工厂的套期保值结果见表 4-7。

表 4-7 基差走弱与买入套期保值

| 时 间 | 现 货 市 场 | 期 货 市 场 | 基 差 |
|---|---|---|---|
| 4月1日 | 市场价格 15 950 元/吨 | 买入 8 月份铝期货合约，16 200 元/吨 | −250 元/吨 |
| 7月1日 | 买入价格 16 100 元/吨 | 卖出平仓铝期货合约，16 400 元/吨 | −300 元/吨 |
| 盈亏 | 成本上升 150 元/吨 | 盈利 200 元/吨 | 走弱 50 元/吨 |
| 计算公式 | 净盈利 = 50（元/吨）<br>实际购入价 = $S_2$ − 期货盈利 = 16 100 − 200 = 15 900（元/吨）<br>实际购入价 = $F_1 + b_2$ = 16 200 − 300 = 15 900（元/吨） | | |

在【例 4-4】中，由于期货价格上涨幅度大于现货价格上涨幅度，基差走弱 50 元/吨。现货市场成本上升 150 元/吨，期货市场盈利 200 元/吨，两者相抵后存在净盈利 50 元/吨。通过套期保值，该加工厂铝锭的实际购入价是 15 900 元/吨。该价格要比 4 月初的 15 950 元/吨的现货价格低 50 元/吨。而这 50 元/吨，正是基差走弱的变化值。这表明，进行买入套期保值，如果基差走弱，两个市场盈亏相抵后存在净盈利，它将使套期保值者获得的价格比其预期价格还要更理想。

### 4.3.4 基差变动与卖出套期保值

卖出套期保值者在期货市场有空头头寸，相应地，在现货市场有多头头寸，如表 4-5 所示情形，卖出套期保值者的避险结果可表示为

$$(F_1 - F_2) + (S_2 - S_1) = (S_2 - F_2) - (S_1 - F_1) = b_2 - b_1$$

则有：$b_2 - b_1 = 0$ 时，完全套期保值；$b_2 - b_1 > 0$，即基差走强，两个市场盈亏相抵后存在净盈利；$b_2 - b_1 < 0$，即基差走弱，两个市场盈亏相抵后存在净亏损。

【例 4-5】 4 月 1 日，棉花价格为 17 450 元/吨，某经销商担心未来棉花价格下跌，因此决定利用郑州商品交易所棉花期货为其库存的 1 000 吨棉花进行套期保值。该经销商以 17 500 元/吨卖出 200 手 7 月棉花期货合约（每手 5 吨）。4 月 20 日，该经销商在现货市场卖出 1 000 吨棉花，同时将棉花期货合约平仓，结束套期保值。如果 4 月 20 日棉花现货和期货价格变化分别出现情形一、情形二和情形三。分析该经销商的套期保值结果见表 4-8。

表 4-8 基差变动与卖出套期保值效果    元/吨

| 时间 | | 现货市场 | 期货市场 | 基差 | 结果 |
|---|---|---|---|---|---|
| 4 月 1 日 | | 17 450 | 卖出，17 500 | −50 | |
| 4 月 20 日 | 情形一 | 17 350 | 买入，17 400 | −50 | 不变，完全保值 |
| 4 月 20 日 | 情形二 | 17 350 | 买入，17 450 | −100 | 走弱 50，净亏损 50 |
| 4 月 20 日 | 情形三 | 17 350 | 买入，17 380 | −30 | 走强 20，净盈利 20 |

在情形二中，现货价格下跌幅度大于期货价格下跌幅度，基差走弱 50 元/吨。期货市场盈利与现货市场亏损相抵后存在净损失 50 元/吨。通过套期保值，该经销商的实际售价为 17 400 元/吨。该价格要比 4 月 1 日的 17 450 元/吨的现货价格还低 50 元/吨。而这 50 元/吨，正是基差走弱的变化值。这表明，进行卖出套期保值，如果基差走弱，两个市场盈亏相抵后存在净亏损，实际价格比预期价格要差。

在情形三中，现货价格下跌幅度小于期货价格下跌幅度，基差走强 20 元/吨。现货市场亏损和期货市场相抵后存在净盈利 20 元/吨。通过套期保值，该经销商的实际售价为 17 500 − 30 = 17 470 元/吨。该价格要比 4 月 1 日的 17 450 元/吨的现货价格还高 20 元/吨。而这 20 元/吨，正是基差走强的变化值。这表明，进行卖出套期保值，如果基差走强，两个市场盈亏相抵后存在净盈利，它可以使套期保值者获得一个更为理想的价格。

### 4.3.5 基差变动与套期保值关系总结

由以上分析可知，基差走弱对买入套期保值者有利，而基差走强对卖出套期保值者有利。具体总结见表 4-9。

另外，可以从实际有效价格的角度进行分析。买入保值者担心未来价格上涨，希望锁定较低的实际有效价格，由套期保值者

案例分析 4.1

套期保值管理

表 4-9  基差变动与套期保值效果关系

| 基差变动情况 | 买入套期保值效果 | 卖出套期保值效果 |
|---|---|---|
| 基差不变 | 完全套期保值，两个市场盈亏刚好完全相抵 | 完全套期保值，两个市场盈亏刚好完全相抵 |
| 基差走强 | 不完全套期保值，两个市场盈亏相抵后存在净亏损 | 不完全套期保值，两个市场盈亏相抵后存在净盈利 |
| 基差走弱 | 不完全套期保值，两个市场盈亏相抵后存在净盈利 | 不完全套期保值，两个市场盈亏相抵后存在净亏损 |

实际有效价格为 $F_1 + b_2$ 可知，若基差走弱，实际有效价格也更低；卖出套期保值者则相反。因此，买入保值者希望基差走弱，而卖出保值者希望基差走强。

## 4.4 套期保值交易的发展

随着期货市场的发展，制度逐步完善，新的期货品种不断出现，套期保值交易已经涉及各种领域，套期保值的理论和操作方式也得到新的发展。

### 4.4.1 最佳套期保值比率

套期保值比率是指期货合约头寸数量与保值资产数量的比率，表示每单位保值资产需要多少份期货合约来保值。

在本章前述的套期保值案例中，套期保值比率均为 1。但在现实中，由于各种条件的制约，套期保值比率为 1 不一定能达到满意的保值效果。特别是在交叉套期保值的情形下，如何确定保值合约数量，更需要找到新的思路。

运用马柯维茨（Markowitz）组合投资思想，可以将保值者在现货市场和期货市场的头寸看成一个投资组合，则其保值的目的在于：在预期收益一定的情况下，使组合的风险降至最低。

定义：

$\Delta S$——保值期限内，现货价格 $S$ 的变化；$\Delta F$——保值期限内，期货价格 $F$ 的变化；$\sigma_S$——$\Delta S$ 的标准差；$\sigma_F$——$\Delta F$ 的标准差；$\rho$——$\Delta S$ 和 $\Delta F$ 之间的相关系数；$h$——套期保值比率。

考虑一单位现货与相应期货构成的组合，在保值期限内，保值头寸的价值变化为

卖出套期保值者：$\Delta S - h\Delta F$（资产多头，期货空头）

买入套期保值者：$h\Delta F - \Delta S$（资产空头，期货多头）

则有，套期保值头寸价格变化的方差 $V$ 为

$$V = \sigma_S^2 + h^2\sigma_F^2 - 2h\rho\sigma_S\sigma_F$$

所以，有

$$\frac{\partial V}{\partial h} = 2h\sigma_F^2 - 2\rho\sigma_S\sigma_F$$

令上式 = 0，有

$$h^* = \rho \frac{\sigma_s}{\sigma_F}$$

$h^*$ 就是最佳套期保值比率，即使现货与期货交易（组合投资）的总风险最小时的套期保值比率。

**【例 4-6】** 现引用 2021 年 8 月 5 日至 2021 年 9 月 2 日铝的现货和期货价格求最佳套期保值比率（表 4-10）：

表 4-10 铝现货及期货价格表 元/吨

| 时间 | 铝期货价格 | 铝现货价格 | 时间 | 铝期货价格 | 铝现货价格 |
| --- | --- | --- | --- | --- | --- |
| 2021 年 8 月 5 日 | 19 765 | 19 798 | 2021 年 8 月 20 日 | 20 110 | 20 183 |
| 2021 年 8 月 6 日 | 19 925 | 19 988 | 2021 年 8 月 23 日 | 20 305 | 20 448 |
| 2021 年 8 月 9 日 | 19 920 | 19 962 | 2021 年 8 月 24 日 | 20 410 | 20 422 |
| 2021 年 8 月 10 日 | 19 860 | 19 923 | 2021 年 8 月 25 日 | 20 590 | 20 607 |
| 2021 年 8 月 11 日 | 20 115 | 20 140 | 2021 年 8 月 26 日 | 20 525 | 20 555 |
| 2021 年 8 月 12 日 | 20 110 | 20 098 | 2021 年 8 月 27 日 | 20 685 | 20 663 |
| 2021 年 8 月 13 日 | 20 025 | 20 090 | 2021 年 8 月 30 日 | 21 140 | 21 195 |
| 2021 年 8 月 16 日 | 20 245 | 20 232 | 2021 年 8 月 31 日 | 21 325 | 21 265 |
| 2021 年 8 月 17 日 | 20 350 | 20 323 | 2021 年 9 月 1 日 | 21 170 | 21 172 |
| 2021 年 8 月 18 日 | 20 295 | 20 393 | 2021 年 9 月 2 日 | 21 200 | 21 320 |
| 2021 年 8 月 19 日 | 19 955 | 20 133 | | | |

由以上数据可得：

铝期货价格变动的标准差为 170.009 4。

铝现货价格变动的标准差为 164.285 7。

铝期货价格与现货价格变动的相关系数为 0.899 555。

计算得：$h^* = 0.869\ 27$，这表示每吨现货铝要用 0.869 27 吨期货来保值。

若共有 100 吨现货铝需要保值，上海期货交易所铝期货为每手 5 吨，则需要的合约份数为 $100 \div 5 \times 0.869\ 27 \approx 17$ 手。

## 4.4.2 展期交易

展期是指在对近月合约平仓的同时在远月合约上建仓，用远月合约调换近月合约，将持仓移到远月合约的交易行为。展期与套期保值相结合的操作被称为展期套期保值（rolling hedging）。

展期套期保值一般在以下两种情况下发生。

第一，现货头寸面临风险的期间比当时所有挂牌交易的期货合约的到期日还要长；或者，虽然有相近时间的合约可选用，但流动性较差。

例如，5 月下旬，企业计划来年 7 月份购买一批铜，担心未来价格上涨，打算进行套期保值。此时上海期货交易所挂牌交易的铜期货从当年 6 月到来年 5 月合约，共有 12 个，其中只有 6、7、8、9、10 月的合约流动性较好。由于没有对应的来年 7 月份的期货合约，企业可以先选择活跃的合约，如 10 月合约，再进行展期操作（表 4-11）。

表 4-11 展期操作过程

| 时　　间 | 策　　略 |
| --- | --- |
| 5 月 23 日 | 买入 10 月铜期货合约 |
| 9 月 20 日 | 将 10 月合约卖出平仓，买进来年 2 月合约 |
| 来年 1 月 15 日 | 将来年 2 月合约卖出平仓，买进来年 6 月合约 |
| 来年 5 月 25 日 | 将来年 6 月合约卖出平仓，买进来年 8 月合约 |
| 来年 7 月 21 日 | 购现货，将来年 8 月合约平仓 |

第二，套期保值者在现货市场的交易时间发生了变化，从而对期货头寸进行展期操作。例如，11 月初，某贸易商签订远期销售合同，约定 12 月中旬交收货物，并确定了销售价格。为了防止未来采购商品时价格上涨，该贸易商建仓买入来年 1 月的期货合约进行套期保值。到了 12 月中旬，由于种种原因，该贸易商未能采购到合适的货物履约。该贸易商与买家协商，约定延迟 1 个月交货。考虑到 1 月合约即将进入交割月并且流动性变差，该贸易商决定进行展期操作，将 1 月合约平仓，同时在 3 月合约买入建仓。

### 4.4.3 期转现与套期保值

期货转现货（exchange for physicals，EFPs，以下简称"期转现"）是指持有方向相反的同一品种同一月份合约的会员（客户）协商一致并向交易所提出申请，获得交易所批准后，分别将各自持有的合约按双方商定的期货价格（该价格一般应在交易所规定的当日价格波动范围内）由交易所代为平仓，同时，按双方协议价格进行与期货合约标的品种相同、数量相当的仓单交换的行为。

在进行套期保值时，恰当地使用期转现交易，可以在完成现货交易的同时实现商品的保值。例如，某养殖场计划未来买入饲料，为防止未来饲料价格上涨，它在大连商品交易所做了买入套期保值。某饲料厂为了防止饲料价格下跌，在大连商品交易所做了卖出套期保值，所卖出的合约月份与该养殖场相同。在期货合约到期前，双方向交易所申请期转现交易，按约定价格将各自头寸平仓，结束套期保值交易；与此同时，交易双方按照协商好的价格、商品品质、交割地点等进行现货商品的交收。

以上套期保值交易与期转现交易结合在一起的操作，对交易双方都有利。对养殖场来说，不仅获得所需要的现货，同时也避免了价格上涨的风险；对饲料厂来说，既出售了现货商品，也避免了价格下跌的风险。期转现操作与期货实物交割相比，可以省却一笔交割费用，时间上更灵活，并且期转现交易在现货贸易伙伴间进行，交易细节更符合双方交易的需要。此外，只有标准仓单才能实物交割，而交易所允许非标准仓单期转现，极大地方便了现货交易者。

【例 4-7】 在玉米期货市场上，甲为买方，开仓价格为 2 330 元/吨；乙为卖方，开仓价格为 2 430 元/吨。某日，甲乙达成期转现交易，双方商定的平仓价为 2 380 元/吨，商定的交收玉米价格比平仓价低 40 元/吨，即 2 340 元/吨。期转现后：

$$甲实际购入玉米价格 = 甲乙商定的交货价格 - 平仓盈利（或 + 平仓亏损）$$
$$= 2\ 340 - (2\ 380 - 2\ 330) = 2\ 290（元/吨）$$
$$乙实际销售玉米价格 = 甲乙商定的交货价格 + 平仓盈利（或 - 平仓亏损）$$
$$= 2\ 340 + (2\ 430 - 2\ 380) = 2\ 390（元/吨）$$

若实物交割，玉米运输至标准注册仓库以及持有至交割日的储存费、资金占用利息等交割成本为 60 元/吨。

如果交易双方没有进行期转现而在期货合约到期时进行实物交割，则甲实际按开仓价 2 330 元/吨购入玉米；乙实际按照开仓价 2 430 元/吨卖出玉米，扣除交割成本 60 元/吨，实际售价为 2 370 元/吨。与期转现的实际交易价格相比，甲期转现操作的实际采购成本 2 290 元/吨比实物交割成本 2 330 元/吨低 40 元/吨；乙期转现操作的实际售价 2 390 元/吨比实物交割的实际售价 2 370 元/吨高 20 元/吨。通过期转现交易，甲的买入成本降低 40 元/吨，乙的销售利润提高 20 元/吨，期转现给双方带来的好处总和为 60 元/吨。

实际中，用标准仓单期转现，要考虑仓单提前交收所节省的利息和储存等费用；用标准仓单以外的货物期转现，要考虑节省的交割费用、仓储费和利息以及货物的品级差价。买卖双方要先看现货，确定交收货物和期货交割标准品级之间的价差。商定平仓价和交货价的差额一般要小于节省的上述费用总和，这样期转现对双方都有利。

### 4.4.4 点价交易与套期保值交易

在大宗商品贸易中，将点价（pricing）交易与套期保值结合在一起的操作方式非常普遍。

**1. 点价交易**

点价交易是指以某月份的期货价格为计价基础，以期货价格加上或减去双方协商同意的升贴水来确定双方买卖现货商品的价格的定价方式，即

$$现货价格 = 期货价格 + 预先商定的升贴水$$

将该式变形可得

$$预先商定的升贴水 = 现货价格 - 期货价格$$

可见，点价交易的双方协商的是基差，即希望未来交易现货时，按事先确定的基差进行，而不论实际的基差如何变化。因此，点价交易也称为基差贸易、基差定价。点价交易始于 20 世纪 70 年代，目前在国内外能源、金属、农产品等领域已经成为通行的大宗商品贸易定价规则，得到了普遍应用。相较于传统现货交易模式，点价交易的优势在于：第一，用期货价格来为现货交易定价，而期货价格是通过集中、公开竞价方式形成的，具有公开性、连续性、预测性和权威性，且可以省去搜寻价格信息、讨价还价的成本，提高交易效率；第二，能够及时反映市场供需变化和匹配市场行情，更加贴合企业的风险管理需求，方便企业灵活设计并运用多样化的对冲策略；第三，允许企业多次分批点价，可以降低企业的谈判成本，减少销售中的不确定性。

在点价交易中，双方协商的升贴水的高低与如下因素有关：选取的期货合约、期货

交割地与现货交割地之间的运费、期货交割品与现货交割品的品质差异等。在国际大宗商品点价交易中,有许多经纪商提供升贴水报价,交易商可以很容易确定升贴水的水平。

根据确定具体时点的实际交易价格的权利归属,点价交易可分为买方叫价交易和卖方叫价交易。如果确定交易时间的权利属于买方称为买方叫价交易,若权利属于卖方则为卖方叫价交易。

虽然点价交易属于现货交易范畴,但目前我国大连商品交易所、郑州商品交易所等交易所都提供基差交易平台或基差交易服务,极大地方便了企业参与基差贸易。

**2. 点价交易与套期保值交易的结合**

在签订点价协议后,双方所约定的期货基准价格是不断变化的,所以交易者仍然面临价格变动风险。为了有效规避这一风险,交易者往往同时在期货市场进行套期保值操作。下面以实例来分析这样做的好处。

**【例 4-8】** 某食品批发商 5 月份以 6 150 元/吨的价格购入白糖若干吨,欲在 6 月份销售。购买白糖的同时,为了防止未来一两个月白糖价格下跌影响盈利,批发商以 6 350 元/吨的价格在郑州商品交易所卖出 7 月白糖期货进行套期保值,此时基差为 –200 元/吨。该批发商估计,对冲时基差达到 –100 元/吨(即基差走强,由 –200 到 –100,对卖出套期保值者有利),可弥补仓储、保险等成本费用,并可保证合理利润。估算方法如下:

$$卖空套期保值避险程度 = 买入基差 - 卖出基差$$
$$批发商的盈利 = -100 - (-200) = 100(元/吨)$$

考虑到若以后基差走弱会于己不利,为了避免基差变动的影响,批发商保值后便寻求点价交易。几天后,它找到一家食品厂,双方商定同意以低于 7 月到期的白糖期货合约 100 元/吨的价格作为双方买卖现货的价格。这样无论以后期货、现货价格如何变动,只要期货平仓时基差为 –100 元/吨,该批发商就能保证 100 元/吨的利润。

作为比较,假定批发商只进行了卖出套期保值,未进行点价交易,并假设 6 月份现货交易时期货价格为 5 950 元/吨,现货价格为 5 800 元/吨。两种交易情形的比较见表 4-12。

表 4-12 套期保值与"套期保值 + 点价"的比较

| 时间 | | 现货市场 | 期货市场 | 基差 |
|---|---|---|---|---|
| 5月某日 | | 以 6 150 元/吨的价格买入白糖 | 以 6 350 元/吨的价格卖出 7 月到期的白糖期货合约 | –200 元/吨 |
| 6月某日 | 情形一:只进行套期保值 | 以 5 800 元/吨的价格卖出白糖 | 以 5 950 元/吨的价格买入平仓 | **–150 元/吨** |
| | | 亏损 350 元/吨 | 盈利 400 元/吨 | |
| | 情形二:套期保值 + 点价 | 以 5 850 元/吨的价格卖出白糖 | 以 5 950 元/吨的价格买入平仓 | **–100 元/吨** |
| | | 亏损 300 元/吨 | 盈利 400 元/吨 | |

如果不进行基差交易,则批发商最终现货交易价格为 5 800 元/吨,加上对冲盈利 400 元/吨,则卖出现货实际收到的有效价格为 6 200 元/吨,批发商仍然面临风险,不能完全达到预先制订的 100 元/吨的盈利目标。若寻求点价交易,按 5 950 – 100 = 5 850 元/吨的价格卖出现货,则能完全实现既定目标,从而降低套期保值中的基差风险。

【例 4-8】中，交易者先进行了套期保值，再寻求点价交易。交易者也可以是先进行点价交易，再择机进行套期保值。如山东某公司 A 和广西某公司 B 为长期合作关系，双方于某日签订了于广西防城港分四个批次点价的共计 20 万吨的 PB 粉、巴粗粉点价贸易合同。其中买方公司 B 具有点价权。点价合同签订后，由于未来期货价格是波动的，双方仍然面临价格波动风险。于是公司 A 再在点价合同约定的铁矿石期货合约上建立了卖出套期保值头寸，以规避价格波动风险。

综上所述，可总结如下：先套期保值，再签点价合同，可以规避套期保值的基差风险；先签点价合同，再做套期保值，可以规避期货价格波动风险。

实际操作中，为了保证能够按所点期货价格将期货头寸平仓，点价双方还可以申请期转现交易，将双方期货保值头寸的平仓价确定在所点的价位上。

在基差交易中，如何确定合理的基差是关键，必须保证回收成本，确保合理的利润；另外，还必须对基差的变动规律进行充分的研究才能找到合适的交易对手，并确定于己更有利的基差。

扩展阅读 4.1

保险＋期货

### 思考题

1. 套期保值的基本原则有哪些？在实际中应如何运用？
2. 简述套期保值的基本原理。
3. 什么是买入套期保值？分析其适用情形。
4. 什么是卖出套期保值？分析其适用情形。
5. 分析影响套期保值效果的因素。
6. 什么是正向市场？什么是反向市场？对套期保值有何影响？
7. 什么是基差？影响基差的因素有哪些？
8. 分析基差变动如何影响套期保值结果。
9. 展期套期保值一般在什么情况下发生？如何操作？
10. 什么是期转现交易？期转现交易时怎样做才能对交易双方都有利？
11. 什么是点价交易？点价交易如何与套期保值交易结合运用？试举例说明。

### 习题

1. 假设一家矿山，每个月生产黄金 2 000 千克，目前金价一直处于每克 400 元或以上，但是根据全球经济及消费基本面情况，该矿山预计未来金价下跌的可能性很大。该矿山是否应该对未来 12 个月生产的黄金进行套期保值？如需要套期保值，请帮忙设计一个在中国期货市场进行套期保值的方案。

2. 有一家铝型材加工企业，采购的原材料为铝锭，日前刚和一家客户签订一年期的长期供应铝型材的销售合同，合同中已确定了铝型材供货价格。如按照目前的铝价，该公司可以保证全年的利润达到预期。但该厂判断铝价将会在未来数月内有较大涨幅，目前由于资金原因，不能采购所有生产用的铝锭。请问，该工厂是否应该做套期保值？如应该做套期保值，请帮忙设计一个在上海期货交易所进行套期保值的方案。

3. 某公司购入 500 吨白糖，价格为 5 000 元/吨，为了避免未来白糖价格下跌的风险，该公司以 5 430 元/吨的价格在郑州商品交易所卖出 3 个月后交割的白糖期货合约进行套期保值。2 个月后，该公司在现货市场以 4 900 元/吨的价格将该批白糖卖出，同时以 5 270 元/吨的成交价格将持有的期货合约平仓。请计算并分析该公司套期保值交易的结果。

4. 4 月份，某氧化锌生产厂预计 7 月份需要 500 吨锌锭作为原料，当时锌的现货价格为每吨 20 230 元/吨，因当时仓库库容不够，无法购进。为了防止锌价上涨，决定在上海期货交易所进行套期保值，当天以 20 500 元/吨的价格买进 7 月份锌期货。试分析该厂的套期保值策略是否合适。

5. 某加工商为了避免玉米现货价格风险，在大连商品交易所做买入套期保值，买入 20 手期货合约建仓，基差为 –30 元/吨，卖出平仓时的基差为 –60 元/吨，计算并分析该加工商在套期保值中的盈亏状况。

6. 某种植大户为避免菜籽油现货价格风险，在郑州商品交易所做卖出套期保值，卖出 10 手期货合约建仓，基差为 –40 元/吨，买入平仓时的基差为 –80 元/吨，该种植大户在套期保值中的盈亏状况是怎样的？

7. 某多头套期保值者，用 7 月 PTA 期货保值，入市成交价为 7 830 元/吨；一个月后，该保值者完成现货交易，价格为 7 860 元/吨。同时将期货合约以 8 920 元/吨平仓，如果该多头保值者正好实现了完全套期保值，则该保值者现货交易的实际价格是多少？

8. 某饲料厂在现货价与期货价分别为 3 300 元/吨和 3 400 元/吨时，买入期货来规避豆粕涨价的风险，最后在基差为 60 元/吨时平仓，请问该套期保值操作的净损益为多少？

9. 6 月份，某农场对当时的棉花现货价格比较满意，但其棉花 9 月份才能收获出售，由于担心到时现货市场价格下跌，决定在郑州商品期货市场进行套期保值。6 月 5 日，棉花现货价格为 20 100 元/吨，农场卖出 50 手 11 月棉花合约，成交价为 20 150 元/吨，9 月份在现货市场实际出售棉花时，买入 50 手 11 月份棉花合约平仓，成交价 19 950 元/吨。在不考虑其他费用情况下，9 月对冲平仓时基差应处于什么范围才能使农场有净盈利？

10. 在小麦期货市场，甲为买方，建仓价格为 4 200 元/吨，乙为卖方，建仓价格为 4 400 元/吨，小麦搬运、储存、利息等交割成本为 60 元/吨，双方商定进行期转现交易，协议的平仓价格为 4 340 元/吨，商定的交收小麦价格比平仓价低 40 元/吨，即 4 300 元/吨。请问期转现后节约的费用总和是多少？甲方节约多少？乙方节约多少？

11. 某航运企业计划 3 个月后购买 1 000 吨船用燃料油，3 个月的油价波动的标准差为 0.040。公司选择用上海期货交易所燃料油期货套期保值，3 个月的燃料油期货价格波动的标准差为 0.050，船用燃料油现货与燃料油期货价格变化的相关系数为 0.9。试计算最佳套期保值比率。

12. 某进口商判断，由于天然橡胶主要生产国——泰国、马来西亚和印度尼西亚达成减少出口的协议，天然橡胶价格有可能上涨。为了避免将来价格上涨带来的风险，该进口商决定在上海期货交易所进行套期保值。如果 12 月 9 日该进口商买入 30 手次年 5 月份天然橡胶合约，成交价格 13 230 元/吨，次年 4 月份在现货市场实际买入天然橡胶时，卖出 30 手次年 5 月份天然橡胶合约平仓，此时基差为–200 元/吨。在不考虑佣金和手续费等费用的情况下，次年 4 月对冲平仓时该进口商实际交易的有效价格为多少？

13. 7 月 2 日，大豆现货价格为 4 201 元/吨，某加工商对该价格比较满意，希望能以此价格在一个月后买进 200 吨大豆。为了避免将来现货价格可能上涨，从而提高原材料成本，该加工商决定在大连商品交易所进行套期保值，7 月 2 日买进 20 手 9 月份大豆合约，成交价格 4 302 元/吨。8 月 1 日，当该加工商在现货市场买进大豆的同时，卖出 20 手 9 月大豆合约平仓。在不考虑佣金和手续费等费用的情况下，该加工商实际交易的有效价格为 4 200 元/吨，请问 8 月 1 日对冲平仓时基差为多少？

14. 某进口商 1 月 17 日签订了一份 3 个月后进口 300 吨棕榈油的合同，约定以大连商品交易所 5 月棕榈油期货价格为基准，实施卖方点价交易。为预防 3 个月后棕榈油价格上涨带来损失，该进口商决定在大连商品交易所进行套期保值。请说明他将怎样做套期保值。

15. 1 月中旬，某食糖购销企业与一个食品厂签订购销合同，按照当时该地现货价格 4 800 元/吨在 2 个月后向该食品厂交收 2 000 吨白糖。该食糖购销企业经过市场调研，认为白糖价格可能会上涨。为了避免 2 个月后购销合同采购白糖的成本上升，该企业买入 5 月份交割的白糖期货合约 200 手（每手 10 吨），成交价为 5 050 元/吨。春节过后，白糖价格果然开始上涨，至 3 月中旬，白糖现货价格已达 5 100 元/吨，期货价格也升至 5 400 元/吨。该企业在现货市场采购白糖交货，与此同时将期货市场多头头寸平仓，结束套期保值。请问：

（1）1 月中旬、3 月中旬白糖的基差分别是多少？其间基差是走强还是走弱？

（2）该食糖购销企业套期保值的结果如何？

16. 某进口商 5 月份以 57 500 元/吨的价格从国外进口了一批铜，一时还没有找到买主，为了回避日后铜价下跌风险，该进口商在上海期货交易所卖出了 9 月铜期货进行套期保值，基差为–500 元/吨，同时在现货市场上积极寻找买家。6 月中旬，其找到一铜杆厂，但该厂认为铜价还将继续下跌，不愿意当时确定价格，经协商，同意以低于上海期货交易所 9 月铜期货 100 元/吨的价格作为双方买卖现货的价格，并且由铜杆厂在 8 月 1 日至 15 日实施点价。8 月 10 日，9 月铜期货的收盘价跌至 56 000 元/吨，铜杆加工厂认为铜价已跌得差不多了，决定以 8 月 10 日 9 月铜期货的收盘价为基准价计算现货买卖价。在该案例中，分析交易双方的策略及盈亏结果。

**即测即练**

# 第 5 章 期 货 套 利

**本章学习目标：**

通过本章学习，学员应该能够：

1. 掌握套利交易的概念及分类；
2. 理解期现套利的原理，在实际中应用期现套利策略；
3. 掌握期货价差的概念，分析价差变化对价差套利结果的影响；
4. 识别跨期套利（牛市套利和熊市套利）、跨商品套利、跨市套利机会，并在实际场景中运用套利策略；
5. 了解期货投机与套利交易的发展趋势。

## 5.1 套利交易概述

### 5.1.1 套利交易的概念

套利交易与单向投机不同，它是利用期货与现货之间、期货合约间的价格关系来获利，通常的做法是在有价格相关关系的合约上同时建立正反两方面的头寸，期望在未来合约价差变动于己有利时再对冲获利。

### 5.1.2 套利交易的分类

广义的套利交易包括期现套利（arbitrage）和期货套利，而狭义的套利交易仅指期货套利。

（1）期现套利。期现套利是指交易者利用期货市场和现货市场间不合理价差，通过在这两个市场上进行反向交易，待价差趋于合理而获利的交易活动。

（2）期货套利。期货套利是指同时买进和卖出两种或以上不同品种但价格有相关性的期货合约，以期望今后利用期货合约间的价差变动来获利。期货套利又可分为跨市套利、跨期套利和跨商品套利。

①跨市套利是在两个不同的期货交易所同时买进和卖出同一品种同一交割月份的期货合约，以便在未来两合约价差变动于己有利时再对冲获利。如某投资者卖出上海期货交易所 12 月铜合约，同时买入伦敦金属交易所 12 月份铜合约，以后待有利时机再将两者对冲，就是进行了跨市套利操作。

②跨期套利是指在同一交易所同时买进和卖出同一品种的不同交割月份的期货合约，以便在将来的合约价差变动于己有利时再对冲获利。如某投资者在郑州商品交易所买进 7 月棉花合约 10 手，同时卖出 9 月棉花合约 10 手，就构成了跨期套利。

③跨商品套利是在同一交易所同时买进和卖出同一交割月份的不同品种的期货合约。选择的两种不同合约应在价格变动上有较强的联动性。如大豆和豆油价格联动性较

强，投资者在大连商品交易所买入 5 月大豆合约同时卖出 5 月豆油合约，就是跨商品套利。

### 5.1.3 套利交易的作用

套利交易在期货市场起着重要作用，具体如下。

**1. 有利于被扭曲的价格关系回复到正常水平**

当市场价格扭曲时，期货和现货价差、期货合约间价差波动往往超过正常范围，就会引发大量的套利交易，交易者大量卖出价格相对高估的合约，同时买进价格相对低估的合约；或在价格相对高估的市场卖出同时在价格相对低估的市场买进。大量的套利行为，往往会将价格拉回到正常水平。

**2. 抑制过度投机**

欲操纵市场进行过度投机的交易者往往利用各种手段将价格拉抬或打压到不合理的水平，以便从中获利。如果期货市场上有大量的理性套利者存在，过度投机行为就会被有效地抑制。

**3. 增强市场流动性，活跃远月合约**

套利者一般交易量较大，通过在不同合约上建立正反头寸，可以有效地增强市场的流动性。特别是跨期套利注重同时在近月合约和远月合约上操作，这就带动了远月合约的交易。

## 5.2 期现套利

### 5.2.1 期现套利的原理

一般来说，期货价格和现货价格之间的价差主要反映了持有成本。但现实中，价差并不绝对等同于持有成本。当价差与持有成本之间出现较大偏差时，期现套利的机会就存在。若期货价格较高，价差远远高于持有成本，则投资者可以卖出期货合约同时买进现货，待合约到期时，用所买入的现货到期货市场交割。价差的收益扣除买入现货之后发生的持有成本后还有盈利。而当期货价格偏低使得价差远远低于持有成本时，则投资者可以卖出现货，同时买入期货合约，待合约到期时在期货市场上进行实物交割，接收商品，再将它用来补充之前所卖出的现货。价差的亏损小于所节约的持仓费用，因而产生盈利。这种套利通常在即将到期的期货合约上进行，大量的期现套利有助于期货价格的合理回归。

商品期货期现套利涉及期货、现货两个市场，如果实物交割，还要占用大量资金，且需要有相应的现货供、销渠道来买进或卖出现货。这样的条件一般投机者不具备，所以一般的投机者很少在即将到期的合约上操作。而期现套利者最关注进入交割月份的期货合约品种，只要价差足够大，超过预期投机成本，套利者就会入市，最终再根据市场情况灵活选择在期货市场平仓或是进行实物交割。

金融期货中，股指期货、国债期货的期现套利都大量存在。我们将在后面章节进行详细讨论。

### 5.2.2 期现套利案例

现实中，一些企业利用自身在现货市场经营的优势，依据基差与持有成本之间的关系，寻找合适的时机进行期现套利操作。

假设某企业有一批商品存货。目前现货价格为 4 000 元/吨，两个月后交割的期货合约价格为 5 000 元/吨。两个月期间的持有成本为 500 元/吨。该企业通过比较发现，如果将该批货在期货市场按 5 000 元/吨的价格卖出，待到期时用其持有的现货进行交割，扣除 500 元/吨的持有成本之后，仍可以有 500 元/吨的收益。在这种情况下，企业将货物在期货市场卖出要比现在按 4 000 元/吨的价格卖出更有利，也比两个月之后卖出更有保障（因为不知道未来价格会如何变化）。

## 5.3 价差套利

### 5.3.1 期货价差

**1. 期货价差的含义**

spread 本身有"价差"的含义，因此，期货套利交易也称价差交易，其实质是对期货合约间价差的投机。期货价差是指相关期货合约之间的价格差。在价差交易中，交易者重点关注的是价差是否在合理的区间范围。如果价差不合理，交易者可以利用这种不合理的价差对相关期货合约进行方向相反的交易，等价差趋于合理时再同时将两个合约平仓来获取收益。

在价差交易中，交易者要同时在相关合约上建立一个多头头寸和一个空头头寸，这是价差交易的基本原则，如果缺少了多头头寸或空头头寸，就像一个人缺了一条腿一样无法正常行走，因此，价差交易中建立的多头头寸和空头头寸被形象地称为套利的"腿"（legs，也可称为"边"或"方面"）。

**2. 期货行业协会价差计算惯例**

为了便于交易者计算套利盈亏，中国期货业协会组织的期货从业人员资格考试采用了如下价差计算惯例：计算建仓时的价差，用价格较高的一"边"减去价格较低的一"边"。例如，某套利者买入5月份铜期货合约的同时卖出6月份的铜期货合约，价格分别为 55 750 元/吨和 55 840 元/吨，因为 6 月份价格高于 5 月份价格，因此价差为 6 月份价格减去 5 月份价格，即 90 元/吨。可见，建仓价差都是正数。

而在计算平仓价差时，应保持计算上的一致性，也要用建仓时价格较高合约的平仓价格减去建仓时价格较低合约的平仓价格。如前例中，套利者建仓之后，5 月份铜期货价格上涨至 56 010 元/吨，6 月份涨幅相对较小，为 55 870 元/吨，如果套利者按照此价格同时将两个合约对冲了结该价差交易，则在平仓时的价差仍应该用 6 月份的价格减去 5 月份的价格，即为–140元/吨。

**3. 期货交易所套利指令及价差报价惯例**

多数交易所为了给套利交易提供便利，往往会设计套利指令。套利指令通常不需要报出买卖各个期货合约的具体价格，只报出合约间价差，要求指令内各成分合约按规定比例同时成交，非常便利。套利交易可以享受保证金、手续费等方面的优惠待遇。如我国交易所对于套利交易的保证金要求是取两合约单边保证金的大者，而不是两合约单边保证金之和。

在指令种类上，套利者可以选择市价指令或限价指令，如果要撤销前一笔套利交易的指令，则可以使用取消指令。

1）套利市价指令

套利市价指令是指交易将按照市场当前可能获得的最好的价差成交的一种指令。此指令中不需注明价差的大小，只需注明买入和卖出期货合约的种类和月份则可，具体成交的价差如何，则取决于指令执行时点上市场行情的变化情况。该指令的优点是成交速度快，但也存在缺点，即在市场行情发生较大变化时，成交的价差可能与交易者最初的意图有较大差距。

2）套利限价指令

套利限价指令是指当价格达到指定价位时，交易将以指定的或更优的价差来成交的指令。在使用限价指令进行套利时，需要注明具体的价差和买入、卖出期货合约的种类与月份。该指令的优点在于可以保证交易者以理想的价差进行套利，但是不能保证立刻成交。

值得注意的是，在交易所的套利指令规则中，对于价差的规定与行业协会并不相同。行业协会是从方便交易者计算盈亏的角度出发，而交易所是从方便交易报价的角度出发。

如我国期货交易所按照国际惯例对价差及报价规则进行了如下规定。

对于跨期交易，套利指令的价差＝近期合约价格－远期合约价格。在交易系统中，价差也如此呈现。该价差定义的合理性在于：交易中价差是不断变化的，而交易所的价差报价及交易者的指令订单必须保持一贯性。比如，3月5日，5月白糖期货价格低于7月白糖期货价格，次日，5月期货价格反而高于7月价格，这时，交易所系统采用"5月期货价格－7月期货价格"进行报价，就保持了价差报价的一贯性，避免了混乱。再如，2021年7月29日，郑州商品交易所某套利指令见表5-1。"B"表示买入套利指令，"CF109"和"CF111"分别表示2021年9月棉花期货和11月棉花期货，"–105"是套利指令的报价，表示要求以等于或优于"–105元/吨"的价差成交。很显然，此处的价差为"9月棉花期货价格－11月棉花期货价格"。该套利指令要求同时买进9月棉花期货和卖出11月棉花期货各20手。

表 5-1 套利指令的买单和卖单

| 买单/卖单代码 | 品种及近期月份代码 | 品种及远期月份 | 价差（近价–远价）/（元/吨） | 组合单数量/手 |
|---|---|---|---|---|
| B | CF109 | CF111 | –105 | 20 |
| S | AP201 | AP203 | 52 | 50 |

除了跨期套利指令，各交易所也会根据品种情况对其他类型套利指令的价差进行规定。表 5-2 为大连商品交易所的套利指令。

表 5-2 大连商品交易所的套利指令

| 名　　称 | 交易方式（从买方角度） | 报　价　方　式 |
|---|---|---|
| 同品种跨期套利交易指令 | 买入近月份合约，卖出同等数量远月份合约 | 买（卖）套利价格 = 近月合约买（卖）申报价格 − 远月合约卖（买）申报价格 |
| 两个品种间套利交易指令 | 买入某品种某月份合约，卖出另一品种相同或不同月份合约 | 买（卖）套利价格 = 第一品种买（卖）申报价格 − 第二品种卖（买）申报价格 |
| 压榨利润套利交易指令 | 卖大豆合约、买相同月份或不同月份豆粕和豆油合约 | 买（卖）套利价格 = 豆粕合约买（卖）申报价格 + 豆油合约买（卖）申报价格 − 大豆合约卖（买）申报价格 |

交易所将买近月（第一品种）合约卖远月（第二品种）合约的套利指令界定为"买套利指令"，而将卖近月（第一品种）合约买远月（第二品种）合约的套利指令界定为"卖套利指令"。

例如在大连商品交易所，投资者申报 SPc2107&c2109 买委托，表示买入 c2107 合约，同时卖出相等数量的 c2109 合约；若投资者申报 SPc2107&c2109 卖委托，表示卖出 c2107 合约，同时买入相等数量的 c2109 合约。（"SP"表示套利指令）

### 5.3.2 价差的变化与套利盈亏

**1. 价差的变化**

由期货定价公式可知，理论上商品期货的价差一般为负，由此可见，大多数情况下，按期货业协会的价差规则和交易所的价差规则，所得价差值的符号很可能相反。为了便于交易下单，也为了与前文基差的计算规则保持一致，如果不特别说明，**本书以下所指套利价差均为按照交易所规则计算的价差。**

由于价差交易是利用相关期货合约间不合理的价差来进行的，价差能否在套利建仓之后"回归"正常，将直接影响到价差交易的盈亏和套利的风险。因此，交易者往往会做出价差变化图，并对未来价差的变化进行预测。

价差的变化表述为"增大"和"缩小"。表 5-3 显示了价差波动的不同情形。

表 5-3 价差的变化　　　　　　　　　　　　　　　　　元/吨

| 时　　间 | | 5 月白糖期货 | 7 月白糖期货 | 价　　差 |
|---|---|---|---|---|
| 3 月 5 日 | | 5 720 | 5 820 | −100 |
| 3 月 15 日 | 情形一 | 5 990 | 6 050 | −60，价差增大 40 |
| | 情形二 | 5 820 | 5 920 | −100，价差不变 |
| | 情形三 | 5 680 | 5 800 | −120，价差缩小 20 |

**2. 套利盈亏的计算**

下面，我们讨论套利盈亏的计算方法。不失一般性，我们假设某投资者进行价差交易，开仓时，甲、乙合约的成交价分别是 $F_1$、$F_2$，其中甲合约为近月或第一品种合约，乙合约为远月或第二品种合约，两合约价差为 $B$。平仓时，甲、乙合约的成交价格分别为 $F_1'$、$F_2'$，两合约的价差为 $B'$。该投资者价差套利情况分析见表 5-4。

表 5-4  价差套利的盈亏计算

| 项　目 | 甲合约 | 乙合约 | 价　差 |
|---|---|---|---|
| 开仓（入市） | $F_1$ | $F_2$ | $B = F_1 - F_2$ |
| 平仓（出市） | $F_1'$ | $F_2'$ | $B' = F_1' - F_2'$ |

如果投资者下达买套利指令，即买入甲合约，同时卖出乙合约进行套利，则有

买套利盈利 = 甲合约盈利 + 乙合约盈利 = $(F_1' - F_1) + (F_2 - F_2') = B' - B$

如果投资者下达卖套利指令，即卖出甲合约，同时买入乙合约进行套利，则有

卖套利盈利 = 甲合约盈利 + 乙合约盈利 = $(F_1 - F_1') + (F_2' - F_2) = B - B'$

由以上推导可得出套利交易的一般性结论，具体如下。

（1）套利（价差）交易的盈亏取决于价差的变化。

（2）对买套利的投资者而言，未来价差增大将获利，缩小则亏损。

（3）对卖套利的投资者而言，未来价差缩小将获利，增大则亏损。

如前分析可知，买套利的盈亏结果为平仓价差减去开仓价差，这是预测价差上涨（扩大）时的投机方法。如图 5-1 所示，图的纵轴显示的是价差，而如果显示的是价格，就与单向多头投机者的情形一样了。所以，称之为买套利。

如前分析可知，卖套利的盈亏结果为开仓价差减去平仓价差，这是预测价差下跌（缩小）时的投机方法，如图 5-2 所示，与单向空头投机者的情形相似。所以，称之为卖套利。

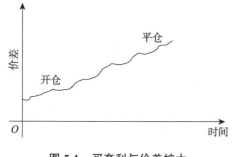

图 5-1  买套利与价差扩大

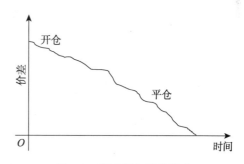

图 5-2  卖套利与价差缩小

### 5.3.3 跨期套利

跨期套利有三种最主要的交易形式：牛市套利（bull spread）、熊市套利（bear spread）和蝶式套利（butterfly spread）。

**1. 牛市套利**

牛市套利是指入市时买进近月合约同时卖出远月合约的跨期套利形式。当市场出

现供给不足、需求旺盛的情形,导致较近月份的合约价格上涨幅度大于较远期的上涨幅度;或者较近月份的合约价格下降幅度小于较远期的下跌幅度,无论是正向市场还是反向市场,在这种情况下,进行牛市套利盈利的可能性比较大。下面举例分析牛市套利策略。

**【例 5-1】** 某年 3 月,一投资者认为 7 月份大豆期货价与新豆上市后的 11 月份大豆期货的价差异常。当时,现货大豆价格看好,他估计会带动期货价上涨,且 7 月期货价将比 11 月期货价上涨快。他决定进行牛市套利,在大连商品交易所分别以 4 230 元/吨和 4 190 元/吨的价格买 7 月大豆期货,同时卖 11 月大豆期货各 10 手,价差 40 元/吨。两个月后,7 月份大豆期货价升至 4 390 元/吨,11 月大豆期货价格升至 4 220 元/吨。该投资者将 7 月、11 月期货全部平仓,可赚 13 000 元(交易单位为 10 吨/手)。交易分析见表 5-5。

表 5-5 牛市套利　　　　　　　　　　　　　　　　　　　　　　　　元/吨

| 时　间 | 7 月合约 | 11 月合约 | 价　差 |
|---|---|---|---|
| 3 月 1 日 | 买进 10 手,价 4 230 元/吨 | 卖出 10 手,价 4 190 元/吨 | 40 |
| 5 月 8 日 | 卖出 10 手,价 4 390/吨 | 买进 10 手,价 4 220 元/吨 | 170 |
| 套利结果 | 160 | −30 | 价差扩大 130 |

结果:盈利为 $130 \times 10 \times 10 = 13\,000$(元)

【例 5-1】中,牛市套利可以归入买套利,只有在价差扩大时才能够盈利。

在进行牛市套利时,需要注意的一点是:在正向市场上,牛市套利的损失相对有限而获利的潜力巨大。这是因为:牛市套利属于买套利,获利的条件是价差增大,若价差缩小则会亏损。但是在正向市场上价差缩小的幅度要受到持有成本水平的制约,若幅度太大,致使两合约间差距超过了持有成本,就会引发套利行为。而价差增大的幅度则不受限制,在上涨行情中,很有可能出现近月合约价格大幅上涨并远超远月合约的情况,使正向市场变为反向市场,价差可能从负值变为正值,价差大幅度增大,使牛市套利获利巨大。

一般来说,牛市套利对于可储存的商品并且是在相同的作物年度最有效。适用于牛市套利的可储存的商品有小麦、棉花、大豆、糖、铜等。对于不可储存的商品,如活牛、生猪等,不同交割月份的商品期货价格间的相关性很低或根本不相关,进行牛市套利是没有意义的。

**2. 熊市套利**

熊市套利是指入市时买进远月合约同时卖出近月合约的跨期套利形式。当市场出现供给过剩、需求相对不足时,一般来说,较近月份的合约价格下降幅度往往要大于较远期合约价格的下降幅度;或者较近月份的合约价格上升幅度小于较远合约价格的上升幅度。无论是在正向市场还是在反向市场,在这种情况下,熊市套利盈利的可能性比较大。下面举例分析套利策略。

**【例 5-2】** 某投资者发现，国内铝厂产能扩张过快，出现了铝过剩。并且他发现近月铝期货合约下跌比远月更快，于是做了熊市套利。其交易情况分析见表 5-6。

表 5-6　熊市套利　　　　　　　　　　　　　　　　　元/吨

| 项　目 | 5 月合约 | 7 月合约 | 价　差 |
|---|---|---|---|
| 开仓 | 卖出价 15 000 | 买进价 15 200 | −200 |
| 平仓 | 买进价 14 700 | 卖出价 15 100 | −400 |
| 套利结果 | 300 | −100 | 价差缩小 200 |
| 结果：盈利为 200 元/吨 ||||

【例 5-2】中，熊市套利可以归入卖套利，只有在价差缩小时才能够盈利。

在进行熊市套利时需要注意，当近期合约的价格已经相当低，以至于它不可能进一步偏离远期合约时，进行熊市套利是很难获利的。

**3. 蝶式套利**

蝶式套利是由共享居中交割月份的牛市套利和熊市套利组成的跨期套利形式。如"买 7 月铜 5 手/卖 8 月铜 10 手/买 9 月铜 5 手"是典型的蝶式套利。它依次由牛市套利"买 7 月铜 5 手/卖 8 月铜 5 手"和熊市套利"卖 8 月铜 5 手/买 9 月铜 5 手"组成。蝶式套利的另一种典型形式是"卖 3 月大豆 5 手/买 5 月大豆 10 手/卖 7 月大豆 5 手"，它是依次由一个熊市套利和一个牛市套利组成。由于近期和远期月份的期货合约分居于居中月份的两侧，形同蝴蝶的两个翅膀，因此称之为蝶式套利。

**【例 5-3】** 2 月 1 日，3 月份、5 月份、7 月份的大豆期货合约价格分别为 5 050 元/吨、5 130 元/吨和 5 175 元/吨，某交易者认为 3 月和 5 月的期货价格偏离太远，而 5 月和 7 月的期货价格相隔太近，预计未来短时间内会回复正常。于是该交易者以该价格同时买入 150 手（1 手为 10 吨）3 月份合约、卖出 350 手 5 月份合约、买入 200 手 7 月份大豆期货合约。到了 2 月 18 日，三个合约的价格均出现不同幅度的下跌，3 月份、5 月份和 7 月份的合约价格分别跌至 4 850 元/吨、4 910 元/吨和 4 970 元/吨，于是该交易者同时将三个合约平仓。在该蝶式套利操作中，套利者的盈亏状况见表 5-7。

表 5-7　蝶式套利盈亏分析

| 时　间 | 3 月份合约 | 5 月份合约 | 7 月份合约 |
|---|---|---|---|
| 2 月 1 日 | 买入 150 手，5 050 元/吨 | 卖出 350 手，5 130 元/吨 | 买入 200 手，5 175 元/吨 |
| 2 月 18 日 | 卖出 150 手，4 850 元/吨 | 买入 350 手，4 910 元/吨 | 卖出 200 手，4 970 元/吨 |
| 各合约盈亏状况 | 亏损 200 元/吨<br>总亏损为 200×150×10＝300 000 元 | 盈利 220 元/吨<br>总盈利为 220×350×10＝770 000 元 | 亏损 205 元/吨<br>总亏损为 205×200×10＝410 000 元 |
| 净盈亏 | 净盈利＝−300 000＋770 000−410 000＝60 000 元 |||

可见，蝶式套利是两个跨期套利互补平衡的组合，可以说是"套利的套利"。蝶式套利与普通的跨期套利相比，从理论上看风险和利润都较小。

### 5.3.4 跨商品套利

跨商品套利可以分为相关商品套利和可转换性商品间套利两种形式。

**1. 相关商品套利**

不同的商品因其内在的某种联系,如为需求替代品、需求互补品、生产替代品或生产互补品等,使得它们的价格存在着某种稳定合理的关系。例如,郑州商品交易所的菜籽油、大连商品交易所的豆油和棕榈油同为国内重要的油脂品种,从消费终端来看,彼此之间具有很强的替代性。

由于受市场、季节、政策等因素的影响,这些有关联的商品之间的比值关系又经常偏离合理的区间,表现出一种商品被高估,另一种被低估;或相反,从而为跨品种套利带来了可能。交易者可以通过在期货市场卖出被高估的商品合约、买入被低估商品合约进行套利,等有利时机出现后分别平仓,从中获利。

在我国期货市场,螺纹钢与线材之间、铜和铝之间以及菜籽油、豆油和棕榈油等之间都有进行跨商品套利的可能性。

【例5-4】 12月1日,次年3月份上海期货交易所铜期货合约价格为54 390元/吨,而次年3月该交易所铝期货合约价格为15 700元/吨,前一合约价格比后者高38 690元/吨。套利者根据两种商品合约间的价差分析,认为价差小于合理的水平,如果市场机制运行正常,这两者之间的价差会恢复正常。于是,套利者买入30手(1手为5吨)次年3月份铜合约的同时卖出30手次年3月份铝合约。12月1日晚些时候,该套利者以54 020元/吨卖出30手次年3月份铜合约,同时,以15 265元/吨买入30手次年3月份铝合约。交易情况见表5-8。

表5-8 沪铜/铝套利实例  元/吨

| 时间 | 次年3月铜期货 | 次年3月份铝期货 | 价差 |
| --- | --- | --- | --- |
| 12月1日 | 买入30手,价格54 390 | 卖出30手,价格15 700 | 38 690 |
| 12月1日 | 卖出30手,价格54 020 | 买入30手,价格15 265 | 38 755 |
| 套利结果 | 亏损370 | 获利435 | 价差增大65 |
| 净盈亏 | 净获利65元/吨,共计(435-370)×30×5 = 9 750(元) 65×30×5 = 9 750(元) | | |

对于相关商品套利策略,我们可分析如下。

相关商品套利的结果也正好是开仓、平仓时价差的变动额。因此交易时只需关注价差的变化,并不用十分在意具体的成交价格。如果预测未来价差将增大,则买入第一品种期货,同时卖出第二品种期货(如上述的铜/铝套利);如果预测未来价差将缩小,则卖出第一品种期货,同时买入第二品种期货。

**2. 可转换性商品间套利**

可转换性商品是指原材料与制成品,典型的如大豆与其两种制成品——豆油和豆粕之间的套利，豆油生产商的原料是大豆，而豆粕是制油的副产品，可以做饲料，三者之间是可转换性商品。

在我国，大豆与豆油、豆粕之间一般存在着"100%大豆 = 18%豆油 + 78.5%豆粕 + 3.5%损耗"的关系。因而，也就存在"100%大豆×购进价格 + 加工费用 + 利润 = 18%的豆油×销售价格 + 78.5%豆粕×销售价格"的平衡关系。

三种商品之间的套利，有两种做法：大豆榨油套利和反向大豆榨油套利。

（1）大豆榨油套利。大豆榨油套利是大豆加工商在市场价格关系基本正常时进行的，目的是防止大豆价格突然上涨，或豆油、豆粕价格突然下跌，从而产生亏损或使已产生的亏损降至最低。由于大豆加工商对大豆的购买和产品的销售不能够同时进行，因而存在着一定的价格变动风险。

大豆榨油套利的做法是：购买大豆期货合约的同时卖出豆油和豆粕的期货合约，当在现货市场上购入大豆或将成品最终销售时再将期货合约对冲平仓。这样，大豆加工商就可以锁定产成品和原料间的价差，防止市场价格波动带来的损失。

（2）反向大豆榨油套利。反向大豆榨油套利是大豆加工商在市场价格反常时采用的套利。当大豆价格受某些因素的影响出现大幅上涨时，大豆可能与其产品出现价格倒挂，大豆加工商将会采取反向大豆榨油套利的做法：卖出大豆期货合约，买进豆油和豆粕的期货合约，同时缩减生产，减少豆粕和豆油的供给量，三者之间的价格将会趋于正常，大豆加工商在期货市场中的盈利将有助于弥补现货市场中的亏损。

在国外市场，不仅大豆、豆油、豆粕期货之间的套利非常流行，石油及其制成品之间的套利也很盛行。在我国，除了大豆和豆油、豆粕期货之间可以进行套利，玉米与玉米淀粉期货之间、菜籽与菜籽油和菜粕期货之间、棉花与棉纱期货之间等也可以套利。

### 5.3.5 跨市套利

在期货市场上，许多交易所都交易相同或相似的期货品种，如芝加哥期货交易所、大连商品交易所、东京谷物交易所都进行玉米、大豆期货交易，伦敦金属交易所、上海期货交易所、纽约商业交易所都进行铜、铝等有色金属交易。一般来说，这些品种在各交易所间的价格会有一个稳定的差额，一旦这一差额发生短期的变化，交易者就可以在这两个市场间进行套利，购买价格相对低估的合约，卖出价格相对高估的合约，以期在期货价格趋于正常时平仓，赚取低风险利润。

【例 5-5】 由于美国经济局势好转、全球通胀预期降低等因素的影响，2013 年 4 月 15 日，黄金期货价格大跌。美国 COMEX 6 月黄金期货价格折算成人民币为 290 元/克左右，上海 6 月黄金期货价格为 298 元/克左右。考虑到手续费等因素，国内外合理价差大致在±2 元/克之间。观察到这一套利机会，套利资金大量入场，下午收市前，上海黄金期货价已降至 288 元左右。当日，某投资机构在 COMEX 买入 6 月黄金期货，同时在上海期货交易所卖出 6 月黄金期货。其具体情形分析见表 5-9。

跨市套利具有如下特征。

（1）跨市套利的风险及操作难度都比跨期套利更大，因为它涉及不同的交易所，交

表 5-9 跨市套利

| 时间 | 上海期货交易所 | COMEX | 价差 |
|---|---|---|---|
| 4月15日上午 | 卖 298元/克 | 买 290元/克 | 8元/克 |
| 4月15日下午 | 平仓 290元/克 | 平仓 289元/克 | 1元/克 |
| 套利结果 | 8元/克 | −1元/克 | 价差缩小7元/克 |
| | 结果盈利为7元/克 | | |

易者必须同时考虑两个市场的情形和影响因素。各交易所在交易规则、交割等级、最后交易日、交割期的规定上可能都有差异，期货市场上的流动性也不一样。若是做不同国家的跨市套利，还要考虑汇率变动的影响，所以必须全面考虑各种因素，才能使套利取得成功。

（2）同一品种在不同交易所存在价差，主要是由于地理空间因素所造成的，也有品质规格不一样的因素起作用。正常情况下，两市场应有一合理的价差。一般来说，出现比价不正常的持续时间较短，套利者必须抓住时机入市。从实际情况来看，那些在不同交易所都有场内经纪人的投资机构或者有很好数据分析能力及先进交易系统的机构最善于抓住这样的时机，它们交易量往往很大，在几分钟内便可获巨利。

### 5.3.6 套利操作要点

为使期货套利者最大限度地规避可能产生的风险，提高获利的机会，期货套利交易者在实际操作过程中应该注意一些基本要点，具体如下。

（1）正确预测价差的变动情况，即试图把握行情变动方向、变动幅度和变动时间，并根据价差趋势制定合理的交易策略，选择合适的时机和具体的出、入市时点，这是成功的期货套利交易的前提。这里，期货合约的价格变动图和价差变动图是很好的分析工具。如图 5-3～图 5-6 所示。

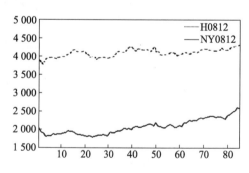

图 5-3 上海和 NYMEX 燃油
期货日收盘价图

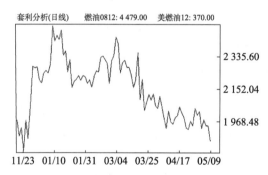

图 5-4 沪燃油 12 月合约与纽约燃油
12 月合约价差关系

（2）做好资金管理工作，根据自身特点及价格、价差变动特点，在交易中合理配置资金，即解决怎样做好的问题。其中交易策略的制定是非常重要的一环，只有结合价格预测及资金管理，掌握适当的交易策略，才能在期货市场中获得成功。这里，尤其要注

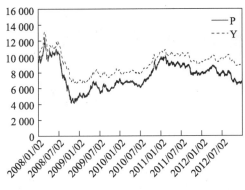

图 5-5　2008—2012 年豆油和棕榈油期货
　　　　收盘价时间序列图

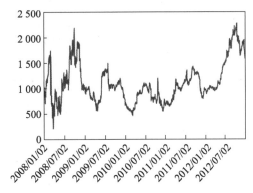

图 5-6　2008—2012 年豆油和棕榈油期货
　　　　收盘价的价差趋势图

意交易所对于套利交易的保证金要求。

（3）套利必须坚持同时进出。进行套利时，必须坚持同时进出，也就是开仓时同时买入卖出，平仓时也要同时卖出买入。实际操作中，在准备平仓的时候，许多套利者自以为是，先了结价格有利的那笔交易。这样他在套利中只剩下一只脚跛行，换句话说，也就是将套利交易做成了投机交易，假如市场真如他所愿，当然可以获利，但是一旦价格对其不利，将遭受更大的损失。

（4）不要在陌生的市场做套利交易。这实际上是一个常识问题。由于套利者一般是通过合约之间的价差赚取利润，而对具体的商品并无需求，因此，套利者通常关心的是合约之间的价差，而对交易的期货品种并没有浓厚的兴趣。但是在农产品期货市场的跨期套利和跨市套利中，套利者就必须了解该农产品何时收获上市、年景如何、仓储运输条件怎样。在进行套利前，必须了解这些基本知识，否则应该远离这个市场。

（5）不能因为低风险和低额保证金而做超额套利。套利确实有降低风险的作用，而且交易所为了鼓励套利，套利的保证金数额比一般的投机交易低 25%~75%。可是不要因为这样，就把交易数量盲目扩大。这样一来，如果价差并不向预期的方向发展，这时投资者面临的亏损额与他的合约数量是成正比的，无形中增加了风险。此外，超额套利后，佣金也随套利量的增加而增加，套利的优势也无法正常地发挥出来。

（6）在跨市套利的操作中，还应特别注意以下几方面因素：第一，运输费用。运输费用是决定同一品种在不同交易所间价差的主要因素。一般来说，离产地较近的交易所期货价格较低，离产地较远则期货价格较高，两者之间的正常差价为两地间的运费。投资者在进行跨市套利时，应着重考虑两地间的运输费用差价的关系。第二，交割品级的差异。跨市套利虽然是在同一品种间进行，但不同交易所对交割品的品质级别和替代品升贴水有不同的规定，这在一定程度上造成了各交易所间价格的差别。投资者在进行跨市套利时，对此应有充分的了解。第三，交易单位和报价体系。投资者在进行跨市套利时，可能会遇到交易单位和报价体系不一致的问题，应将不同交易所的价格按相同计量单位进行折算，才能进行价格比较。第四，汇率波动。如果在不同国家的市场进行套利，还要承担汇率波动的风险。投资者在进行套利前，应对可能出现的损失进行全面估量。

第五，保证金和佣金成本。跨市套利需要投资者在两个市场缴纳保证金和佣金，保证金的占用成本和佣金费用要计入投资者的成本之中。只有交易者预计的套利收益高于上述成本时，才可以进行跨市套利。

（7）套利尽管从总体上来说风险较小，但期货市场是复杂多变的，理论上风险较小不等于实践中风险就一定小，当套利遇到诸如现货交割月、市场供求状况急剧变化以及其他破坏正常价格关系的情况时，仍然具有相当大的风险性。对此，交易者应对自己的交易策略和模型进行认真的设计，反复验证，以确保成功率。

## 5.4 期货投机与套利交易的发展趋势

### 5.4.1 组合投资交易

**1. 组合投资理论的发展**

组合投资是指投资者将资金按一定比例分别投资于不同种类的有价证券或同一种类有价证券的多个品种上，以分散风险的交易行为。

组合投资是基于马柯维茨投资组合理论、资本资产定价模型和证券市场有效理论的一种投资策略。投资组合思想认为，理论上，组合中资产数量越多，风险分散越明显。但随着组合中资产种类增加，组合管理的成本不断提高，并且当组合中资产的种类达到一定数量之后，风险无法继续下降，因此需要考虑一个最优组合规模。

**2. 期货组合投资的应用**

期货组合投资根据组合的资产性质不同，可分为金融期货组合投资、商品期货组合投资和金融与商品期货交叉组合投资。在此，仅以商品期货为例介绍期货组合投资的应用。

1）期货投资组合品种的选择

品种选择是决定期货组合投资成败的关键环节。根据投资组合的原理，进行品种选择首先要对被选择品种做相关性分析。大量组合投资的实践证明，投资组合的品种间相关性越弱，则组合投资的效果越好。【例5-6】说明了期货投资组合的品种选择过程。

【例5-6】首先可根据合约上市时间和合约成交量等指标从我国三家商品期货交易所选取一定数量的期货合约作为投资组合备选合约品种。本例中，考虑到各交易所合约选择之间的平衡性，我们选出铜、天然橡胶、白糖、棉花、大豆和玉米共6个合约品种，并以这6个合约品种的主力合约为样本，对某一段时间内6个期货品种的日收盘价数据进行相关性分析，假设分析结果见表5-10。

观察表5-10中的相关系数值，依据投资组合弱相关性原则从分析结果中选取组合品种。这里，为简化分析，并考虑到资金的限制，我们假设铜、白糖和玉米三个品种之间的相关系数满足弱相关性要求，即$\lambda_{c,sr}$、$\lambda_{c,cu}$和$\lambda_{sr,cu}$的绝对值介于0和0.5之间。下面以这三个品种为例进行期货投资组合的构建。

表 5-10　期货投资品种相关系数

| 品种 | 大豆 | 玉米 | 棉花 | 白糖 | 铜 | 橡胶 |
|---|---|---|---|---|---|---|
| 大豆 | 1.000 | — | — | — | — | — |
| 玉米 | $\lambda_{a,c}$ | 1.000 | — | — | — | — |
| 棉花 | $\lambda_{a,cf}$ | $\lambda_{c,cf}$ | 1.000 | — | — | — |
| 白糖 | $\lambda_{a,sr}$ | $\lambda_{c,sr}$ | $\lambda_{cf,sr}$ | 1.000 | — | — |
| 铜 | $\lambda_{a,cu}$ | $\lambda_{c,cu}$ | $\lambda_{cf,cu}$ | $\lambda_{sr,cu}$ | 1.000 | — |
| 天然橡胶 | $\lambda_{a,ru}$ | $\lambda_{c,ru}$ | $\lambda_{cf,ru}$ | $\lambda_{sr,ru}$ | $\lambda_{cu,ru}$ | 1.000 |

2）期货投资组合的构建

根据均值–方差理论，构建玉米、白糖和铜三个期货合约组成的投资组合分析模型，如式（5.1）所示：

$$E(r_P) = W_c E(r_c) + W_{sr} E(r_{sr}) + W_{cu} E(r_{cu}) \tag{5-1}$$

$$\sigma_P^2 = W_c^2 \sigma_c^2 + W_{sr}^2 \sigma_{sr}^2 + W_{cu}^2 \sigma_{cu}^2 + 2 W_c W_{sr} \mathrm{Cov}_{c,sr} + 2 W_c W_{cu} \mathrm{Cov}_{c,cu} + 2 W_{sr} W_{cu} \mathrm{Cov}_{sr,cu} \tag{5-2}$$

式（5-1）中，$E(r_c)$、$E(r_{sr})$、$E(r_{cu})$ 和 $E(r_P)$ 分别表示玉米期货合约、白糖期货合约、铜期货合约和由这三者组成的投资组合的期望收益率；$W_c$、$W_{sr}$ 和 $W_{cu}$ 分别为玉米、白糖和铜三个组合期货品种在投资组合中所占的比重。式（5-2）中 $\sigma_c$、$\sigma_{sr}$、$\sigma_{cu}$ 和 $\sigma_P$ 分别为玉米期货合约、白糖期货合约、铜期货合约和由这三者组成的投资组合的收益率标准差；$\mathrm{Cov}_{c,sr}$、$\mathrm{Cov}_{c,cu}$ 和 $\mathrm{Cov}_{sr,cu}$ 分别为玉米和白糖、玉米和铜、白糖和铜期货合约收益率的协方差。

假设根据玉米、白糖和铜期货合约数据计算得到模型中所需应用的变量值，见表 5-11。

表 5-11　投资组合模型变量数据表

| 统计量 | 玉米日收益率 | 白糖日收益率 | 铜日收益率 |
|---|---|---|---|
| 平均值 | $m_c$ | $m_{sr}$ | $m_{cu}$ |
| 标准差 | $\sigma_c$ | $\sigma_{sr}$ | $\sigma_{cu}$ |
| **协方差矩阵** | 玉米日收益率 | 白糖日收益率 | 铜日收益率 |
| 玉米日收益率 | $\mathrm{Cov}_{c,c}$ | — | — |
| 白糖日收益率 | $\mathrm{Cov}_{c,sr}$ | $\mathrm{Cov}_{sr,sr}$ | — |
| 铜日收益率 | $\mathrm{Cov}_{c,cu}$ | $\mathrm{Cov}_{sr,cu}$ | $\mathrm{Cov}_{cu,cu}$ |

期货投资组合模型构建完成后，采用相关计算方法如数学规划法对模型进行求解，得到一系列目标投资组合方案。具体的数学规划法可用 Excel 软件中的规划求解来实现。首先确定取得收益率最大值和最小值的两个投资组合，然后确定在无投资组合收益率限制下的标准差最小的投资组合，最后在最大投资组合收益率和最小投资组合收益率之间给定若干个预期投资组合收益率求与其对应的标准差最小的投资组合，并将求解结果列入表格中，见表 5-12。

3）期货投资组合的绩效评估

根据投资组合统计表即表 5-12 的求解结果，运用夏普指数（Sharpe ratio）模型对得

表 5-12　投资组合统计表

| 组合 | 玉米比重 | 白糖比重 | 铜比重 | 投资组合标准差 | 投资组合收益率 | 备注 |
|---|---|---|---|---|---|---|
| 1 | $w_{c1}$ | $w_{sr1}$ | $w_{cu1}$ | $\sigma_{P1}$ | $R_{P1}$ | 假设 $R_{P1}$ 为最小收益率 |
| 2 | $w_{c2}$ | $w_{sr2}$ | $w_{cu2}$ | $\sigma_{P2}$ | $R_{P2}$ | |
| 3 | $w_{c3}$ | $w_{sr3}$ | $w_{cu3}$ | $\sigma_{P3}$ | $R_{P3}$ | 假设 $\sigma_{P3}$ 为最小标准差 |
| … | … | … | … | … | … | |
| n | $w_{cn}$ | $w_{srn}$ | $w_{cun}$ | $\sigma_{Pn}$ | $R_{Pn}$ | 假设 $R_{Pn}$ 为最大收益率 |

注：表中 $w_{cn}+w_{srn}+w_{cun}=1$。

到的各期货投资组合进行绩效评估，夏普指数模型为

$$S=(R_P-R_f)/\sigma_P \qquad (5\text{-}3)$$

式中，$S$ 表示夏普绩效指数；$R_P$ 表示某投资组合在考察期内的平均收益率；$R_f$ 表示无风险利率；$\sigma_P$ 表示组合收益率的标准差，即组合的风险。

夏普指数模型表明，在相同单位风险条件下，夏普指数值越大，投资组合的绩效越好。因此，对表 5-12 进行夏普指数计算，并根据计算结果，取其中指数值最大的一组作为最终确定的期货投资组合。

### 5.4.2　程序化交易

**1. 程序化交易的概念**

程序化交易（program trading），又称程式化交易，是指所有利用计算机软件程序制定交易策略并实行自动下单的交易行为。

程序化交易的买卖决策，一般是在计算机的辅助下，将市场上各种信息转化为程序参数，由计算机来代替人工发出买卖信号，执行下单程序。它在一定程度上克服了人类在期货交易时的一些心理弱点，能严守既定的交易策略及操作规范，确保整个交易过程中交易方法的一致性。

**2. 境内外程序化交易的发展**

程序化交易从美国 20 世纪 70 年代证券市场上的系统化交易发展演变而来。早期的程序化交易主要是指在纽约证券交易所（NYSE）同时买卖 15 只以上的股票组合的交易，分为程式买入和程式卖出两种，因此，有时也被称为篮子交易（basket trading）。NYSE 对程序化交易的定义主要突出的是交易规模和集中性。而随着程序化交易的发展，其更为市场化的定义是指设计人员将交易策略的逻辑与参数在电脑程序运算后，将交易策略系统化，由计算机程序自动执行买卖指令的交易过程。其突出的是交易模型和计算机程序的重要性。

程序化交易的应用领域主要有组合管理、套利交易、趋势交易及其他量化策略等。西方发达国家在这方面的研究已比较成熟。在美国期货市场交易中，程序化交易的总量占总交易量的比重逐年增加，且交易模型的功能设计日益强大，许多投资经理都使用程序化交易系统进行辅助交易与资产管理。由于我国计算机技术的飞速发展，新的投资理

念不断被引入，程序化交易系统也逐渐开发与完善。股指期货推出后对国内程序化交易的发展形成了推动。近年来，随着国内期货品种不断增加，各品种间的套利可能性提高，程序化交易的发展空间将越来越广阔。

**3. 程序化交易系统的形式**

按交易者投资策略，程序化交易系统的形式大致可分为价值发现型、趋势追逐型、高频交易型和低延迟套利型四种。

（1）价值发现型交易系统。在期货的程序化交易中，价值发现型交易系统较少，主要是因为期货市场价格的高与低是相对的，而现货市场的价格数据连续性又很差，在数据采集和整理方面经常存在较大的误差，因此，这类程序化交易系统多用于股票交易中。

（2）趋势追逐型交易系统。这类交易系统通常是根据技术分析指标设计的，目的是通过对期货价格走势变化的研究发现趋势，通过价格波动特征触发交易信号。典型的例子有均线突破系统。趋势追逐型交易系统在金融投机领域有着广泛的应用，并且与高频交易型及低延迟套利型交易系统并列成为当前期货程序化交易领域的主要研究内容。

（3）高频交易型交易系统。高频交易是一种定量交易，它具有投资组合持有期短的特点，其使用成功与否取决于所能处理的信息量和交易通道的速度。高频交易可应用于做市套利、触发式套利和统计套利。

（4）低延迟套利型交易系统。低延迟程序化交易主要是利用计算机和网络的性能，在几毫秒之内执行交易，高度依赖于超低延迟的网络，通过所获得的信息获取利润。比如，竞标的价格，其速度往往只比竞争对手快出几微秒，因此也被一部分市场人士视为漏洞交易。低延迟套利型交易系统需要一个高度实时的交易平台，并且信息传递与分析速度对于这类交易系统起到决定性作用。

**4. 程序化交易系统的设计步骤**

（1）交易策略的提出。一般来说，交易策略的形成可以有两种方式，即自上而下和自下而上。所谓自上而下，就是指交易者根据对市场的长期观察而形成某种理论认识，并基于这种认识形成一套交易策略；所谓自下而上，就是指从市场的统计数据出发，根据这些数据的统计特征去寻找和总结相应的交易策略。这两种方式在交易历史上都有许多著名的成功案例，并涌现出一批成功的投资家。

（2）交易策略的程序化。它是指将交易策略思想转化成精确的数学公式或计量模型，并用计算机程序语言将这些公式或模型表达出来，使之成为计算机可识别和检验的程序系统。交易策略的程序化过程主要包括：定义交易规则；将交易策略思想转化成数学公式或计量模型；编写计算机程序代码；将计算机程序代码编译成可供交易执行的程序系统。

（3）程序化交易系统的检验。首先是统计检验。"接近实战"是交易系统检验的基本原则。在确定好系统检验的统计学标准和系统参数后，系统设计者应根据不同的系统参数对统计数据库进行交易规则的测试。其次是外推检验。将交易系统的所有参数确定后，用统计检验期之后的市场数据按一定的检验规则进行计算机检验，然后比较外推检验与原有统计检验的评估报告，观察有无显著变化。最后是实战检验。在完成统计检验和外推检验后，便可将该系统运用于实战。实战检验时，要求交易者必须做好实战交易记录，这有利于事后对交易记录做统计分析，帮助交易者克服心理障碍，以始终保持良好的交易心态。

（4）程序化交易系统的优化。交易系统的优化是指对交易系统的参数根据交易的情况和市场变化做进一步调试使之达到最佳状态的过程。交易系统的优化可选择在交易系统完成初步计算机检验，并确认具有实用价值之后进行。另外，对交易系统还需不断进行监测与维护，其目的是观察交易系统的设计思想是否与市场特性发生偏离，如果发生了偏离，须不断进行调整，始终保持最优化状态。

### 5.4.3 量化交易

**1. 量化交易的概念**

量化交易是指以先进的数学模型替代人为的主观判断，利用计算机技术从庞大的历史数据中海选能带来超额收益的多种"大概率"事件以制定策略，极大地减少投资者情绪的波动影响，避免在市场极度狂热或悲观的情况下作出非理性的投资决策。

**2. 量化交易的特点**

定量投资和传统的定性投资本质上来说是相同的，二者都是基于市场非有效或弱有效的理论基础。两者的区别在于定量投资管理是"定性思想的量化应用"，更加强调数据。量化交易具有以下几个方面的特点。

（1）纪律性。根据模型的运行结果进行决策，而不是凭感觉。纪律性既可以克服人性中贪婪、恐惧和侥幸心理等弱点，也可以克服认知偏差，且能实现可跟踪。

（2）系统性。其具体表现为"三多"。首先是多层次，包括在大类资产配置、行业选择、精选具体资产三个层次上都有模型；其次是多角度，定量投资的核心思想包括宏观周期、市场结构、估值、成长、盈利质量、分析师盈利预测、市场情绪等多个角度；再者是多数据，即对海量数据的处理。

（3）套利思想。定量投资通过全面、系统性的扫描捕捉错误定价、错误估值带来的机会，从而发现估值洼地，并通过买入低估资产卖出高估资产而获利。

（4）概率取胜。一是定量投资不断从历史数据中挖掘有望重复的规律并加以利用；二是依靠组合资产取胜，而不是单个资产取胜。

**3. 量化交易的应用**

量化投资技术包括多种具体方法，在投资品种选择、投资时机选择、股指期货套利、商品期货套利、统计套利和算法交易等领域得到广泛应用。在此，以统计套利和算法交易为例进行阐述。

（1）统计套利。统计套利是用统计方法发掘套利机会的投资策略。其核心是用数量统计的方法建立金融变量的时间价格序列模型，识别资产组合之间错误定价的动态变化，针对此制定和实施统计套利策略。

Hogan 给出了统计套利的公式化定义：假设统计套利是初始成本为 0 的自融资交易策略，用 $\{X(t):t\geqslant 0\}$ 表示，在 $t$ 时刻按无风险利率进行折现后的值为 $v(t)$，如果 $v(t)$ 满足下列条件：

（a） $v(0)=0$

（b） $\lim\limits_{t\to\infty} E(v(t)) > 0$

（c） $\lim\limits_{t\to\infty} P(v(t)<0) = 0$

（d）如果对 $\forall t<\infty$，$P[(v(t)<0)]>0$，则有 $\lim\limits_{t\to\infty}\dfrac{\mathrm{var}(v(t))}{t}=0$

那么就认为该交易策略是一个统计套利机会。其中，条件（a）表明自融资交易策略的初始成本为 0；条件（b）表明按无风险利率进行折现后该策略的价值的极限值为正；条件（c）表明该策略出现亏损的概率接近于 0；条件（d）表明如果出现亏损的概率大于 0，那么按时间平均的方差极限为 0。从条件（d）可以看出统计套利并不是无风险，它有可能发生损失，但是它的风险是收敛的。

统计套利的主要思路是先找出相关性最好的若干对投资品种，检验这些品种的时间序列稳定性，并估计长期均衡关系式。计算价差（或残差）的概率分布，确定该分布中的极端区域，也就是否定域。当期货价格进入否定域时，对关联期货合约分别建立多头头寸和空头头寸进行匹配，在价格回复均值附近进行平仓，从而对冲掉该行业的市场风险，此时收益就是配对期货合约价格回复到均衡值的价格差。具体流程如图 5-7 所示。

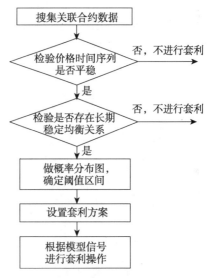

图 5-7 统计套利流程图

统计套利的策略主要有成对策略和多因素模型等。成对策略，通常也称利差交易，目前最常用的是成对交易策略。这种策略通过对同一行业的或者股价具有长期稳定均衡关系的股票的一个多头头寸和一个空头头寸进行匹配，让交易者维持对市场的中性头寸，其收益来源于二者利差的变动。多因素模型的统计套利策略认为期货收益与多种选择因素相关，这类方法以套利定价模型为代表，首先定义影响期货收益的因素，然后用期货收益对这些因素进行多元回归，最后根据相关性选择投资组合的品种。

（2）算法交易。算法交易又称自动交易、黑盒交易或机器交易，是指通过设计算法利用计算机程序发出交易指令的方法。在交易中，程序可以决定的范围包括交易时间的选择、交易的价格，甚至包括最后需要成交的资产数量。

算法交易的主要类型有以下几种。

①被动型算法交易，也称结构型算法交易。该交易算法除利用历史数据估计交易模型的关键参数外，不会根据市场的状况主动选择交易的时机与交易的数量，而是按照一

个既定的交易方针进行交易。该策略的核心是减少滑价（目标价与实际成交均价的差）。被动型算法交易最成熟，使用也最为广泛，如在国际市场上使用最多的成交量加权平均价格（VWAP）、时间加权平均价格（TWAP）等都属于被动型算法交易。

②主动型算法交易，也称机会型算法交易。这类交易算法根据市场的状况作出实时的决策，判断是否交易、交易的数量、交易的价格等。主动型算法交易除了努力减少滑价以外，把关注的重点逐渐转向了价格趋势预测上。

③综合型算法交易，该交易是前两者的结合。这类算法常见的方式是先把交易指令拆开，分布到若干个时间段内，每个时间段内具体如何交易由主动型交易算法进行判断。两者结合可达到单独一种算法所无法达到的效果。

算法交易的交易策略有：一是降低交易费用。大单指令通常被拆分为若干个小单指令渐次进入市场。这个策略的成功程度可以通过比较同一时期的平均购买价格与成交量加权平均价来衡量。二是套利。典型的套利策略通常包含 3~4 个金融资产，如根据外汇市场利率平价理论，国内债券的价格、以外币标价的债券价格、汇率现货及汇率远期合约价格之间将产生一定的关联，如果市场价格与该理论隐含的价格偏差较大，且超过其交易成本，则可以用四笔交易来确保无风险利润。股指期货的期现套利也可以用算法交易来完成。三是做市。做市包括在当前市场价格之上挂一个限价卖单或在当前价格之下挂一个限价买单，以便从买卖差价中获利。此外，还有更复杂的策略如"基准点"算法被交易员用来模拟指数收益，而"嗅探器"算法被用来发现最动荡或最不稳定的市场。任何类型的模式识别或者预测模型都能用来启动算法交易。

**4. 量化交易的潜在风险**

量化交易一般会经过海量数据仿真测试和模拟操作等手段进行检验，并依据一定的风险管理算法进行仓位和资金配置，实现风险最小化和收益最大化，但往往也会存在一定的潜在风险，具体包括：第一，历史数据的完整性。行情数据不完整可能导致模型对行情数据的匹配问题。交易流动性、价格波动幅度、价格波动频率等行情数据自身风格转换，也可能导致模型失效，而这一点是目前量化交易难以克服的。第二，模型设计中没有考虑仓位和资金配置，没有安全的风险评估和预防措施，可能导致资金、仓位和模型的不匹配，而发生爆仓现象。第三，网络中断，硬件故障也可能对量化交易产生影响。第四，同质模型产生竞争交易现象导致的风险。第五，单一投资品种导致的不可预测风险。

为规避或减小量化交易存在的潜在风险，可采取的策略有：保证历史数据的完整性，在线调整模型参数，在线选择模型类型，风险在线监测和规避等。

### 思考题

1. 简述套利的原理与作用。
2. 在进行期现套利时，如何运用持有成本理论？
3. 价差是如何定义的？如何判断价差是扩大还是缩小？

4. 什么是买套利？什么是卖套利？举例说明价差变化如何影响买套利和卖套利的结果。

5. 牛市套利和熊市套利分别在什么情形下适用？

6. 观察国内期货交易所的各交易品种及其行情，看看哪些品种之间有可能进行可转换性商品间套利，哪些品种间可进行相关商品套利？

7. 观察国内某交易活跃的期货品种及其行情，找出跨期套利的机会，并设计套利方案，估算收益与成本。

8. 简述套利操作的要点。

9. 在进行套利分析时应如何运用期货合约的价格变动图和价差变动图？

10. 期货投资组合构建的原理是什么？尝试运用国内市场的交易品种，构建一个可行的投资组合，并在一个学期内进行绩效评估与动态管理。

11. 什么是程序化交易？运用的投资策略有哪些？程序化交易系统有哪些设计步骤？

12. 什么是量化交易？它有什么特点？

13. 什么是统计套利？其思路和交易流程怎样？其交易策略有哪些？

14. 什么是算法交易？其主要类型有哪些？其交易策略有哪些？有哪些潜在风险？

答案解析 扫描此码

## 习题

1. 若 9 月某日上海期货交易所黄金期货行情见表 5-13，请找出最具有潜力的牛市套利机会和熊市套利机会（不考虑合约流动性）。

表 5-13　9 月某日上海期货交易所黄金期货行情

元/克

| 到期月份 | 价格 | 到期月份 | 价格 | 到期月份 | 价格 |
| --- | --- | --- | --- | --- | --- |
| 10 月 | 374.20 | 11 月 | 373.58 | 12 月 | 374.70 |
| 次年 2 月 | 375.66 | 次年 4 月 | 376.50 | 次年 6 月 | 377.06 |

2. 假设 11 月豆粕期货还有 2 个月到期，其价格为 3 500 元/吨，此时豆粕现货价为 3 300 元/吨，若豆粕的月持有成本为 50 元/吨，是否存在期现套利机会？应如何进行套利？

3. 某交易者在郑州商品交易所进行了表 5-14 所示的套利交易。

表 5-14　套利交易（一）

| 时间 | 买单/卖单 | 近期月份 | 远期月份 | 成交价差 | 数量/手 |
| --- | --- | --- | --- | --- | --- |
| 7 月 1 日 | B | CF109 | CF111 | −105 | 20 |
| 7 月 5 日 | S | CF109 | CF111 | −55 | 20 |

请问他的套利结果如何？

4. 某交易者在郑州商品交易所进行了表 5-15 所示的套利交易。

表 5-15 套利交易（二）

| 时间 | 买单/卖单 | 近期月份 | 远期月份 | 价差/（元/吨） | 数量/手 |
| --- | --- | --- | --- | --- | --- |
| 11月1日 | S | AP201 | AP203 | 100 | 50 |
| 11月5日 | B | AP201 | AP203 | 52 | 50 |

请问他的套利结果如何？

5. 某交易者在大连商品交易所进行了表 5-16 所示的套利交易。

表 5-16 套利交易（三）

| 时间 | 11月豆油期货/（元/吨） | 11月棕榈油期货/（元/吨） | 价差/（元/吨） | 数量/手 |
| --- | --- | --- | --- | --- |
| 11月1日 | 卖 9 000 | 买 8 000 | 1 000 | 50 |
| 11月5日 | 买 8 900 | 卖 8 130 | 770 | 50 |

请问他的套利结果如何？

6. 假设某日相同到期月份的大豆、豆粕、豆油期货的价格分别为 4 558 元/吨、3 680 元/吨、9 600 元/吨，是否存在跨品种套利机会？

7. 假设某日相同到期月份的玉米、玉米淀粉期货价格分别为 2 550 元/吨、2 800 元/吨，是否存在跨品种套利机会？

**即测即练**

# 第 6 章 外汇远期与外汇期货

**本章学习目标：**

通过本章学习，学员应该能够：

1. 掌握远期外汇交易的应用；
2. 掌握无本金交割远期交易的概念及应用场景；
3. 掌握远期外汇综合协议的概念与特点，理解协议主要条款的含义，区别汇率协议与远期外汇协议的结算方式；
4. 熟悉外汇期货市场及主要的外汇期货合约，掌握运用外汇期货进行套期保值的方法，理解外汇期货投机与套利操作。

## 6.1 外 汇 远 期

### 6.1.1 外汇及外汇市场

**1. 外汇**

外汇是国际汇兑的简称，是在国际商品生产和交换中产生的，其实质是实现不同国家之间商品交换的工具。外汇通常以"FX"或"FOREX"来表示，有动态和静态两种含义。

动态意义上的外汇是指将一国货币兑换为另一国货币以清偿国际间债务的金融活动，其含义等同于国际结算。静态意义上的外汇又有广义和狭义之分，广义的静态外汇是指一切以外币表示的资产，而狭义的静态外汇仅指以外币表示的可以用于国际结算的支付手段和资产，主要包括银行汇票、支票、银行存款等，是人们通常意义上所称的外汇。各国外汇管理法令中所称的外汇一般是指广义的外汇。

2008 年 8 月修订后的《中华人民共和国外汇管理条例》中规定外汇包括：外币现钞，包括纸币、铸币；外币支付凭证或者支付工具，包括票据、银行存款凭证、银行卡等；外币有价证券，包括债券、股票等；特别提款权；其他外汇资产。

**2. 外汇市场**

外汇市场是全球最大、最活跃的金融市场。在外汇市场上，即期交易占市场全部交易量的比重往往不到 20%，大部分都是远期外汇交易。目前，即期外汇交易和远期外汇交易是通过银行间外汇市场进行的，大多数交易都以电话、电子银行及互联网平台的方式完成，其中伦敦市场是目前最大的国际外汇即期与远期交易市场，紧跟其后的是纽约、东京和新加坡市场。而外汇期货交易则是在有组织的场内市场或电子交易系统公开竞价成交。

1971 年 8 月 15 日，美国结束了美元对黄金的固定兑换，使美元汇率在外汇市场上自由浮动。20 世纪 70 年代中期，外汇汇率的波动性显著加大，促使世界外汇交易量迅速增长。通常，外汇交易分为银行与顾客间的交易、银行间交易以及银行与中央银行间的交易三个不同部分,但随着20世纪90年代末信息技术的迅速发展和互联网的普及,个人参与外汇投资成为可能。目前,银行间外汇市场已发展成为24小时不间断的交易市场。虽然世界上有很多不同种类的货币,但是每天交易量的85%都是集中于G7国家的货币,即俗称的"主要货币",包括美元、日元、欧元、英镑、瑞士法郎、加元和澳元。

目前,中国实行以市场供求为基础、参考一篮子货币进行调节、有管理的浮动汇率制度。中国人民银行设立了公开市场操作室,在中国外汇交易系统中进行外汇买卖,以保持市场供求的基本平衡。中国外汇交易中心暨全国银行间同业拆借中心(以下简称"交易中心")组织进行全国银行间外汇交易、办理外汇交易的资金清算和交割。交易中心实行做市商制度,目前基本形成了一个覆盖全国的外汇交易网络,同时,参照国际惯例,部分地区和会员正在推行远程柜台交易,已逐步形成外汇市场的无形化。其交易活动共有三个层次:银行和客户之间的交易,成员金融机构之间的交易,成员金融机构和中国人民银行之间的交易。交易的货币包括美元、韩元、日元、欧元、英镑、马来西亚林吉特和俄罗斯卢布,其中美元是最活跃的品种;推出的外汇市场工具包括人民币即期交易、远期交易、掉期交易等,市场的汇率主要由市场的供求关系决定。

### 3. 汇率及其标价方法

汇率即外汇的买卖价格,又称汇价、外汇牌价或外汇行市。它是两国货币的相对比价,也就是用一国货币表示另一国货币的价格。折算两个国家的货币,首先要确定用哪个国家的货币作为标准,根据确定的标准不同,可将汇率标价方法分为直接标价法、间接标价法和美元标价法。

直接标价法也称应付标价法或价格标价法,是指以一定单位的外国货币(1或100个单位)为标准,折算为一定数额的本国货币。在直接标价法下,外汇汇率上涨,说明外币升值,表示一定单位外币所能换取的本币增多,本币贬值;相反,外汇汇率下降,则说明外币贬值,表示一定单位外币能换取的本币减少,本币升值。例如,2021年7月23日,在中国外汇交易市场上报出的人民币汇率中间价"美元/人民币 6.465 0""100 日元/人民币 5.870 9"采用的就是直接标价法。当上述美元/人民币报价变为"美元/人民币 6.465 2"时,美币升值,人民币贬值。

间接标价法也称应收标价法或数量标价法,是指以一定单位的本国货币(1或100个单位)为标准,折算为一定数额的外国货币。在间接标价法下,若一定数额的本国货币能兑换的外国货币比原来少,说明本币贬值,外币升值;反之,则相反。例如,伦敦外汇市场的汇率标价由"英镑/美元 1.522 2"变为"英镑/美元 1.534 1",表明要用更多的美元才能兑换1英镑,本国货币(英镑)升值,相应地外国货币(美元)贬值,即外汇汇率下跌。目前世界上大多数国家都采用直接标价法,只有英国和美国等少数国家使用间接标价法。

美元标价法是指以一定单位的美元(1或100个单位)作为标准,折算为一定数量的非美元货币。第二次世界大战以后,美元标价法在国际金融实务中得到广泛应用。目前,除欧元、英镑、澳元、新西兰元等几种货币外,其他货币都以美元为基准货币进行标价。

### 4. 货币对及报价方式

在外汇市场上，每种货币都有一个固定的由 3 个字母组成的国际标准化组织（ISO）代码标志。例如美元为 USD、日元为 JPY、欧元为 EUR、英镑为 GBP、瑞士法郎为 CHF、加元为 CAD、澳元为 AUD、新西兰元为 NZD 等。外汇交易通常以一种外币对另一种外币的形式进行，通常称为货币对（pairs）。货币对由两个 ISO 代码加分隔符 "/" 表示，其中前一代码代表基本货币，后一代码代表目标货币，表示一个单位基本货币可以兑换多少目标货币。例如 EUR/USD 表示欧元是基本货币，美元是目标货币；又如 USD/JPY 表示美元是基本货币，日元是目标货币。

在即期和远期外汇交易市场上，作为交易商的银行将提供汇率报价供交易者买卖。报价分为买入价和卖出价（BID/ASK），均是从交易银行的角度出发，针对报价中的基本货币而言。买入价是指交易银行从交易者手中买一个单位基本货币所付给的目标货币的数量，而卖出价则是指交易银行卖给交易者一个单位基本货币所要求的目标货币的数量。直接标价法下，一定外币后的前一个本币数字表示买入价，即银行买进外币时付给客户的本币数；后一个数字表示卖价即银行卖出外币时向客户收取的本币数，"卖价"大于"买价"。间接标价法则相反。买入价与卖出价之差为点差，是交易商赚取的收益。表 6-1 为某银行某时刻的外汇买卖报价。

表 6-1 外币买卖报价

| 货币对 | 买/卖报价 | 货币对 | 买/卖报价 |
|---|---|---|---|
| AUD/USD | 0.786 8/0.787 1 | USD/CAD | 1.146 8/1.147 4 |
| EUR/JPY | 152.94/152.98 | USD/CHF | 1.195 6/1.196 0 |
| EUR/USD | 1.329 0/1.329 2 | USD/HKD | 7.768 3/7.768 4 |
| GBP/USD | 1.966 1/1.966 5 | USD/JPY | 115.08/115.10 |

如表 6-1 所示，在国际外汇市场上，汇率的价格共有 5 位数字，汇率价格的最后一位数，称为一点，如美元兑日元为 115.08 中的 0.01、欧元兑美元为 1.3290 中的 0.000 1，都称为一点，这是汇率变动的最小单位。以 "EUR/JPY" 的报价 "152.94/152.98" 为例，这表明该银行将以每欧元 "152.94" 日元的价格买入欧元，而以每欧元 "152.98" 日元的价格卖出欧元，点差为 4 个点。

## 6.1.2 远期外汇交易

### 1. 远期汇率报价方法

远期汇率是指远期交易的汇率，即外币买卖双方成交后，并不能马上交割，而是约定在一定期限后的某个时间点进行交割时所采用的约定汇率。远期汇率的报价方法有两种：一种是将远期汇率的数字直接标出，用于银行向其客户报价；另一种是只标明远期汇率与即期汇率的差额，用于银行间外汇交易。

表 6-2 所示为 2021 年 8 月 3 日中国银行远期结售汇牌价，以交易期限不同的英镑为例，表中所示数字为每 100 外币兑换人民币的金额。此类报价即为将远期汇率的数字直

接标出的报价方式。

表 6-2　中国银行远期结售汇牌价（英镑 GBP，2021-08-03）

| 交易期限 | 买入价 | 卖出价 | 中间价 |
| --- | --- | --- | --- |
| 1 周 | 895.145 838 | 904.068 838 | 899.607 338 |
| 1 个月 | 896.453 582 | 905.725 482 | 901.089 532 |
| 2 个月 | 898.526 276 | 907.811 276 | 903.168 776 |
| 3 个月 | 899.963 088 | 909.331 388 | 904.647 238 |
| 4 个月 | 901.609 839 | 910.953 839 | 906.281 839 |
| 5 个月 | 903.781 208 | 913.127 808 | 908.454 508 |
| 6 个月 | 905.630 774 | 915.105 274 | 910.368 024 |
| 7 个月 | 906.751 991 | 916.455 291 | 911.603 641 |
| 8 个月 | 908.142 244 | 917.878 344 | 913.010 294 |
| 9 个月 | 909.901 216 | 919.647 516 | 914.774 366 |
| 10 个月 | 911.314 748 | 921.180 648 | 916.247 698 |
| 11 个月 | 912.640 727 | 922.487 327 | 917.564 027 |
| 1 年 | 914.023 391 | 924.013 791 | 919.018 591 |

根据中国银行数据整理。

此外，另一种常见的直接报价方式见表 6-3，此种方式以货币对为报价对象，利用远期点（远期点 = 远期全价 − 即期汇率）进行报价。

表 6-3　人民币外汇远掉报价（2021-08-03 23:30；单位：BP）

| 货币对 | 1 周 | 1 月 | 3 月 | 6 月 | 9 月 |
| --- | --- | --- | --- | --- | --- |
| USD/CNY | 24.50/24.50 | 136.40/136.40 | 420.00/420.00 | 857.00/857.00 | 1 222.00/1 222.00 |
| EUR/CNY | 38.84/39.08 | 209.96/210.03 | 637.27/637.39 | 1 326.25/1 326.35 | 1 899.24/1 899.75 |
| 100JPY/CNY | 25.33/25.39 | 139.09/139.15 | 427.62/428.18 | 900.57/901.75 | 1 290.75/1 292.04 |
| HKD/CNY | 3.25/3.25 | 18.01/18.01 | 55.51/55.51 | 112.97/112.99 | 160.80/160.90 |
| GBP/CNY | 34.94/35.87 | 194.53/196.16 | 599.19/600.28 | 1 234.26/1 235.83 | 1 737.94/1 739.10 |
| AUD/CNY | 19.54/19.69 | 107.92/107.95 | 328.45/330.01 | 672.95/674.82 | 946.05/952.03 |
| NZD/CNY | 16.66/17.91 | 89.46/92.33 | 260.25/267.64 | 502.43/509.88 | 651.02/680.35 |

根据中国货币网数据整理。

交易中差额可能呈现三种形式：升水、贴水和平价。其中升水表示远期汇率高于即期汇率，贴水则相反，而平价表示两者相等。

【例 6-1】英镑的即期汇率为 1 英镑兑 1.520 1 美元，30 天远期汇率为 1 英镑兑 1.514 8 美元。这表明，30 天远期英镑贴水，贴水 53 点，点值为 0.005 3 美元。欧元即期汇率为 1 欧元兑 1.112 2 美元，30 天远期汇率为 1 欧元兑 1.113 0 美元。这表明，30 天远期欧元升水，升水 8 点，点值为 0.000 8 美元。如果用百分比表示，则更能清晰地反映出两种货币升水或贴水的程度，其计算公式为

$$升(贴)水 = [(远期汇率 - 即期汇率)/即期汇率] \times (12/月数)$$

【例 6-1】中，30 天英镑的远期贴水为：[(1.514 8 − 1.520 1)/1.520 1] × (12/1) = −4.2%；30 天欧元的远期升水为：[(1.113 0 − 1.112 2)/1.112 2] × (12/1) = 0.9%。如果升水和贴水二者相等，则称为远期平价。

升水和贴水与两种货币的利率差密切相关。一般而言，利率较高的货币远期汇率表现为贴水，即该货币的远期汇率比即期汇率低；利率较低的货币远期汇率表现为升水，即该货币远期汇率比即期汇率高。因此，在充分流动的市场中，远期汇率与即期汇率的差异是两种货币利率差的反映，否则就会出现套利的机会。根据无风险套利理论，计算公式如下：

$$远期汇率\left(\frac{货币1}{货币2}\right) = 即期汇率\left(\frac{货币1}{货币2}\right) \times \left[\frac{1+(R_2 \times d/360)}{1+(R_1 \times d/360)}\right]$$

其中，$R$ 为利率；$d$ 为交易期限。

需要注意的是，虽然升（贴）水的幅度与两国利率差大致相等，但是远期汇率变化与利率差并不绝对相同。远期汇率的决定因素包括即期汇率、两种货币的利率及交易期限等。在实际的交易中，远期汇率还会受到交易者对市场的心理预期、中央银行对市场的干预以及国际经济和政治等因素的影响。这些因素有时甚至会使远期汇率的变化完全脱离两国的利差水平。

**2. 远期外汇交易的应用**

首先，远期外汇交易为进出口商提供了套期保值的手段。进口商和出口商都需要规避风险，它们在外汇交易中的主要目的是满足商品和其他交易的需要。因此它们追求的是货币的保值，而不是从汇率的变化中获利。进出口商在国际贸易中从签订贸易合同到实际收付汇款，往往需要一段时间。在此期间如果汇率发生相对变化，进出口商有可能蒙受损失。为了避免这种损失，进口商可以在签订贸易合同时买入远期外汇，而出口商可以在签订贸易合同时卖出远期外汇。

其次，外汇远期交易为资本借款人提供了套期保值的手段。资金借款人持有或者承担国际债权债务，当债权债务到期时，如果汇率发生不利于债权债务的变动，债权债务将遭受一定的损失。债权人为避免损失，可提前卖出远期外汇交易合同，债务人可以提前购买合同。这样无论将来外汇汇率发生什么变化，他们的债权债务都不会受到很大的影响。此外由于远期外汇的销售不需要以现金交付，购买远期外汇的企业可以暂时将其现金用于其他用途，从而加快资金周转、扩大利润。

最后，远期外汇交易为外汇银行提供了避风港。进出口商、资本借款人和投资者在与外汇银行进行远期外汇交易后将汇率风险转移给外汇银行。外汇银行在买进或卖出一些远期外汇时，常常买进多于卖出或卖出多于买进。买卖抵消后的余额是外汇银行远期外汇持有量的保险部分。此时外汇银行可以通过人民币远期外汇市场调整外汇持有量。

【例 6-2】为进出口商通过锁定外汇远期汇率以规避汇率风险的案例。

【例 6-2】某进口商 5 月 1 日向美国客户买进价值 1 000 000 美元的商品，约定 3 个月之后付款，签约时美元兑港元汇率为 1 美元 = 7.81 港元，由于近期汇率波动剧烈，该进口商决定利用外汇远期进行套期保值。签合同当天，银行 3 个月美元兑港元的报价为

USD/HKY = 7.88/7.91，该进口商在同银行签订远期合同后，约定 3 个月后按 1 美元兑 7.91 港元的价格向银行买入 1 000 000 美元用以支付货款，共支付 7.91×1 000 000 港元。3 个月后，该进口商按照远期合同进行交易。交易过程见表 6-4。

表 6-4　远期外汇交易过程

| 项目 | 汇率（美元/港元） | 合同金额/美元 | 折合港元/港元 |
|---|---|---|---|
| 5 月 1 日签订进口合同 | 即期汇率：7.81 | 1 000 000 | 7 810 000 |
| 5 月 1 日利用外汇远期 | 3 个月远期汇率：7.91 | 1 000 000 | 7 910 000 |

可见，该进口商利用外汇远期交易，提前锁定了 3 个月后港元支付额。若 3 个月后的付款日即期汇率为 1 美元 = 7.99 港元，则与不利用外汇远期进行套期保值相比，该进口商少支付货款 1 000 000×(7.99 − 7.91) = 80 000 港元。

【例 6-3】 为短期投资者或外汇债务承担者通过外汇远期交易规避汇率风险的案例。

【例 6-3】 我国某企业对美国有外汇债务 1 亿美元，为防止美元汇率波动造成损失，购买了 3 个月期美元兑人民币外汇远期，当时即期汇率为 1 美元 = 6.172 0 元，3 个月远期汇率 USD/CNY = 6.173 2。3 个月后，美元兑人民币即期汇率变为 1 美元 = 6.273 3 元，如果当时该投资没有买入美元兑人民币远期，该投资者就得付出 6.273 3 亿人民币才能兑换 1 亿美元，但现在已经购买美元兑人民币远期，则只需花 6.173 2 亿人民币就够了。通过此操作，其规避了美元汇率风险。

### 6.1.3　无本金交割远期交易

**1. 无本金交割远期交易的概念**

无本金交割远期交易是指合约到期时不需交割本金，交易双方在结算日根据议定的汇率与定价日即期汇率轧差交割的远期。

无本金交割远期交易始于 1996 年左右，其主要用于对实行外汇管制国家和地区的货币进行离岸交易与套期保值，新加坡和香港人民币 NDF 市场是亚洲最主要的离岸人民币（CNH）远期交易市场，主要参与者为欧美等地的大银行和投资机构，其客户主要是在中国有大量人民币收入的跨国公司，也包括总部设在香港的中国内地企业，交易货币主要有韩元、新台币、人民币、印度卢比、印度尼西亚卢比和菲律宾比索等。通常来说，无本金交割远期交易行情反映了国际社会对人民币汇率变化的预期。表 6-5 显示了 2021 年 7 月 23 日人民币 NDF 主要品种的交易行情。

**2. 无本金交割远期交易与远期外汇交易的区别**

无本金交割远期交易与远期外汇交易的区别在于，无本金交割远期交易为离岸交易，且其实质为轧差交易，只要就到期日的市场汇率价格与合约协定价格的差价进行交割清算即可，对未来现金流量不会造成影响，而远期外汇交易到期后需现汇交割。

【例 6-4】 假设目前美元兑人民币即期汇率为 6.276 0，3 个月远期汇率及 3 个月 NDF 价格均为 6.266 0。某进口商为规避 3 个月后的汇率风险，有两种交易方式供选择：其一，

表 6-5 人民币 NDF 主要品种的交易行情

| 发布时间 | NDF 期限 | 最新价格 | 涨跌幅度 | 开盘价格 | 最高价格 | 最低价格 |
| --- | --- | --- | --- | --- | --- | --- |
| 2021-07-23 10:49 | 1 个月（1M） | 6.495 1 | 0.004 2 | 6.490 7 | 6.496 2 | 6.485 8 |
| 2021-07-23 10:49 | 2 个月（2M） | 6.511 9 | 0.003 9 | 6.507 9 | 6.512 7 | 6.502 3 |
| 2021-07-23 10:49 | 3 个月（3M） | 6.528 5 | 0.004 3 | 6.524 1 | 6.529 0 | 6.519 1 |
| 2021-07-23 10:48 | 6 个月（6M） | 6.573 9 | 0.002 7 | 6.571 0 | 6.574 5 | 6.564 2 |
| 2021-07-23 10:48 | 9 个月（9M） | 6.614 5 | 0.003 2 | 6.610 1 | 6.615 2 | 6.602 4 |
| 2021-07-23 10:48 | 1 年（1Y） | 6.654 0 | 0.004 4 | 6.649 2 | 6.654 5 | 6.644 0 |
| 2021-07-23 10:49 | 2 年（2Y） | 6.798 4 | −0.000 6 | 6.799 0 | 6.800 7 | 6.785 5 |
| 2021-07-23 10:48 | 3 年（3Y） | 6.917 7 | −0.010 8 | 6.927 2 | 6.939 1 | 6.915 9 |
| 2021-07-23 10:19 | 4 年（4Y） | 7.022 8 | 0.004 6 | 7.018 2 | 7.096 0 | 7.017 1 |

根据香港交易所市场数据整理。

向银行预购 3 个月期的远期美元 100 万。则远期外汇合约到期日，该进口商将以人民币 6 266 000 元向银行购入美元 100 万；其二：进行无本金交割远期交易。假设 3 个月后美元兑人民币的即期汇率变为 6.281 0。则该进口商已于 3 个月前锁定 6.266 0，因为美元兑人民币已涨至 6.281 0，所以该公司的 NDF 头寸已产生利润，银行应付给公司：

$$\frac{(6.281\,0-6.266\,0)\times 1\,000\,000}{6.281\,0}=2\,388.15\text{（美元）}$$

## 6.1.4 远期外汇综合协议

**1. 远期外汇综合协议的概念与特点**

远期外汇综合协议（Synthetic Agreements for Forward Exchange，SAFE）是在 20 世纪 80 年代被开发出来的一种金融创新工具。

1）远期外汇综合协议的概念

远期外汇综合协议的本质是两种货币之间的远期对远期的名义上的互换，其中一种货币被称为原货币（primary currency），另一种则被称为第二货币（secondary currency）。这是协议双方约定买方在结算日按照协议中规定的结算日直接远期汇率用第二货币向卖方买入一定名义金额的原货币，然后在到期日再按协议中规定的到期日直接远期汇率把一定名义金额的原货币出售给卖方的协议，即当前约定未来某个时点的远期汇率，是对未来远期差价进行保值或投机而签订的远期协议。

2）远期外汇综合协议的主要条款

通常来说，远期外汇综合协议的原货币为外币，第二货币为本币，交易过程一般不交换名义本金。交易惯例一般是以第一货币表示名义本金数额，用第二货币表示结算金数额。

英国银行家协会于 1989 年颁布的外汇综合协议标准条款（Synthetic Agreements for Forward Exchange Recommended Terms and Conditions，SAFEBBA MASTER TERMS）对 SAFE 条款的相关术语做了规定，主要如下。

第一合同金额（first contract amount，$A_S$）——协议规定的在结算日将兑换的原货币的名义金额；第二合同金额（second contract amount，$A_M$）——协议规定的在到期日将兑换的原货币的名义金额。

直接汇率（outright exchange rate，CR）——协议规定的从起算日到结算日的远期汇率；合同远期汇差（contract forward spread，CS）——协议规定的到期日的远期汇率与结算日的远期汇率之间的差额。这是远期外汇综合协议中约定的汇率和差额。

即期结算汇率（settlement spot rate，SR）——确定日的即期汇率，即结算日的结算汇率。汇率的表示方法与直接汇率一致；远期结算汇差（settlement forward spread，SS）——确定日得到的到期日远期利率与即期利率之间的差额，用于结算日的结算。这是市场汇率和差额。

SAFE 有五个重要的时间点：协议签订日（交易日）、起算日（生效日）、确定日（结算日之前 2 个交易日）、结算日、到期日，按惯例，合约签订后 2 个交易日为"起算日"，按既定规则在"确定日"确定即期汇率和远期汇率。

SAFE 标价利用 "$m \times n$" 的格式，其中 $m$ 表示从合同起算日到结算日（交易日到确定日）的时间，$n$ 表示从合同起算日到到期日的时间。如图 6-1 所示，显示了 SAFE "1×4" 的情形。"1×4"表示起算日至结算日为一个月，结算日至到期日为 4 个月，即约定 1 个月后，进行为期 3 个月的远期交易。所以，远期外汇协议（forward exchange agreement，FXA）是"远期的远期"，其实质是对未来（此处为 1 个月后）的远期（此处为 3 月）升贴水进行投资或保值。

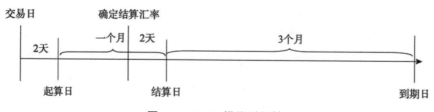

图 6-1　SAFE 操作时间轴

例如，若国内某家公司计划在 1 个月后卖出人民币，买进美元投资 3 个月，然后换回人民币获得投资收益。该公司担心在 1 个月后再操作对自己不利（担心按照当时的即期汇率和 3 个月远期汇率，换回的人民币减少）。为此，该公司可选择现在利用一份 1×4 的 SAFE 规避风险，在协议中与对方约定 1 个月后的直接汇率和 3 个月远期汇差，从而锁定 1 个月后卖出人民币的汇率（直接汇率）和 4 个月后换回人民币的汇率（直接汇率+远期汇差）。如果不签该 SAFE，该公司只能按 1 个月后的市场汇率进行掉期操作，即按确定日的即期汇率和 3 个月远期汇差进行操作。

但如前文所说，SAFE 一般不交换名义本金，而以第二货币（本币）为结算单位，根据计算结果进行轧差交易，即结算的是按市场汇率和协议约定汇率操作的差额。

**2. 远期外汇综合协议的分类**

SAFE 根据其结算方式的不同分为汇率协议（exchange rate agreement，ERA）和远期外汇协议。

1）汇率协议

通常来说，在投资者为多头（即先买第一货币，后卖第一货币）的前提下，远期外汇协议结算金计算公式如式（6-1）所示：

$$\text{ERA} = A_M \times \frac{\text{CS} - \text{SS}}{1 + \left(i \times \dfrac{D}{B}\right)} \quad (6\text{-}1)$$

式中，$A_M$ 为原货币（外币）到期日名义本金数额；$i$ 为第二货币（本币）在合约期限上的年化收益率；$D$ 为合约期限的天数；$B$ 为第二货币计算天数通行惯例（360 天或 365 天）；CS 为合同签订时确定的合同期内远期差价，它等于合同中规定的到期日时刻 $T^*$ 直接远期汇率与合同中规定的结算日（$T$ 时刻）直接远期汇率之间的差额；SS 为确定日确定的合同期的远期差价，它等于确定日确定的到期日直接远期汇率与确定日确定的结算日直接远期汇率之间的差额。

可见，ERA 是以两个远期汇率的差额（CS − SS）为计算基础，$A_M \times (\text{CS} - \text{SS})$ 的计算结果表示到期日因为汇率差额的变化而导致的本币兑换数额的变化。

但按惯例，结算金的支付是在协议期限的期初（即起算日），而不是协议到期日的最后一日，因此交付的差额要按参照利率贴现至结算日。

该差额是计算至"到期日"，而协议规定应该计算"结算日"的差额，所以，应将"到期日"的差额通过贴现计算，才能最终得到"结算日"的差额。式（6-1）的分子就是贴现因子。

若 ERA 为正，则空头方应向多头方支付结算金；若为负，则多头方应向空头方支付结算金。

2）远期外汇协议

FXA 结算金计算公式如式（6-2）所示：

$$\text{FXA} = A_M \times \frac{(\text{CR} + \text{CS}) - (\text{SR} + \text{SS})}{1 + \left(i \times \dfrac{D}{B}\right)} - A_S \times (\text{CR} - \text{SR}) \quad (6\text{-}2)$$

式中，$A_S$ 为原货币结算日的名义本金数额；(CR + CS) 为协议中规定的到期日 $T^*$ 时刻直接远期汇率；CR 为协议中规定的结算日（$T$ 时刻）直接远期汇率；(SR + SS) 为确定日确定的到期日直接远期汇率；SR 为确定日确定的结算日直接远期汇率。

其他变量与 ERA 结算金公式相同。

若 FXA 为正，则空头方应向多头方支付结算金；若为负，则多头方应向空头方支付结算金。

可见，FXA 以远期汇率和现时汇率差额为结算基础。ERA 与 FXA 的差别在于，ERA 仅与结算日至到期日外汇汇差的变化有关，而 FXA 还与汇率变动的绝对水平有关。

当 CR = SR 时，ERA 与 FXA 结算金相等。

**3. 远期外汇综合协议的应用**

【例 6-5】 假设某日市场上的利率和汇率水平见表 6-6。某投资者预期未来 1 个月至

4个月期间英镑和美元的远期利差会进一步增大,这将导致英镑/美元远期升水扩大。于是该投资者签订了"1×4"的 SAFE,英镑为第一货币,美元为第二货币,卖出 1 000 000 英镑,买进相应的美元。合同签订时确定的直接远期汇率及 3 个月远期差价见表 6-6。交易后两天生效,且于结算日前两日确定结算汇率。

表 6-6　某日市场上的利率和汇率水平

| 项　　目 | 即期汇率 | 1 个月 | 3 个月 | 1×4 个月 |
| --- | --- | --- | --- | --- |
| 英镑/美元 | 1.8 | 53/56 | 212/215 | 158/162 |
| 英镑利率/% | | 6.00 | 6.25 | 6.30 |
| 美元利率/% | | 9.625 | 9.875 | 9.88 |

一个月后的市场利率和汇率水平见表 6-7。

表 6-7　一个月后的市场利率和汇率水平

| 项　　目 | 即期汇率 | 3 个月 |
| --- | --- | --- |
| 英镑/美元 | 1.8 | 176/179 |
| 英镑利率/% | | 6.00 |
| 美元利率/% | | 10.00 |

根据上述内容可得此操作时间轴如图 6-2 所示。

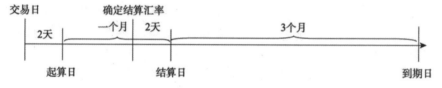

图 6-2　例【6-5】中 SAFE 操作时间轴

(1) 若投资者签订的是汇率协议,其结算金可计算如下:
由题可知 $A_M = 1\ 000\ 000$; $i = 10\%$; $D = 90$; $B = 360$;
该投资者是近端卖出,远端买入,有 CS = 0.016 2; SS = 0.017 6

$$\text{ERA} = A_M \times \frac{\text{CS} - \text{SS}}{1 + \left(i \times \dfrac{D}{B}\right)} = -1\ 365.85\ (\text{美元})$$

按照 ERA,该投资者应收到对方支付的 1 365.85 美元。

(2) 若投资者签订的是远期外汇协议,其结算金可计算如下:
由题又可得:$A_S = 1\ 000\ 000$; CR = 1.805 3; SR = 1.800 0

$$\text{FXA} = A_M \times \frac{(\text{CR} + \text{CS}) - (\text{SR} + \text{SS})}{1 + \left(i \times \dfrac{D}{B}\right)} - A_S \times (\text{CR} - \text{SR}) = -1\ 495.12\ (\text{美元})$$

按照 FXA,该投资者应收到对方支付的 1 495.12 美元。

## 6.2 外汇期货

### 6.2.1 外汇期货市场及外汇期货合约

**1. 外汇期货的概念**

外汇期货也称货币期货,是指合约双方同意在未来某一时期,根据约定汇率,买卖一定数量某种外币的可转让的标准化合约。它是金融期货中最早出现的品种。自1972年5月芝加哥商业交易所的国际货币市场分部(IMM)推出第一张外汇期货合约以来,随着国际贸易的发展和世界经济一体化进程的加快,外汇期货交易一直保持着旺盛的发展势头。它不仅为广大投资者和金融机构等经济主体提供了规避汇率风险的有效套期保值工具,而且也为套利者和投机者提供了新的获利手段。

世界外汇期货交易主要集中在芝加哥商业交易所集团。近年来,印度国家证券交易所(NSE India)、印度孟买证券交易所(BSE)、巴西B3交易所、韩国交易所(KRX)、莫斯科交易所(Moscow Exchange)、阿根廷期货交易所(Matba Rofex)、伊斯坦布尔证券交易所(Borsa Istanbul,BIST)等在单品种交易量排名上位于前列。

需要注意的是,我们要将外汇期货交易与外汇按金交易区别开来。外汇按金交易虽然也采用了保证金(只需出1%~10%的按金,就可进行100%额度的交易)交易方式,具有高杠杆性,但与期货交易相比存在较大的区别。外汇按金交易是在金融机构之间及金融机构与投资者之间进行的一种远期外汇买卖方式,具体区别见表6-8。

表6-8 外汇期货交易与外汇按金交易的比较

| 比较项目 | 外汇期货交易 | 外汇按金交易 |
| --- | --- | --- |
| 交易市场 | 有组织的期货交易所 | 柜台交易市场,结构松散 |
| 交易机制 | 公开竞价机制 | 交易商提供买卖报价 |
| 保证金的性质及收取方 | 履约保证,属于投资者权益,由期货公司或交易所收取 | 交易款的一部分,由交易银行收取 |
| 合约是否标准化 | 是 | 否 |
| 交易币种 | 交易所推出的合约币种 | 所有可兑换货币 |
| 交易结束方式 | 多以对冲方式结束 | 实物交割 |
| 交易时间 | 交易所规定的交易时间 | 24小时不间断 |
| 交易目的 | 回避外汇风险及赚取投资收益 | 回避外汇风险及赚取投资收益 |
| 信用风险 | 由交易所及其结算公司、经纪公司征信,信用风险极小 | 由提供按金交易的金融机构征信,信用风险较大 |
| 风险监控难度 | 小 | 大 |

**2. 外汇期货的种类**

这里以芝加哥商业交易所和美国纽约期货交易所为例,对外汇期货的种类进行分类说明。其主要品种可以分为四类：含美元的货币对期货、交叉汇率期货、外汇指数期货、外汇波动率期货，一般涵盖了 G10 国集团和主要新兴市场国家的货币。下面主要介绍交易量较大的前三种外汇期货。

1）含美元的货币对期货

在含美元的货币对期货中，有的以美元为基本货币，也有的以美元为目标货币。其中，主要货币对的期货交易量往往最大。CME 交易的外汇期货合约中，最活跃的合约是欧元/美元、加元/美元、英镑/美元、日元/美元、澳元/美元、瑞士法郎/美元、墨西哥比索/美元期货（表 6-9、表 6-10）。这些合约除了在传统的交易池内公开竞价交易，还有在电子系统交易的小型合约。

表 6-9　CME 欧元/美元期货合约

| 合约月份 | 6 个连续季月 |
|---|---|
| 交易单位 | 125 000 欧元 |
| 最小变动价位 | 0.000 1 点，每合约 12.50 美元；价差套利最小变动价位减半 |
| 每日价格波动限制 | 不设价格限制 |
| 交易时间 | 上午 7:20 至下午 2:00（场内公开叫价）（周一至周五）；周日下午 5:00 至次日下午 4:00，周一至周四下午 5:00 至次日下午 4:00，周五下午 4:00 收市，周日下午 5:00 重新开市（全球电子交易系统） |
| 最后交易日 | 交割日期前第 2 个营业日（通常为星期一）的上午 9:16 |
| 交割日期 | 合约交割月份的第 3 个星期三 |
| 交割地点 | 结算所指定的各货币发行国银行 |
| 大户报告制度 | 每个交易者持有期货合约及期权合约头寸（包括所有月份）的净多或净空超过 10 000 张时，必须向交易所报告 |

表 6-10　CME 主要外汇期货合约的主要条款

| 币　　种 | 合约月份 | 交易单位 | 最小变动价位 |
|---|---|---|---|
| 欧元/美元 | 6 个连续季月 | 125 000 欧元 | 每欧元 0.000 1 美元 每合约 12.50 美元 |
| 英镑/美元 | 6 个连续季月 | 62 500 英镑 | 每英镑 0.000 2 美元 每合约 12.50 美元 |
| 日元/美元 | 6 个连续季月 | 12 500 000 日元 | 每日元 0.000 001 美元 每合约 12.50 美元 |
| 澳元/美元 | 6 个连续季月 | 100 000 澳元 | 每澳元 0.000 1 美元 每合约 10 美元 |
| 加元/美元 | 6 个连续季月 | 100 000 加元 | 每加元 0.000 1 美元 每合约 10 美元 |
| 瑞士法郎/美元 | 6 个连续季月 | 125 000 瑞士法郎 | 每瑞士法郎 0.000 1 美元 每合约 12.50 美元 |

2）交叉汇率期货

在美国市场，交叉汇率期货反映了美元之外的一种货币对另一种货币的价值。该类合约的推出为美元之外的货币间的交易提供了很好的保值工具（表 6-11～表 6-13）。

表 6-11　CME 澳元/美元交叉汇率期货合约

| 合约规模 | 100 000 澳元 |
|---|---|
| 交易时间 | 周日至周五，美中时间下午 5:00 至次日下午 4:00 |
| 最小变动价位 | 完全：0.000 1 美元/澳元增幅（10.00 美元）<br>连续月份价差（仅 Globex）：0.000 01 美元/澳元增幅（1.00 美元）<br>所有其他价差合并（仅 Globex）：0.000 05 美元/澳元增幅（5.00 美元） |
| 产品代码 | CME Globex 电子交易：6A<br>CME ClearPort：AD<br>清算所（Clearing）：AD |
| 上市合约 | 前 3 个连续月份和按 3 月季度周期的 20 个月（3 月、6 月、9 月、12 月）的上市合约 |
| 交易终止 | 合约月份第三个周三之前的第二个营业日（通常是周一）中部时间上午 9:16 |
| 结算程序 | 实物交割 |

表 6-12　CME 欧元/澳元交叉汇率期货合约

| 交易单位 | 125 000 欧元 |
|---|---|
| 点数描述 | 1 点 = 每欧元 0.000 1 澳元 = 每张合约 12.50 美元 |
| 挂牌合约 | 最近的 6 个季月（3 月、6 月、9 月、12 月中的最近 6 个月循环） |
| 交易场所 | CME® Globex®（电子交易） |
| 交易时间 | 周日至周五，美中时间下午 5:00 至次日下午 4:00 |
| 涨跌限制 | 无 |
| 最小变动价位 | 常规 0.000 1 = 12.5 AUD<br>跨期套利 0.000 05 = 6.25 AUD<br>全部成交否则取消指令 0.000 05 = 6.25 AUD |

表 6-13　CME 交易池交叉汇率外汇期货合约的主要内容

| 交叉汇率 | 交易单位 | 交割月份 |
|---|---|---|
| 欧元/英镑 | 125 000 欧元 | 6 个季月 |
| 欧元/捷克克朗 | 4 000 000 捷克克朗 | 6 个季月 |
| 欧元/匈牙利福林 | 30 000 000 匈牙利福林 | 6 个季月 |
| 欧元/日元 | 125 000 欧元 | 6 个季月 |
| 欧元/波兰兹罗提 | 500 000 兹罗提 | 6 个季月 |
| 欧元/瑞士法郎 | 125 000 欧元 | 6 个季月 |
| 澳元/加元 | 200 000 澳元 | 6 个季月 |
| 澳元/新西兰元 | 200 000 澳元 | 6 个季月 |
| 澳元/日元 | 200 000 澳元 | 6 个季月 |

3）外汇指数期货合约

外汇指数期货中交易量最大、最有影响力的是美元指数期货。20 世纪 70 年代之前，世界上绝大多数国家都盯住美元，因此衡量某种货币币值较为容易。随着 1971 年布雷顿森林体系解体，世界主要货币纷纷采用浮动汇率制，衡量某种货币"币值"的变动必须综合考虑其对一篮子货币的变化程度。1973 年开始编制的美元指数（USDX）被称为美元的晴雨表，它用来衡量美元对一篮子货币的变化（表 6-14）。如果美元指数下跌，说明美元对其他的主要货币贬值；反之，则说明美元升值。当前的 USDX 水准反映了美元相对于 1973 年 3 月基准点的几何加权平均值，基准点为 100.00。美元指数期货的计算原则是以全球各主要国家与美国之间的贸易结算量为基础，以加权的方式计算出美元的整体强弱程度，以 100 为强弱分界线。目前，用来计算美元指数的 6 种货币为欧元、日元、英镑、加元、瑞典克朗、瑞士法郎。

表 6-14  NYBOT 美元指数（USDX）外汇合约

| 合约规模 | 1 000 美元乘以指数值 |
|---|---|
| 报价 | 以 100 为基日值的指数点报价，计算到小数点后 2 位 |
| 合约月份 | 3、6、9、12 月 |
| 交易时间 | 下午 7:00—10:00<br>上午 2:00—8:05<br>上午 8:05—下午 3:00 |
| 最后交易日 | 到期月份第三个星期三前两个交易日 |
| 实物交割 | 到期月份第三个星期三 |
| 涨跌限制 | 无 |
| 最小变动价位 | 每指数点的 0.01 美元或每张合约 10 美元；套利交易可为半个价位 |

### 3. 人民币期货合约

1）芝加哥商业交易所人民币期货合约

芝加哥商业交易所先后于 2006 年推出了人民币/美元、人民币/欧元、人民币/日元的期货和期权衍生品，于 2011 年推出了美元/人民币期货，又于 2012 年推出了美元/离岸人民币期货（表 6-15）。其中后两者设计了常规合约、小型合约两种规格。而美元/离岸人民币期货用离岸人民币进行结算和交割，交割地点在中国香港。尽管这些衍生品目前的交易量并不理想，但芝加哥商业交易所这一举措充分体现出国际资本市场对于人民币汇率衍生产品的高度重视。

表 6-15  CME 人民币/美元期货合约主要条款

| 合约规模 | 1 000 000 元人民币 |
|---|---|
| 合约月份 | 13 个连续月份加上 2 个后续季月 |
| 交易场所 | CME® Globex®（电子交易） |
| 交易时间 | 夏令时：6:00—17:00<br>冬令时：7:00—18:00 |
| 涨跌限制 | 无 |
| 最小变动价位 | 每元人民币 0.000 01 美元，每手 10 美元；跨月套利：每元人民币 0.000 005 美元，每手 5 元人民币 |

2）香港交易所人民币期货

目前我国香港交易所推出的人民币期货品种包括美元兑人民币（香港）期货及期权、小型美元兑人民币（香港）期货、欧元兑人民币（香港）期货、澳元兑人民币（香港）

期货、日元兑人民币（香港）期货、印度卢比兑人民币（香港）期货、人民币（香港）兑美元期货、RXY（人民币货币指数），见表 6-16、表 6-17。

表 6-16 CME 美元/人民币期货合约主要条款

| 合约规模 | 100 000 美元 |
|---|---|
| 合约月份 | 13 个连续月加上 2 个后续季月 |
| 结算程序 | 现金交割，交割价格以中国人民银行于该合约最后交易日上午 9:15（北京时间）公布的汇率为准 |
| 持仓限制 | 6 000 手；现货月 2 000 手 |
| 合约代码 | CME Globex 电子市场：CNY |
| 最小价格变动 | 每美元 0.001 元人民币，每手 100.00 元人民币；跨月套利：每美元 0.000 5 元人民币，每手 50.00 元人民币 |
| 交易时间 | Globex（ETH）: 周日：美中时间 17:00—隔日 16:00；周一至周五：美中时间 17:00—隔日 16:00，周五除外于 16:00 关闭，周日 17:00 重开<br>CME ClearPort: 周日至周五 18:00—次日 17:15（芝加哥时间/美中时间 17:00—次日 16:15）；每天于 17:15（美中时间 16:15）开始休息 45 分钟 |
| 最后交易日/时间 | 合约最后交易时间为北京时间第三个星期三之前的一个交易日（通常为周二）上午 9:00，相当于美国冬季中部时间下午 7:00 或者夏令时中部时间次日下午 8:00 |

表 6-17 CME 美元/离岸人民币期货合约主要条款

| 项目 | 常规合约 | 小型合约 |
|---|---|---|
| 合约规模 | 100 000 美元 | 10 000 美元 |
| 合约月份 | 13 个连续月加上 8 个后续的季月； | 12 个连续月 |
| 最小变动价位 | 每美元 0.000 1 元人民币，每手 10 元人民币；跨币种套利为每手 5 元 | 每美元 0.000 1 元离岸人民币，每手 1 元离岸人民币 |
| 计价方式 | 每日以离岸人民币形式结算 | 每日以离岸人民币形式结算 |
| 交易时间 | 每周日至周五的 17:00 至次日 16:00 | 每周日至周五的 17:00 至次日 16:00 |
| 最后交易日 | 合约月的第三个周三之前第一个香港交易日的 11:00（香港时间） | 合约月的第三个周三之前第一个香港交易日的 11:00（香港时间） |
| 交割日及程序 | 合约月的第三个周三之后，以离岸人民币交割 | 合约月的第三个周三之后，以离岸人民币交割 |
| 持仓报告标准 | 25 手 | 250 手 |

我国离岸人民币市场一直持续并显著增长。离岸人民币的发展是人民币迈向国际化的重要一步，有助于人民币逐步成为国际储备货币。香港交易所于 2012 年 9 月推出美元兑人民币（香港）期货，为全球首只人民币可交收货币期货合约，其报价、按金计算以及结算交收均以人民币为单位，有助提高离岸人民币市场的资本效益及相关风险管理的灵活性。

美元兑人民币（香港）期货以及香港交易所现有的其他人民币货币期货和期权等产品，作为热门的风险管理工具，一直以来被投资者广泛用于管理其人民币头寸的汇率风险。小型美元兑人民币（香港）期货用以满足各类市场参与者对较小合约金额进行对冲的需求。人民币（香港）兑美元期货以美元报价、收取保证金及结算（表 6-18）。人民币货币指数旨在为人民币兑一篮子货币汇率提供独立、透明和及时的基准，该货币篮子包括中国内地最重要的贸易伙伴货币。美元兑人民币（香港）与人民币（香港）兑美元期货合约对比见表 6-19。

表 6-18　香港交易所美元兑人民币（香港）期货合约细则

| 项　目 | 合　约　细　则 |
| --- | --- |
| 合约 | 美元兑人民币（香港）期货 |
| 合约月份 | 即月、下三个日历月及之后的三个季月 |
| 合约金额 | 100 000 美元 |
| 报价单位 | 每美元兑人民币（如 1 美元兑人民币 6.248 6 元） |
| 最低波幅（最小变动价位） | 人民币 0.000 1（小数点后第 4 个位） |
| 交易时间 | 上午 8 时 30 分正至下午 4 时 30 分（不设午休）<br>下午 5 时 15 分至翌日凌晨 3 时（到期合约月份在最后交易日收市时间为上午 11 时） |
| 最后结算日 | 合约月份的第三个星期三 |
| 最后交易日 | 最后结算日之前两个营业日 |
| 最后结算价 | 香港财资市场公会在最后交易日上午 11 时 30 分公布的美元兑人民币（香港）即期汇率定盘价 |
| 结算方式 | 由卖方缴付合约指定的美元金额，而买方则缴付以最后结算价计算的人民币金额 |

表 6-19　美元兑人民币（香港）与人民币（香港）兑美元期货合约对比

| 主要条款 | 美元兑人民币（香港）期货合约 | 人民币（香港）兑美元期货合约 |
| --- | --- | --- |
| 合约月份 | 即月、下三个历月及之后的六个季月 | 即月、下三个历月及之后的四个季月 |
| 合约金额 | 100 000 美元 | 人民币 300 000 元 |
| 报价单位 | 每美元兑人民币（如 1 美元兑人民币 6.248 6 元） | 每人民币 10 元兑美元（如 10 人民币兑 1.528 8 美元） |
| 最低波幅 | 人民币 0.000 1（小数点后第 4 个位） | 0.000 1 美元（小数点后第 4 个位） |

由于市场对人民币风险管理需求升温，香港交易所人民币产品成交活跃，人民币货币的客户群也日趋多元化，包括各类别银行、机构投资者、自营交易公司、固定收益自营交易部门、资产管理公司、进出口行业企业以及散户投资者等。香港位处"一带一路"倡议及"互联互通"战略计划的中心，具有庞大的人民币资金池，足以支持活跃的香港人民币业务，加上香港交易所高效率的市场基础设施，以及旗下市场汇聚的国际投资者，使得香港交易所在离岸人民币的产品交易及风险管理享有相对优势。

### 6.2.2　外汇期货套期保值

汇率的大幅波动，使得外汇持有者、贸易商、银行、企业等均需要进行套期保值，以将汇率风险降至最低限度。

**1. 外汇期货多头与空头套期保值**

1）外汇期货多头保值的运用

【例 6-6】　某日本出口商按协议计划 6 个月后向美国出口一批汽车，计价 5 000 万美元。此时日元对美元的汇率为 1 美元 = 125.00 日元，按此汇率出口商可获得 62.5 亿日元的销售收入。该出口商预计 6 个月后日元兑美元将升值。为了避免日元升值导致的汽车出口收入减少，于是选择在芝加哥商业交易所进行套期保值。IMM 日元/美元合约的合约规模为 12 500 000 日元。该进口商买入 500 手期货合约。6 个月后，美元兑日元达到 1 美元 = 120.00 日元，出口商出口汽车收入为 60 亿日元，少收入 2.5 亿日元。6 月 1 日，该出口商将期货头寸平仓，盈利 2.505 亿日元，从而达到了规避日元升值风险的目的，稳定了出口收入。

其套期保值过程与结果分析见表 6-20。

表 6-20 多头套期保值情形分析

| 时间 | 现货市场 | 期货市场 |
|---|---|---|
| 12 月 1 日 | 按协议 6 个月后出口汽车，价值 5 000 万美元，当日即期汇率 1 美元 = 125.00 日元，应获得销售收入 62.5 亿日元 | 买进 500 张 6 月份交割日元/美元期货合约，成交价 0.008 101 |
| 次年 6 月 1 日 | 出口汽车，获销售收入 5 000 万美元，当日即期汇率为 1 美元 = 120 日元，实际获得销售收入 60 亿日元 | 卖出 500 张 6 月份交割的日元/美元期货合约平仓，成交价 0.008 435 |
| 保值结果 | 少收入 62.5 - 60 = 2.5（亿日元） | 变动 334 点，共盈利 334 × 12.5 × 500 = 2 087 500（美元），按 6 月 1 日的即期汇率，可兑换为 2.505 亿日元 |
| | 期货市场的盈利足以弥补现货市场的亏损 | |

2）外汇期货空头保值的运用

**【例 6-7】** 某美国出口商向加拿大出口价值 1 000 000 加元的货物，计价货币为加元，议定 3 个月后支付货款。在签订合同时，美元与加元的即期汇率为 1 美元 = 1.160 0 加元。该出口商担心未来 3 个月内加元对美元贬值，到时将导致其收到的美元数量减少。于是，12 月 1 日，该出口商选择在 CME 进行套期保值。由于 IMM 加元/美元合约的交易单位为 100 000 加元，所以该出口商以 0.850 1 的期货价格卖出 10 手加元/美元合约。加元期货合约的最小变动值为 10 美元。3 个月后，加元果然贬值至 1 美元 = 1.180 0 加元，该出口商亏损了 14 612 美元。但其在期货市场上以 0.835 5 的价格将期货合约平仓，可盈利 14 600 美元。期货市场上的盈利大致可以弥补现货市场上的亏损，起到了套期保值的效果。其套期保值过程与结果分析见表 6-21。

表 6-21 空头套期保值情形

| 时间 | 现货市场 | 期货市场 |
|---|---|---|
| 12 月 1 日 | 签进口合同，3 个月后获得 1 000 000 加元货款，当日即期汇率为 1 美元 = 1.160 0 加元，折算为 1 加元 = 0.862 1 美元，则共可获得 862 069 美元 | 卖出 10 张 3 月份交割的加元/美元期货合约，成交期货价为 0.850 1 |
| 3 月 1 日 | 买方支付货款，当日即期汇率为 1 美元 = 1.180 0 加元，折算为 1 加元 = 0.847 5 美元，则共可收到 847 457 美元 | 买进 10 张 3 月份交割的加元/美元期货合约平仓，成交期货价为 0.835 5 |
| 保值结果 | 少收入 862 069 - 847 457 = 14 612（美元） | 盈利(0.850 1 - 0.835 5) × 100 000×10 = 14 600（美元） |
| | 大致可以用期货市场的盈利弥补现货市场的亏损 | |

## 2. 人民币期货套期保值

**【例6-8】** 国内某公司A,按协议计划3个月后进口100万美元原材料。预计未来几个月美元对人民币将升值,为避免美元升值带来的损失,该公司选择在香港交易所进行套期保值。现在的即期汇率为1美元=6.076 1元人民币,美元兑人民币(香港)期货3月合约的价格为1美元=6.110 0元人民币。该公司买入10手期货保值。3个月后,该公司以即期汇率用人民币兑换100万美元支付原材料款,同时将期货合约平仓。此时,即期汇率为1美元=6.252 8元人民币,期货价格为1美元=6.281 1元人民币。具体交易情形见表6-22。

表6-22 人民币期货多头套期保值情形分析

| 时间 | 现货市场 | 期货市场 |
|---|---|---|
| 12月1日 | 3个月后支付原料款100万美元,当日即期汇率1美元=6.076 1元人民币,目标成本6.076 1×100=607.61万元人民币 | 买进10张3月份美元/人民币期货,成交价6.110 0 |
| 次年3月1日 | 当日即期汇率为1美元=6.252 8元人民币,兑换100万美元,支付人民币6.252 8×100=625.28万元人民币 | 卖出10张3月份美元/人民币期货平仓,成交价6.281 1 |
| 保值结果 | 多支出625.28 − 607.61 = 17.67(万元人民币) | 变动1 711点,共盈利0.171 1×100 000×10 = 171 100(元人民币) |
| | 期货市场的盈利大致弥补现货市场的亏损 | |

## 3. 外汇期货套保值总结

外汇期货市场的套期保值者按其在现货市场面临的情形不同,可以分为两类:一类交易者拥有外币负债,或将来要偿付外币,如短期负债者和进口商,他们担心外币升值、本币贬值;另一类交易者拥有外币资产,或未来将收到外币,如有应收款的企业和出口商,他们担心本币升值、外币贬值。

值得注意的是,外汇与其他品种的套期保值交易有所不同。交易者是采用多头套期保值还是采用空头套期保值,不仅取决于其在现货市场面临的情景,还取决于其所选期货合约的报价与交易方式。

由于同一货币对可以采用不同的标价方式,同一货币对的外汇期货合约也可采用不同的币种进行报价与交易,这使得外汇期货套期保值的情形变得复杂。因此,对于美元、欧元、人民币等货币而言,在即期外汇市场上处于空头地位的人并非一定会进行多头保值,而即期外汇市场上处于多头地位的人也并非一定会进行空头保值,其策略还取决于所选用合约的报价与交易方式。

比如,以【例6-8】的情形为例,国内某公司A认为未来美元升值会对自己的现货头寸造成不利影响,此时,它有多种选择:其一,在香港交易所用美元/人民币期货保值,因合约规模为10万美元,且以人民币交易与报价,公司担心期货价格上升,此时应采用多头保值方式;其二,在香港交易所用人民币/美元期货保值,合约规模为30万元人民币,且以美元交易与报价,此时,公司担心期货价格下降,应采用空头保值方式。当然,该公司还可以选择用外汇指数合约保值。

上述 A 公司若选择用人民币/美元期货保值，其情形分析见表 6-23。

表 6-23　人民币期货空头套期保值情形分析

| 时间 | 现货市场 | 期货市场 |
| --- | --- | --- |
| 12月1日 | 3个月后支付原料款 100 万美元，当日即期汇率 1 美元 = 6.076 1 元人民币，目标成本 6.076 1×100 = 607.61 万元人民币 | 607.61÷30，卖出 20 张 3 月份人民币/美元期货，成交价 1.636 7 |
| 次年3月1日 | 当日即期汇率为 1 美元 = 6.252 8 元人民币，兑换 100 万美元，支付人民币 6.252 8×100 = 625.28 万元人民币 | 买入 20 张 3 月份人民币/美元期货平仓，成交价 1.592 1 |
| 保值结果 | 多支出 625.28 − 607.61 = 17.67（万元人民币） | 变动 446 点，共盈利 0.044 6×30 000×20 = 26 760（美元），约 167 325 元人民币 |
|  | 期货市场的盈利大致弥补现货市场的亏损 | |

因此，综上所述，如果保值者预测的汇率变动情形对应于外汇期货价格上升，则采用多头保值策略；相反，如果保值者预测的汇率变动情形对应于外汇期货价格下降，则采用空头保值策略。

### 6.2.3　外汇期货投机与套利

**1. 外汇期货投机**

外汇期货投机可分为多头投机和空头投机。当交易者预测汇率变动情形导致相应期货合约交易价格上升时，可进行多头投机交易；相反，当预测汇率变动情形导致相应期货合约交易价格下降时，可进行空头投机交易。

1）外汇期货多头投机策略及分析举例

【例 6-9】 6 月份，某外汇投资者预测澳元兑美元汇率会上涨。因此，该投资者于 6 月 4 日在 1 澳元 = 0.968 美元的价位买入 50 手 9 月期芝加哥商业交易所的澳元/美元期货合约。此后市场汇率变动果然如他所料，7 月 17 日，该交易者在 1 澳元 = 1.030 美元的价位将所持合约平仓。IMM 澳元/美元期货合约的交易单位为 100 000 澳元。其交易情形见表 6-24。

表 6-24　外汇多头投机情形分析

| 时间 | 操作策略 |
| --- | --- |
| 6月4日 | 买进 50 张 9 月澳元/美元合约，成交价为 1 澳元 = 0.968 美元 |
| 7月17日 | 卖出 50 张 9 月澳元/美元合约平仓，成交价为 1 澳元 = 1.030 美元 |
| 投机获利 | 盈利(1.030 − 0.968)×50×100 000 = 310 000（美元） |

2）外汇期货空头投机策略及分析举例

【例 6-10】 5 月初，欧元兑美元汇率为 1 欧元兑换 1.315 0 美元。某投资者预测，受欧债危机的影响，欧元汇率今后还会继续滑坡。因此，5 月 3 日他选择在芝加哥商业交易所进行投机交易，于是在 1 欧元 = 1.310 9 美元的价位卖出 10 手 9 月期欧元/美元期货合约。随后，市场汇率变动果然如他所料，7 月份，该投资者在 1 欧元 = 1.225 9 美元的价位将所持合约平仓。IMM 欧元/美元期货合约的交易单位为 125 000 欧元。其交易情形见表 6-25。

表 6-25　外汇期货空头投机情形分析

| 时　间 | 操　作　策　略 |
| --- | --- |
| 5月3日 | 卖出 10 手 9 月欧元/美元合约，成交价为 1.310 9 |
| 7月10日 | 买进 10 手 9 月欧元/美元合约平仓，成交价为 1.225 9 |
| 投机获利 | 盈利(1.310 9 − 1.225 9) × 125 000 × 10 = 106 250（美元） |

3）利用外汇指数合约投机获利分析举例

【例 6-11】 2021 年 5 月，某投资者认为美元指数将上涨。因此，他决定买空纽约期货交易所的美元指数期货合约，计划待指数值上涨到一定程度后再平仓获利。于是 5 月 2 日该投资者在 79.35 的指数水平买入 10 手 9 月美元指数合约。6 月 11 日该投资者在 83.75 的指数水平将美元指数卖出平仓。NYBOT 美元指数外汇合约的合约乘数为 1 000 美元。其交易情形见表 6-26。

表 6-26　利用外汇指数合约投机获利

| 时　间 | 操　作　策　略 |
| --- | --- |
| 5月2日 | 买入 10 手 9 月美元指数期货合约，成交指数值为 79.35 |
| 6月11日 | 卖出 10 张 9 月美元指数期货合约平仓，成交指数值为 83.75 |
| 投机获利 | 盈利(83.75 − 79.35) × 1 000 × 10 = 44 000（美元） |

**2. 外汇期货套利**

外汇期货套利可分为跨市套利、跨币种套利和跨期套利三种。

1）跨市套利

跨市套利是指交易者根据对同一种外汇期货合约在不同交易所的汇率差变化的预测，在一个交易所买入一种外汇期货合约，同时在另一个交易所卖出同种外汇期货合约，希望在日后汇率变化于已有利时再对冲获利。

【例 6-12】 1 月 19 日，某投资者观察到英镑兑美元正在升值阶段，而芝加哥商业交易所和纽约期货交易所的英镑/美元 6 月期货合约的汇率出现了差异，其中前者在 1 英镑 = 1.544 1～1.544 9 美元之间，后者在 1 英镑 = 1.529 美元左右。芝加哥商业交易所和纽约期货交易所英镑/美元期货的合约规模分别为 62 500 英镑和 125 000 英镑。该投资者在芝加哥商业交易所以 1 英镑 = 1.544 5 卖出 200 手合约，同时，在纽约期货交易所以 1 英镑 = 1.523 5 美元的价位买入 100 手合约；1 月 23 日，两交易所的 6 月英镑/美元期货合约汇率差距缩小，于是，该交易商将所持合约同时平仓获利。其交易情形与结果分析见表 6-27。

外汇跨市套利总结如下：

买入和卖出两期货合约时，合约所代表的货币金额应相同；

当两个市场均处于牛市时，若预测其中一个市场的涨幅将大于另一个市场，则在涨

表 6-27 外汇跨市套利情形分析

| 时间 | 芝加哥商业交易所 | 纽约期货交易所 |
|---|---|---|
| 1月19日 | 卖出 200 手 6 月英镑/美元期货合约，成交价 1.544 5 | 买入 100 手 6 月英镑/美元期货合约，成交价 1.523 5 |
| 1月23日 | 买进 200 手 6 月英镑/美元期货合约，成交价 1.544 7 | 卖出 100 手 6 月英镑/美元期货合约，成交价 1.544 6 |
| 结果 | 亏损(1.544 7 − 1.544 5) × 62 500 × 200 = 2 500（美元） | 盈利(1.544 6 − 1.523 5) × 125 000 × 100 = 263 750（美元） |
| | 两市场共盈利：263 750 − 2 500 = 261 250（美元） | |

幅大的市场买入，在涨幅小的市场卖出；

当两个市场均处于熊市时，若预测其中一个市场的跌幅大于另一个市场，则在跌幅大的市场卖出，在跌幅小的市场买入。

2）跨币种套利

跨币种套利一般是在含相同货币的货币对之间进行，指交易者根据对同一交易所内到期月份相同的不同货币对期货合约的价格走势的预测，买进某一货币对期货合约，同时卖出另一货币对期货合约，从而进行套利交易。

跨币种套利一般在含美元的货币对之间进行得较多，但近年来，随着大量交叉汇率期货合约的推出及其交易日渐活跃，不少投资者选择交叉汇率期货合约进行交易，使得跨币种套利交易大大减少。

【例 6-13】 6 月 10 日，CME 6 月期瑞士法郎/美元期货价格为 1 瑞士法郎 = 0.877 4 美元，6 月期欧元/美元期货价格为 1 欧元 = 1.211 6 美元，则隐含的套算汇率为 1 瑞士法郎 = 0.72 欧元（0.877 4/1.211 6）。某交易者预计 6 月 20 日瑞士法郎对欧元的汇率将上升，他在 CME 买入 100 手 6 月期瑞士法郎/美元期货，同时卖出 72 手 6 月期欧元/美元期货。（之所以卖出 72 手合约是因为瑞士法郎/美元期货与欧元/美元期货的合约规模不同，前者是 125 000 瑞士法郎，后者则是 125 000 欧元，而两者的套算汇率为 1 : 0.72。因此，为保证实际价值基本一致，前者买入 100 手合约，后者则要卖出 72 手合约。）6 月 20 日，瑞士法郎对欧元的汇率果真从 0.72 上升为 0.73，该交易者将手中合约平仓。其交易过程见表 6-28。

表 6-28 外汇期货跨币种套利交易

| 时间 | 瑞士法郎/美元 | 欧元/美元 |
|---|---|---|
| 6月10日 | 买入 100 手 6 月瑞士法郎/美元期货<br>价格：1 瑞士法郎 = 0.877 4 美元<br>总价值：10 967 500 美元 | 卖出 72 手 6 月欧元/美元期货<br>价格：1 欧元 = 1.211 6 美元<br>总价值：10 904 400 美元 |
| 6月20日 | 卖出 100 手 6 月期瑞士法郎/美元期货<br>价格：1 瑞士法郎 = 0.906 8 美元<br>总价值：11 335 000 美元 | 买入 72 手 6 月期欧元/美元期货<br>价格：1 欧元 = 1.239 0 美元<br>总价值：11 151 000 美元 |
| 结果 | 盈利 367 500 美元 | 损失 246 600 美元 |

跨币种套利总结如下（以美元为目标货币的货币对为例）：

在买入和卖出两期货合约时，合约所代表的货币金额应相同；

若预期未来 A 货币对美元升值，B 货币对美元贬值，则买入 A 货币对应的期货合约，同时卖出 B 货币对应的期货合约；

若预期两种货币都对美元升值，且 A 货币升值速度较 B 货币快，则买入 A 货币对应的期货合约，同时卖出 B 货币对应的期货合约；

若预期两种货币都对美元贬值，且 A 货币贬值速度较 B 货币快，则卖出 A 货币对应的期货合约，同时买入 B 货币对应的期货合约；

若预期 A 货币对美元汇率保持不变，B 货币对美元升值，则买入 B 货币对应的期货合约，同时卖出 A 货币对应的期货合约；

若 A 货币对美元贬值，B 货币对美元汇率不变，则卖出 A 货币对应的期货合约，同时买入 B 货币对应的期货合约。

3）跨期套利

跨期套利是指交易者根据对币种相同而到期月份不同的期货合约在某一交易所的价格走势预测，买进其某一月份的期货合约，同时卖出其另一月份的同币种合约，从而进行套利交易。

【例 6-14】 10 月 1 日，美国的短期无风险年利率比欧元区低 2.2%，CME 12 月欧元/美元期货价为 0.881 0，3 月期货价为 0.876 0。某交易商预计美元利率与欧元利率差将会缩小，即欧元远期汇率贴水变小，于是卖出 100 份 12 月欧元/美元期货，同时买进 100 份 3 月欧元/美元期货。11 月 1 日，美国短期无风险年利率比欧元低 1.5%。结果导致 3 月期货价比 12 月期货价贴水减少。此时，交易商分别以 0.875 5 和 0.874 5 的期货价将其所持有的 12 月合约和 3 月合约平仓。CME 欧元/美元期货合约规模为 125 000 欧元。其交易情形与结果可分析见表 6-29。

表 6-29 跨期套利

| 时间 | 12 月欧元/美元期货 | 3 月欧元/美元期货 | 价差（3 月期货比 12 月期货贴水） |
| --- | --- | --- | --- |
| 10 月 1 日 | 卖出 100 份 12 月欧元/美元期货，成交价 0.881 0 | 买进 100 份 3 月欧元/美元期货，成交价 0.876 0 | 0.005 0 |
| 11 月 1 日 | 买进 100 份 12 月欧元/美元期货平仓，成交价 0.875 5 | 卖出 100 份 3 月欧元/美元期货平仓，成交价 0.874 5 | 0.001 0 |
| 结果 | 盈利 (0.881 0 − 0.875 5) × 100 000 × 100 = 55 000（美元） | 亏损 (0.876 0 − 0.874 5) × 100 000 × 100 = 15 000（美元） | 贴水减少 0.004 0 |
| | 3 月期货贴水减少 40 点，赚 40 点，共计 40 × 12.5 × 100 = 50 000（美元） | | |

假定【例 6-14】中的交易商认为美元和欧元的利率差不是缩小，而是扩大，这将导致欧元远期汇率贴水变大，于是该交易商决定采取以下策略：买进 100 份 12 月欧元/美元期货，同时卖出 100 份 3 月欧元/美元期货，11 月 1 日，美国短期无风险年利率比欧元低 2.9%。结果导致欧元 3 月期货价比 12 月期货价贴水增加。此时，交易商将其所持期货合约平仓。其交易情形与结果可分析见表 6-30。

表 6-30 跨期套利

| 时间 | 12 月欧元/美元期货合约 | 3 月欧元/美元期货合约 | 价差（3 月期货比 12 月期货升水） |
|---|---|---|---|
| 10 月 1 日 | 买进 100 份 12 月欧元/美元期货合约，成交价 0.881 0 | 卖出 100 份 3 月欧元/美元期货合约，成交价 0.876 0 | 0.005 0 |
| 11 月 1 日 | 卖出 100 份 12 月欧元/美元期货合约平仓，成交价 0.886 7 | 买进 100 份 3 月欧元/美元期货合约平仓，成交价 0.876 7 | 0.010 0 |
| 结果 | 盈利(0.886 7 − 0.881 0) × 100 000 × 100 = 57 000（美元） | 亏损(0.876 7 − 0.876 0) × 100 000 × 100 = 7 000（美元） | 贴水增加 0.005 0 |
|  | 3 月期货贴水增加 50 点，赚 50 点，共计 50 × 12.5 × 100 = 62 500（美元） | | |

外汇期货跨期套利总结如下：

买入和卖出的不同交割月份的期货合约的合约份数应相同；

如果较远月份的期货合约有远期升水，且预计两种货币的利差将缩小，则建仓时买入较近月份期货合约，同时卖出较远月份期货合约；

如果较远月份的期货合约有远期升水，且预计两种货币的利差将扩大，则建仓时买入较远月份期货合约，同时卖出较近月份期货合约；

如果较远月份的期货合约有远期贴水，且预计两种货币的利差将扩大，则建仓时买入较近月份期货合约，同时卖出较远月份期货合约；

如果较远月份的期货合约有远期贴水，且预计两种货币的利差将缩小，则建仓时买入较远月份期货合约，同时卖出较近月份期货合约。

### 思考题

1. 远期汇率的报价方式是什么？
2. 远期外汇交易主要运用于哪些场景？
3. 什么是无本金交割远期交易？与远期外汇交易有什么区别？
4. 什么是远期外汇综合协议？其主要条款有哪些？如何应用？
5. 比较汇率协议与远期外汇协议的异同。
6. 外汇期货有哪些主要种类？主要的外汇期货合约有哪些？世界主要的外汇期货交易所有哪些？
7. 外汇期货交易与远期外汇交易之间有什么不同？外汇期货交易与外汇按金交易有何不同？
8. 目前世界各地推出的人民币期货合约有哪些？观察其合约条款，分析其交易活跃或者不活跃的原因。
9. 举例说明在什么情况下进行外汇多头套期保值或外汇空头套期保值。
10. 跨币种套利一般应遵循什么原则？

## 习题

1. 当前的美元兑瑞士法郎即期汇率为 1 美元 = 0.918 0 瑞士法郎，3 个月远期汇率为 1 美元 = 0.908 0 瑞士法郎。3 个月期的美元利率为 1.05%，3 个月期的瑞士法郎利率为 0.35%，都是以连续复利计算的年利率。投资者应如何套利？

2. 美国某投资者预期欧元兑美元将升值，在 CME 以每欧元 1.182 5 美元的价格买进 10 手 6 月份交割的欧元/美元期货合约，之后以每欧元 1.243 0 美元的价格卖出平仓，该投资者是否盈利？（不计交易手续费等费用）

3. 6 月 10 日，CME 国际货币市场 6 月期瑞士法郎的期货价格为 0.876 4 美元/瑞士法郎，6 月期欧元的期货价格为 1.210 6 美元/欧元。某套利者预计 6 月 20 日瑞士法郎对欧元的汇率将上升，在国际货币市场买入 100 手 6 月期瑞士法郎/美元期货合约，同时卖出 72 手 6 月期欧元/美元期货合约。6 月 20 日，瑞士法郎对欧元的汇率由 0.72 上升为 0.73，该套利者分别以 0.906 6 美元/瑞士法郎和 1.239 0 美元/欧元的价格对冲手中合约，分析其套利的结果。

4. 某英国出口商按协议计划 6 个月后向美国出口一批货物，计价 8 000 万美元。此时英镑对美元的即期汇率为 1 美元 = 0.67 英镑。该出口商预测 6 个月后英镑兑美元将升值，于是选择在芝加哥商业交易所进行套期保值。IMM 的英镑/美元期货合约的合约规模为 62 500 英镑，试为该英国出口商制定套期保值策略。

5. 3 月 1 日，国内某企业向欧洲某企业销售了价值为 1 500 万欧元的货物，付款期 3 个月，即期汇率为 1 欧元 = 7.282 1 元人民币。同时，该企业与一美国企业签订了价值为 1 000 万美元的设备进口合同，付款期也是 3 个月。人民币与美元的即期汇率为 1 美元 = 6.451 2 元人民币。为规避汇率风险，该企业准备用 CME 交易的人民币对美元以及美元对欧元两种期货进行套期保值。已知人民币对美元的合约规模是 100 万元人民币，美元对欧元的合约规模为 125 000 欧元。3 月 1 日 CME 人民币对美元期货合约价格为 6.542 8，相同到期月份的欧元对美元合约的价格为 1.117 0。试为该企业设计套期保值方案。

6. 5 月，CME 6 月期欧元/美元期货的价格为 1.292 0 美元/欧元，6 月期英镑/美元期货的价格为 1.512 0 美元/英镑。某套利者预测欧元对英镑的汇率将上升，在 CME 买入 100 手 6 月期欧元/美元期货合约，同时卖出 72 手 6 月期英镑/美元期货合约。6 月，欧元对英镑的汇率由 1.17 上升为 1.18，该套利者分别以 1.295 0 美元/欧元和 1.528 0 美元/英镑的价格对冲手中合约，则套利的结果怎样？

7. 11 月 1 日，美国的短期无风险年利率比加拿大低 0.8%，CME 12 月到期和 3 月到期的加元/美元期货价格分别为 1.201 0 和 1.196 0。某交易商预测美元利率与加元利率差将会缩小，即加元远期汇率贴水变小，于是卖出 100 份 12 月加元/美元期货，同时买进 100 份 3 月加元/美元期货。11 月 10 日，美国短期无风险年利率比加元低 1.5%。结果导致 3 月期货价比 12 月期货价贴水减少。此时，交易商分别以 1.198 8 和 1.197 8 的期货价将其所持有的 12 月合约和 3 月合约平仓。CME 加元/美元期货合约规模为 100 000 加元。试分析该交易商的套利结果。

8. 某企业与一美国企业签订了价值为 10 000 万美元的出口合同,付款期为 3 个月。为规避汇率风险,该企业准备在香港交易所进行套期保值。试根据现在的汇率行情为该企业设计套期保值方案。

9. 假设目前美元兑人民币即期汇率为 6.457 0,3 个月远期汇率 6.458 0。某进口商为规避 3 个月后的汇率风险,向银行预购 3 个月期的远期美元 100 万。分析远期外汇合约到期日该进口商的避险情况。

10. 假设目前美元兑人民币即期汇率为 6.457 0,3 个月 NDF 价格为 6.458 0。某进口商为规避 3 个月后的汇率风险,进行无本金交割远期交易。假设 3 个月后美元兑人民币的即期汇率变为 6.461 0。分析合约到期日该进口商的避险情况。

**即测即练**

# 第 7 章 利率远期与利率期货

**本章学习目标:**

通过本章学习,学员应该能够:
1. 掌握远期利率协议的概念及特点、应用及结算金的计算,理解其主要条款;
2. 了解利率期货的产生与发展,熟悉主要的利率期货合约;
3. 理解国债期货转换因子的含义,运用隐含回购利率法和最小基差法选择最便宜可交割债券,理解经验法则;
4. 掌握基于久期和基点价值的套期保值策略,在实际场景中加以应用;
5. 掌握国债基差交易的概念与基本原理,理解基差、净基差变化对基差交易结果的影响,在实际中识别买入与卖出基差交易机会,并制定交易策略;
6. 掌握国债期货跨期套利交易的基本原理,在实际中识别交易机会,并制定交易策略;
7. 掌握国债期货跨品种套利交易的基本原理,在实际中识别交易机会,并制定交易策略。

## 7.1 远期利率协议

### 7.1.1 利率衍生工具预备知识

**1. 债券价格与市场利率的关系**

这里以最常见的附息债券为例,说明债券价格与市场利率的关系。附息债券在发行时明确了债券票面利率和付息频率及付息日,在偿还期内按期付息,如每半年或一年付息一次,债券到期日,偿还最后一次利息和本金。其定价公式如下:

$$P = \sum_{t=1}^{tn} \frac{\frac{C}{n}}{\left(1+\frac{r}{n}\right)^t} + \frac{Par}{\left(1+\frac{r}{n}\right)^{tn}} \quad (7\text{-}1)$$

式中,$P$ 为债券的理论价格;$C$ 为债券的年利息,按票面利率计息;$Par$ 为债券面值;$r$ 为债券的必要投资收益率;$n$ 为债券一年付息次数;$t$ 为债券第 $t$ 次付息。

由债券定价公式可以看出,债券价格与必要投资收益率呈反向关系。

必要投资收益率 = 真实市场利率 + 通胀率 + 债券的信用风险溢价 + 债券的流动性溢价

其中市场利率作为最主要的影响因素,由资金市场上供求关系决定,对所有债券的价格产生影响。可见,市场利率和债券价格呈反向关系。利率上行,债券价格下降;利率下行,债券价格上升。从债券交易的视角来看,若市场利率上升,已发行在外的债券的收益相对吸引力就会降低,债券持有人倾向于卖出债券,将使债券的市场价格趋向于下降。例如,投资者以 100 元买入面值 100 元、票面利率 3% 的 10 年期债券,当市场利率上升至 4% 时，投资者将卖出该债券，选择收益更高的其他品种，这将导致该类债券价格下降。

**2. 国债的净价、全价与到期收益率**

按照国际惯例，国债交易采用净价交易方式，即以净价挂牌，交易价格不包含应计利息，按照全价计算实际的资金收付。国债全价＝净价＋应计利息。

实行净价交易的意义在于：在债券价值不变的情况下，随着持有天数的增加，全价自然上升，若只观察全价，则产生债券升值的错觉。在净价交易条件下，其价格形成及变动能够更加准确地体现国债的内在价值、供求关系及市场利率的变动趋势。

到期收益率（yield to maturity，YTM）是指买入债券后，持有至期满得到的内部收益率，即可以使投资购买国债获得的未来现金流量的现值等于债券当前市价的贴现率。投资者进行投资选择时，会将该收益与其他投资品收益进行比较。

我国证券交易所会根据债券每日收盘价及应计利息计算债券的全价，再根据全价计算到期收益率。表 7-1 列示了上海证券交易所 2021 年 8 月 11 日部分国债的相关数据。以"03 国债（3）"为例，交易收盘价"101.69"表示每 100 元面值的该国债收盘净价为 101.69 元。该国债票面利率为 3.4%，每半年付息一次，上一付息日为 2021 年 4 月 17 日，新的付息周期自 4 月 17 日至 8 月 11 日计 117 天，100 元面值的债券内含利息为 [(100 × 3.4%)/365] × 117 = 1.09 元，对应的全价即为 102.78 元。按此全价，用式（7-1）可算得该国债的到期收益率为 2.36%。

表 7-1 国债净价、全价及到期收益率（2021 年 8 月 11 日）

| 代 码 | 名 称 | 收盘价/元 | 收益率/% | 应计利息额/元 | 全价/元 |
|---|---|---|---|---|---|
| 010303 | 03 国债（3） | 101.69 | 2.36 | 1.09 | 102.78 |
| 010504 | 05 国债（4） | 105.71 | 2.50 | 1.00 | 106.71 |
| 010609 | 06 国债（9） | 100.00 | 3.70 | 0.48 | 100.48 |
| 010619 | 06 国债（19） | 100.37 | 1.76 | 0.80 | 101.17 |
| 010706 | 07 国债 06 | 100.00 | 4.27 | 1.02 | 101.02 |
| 010713 | 07 国债 13 | 100.00 | 4.52 | 2.19 | 102.19 |

资料来源：上海证券交易所。

### 7.1.2 即期利率与远期利率

**1. 即期利率**

即期利率是债券票面所标明的利率或购买债券时所获得的折价收益与债券当前价格的比率，是某一给定时点上无息债券的到期收益率。即期利率随期限而变化，形成收益率曲线（yield curve），见图 7-1。

**2. 远期利率及其计算**

远期利率是隐含在给定的即期利率中从未来的某一时点到另一时点的利率水平。确定了收益率曲线后，所有的远期利率都可以根据收益率曲线上的即期利率求得。在现代

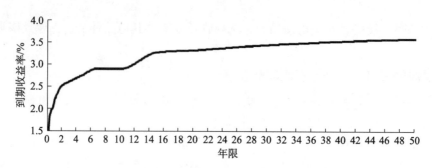

图 7-1　2021 年 8 月 11 日国债收益率曲线图

资料来源：中国债券信息网。

金融分析中，远期利率可以预示市场对未来利率走势的预期，应用广泛，是中央银行制定和执行货币政策的参考工具。在成熟市场中几乎所有利率衍生品的定价都依赖于远期利率。远期与即期利率关系示意图如图 7-2 所示。

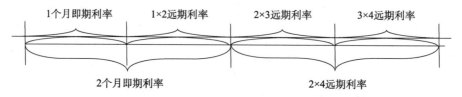

图 7-2　远期与即期利率关系示意图

以 $r_{t,t+1}$ 代表第 $t$ 年至第 $t+1$ 年间的远期利率，$r_t$ 和 $r_{t+1}$ 分别代表 $t$ 年期和 $t+1$ 年期的即期利率，则按照无风险套利理论，有远期利率的一般计算公式为

$$r_{t,t+1} = \frac{(1+r_{t+1})^{t+1}}{(1+r_t)^t} - 1$$

若为连续复利，$T$ 和 $T^*$（$T<T^*$）分别表示两个即期利率的期限（以年计），则有

$$e^{r_t T} e^{r_{t,t+1}(T^*-T)} = e^{r_{t+1} T^*}$$

$$r_t T + r_{t,t+1}(T^* - T) = r_{t+1} T^*$$

所以有远期利率的一般计算公式为

$$r_{t,t+1} = \frac{r_{t+1} T^* - r_t T}{T^* - T}$$

### 7.1.3　远期利率协议

**1. 远期利率协议的概念及特点**

远期利率协议（forward rate agreements，FRA）产生于伦敦金融市场，并迅速被世界各大金融中心接受。随着远期利率协议的广泛应用，1984 年 6 月在伦敦形成了"远期利率协议"市场。

我国的利率市场化进程推动了利率衍生品业务的发展。利率市场化改革始于 1993 年的两份文件，即《中共中央关于建立社会主义市场经济体制若干问题的决定》和《国务院关于金融体制改革的决定》。整体上看，在 1993—2007 年的 14 年时间里，我国先后放开银行间同业拆借利率、银行间债券回购利率等货币市场利率约束，使得利率衍生业务品种在 2006 年正式登上舞台。2006 年 1 月，央行发布 27 号文试点利率互换业务，2007 年 9 月 29 日推出远期利率业务，使得利率衍生品种范围扩展至两个。

我国自 2007 年 11 月 1 日起开展远期利率协议业务。中信银行股份有限公司与汇丰银行达成了第一笔人民币远期利率协议，该交易本金为 2 亿元人民币，参考利率是 3 个月 Shibor（上海银行间同业拆放利率）。

1）远期利率协议的概念

远期利率协议是远期合约的一种，是指买卖双方同意从未来某一时刻开始的某一特定期限内按照协议借贷一定数额以特定货币表示的名义本金的协议。协议的买方是名义借款人，其订立远期利率协议的目的主要是规避利率上升的风险；卖方则是名义贷款人，其订立远期利率协议的目的主要是规避利率下降的风险。之所以称为"名义"，是因为借贷双方不必交换本金，只是在结算日根据协议利率和参照利率之间的差额以及名义本金额，由交易一方付给另一方结算金。如果参照利率超过合同的协议利率，那么卖方就要支付给买方一笔结算金，以补偿买方在实际借款中因利率上升而造成的损失。反之，则由买方支付给卖方一笔结算金。

2）远期利率协议的主要条款

远期利率协议的主要条款包括：

协议金额——借贷的名义本金额；

协议货币——货币币种；

协议利率——协议中双方商定的利率，通常称为远期利率，即未来时刻开始的一定期限的利率；

参考利率——某种市场利率，如伦敦银行同业拆放利率（LIBOR）、上海银行间同业拆放利率等；

与远期外汇综合协议相似，远期利率协议也有五个时点，即合同签订日（交易日）、起算日、确定日、结算日、到期日，而且有关规定均相似。

交易日——远期利率协议成交的日期；

起算日——交易日后的两个营业日；

确定日——结算日之前 2 个交易日，参照利率一般取这一天的值；

结算日——名义借贷开始日期；

到期日——合约结束之日；

协议期限——结算日至到期日的时间；

结算金——在结算日，根据协议利率和参考利率之间的差额计算出来，由交易一方付给另一方的金额。

3）FRA 的报价

与远期外汇综合协议相似，远期利率协议的标价方式也是"$m \times n$"，其中 $m$ 表示起算日到结算日的时间（等于交易日至确定日的时间），$n$ 表示起算日至到期日的时间。如

图 7-3 所示，显示的是 FRA "1×4"，即 1 个月后开始的 3 个月远期，4 个月后到期。

图 7-3　远期利率协议示意图

FRA 的市场报价每天随着市场变化而变化，实际交易价格由每个报价银行给出。如某银行 7 月 13 日 FRA 报价 "6×9、8.03%~8.09%" 表示："6×9"（6 个月对 9 个月）即从交易日（7 月 13 日）起 6 个月末（即次年 1 月 13 日）为起息日，而交易日后的 9 个月末为到期日，协议利率的期限为 3 个月。"8.03%~8.09%" 为银行（报价方）报出的 FRA 买卖价：前者是报价银行的买价，若与询价方成交，则意味着报价银行（买方）在结算日支付 8.03%利率给询价方（卖方），并从询价方处收取参照利率；后者是报价银行的卖价，若与询价方成交，则意味着报价银行（卖方）在结算日从询价方（买方）处收取 8.09%利率，并支付参照利率给询价方。

### 2. FRA 结算金的计算

FRA 在结算日发生一次利息差额的支付，该利息差额称为结算金。其计算公式见式（7-2）。

$$S = \frac{(r_r - r_k) \times A \times \frac{D}{B}}{1 + \left(r_r \times \frac{D}{B}\right)} \qquad (7\text{-}2)$$

式中，$S$ 为结算金；$A$ 为协议金额；$D$ 为协议期限，即从结算日至到期日的时间，等于 "$n - m$"；$B$ 为 1 年的计息天数或月份数；$r_r$ 为参考利率（为市场利率）；$r_k$ 为协议利率。

式（7-2）的计算逻辑如下：

首先计算 FRA 期限内利息差，即当天参照利率与协议利率的利息差，再计算差额。差额的计算方法等于 "利率差×本金额×协议期限（年）"。该差额就是式（7-2）的分子项。

其次，要注意的是，按惯例，FRA 差额的支付是在协议期限的期初（即利息起算日），而不是协议利率到期日的最后一日，因此利息起算日所交付的差额要按参照利率贴现至起算日。式（7-2）的分母进行了贴现处理，算得结算金。

最后，计算的 $S$ 有正有负，当 $S>0$ 时，由 FRA 的卖方将结算金付给 FRA 的买方；当 $S<0$ 时，则由 FRA 的买方将结算金付给 FRA 的卖方。

### 3. 远期利率协议的应用

【例 7-1】　5 月 15 日，国内某企业 A 根据投资项目进度，预计将在 6 个月后向银行贷款人民币 1 亿元，贷款期为 3 个月，但担心 6 个月后利率上升提高融资成本，于是与银行签订了一份协议利率为 5.5%、名义本金为 1 亿元的 1×4 远期利率协议。

假设至 11 月份确定日的 3 个月 Shibor 利率为 6.5%，此为参照利率。这时，因为市场利率上升，银行将按 FRA 在结算日向企业 A 支付结算金 246 002.46 元。

$$\frac{(6.5\% - 5.5\%) \times 100\,000\,000 \times \frac{3}{12}}{1 + \left(6.5\% \times \frac{3}{12}\right)} \approx 246\,002.46$$

假设至 11 月份确定日的 3 个月 Shibor 利率为 4.5%，此为参照利率。这时，因为市场利率下降，企业 A 将按 FRA 在结算日向银行支付结算金 247 218.79 元。

$$\frac{(4.5\% - 5.5\%) \times 100\,000\,000 \times \frac{3}{12}}{1 + \left(4.5\% \times \frac{3}{12}\right)} \approx -247\,218.79$$

由以上分析可知，通过 FRA，企业 A 将实际贷款利率锁定为 5.5%。金融机构使用远期利率协议可以对未来期限的利率进行锁定，即对参考利率未来变动进行保值。此举通过固定将来实际交付的利率而避免了利率变动的风险。

在实际运用中，远期利率协议交易具有以下两个特点：一是作为一种场外交易工具，是非标准化合同，流动性差，但具有较大的灵活性，合同条款可以根据客户的要求协商；二是在结算日前不必事先支付任何费用，只在结算日发生一次利息差额的支付。对于银行而言，远期利率协议业务并不是一种借贷行为，不出现在银行的资产负债表上；利率用利差结算，资金流动量小。因此，远期利率协议为银行提供了一种管理利率风险而又无须改变资产负债结构的有效工具。

## 7.2　主要利率期货品种及合约

### 7.2.1　利率期货概述

**1. 利率期货的产生与发展**

利率期货是 20 世纪 70 年代利率市场化和债券市场发展的产物。

第二次世界大战后，各主要工业国家采用凯恩斯主义理论，推行低利率政策，以刺激消费需求和投资需求，控制利率、稳定利率是其金融政策的目标。而 20 世纪 70 年代，随着布雷顿森林体系的解体，各主要工业国家纷纷采用弗里德曼的货币主义理论，转而以控制货币供应量为主，利率逐渐成为政府调控经济、干预汇率的政策工具。这使得市场利率波动日益频繁，给各类经济体带来利率风险，市场迫切需要有效的利率风险管理工具，利率期货应运而生。

1975 年 10 月 20 日，芝加哥期货交易所（后并入 CME 集团）推出了政府国民抵押贷款协会（Government National Mortgage Association，GNMA）抵押凭证期货合约，标志着利率期货这一新的金融期货类别的诞生。1976 年 1 月，CME（IMM）推出了 13 周美国国债期货；1977 年 8 月，CBOT 上市了美国长期国债期货；1981 年 7 月，CME（IMM）、CBOT 同时推出了可转让定期存单期货；1981 年 12 月，IMM 推出了 3 个月欧洲美元期货，并首次在美国金融期货交易中引入现金交割制度。继美国之后，其他国家和地区也纷纷推出了利率期货。利率期货自产生后发展非常快，在全球期货市场占有较大的市场份额。

目前，利率期货的交易场所除了 CME 集团，主要还包括欧洲期货交易所（Eurex）、美国洲际交易所、欧洲期货交易所（ICE Futures Europe，简称 ICE 欧洲期货交易所）、巴西 B3 交易所等。其中 CME 是世界上最大的利率期货与期权交易市场。ICE 欧洲期货交易所的短期利率期货期权合约品种涵盖了欧元、英镑、瑞士法郎和日元基准利率等，其中最为活跃的期货品种是 3 个月欧元银行间同业拆借利率期货。在欧洲期货交易所的利率期货中，成交最活跃的是长期欧元债券期货（表 7-2）。

表 7-2　2021 年全球利率期货合约交易排名（按成交手数）

| 排名 | 合约名称 | 交易所名称 | 合约交易量/手 |
| --- | --- | --- | --- |
| 1 | 一天银行间同业存款期货 | 巴西 B3 交易所 | 654 265 238 |
| 2 | 欧洲美元期货 | 芝加哥商业交易所（CME） | 610 431 078 |
| 3 | 10 年期国债期货 | 芝加哥期货交易所（CBOT） | 469 746 624 |
| 4 | 5 年期国债期货 | 芝加哥期货交易所（CBOT） | 281 860 840 |
| 5 | 长期欧元债券期货 | 欧洲期货交易所（Eurex） | 202 679 077 |
| 6 | 3 个月欧元银行间同业拆借利率期货 | ICE 欧洲期货交易所 | 186 747 304 |
| 7 | 3 个月英镑利率期货 | ICE 欧洲期货交易所 | 134 249 188 |
| 8 | 中欧元债券期货 | 欧洲期货交易所（Eurex） | 124 722 358 |
| 9 | 2 年期国债期货 | 芝加哥期货交易所（CBOT） | 115 497 784 |
| 10 | 30 年期美国国债期货 | 芝加哥期货交易所（CBOT） | 113 446 877 |

资料来源：FIA 官网。

**2. 利率期货的主要种类**

利率期货合约是标的资产价格仅依赖于利率水平的期货合约，其标的是各种利率工具。根据标的期限与特点不同，利率期货合约可分为短期利率期货合约、中长期利率期货合约、利率互换期货、主权债券收益率利差期货、利率指数期货合约几大类，其中最主要的是前两类。前者对应的是短期利率；后者的标的是资本市场的各类债务凭证，主要包括中长期国债等。

近年来全球活跃的利率期货品种中，短期的有 CME 集团的欧洲美元期货、欧洲交易所的短期欧元债券期货、3 个月英镑利率期货，巴西期货交易所的 1 天期银行间存款期货等；中长期的有美国 2 年、3 年、5 年、10 年期及长期国债期货，欧洲期货与期权交易所的德国短、中、长期国债期货，欧洲交易所的英国政府长期国债期货等。

CME 于 1989 年推出利率互换期货。在这之前，许多交易商只能用欧洲美元期货带（Strips）、期货包（Packs）和期货串（Bundles）为利率互换保值。目前 CME 集团交易 2 年、5 年、10 年、30 年期实物交割利率互换期货，以及 5 年、7 年、10 年、30 年期现金交割利率互换期货；泛欧期货交易所交易 2 年、5 年、10 年期美元利率互换和欧元利率互换期货。利率互换期货为利率互换交易和公司债务提供了最小基差风险的保值机会，投资者也可以通过买卖互换期货来增加或减少利率互换的久期（duration），还可以进行套利交易。

目前，CME 共推出了美国-英国 10 年期主权债券收益率利差期货等 12 个合约，涵盖了美国、英国、意大利、荷兰、德国、法国的主权债券。

利率指数期货合约是利率期货中的新产品，主要包括国债指数期货合约、消费者指数期货合约、信用债指数期货合约。典型的国债指数期货以某国家（或地区）一定期限的国债总收益指数为标的。如 2007 年 1 月 24 日，Euronext.liffe 与 EuroMTS Ltd（"EuroMTS"）联合推出了一系列以 EuroMTS 国债总收益指数为标的的债券指数期货合约，其中包括 7~10 年期欧元区政府债券指数期货、7~10 年期 MTS 法国国债指数期货、7~10 年期 MTS 意大利国债指数期货、7~10 年期 MTS 德国国债指数期货。消费者指数期货可跟踪年通胀率，对通胀风险进行保值。信用债指数期货合约可帮助投资者对冲信用风险。

### 7.2.2 主要的利率期货合约

以下选择国际上具有代表性的利率期货合约，对其进行简要介绍。

**1. 短期利率合约**

1）短期利率合约示例

短期利率期货中最活跃和最有代表性的是 CME 的 3 月期欧洲美元期货合约，于 1981 年 12 月推出。

欧洲美元期货诞生，正值利率互换和抵押证券等市场迅猛发展之时。作为利率风险管理工具，欧洲美元期货和利率互换具有一定的替代性，但两者又具有互补性。由于利率互换是一系列远期交易的组合，因而各个期间的远期利率的变动幅度以及变动方向都将对互换价值的变动产生不同影响。因此，在实际操作中，互换市场的做市商通常是利用欧洲美元期货串进行套期保值，这使得成"串"的欧洲美元期货合约的交易非常活跃。此外，由于欧洲美元期货更具流动性，利率互换的定价是以欧洲美元期货隐含的利率为基准进行的。欧洲美元期货合约还可与欧洲美元期权合约结合起来应用，产生更为复杂与有效的保值与套利工具。

CME 3 月期欧洲美元期货合约的主要内容见表 7-3。

表 7-3 CME 集团欧洲美元期货合约（摘要）

| 合约单位 | 2 500 美元 × 合约 IMM 指数 | |
|---|---|---|
| 报价方式 | 合约 IMM 指数 = 100 − $R$，$R$ = 3 个月欧洲美元 Libor；比如，报价为 97.45 表示年利率为 2.55%；利率变动 1 个基点等于合约值变动 25 美元 | |
| 最小变动价位 | 最近到期合约为 1/4 个基点，即 0.002 5（合约的变动值为 6.25 美元）；其他合约为 1/2 个基点，即 0.005（合约的变动值为 12.5 美元）。 | |
| 合约月份 | 最近到期的 4 个连续月，随后延伸 10 年的 40 个循环季月（3 月、6 月、9 月、12 月）。 | |
| 交易时间 | 公开喊价 | 周一至周五 上午 7:20—下午 2:00 |
| | GLBOEX 电子交易 | 周日至下周五，美中时间下午 5:00 至次日下午 4:00 |
| 最后交易日 | 合约到期月份第三个星期三之前的第二个伦敦银行营业日，交易于伦敦时间上午 11:00 收盘 | |
| 交割方式 | 现金交割。交割结算价以最后交易日伦敦时间上午 11:00 的 Libor 抽样平均利率为基准，用 100 减去该抽样平均利率（不带百分号）便得到最后交割结算价 | |

### 2）短期利率合约的特点

短期利率合约在交割方式、报价方式、合约交易单位、合约月份等条款的设计上与其他期货合约有所不同。

第一，短期利率期货的交割方式是现金交割。CME 3 月欧洲美元期货是最早采用现金交割方式的期货合约。当初在进行合约设计时，需要解决两个方面的难题：一是该合约最初的标的是"本金为 1 000 000 美元，期限为 3 个月期的欧洲美元定期存单"，而欧洲美元存单不能转让与流通；二是各银行间信用风险的不一致性会影响期货合约的同质性。CME 引入了现金交割方式，获得了巨大的成功。该设计一方面克服了存单不能转让带来的交割困难；另一方面，其现金结算价的特有设计也有效地保护了期货合约免受信用风险的危害。

第二，短期利率期货的报价通常采用"100－年化利率（不带%）"。如 CME 3 月欧洲美元期货采用合约 IMM 指数报价，即"100－3 个月欧洲美元 Libor（不带%）"。考虑到银行间资金拆借市场报的都是利率，采用该方式报价使得期货价格与利率反方向变化，既与中长期国债期货保持了一致，也顺应了期货交易的习惯，即预测期货价格上涨则做多（此时因利率将下降，标的存单的市场价格将上升），预测期货价格下跌则做空（此时因利率将上升，标的存单的市场价格将下降）。

第三，短期利率期货的合约标的一般是一定面值的短期存单或短期国债，其合约规模（交易单位）则是存单或短期国债的市场交易价格。对于 CME 欧洲美元期货合约而言，若利率变动 1 个基点（0.01%），IMM 合约指数值也变动一个基点，合约价值变动＝2 500 美元×0.01＝25 美元；实际上，此时标的存单的价格变动为 1 000 000×0.01%×3/12＝25 美元。

假设投资者在价格为 97.55 时买入 1 手合约，在价格为 98.75 时卖出，则有盈利 2 500 美元×(98.75－97.55)＝3 000 美元。此时对应利率从 2.45%变为 1.25%，下降了 120 个基点。

第四，短期利率期货是同时挂牌交易合约数量最多的期货品种。如 CME 欧洲美元期货合约有 44 个合约在同时挂牌，到期日跨度长达 10 年。这是为了方便互换交易商的保值与投资。

### 2. 中长期利率期货合约

以 CME 集团 5 年期国债为例，对中长期国债期货合约进行说明。合约主要条款见表 7-4。

表 7-4　CME 集团 5 年期美国中期国债期货合约（摘要）

| 合约单位 | 1 张面值为 100 000 美元的美国中期国债 |
|---|---|
| 报价方式 | 以面值 100 美元的标的国债价格报价。例如，报价为 118'227（或 118－227），代表 118＋22.75/32＝118.710 937 5 美元，对应合约价值为 118 710.937 5 美元。 |
| 最小变动价位 | 1/32 点的 1/2（合约的变动值为 15.625 美元）。其中，跨月套利交易为 1/32 点的 1/4（变动值为 7.812 5 美元）。（注："1 点"代表 100 000 美元/100＝1 000 美元，"1/32 点"代表 1 000×(1/32)＝31.25 美元） |
| 合约月份 | 最近到期的 5 个连续循环季月（3 月、6 月、9 月、12 月） |
| 交易时间 | 公开喊价　　　　周一至周五 上午 7:20—下午 2:00<br>GLOBEX 电子交易　周日至周五，美日时间下午 5:30 至次日下午 4:00 |

续表

| 最后交易日 | 合约月份最后营业日之前的第七个营业日，到期合约交易截止时间为当日中午 12:01 |
|---|---|
| 最后交割日 | 交割月份的最后营业日 |
| 可交割品种 | 剩余期限离交割月第一个交易日为 4 年零 2 个月到 5 年零 3 个月的美国中期国债。发票价格等于结算价格乘以转换因子再加上应计利息。该转换因子是将面值 1 美元的可交割债券折成 6%的标准息票利率时的现值 |
| 交割方式 | 实物交割 |

可见，中长期国债期货有如下特点。

第一，合约标的为名义国债。

第二，报价方式与国债现货市场保持一致。

第三，合约月份为季月，同时挂牌的合约数量不多，最远的合约一般在 1 年左右。

第四，采用实物交割方式，且可选择的交割券种一般较多。

## 7.3 我国国债期货

### 7.3.1 我国国债期货交易的历史与现状

我国的国债期货交易试点开始于 1992 年，结束于 1995 年 5 月，历时两年半。当时我国实行严格管制的固定利率制度，影响国债价格变动的不是利率，而是因通货膨胀而实行的"保值贴补"等因素。因此，这还不是真正意义上的"国债期货"。

1992 年 12 月，上海证券交易所最先推出了 12 个品种的国债期货合约。1993 年 12 月，北京商品交易所推出国债期货交易。随后，广东联合期货交易所和武汉证券交易中心等地方证券交易中心也推出了国债期货交易。1994 年 10 月以后，中国人民银行提高 3 年期以上储蓄存款利率和恢复存款保值贴补，国库券利率也同样保值贴补，保值贴补率的不确定性为炒作国债期货提供了空间，国债期货市场日渐火爆。1995 年以后，国债期货交易更加活跃，市场上的投机气氛越来越浓，风险也越来越大。1995 年 2 月 23 日，上海证券交易所发生了著名的"327"国债期货交易违规操作事件，对市场造成了沉重的打击。1995 年 5 月 11 日，上海证券交易所再次发生"319"国债期货交易恶性违规事件。1995 年 5 月 17 日下午，中国证监会发出通知，决定暂停国债期货交易。

随着我国国债现货市场快速发展，以及利率市场化取得长足进展，中国金融期货交易所于 2013 年 9 月重启国债期货交易，推出 5 年期国债期货，其后又于 2015 年 3 月和 2018 年 8 月先后推出了 10 年期和 2 年期国债期货。随着国债期货产品体系逐渐完善，市场运行平稳，投资者数量增加，交易规模不断扩大（图 7-4），提升了国债流动性和金融机构投资管理能力。目前国债期货已成为我国金融市场有重要影响力的金融工具，对于提升债券市场的定价效率和定价透明度、提高货币政策传导效率起着重要作用。

### 7.3.2 我国国债期货合约

我国 5 年期、10 年期、2 年期国债期货合约的具体内容见表 7-5。三者有如下共同特点。

图 7-4 2015—2020 年中国国债期货成交额变化情况

表 7-5 中国金融期货交易所国债期货交易合约（摘要）

| 项 目 | 5 年期国债期货合约 | 10 年期国债期货合约 | 2 年期国债期货合约 |
| --- | --- | --- | --- |
| 合约标的 | 面值为 100 万元人民币、票面利率为 3% 的名义中期国债 | 面值为 100 万元人民币、票面利率为 3% 的名义中期国债 | 面值为 200 万元人民币、票面利率为 3% 的名义中短期国债 |
| 报价方式 | 百元净价报价 | 百元净价报价 | 百元净价报价 |
| 最小变动价位 | 0.005 元 | 0.005 元 | 0.005 元 |
| 合约月份 | 最近的 3 个季月（3 月、6 月、9 月、12 月中的最近 3 个月循环） | 最近的 3 个季月（3 月、6 月、9 月、12 月中的最近 3 个月循环） | 最近的 3 个季月（3 月、6 月、9 月、12 月中的最近 3 个月循环） |
| 交易时间 | 09:30—11:30，13:00—15:15；最后交易日 09:30—11:30 | 09:30—11:30，13:00—15:15；最后交易日 09:30—11:30 | 09:30—11:30，13:00—15:15；最后交易日 09:30—11:30 |
| 每日价格最大波动限制 | 上一交易日结算价的 ±1.2% | 上一交易日结算价的 ±2% | 上一交易日结算价的 ±0.5% |
| 最低交易保证金 | 合约价值的 1% | 合约价值的 2% | 合约价值的 0.5% |
| 最后交易日 | 合约到期月份的第二个星期五 | 合约到期月份的第二个星期五 | 合约到期月份的第二个星期五 |
| 交割方式 | 实物交割 | 实物交割 | 实物交割 |
| 最后交割日 | 最后交易日后的第三个交易日 | 最后交易日后的第三个交易日 | 最后交易日后的第三个交易日 |
| 可交割债券 | 发行期限不高于 7 年、合约到期月份首日剩余期限为 4～5.25 年的记账式附息国债 | 发行期限不高于 10 年、合约到期月份首日剩余期限不低于 6.5 年的记账式附息国债 | 发行期限不高于 5 年，合约到期月份首日剩余期限为 1.5～2.25 年的记账式附息国债 |
| 合约代码 | TF | T | TS |

（1）合约标的均为名义国债，票面利率 3%，每年付息一次。

（2）报价方式与国债现货市场相同，采用百元净价报价。

（3）同时挂牌三个最近的季月合约。

（4）按照国际惯例，采用了实物交割方式。

在国债期货合约设计中的"名义国债"是一种"名义标准券"。名义标准券可将票面利率标准化，现实中满足一定期限要求的一篮子国债均可进行交割。名义标准券的主要功能是扩大可交割国债的范围、增强价格的抗操纵性、减小交割时的逼仓风险。

三者的主要区别如下。

（1）最主要的区别是其可交割债券范围不同，因此，它们对应了市场对不同期限远期利率的预期。

（2）标的面值不同，其中 5 年期和 10 年期国债期货为 100 万元，2 年期国债期货为 200 万元。由于采用百元净价报价，1 手 5 年期和 10 年期国债期货价值的变动为其国债期货价格变动的 10 000 倍，而 1 手 2 年期国债期货价值的变动则为其国债期货价格变动的 20 000 倍。三者的最小变动价位同为 0.005，计算可得 5 年期和 10 年期国债期货的最小变动值为 $0.005 \times 10\,000 = 50$ 元，2 年期国债期货的最小变动值为 $0.005 \times 20\,000 = 100$ 元。

### 7.3.3 转换因子

**1. 转换因子的概念**

由于国债期货交易实行一篮子债券交割方式，当合约到期进行实物交割时，可交割债券为一系列符合条件的票面利率、到期时间等各不相同的国债品种，在交割时须将可交割债券与名义标准券的价格通过一个转换比例进行折算，这个转换比例就是转换因子（conversion factor，CF）。如"2019 年记账式附息（七期）国债"（票面利率 3.25%、每年付息一次、2026 年 6 月 6 日到期的 7 年期国债），是 TF2109（2021 年 9 月到期的 5 年期国债期货合约）的可交割券，其转换因子为"1.0108"，表明该券的价值是标准券的 1.010 8 倍。

**2. 转换因子计算公式**

转换因子实质上是面值 1 元的可交割国债在其剩余期限内的所有现金流按国债期货合约票面利率折现的现值。其计算公式如下：

$$\text{CF} = \frac{1}{\left(1+\frac{r}{f}\right)^{\frac{rf}{12}}} \times \left[\frac{c}{f} + \frac{c}{r} + \left(1-\frac{c}{r}\right) \times \frac{1}{\left(1+\frac{r}{f}\right)^{n-1}}\right] - \frac{c}{f} \times \left(1 - \frac{xf}{12}\right) \quad (7\text{-}3)$$

式中，$r$ 为国债合约票面利率 3%；$x$ 为交割月到下一付息月的月份数；$n$ 为剩余付息次数；$c$ 为可交割国债的票面利率；$f$ 为可交割国债每年的付息次数。

计算结果四舍五入至小数点后 4 位。

公式推导过程如下：

将可交割国债按照利率 $r$ 折现至交割月的价格为（按照面值 1 元计算）：

$$\frac{\dfrac{c}{f} + \displaystyle\sum_{i=1}^{n-1} \dfrac{\dfrac{c}{f}}{\left(1+\dfrac{r}{f}\right)^{i}} + \dfrac{1}{\left(1+\dfrac{r}{f}\right)^{n-1}}}{\dfrac{1}{\left(1+\dfrac{r}{f}\right)^{\frac{rf}{12}}}} - \frac{c}{f} \times \left(1 - \frac{xf}{12}\right)$$

可交割国债在下次付息日的全价为

$$\frac{c}{f}+\sum_{i=1}^{n-1}\frac{\frac{c}{f}}{\left(1+\frac{r}{f}\right)^{i}}+\frac{1}{\left(1+\frac{r}{f}\right)^{n-1}}$$

将可交割国债"下次付息日的全价"折现至交割月，可得该债权在交割月的全价为

$$\frac{\frac{c}{f}+\sum_{i=1}^{n-1}\frac{\frac{c}{f}}{\left(1+\frac{r}{f}\right)^{i}}+\frac{1}{\left(1+\frac{r}{f}\right)^{n-1}}}{\frac{1}{\left(1+\frac{r}{f}\right)^{\frac{rf}{12}}}}$$

应计利息如下：

$$\frac{c}{f}\times\left(1-\frac{xf}{12}\right)$$

将可交割国债在交割月的全价减去应计利息，即得到净价，因为是按照面值 1 元计算，所以该净价即为该国债的转换因子。

由公式可知，我国国债期货转换因子计算有如下特点。

第一，转换因子计算精确到月份。

第二，式（7-3）的计算减去了应计利息，因此，转换因子是可交割券净值和标准券净值之比。转换因子相当于"到期收益率为3%、面值为1元的可交割券"的净价；

第三，转换因子与当前日期无关，只取决于期货合约（票面利率和交割期）与可交割券（票面利率、年付息次数、剩余期限）本身的要素。因此，转换因子在期货合约的整个交易期间内保持不变。

交易所将计算并公布国债期货可交割债券的转换因子。

**3. 可交割券转换因子的特点**

一般来说，票面利率高于期货合约票面利率的可交割债券，其转换因子大于1，并且当用于多个期货合约交割时，剩余期限越长，转换因子越大；而票面利率低于期货合约票面利率的可交割债券，其转换因子小于1，并且当用于多个期货合约交割时，剩余期限越长，转换因子越小。可交割债券剩余期限越短，转换因子就越接近于1。

以上结论可由公式推论出，也可从实际观察得出。比如，表7-6中，"2019年记账式附息（十五期）国债"及其以上各行所列示的国债，其票面利率均高于3%，它们相对于10年期国债期货的转换因子都大于1。"2019年记账式附息（十五期）国债"可用于所有挂牌合约的交割，但用于T2109、T2112、T2203三个合约交割时，剩余期限依次缩短了3个月，其相对于三个合约的转换因子也是依次变小。"2020年记账式附息（六期）国债"票面利率低于3%，转换因子小于1；该国债可用于T2109、T2112、T2203三个合约交割，但随着剩余期限依次缩短3个月，其相对于三个合约的转换因子依次变大。

表7-6　10年期国债期货的可交割国债及转换因子（2021年8月8日）

| 国债全称 | 国债代码 | | | 到期日 | 票面利率/% | 转换因子 | | |
|---|---|---|---|---|---|---|---|---|
| | 银行间 | 上交所 | 深交所 | | | T2109 | T2112 | T2203 |
| 2021年记账式附息（七期）国债 | 210007 | 019655 | 102107 | 20280531 | 3.01 | 1.000 5 | — | — |
| 2018年记账式附息（十一期）国债 | 180011 | 019593 | 101811 | 20280517 | 3.69 | 1.041 4 | — | — |
| 2018年记账式附息（十九期）国债 | 180019 | 019601 | 101819 | 20280816 | 3.54 | 1.033 5 | 1.032 4 | — |
| 2018年记账式附息（二十七期）国债 | 180027 | 019609 | 101827 | 20281122 | 3.25 | 1.016 | 1.015 5 | 1.015 |
| 2019年记账式附息（六期）国债 | 190006 | 019616 | 101906 | 20290523 | 3.29 | 1.019 7 | 1.019 1 | 1.018 5 |
| 2019年记账式附息（十五期）国债 | 190015 | 019625 | 101915 | 20291121 | 3.13 | 1.009 3 | 1.009 1 | 1.008 8 |
| 2020年记账式附息（六期）国债 | 200006 | 019632 | 102006 | 20300521 | 2.68 | 0.975 7 | 0.976 3 | 0.977 |
| 2020年抗疫特别国债（三期） | 2000003 | 019637 | 102063 | 20300624 | 2.77 | 0.982 4 | — | 0.983 3 |
| 2020年抗疫特别国债（四期） | 2000004 | 019639 | 102064 | 20300716 | 2.86 | 0.989 2 | 0.989 5 | 0.989 7 |
| 2020年记账式附息（十六期）国债 | 200016 | 019646 | 102016 | 20301119 | 3.27 | 1.021 5 | 1.021 | 1.020 4 |
| 2021年记账式附息（九期）国债 | 210009 | 019657 | 102109 | 20310527 | 3.02 | 1.001 6 | 1.001 6 | 1.001 6 |

资料来源：中国金融期货交易所网站。

### 7.3.4　最便宜可交割债券

**1. 最便宜可交割债券的概念**

转换因子在期货合约交易期内确定不变，隐含的假设是：$r$ 不随 $n$ 的变化而变化，且等于 3%，即假设当即期利率曲线水平且年即期利率等于标准券票面利率时，1元面值的各可交割券的理论价格就等于其转换因子。在市场套利充分的情况下，市场价格等于其理论值。此时，空头选择任一券种交割都没有差别。但在现实中，即期利率曲线很可能不水平；即使水平，年即期利率也很可能不等于标准券的票面利率；可能市场套利不充分使得债券价格偏离理论值。因此，尽管使用了转换因子，在交割时，各可交割券的差异也不能完全消除。一般情况下，由于卖方拥有交割券选择权，将会选择于己最有利、交割成本最低的债券进行交割，该债券就是最便宜可交割债券（cheapest-to-deliver bond, CTD, 或 CTD 券）。可见，国债期货价格最终会收敛于最便宜可交割债券，因此，也可以说最便宜可交割债券决定了国债期货合约的价格。

**2. 最便宜可交割债券的选择方法——最小基差法**

1）最小基差法的逻辑与推导

考虑空头从现货市场上购进债券用于期货交割，此时，成本为可交割券的购买成本，其中单位成本为可交割券的"可交割券价格 + 应计利息"。

收益则通过期货市场交割得到（因为逐日盯市，交易所交割时按交割结算价进行结算），其中单位收益为"期货交割结算价 × 转换因子 + 应计利息"。

空头将会尽量选择成本与收益两者之差最小的可交割券用于交割。

如果空头在交割期执行这一操作，则最便宜可交割债券是以下值最小的债券：

可交割券价格 − 期货交割结算价 × 转换因子

如果空头在交易期间就决定选择最便宜交割债券进行实物交割,此时交割结算价是未知的。实际中,期货交易者在交易期为期货定价时,会选择市场上的最便宜可交割债券作为期货定价基准,此时往往假设立即进入交割期,以当前的期货价格作为交割结算价,因此,最便宜可交割券近似为使下式值最小的债券:

$$债券价格 - 期货价格 \times 转换因子$$

该式正是国债基差的表达式,因而被称为"最小基差法"。国债的基差是某时点可交割国债现货价格与经转换因子调整后国债期货价格的差,其通用的表达式为

$$国债的基差 = 国债现货价格(净价) - 国债期货价格 \times 转换因子$$

可见最小基差法只是一个近似标准,因为基差在交易中被广泛应用才出现这一标准。

2)最小基差法的应用

【例 7-2】 某空头决定实物交割,打算在三只债券中进行选择,期货价格为 93.25 元。表 7-7 给出了三只债券的转换因子以及各自在现货市场的价格。

首先计算这三只可交割券的基差:

表 7-7 可交割债券信息表

| 债券 | 价格/元 | 转换因子 |
|---|---|---|
| 1 | 99.50 | 1.038 2 |
| 2 | 143.50 | 1.518 8 |
| 3 | 119.75 | 1.261 5 |

债券 1 的基差为
$99.50 - 93.25 \times 1.038\ 2 = 2.69$
债券 2 的基差为
$143.50 - 93.25 \times 1.518\ 8 = 1.87$
债券 3 的基差为
$119.75 - 93.25 \times 1.261\ 5 = 2.12$

在这三只可交割券中,债券 2 的基差最小,是最便宜可交割债券。

### 3. 最便宜可交割债券的选择方法——隐含回购利率法

1)隐含回购利率法的逻辑与推导

考虑空头决定当前购买可交割券,到期后用该券进行交割。空头执行这一策略的理论年回报率,为隐含回购利率(implied repo rate,IRR)。隐含回购利率最高的债券就是最便宜可交割债券。

假设:空头执行上述操作时的期货价格为交割日标准券现货价格的最优预测;用操作时的期货价格替代交割日期货结算价(实际计算过程中,期货价格只影响 IRR 的绝对值,对于寻找最便宜可交割债券没有影响);假设操作期内无利息支付;不考虑期货交易保证金及相关资金使用费(如融资利息等),则隐含回购利率的计算公式如下:

$$IRR = \frac{(期货交割发票价格 - 购买国债价格)}{购买国债价格} \times \frac{365}{n} = \frac{F_0 \times CF + AI_T - (P_0 + AI_0)}{P_0 + AI_0} \times \frac{365}{n}$$

式中,$F_0$ 为当前操作时的国债期货价格;CF 为可交割券的转换因子;$AI_0$ 为购买可交割债券的应计利息;$AI_T$ 为交割时可交割债券的应计利息;$P_0$ 为购买时可交割债券的净价;$n$ 为当前操作时到交割日的天数。

2)隐含回购利率法的应用

【例 7-3】 2021 年 6 月 10 日,TF2109 价格为 99.775 元,某空头决定实物交割,该合约的可交割债券基本信息见表 7-8。

表 7-8　TF2109 期货可交割债券基本信息

| 国债全称 | 起息日 | 到期日 | 票面利率 | 转换因子（TF2109） | 净价 | 应计利息额 | 全价 | 收益率 |
|---|---|---|---|---|---|---|---|---|
| 2020 年记账式附息（十三期）国债 | 20201022 | 20251022 | 3.02 | 1.007 0 | 100.00 | 1.92 | 101.92 | 3.02 |
| 2018 年记账式附息（二十八期）国债 | 20181206 | 20251206 | 3.22 | 1.008 6 | 101.46 | 1.65 | 103.11 | 2.86 |
| 2021 年记账式附息（二期）国债 | 20210311 | 20260311 | 3.03 | 1.001 1 | 99.83 | 0.76 | 100.59 | 3.07 |
| 2019 年记账式附息（七期）国债 | 20190606 | 20260606 | 3.25 | 1.010 8 | 100.49 | 0.04 | 100.53 | 3.14 |

以 2020 年记账式附息（十三期）国债为例，时间轴如图 7-5 所示。

图 7-5　2020 年记账式附息（十三期）国债交易时间轴

该国债自上一付息日（2020 年 10 月 22 日）以来的天数为 231 天，从当日至期货交割日（2021 年 9 月 10 日）的天数为 92 天，自上一付息日至交割日的天数为 323 天。根据表 7-8 信息及隐含回购利率（IRR）计算公式得

$$IRR_1 = \frac{99.775 \times 1.007 + 3.02 \times \frac{323}{365} - \left(100 + \frac{231}{365} \times 3.02\right)}{\left(100 + \frac{231}{365} \times 3.02\right)} \times \frac{365}{92} = 0.048\ 0$$

此处计算为示例，式中现券全价、净价及应计利息额数据均可于上海证券交易所网站查询。同理得其他可交割债券隐含回购利率见表 7-9。

表 7-9　TF2109 期货可交割债券隐含回购利率表

| 国债全称 | 隐含回购利率/% |
|---|---|
| 2020 年记账式附息（十三期）国债 | 4.8 |
| 2018 年记账式附息（二十八期）国债 | −0.06 |
| 2021 年记账式附息（二期）国债 | 3.2 |
| 2019 年记账式附息（七期）国债 | 4.6 |

由计算得 2020 年记账式附息（十三期）国债隐含回购利率最高，因此其为最便宜可交割债券。

3）隐含回购利率法与最小基差法的比较

第一，从公式看，隐含回购利率（IRR）与基差呈反向关系，IRR 越大，基差越小。

第二，在交割日当天进行操作时，有 $AI_0 = AI_T$，则

$$IRR = \frac{F_0 \times CF + AI_T - (P_0 + AI_0)}{P_0 + AI_0} \times \frac{365}{n} = \left(\frac{F_0 \times CF + AI_T}{P_0 + AI_0} - 1\right) \times \frac{365}{n} = \left(\frac{F_0}{P_0/CF} - 1\right) \times \frac{365}{n}$$

可见，此时最小基差法与隐含回购利率法所得结论完全一致。

第三，作为利息，$AI_0$ 和 $AI_T$ 要比价格 $P_0$ 和 $F_0$ 小得多，因此，在选择最便宜可交割债券时，隐含回购利率法和最小基差法所得结果大多数情况下相同。在交易期进行操作时，隐含回购利率法更为精确。

**4. 最便宜可交割债券的选择方法——经验法则**

通常，由于收益率曲线的斜率发生变化，最便宜可交割国债会不断改变，而且新发行国债进入可交割债券的范围等因素，可能也会造成最便宜可交割债券变动。用隐含回购率法可以精确找到最便宜可交割债券，但不能解释为什么最便宜可交割债券会发生改变。实践中惯用的两条经验法则有助于理解最便宜可交割国债变化的规律。

经验法则一：对于收益率在 3%以上的国债而言，久期越大（票面利率较低、期限较长），越有可能成为 CTD 券；且收益率曲线越陡，越是长久期国债，越有可能成为 CTD 券。对收益率在 3%以下的国债而言，久期越小（票面利率较高、期限较短），越有可能成为 CTD 券；且收益率曲线越平，久期越小，越有可能成为 CTD 券。如图 7-6 所示。

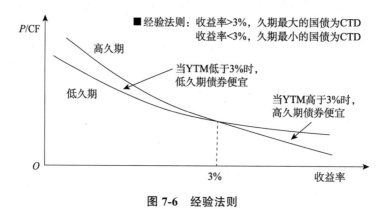

图 7-6 经验法则

作为衡量国债价格对利率变动敏感性的指标，久期越大，对利率变动越敏感。利率上升，久期长的国债比久期短的国债价格下跌得更快；利率降低时，久期长的债券比久期短的债券价格上涨得更快。

经验法则二：对有同样久期的国债而言，收益率最高的国债就是最便宜可交割券。根据转换因子的定义可知，在年收益率为 3%时，所有可交割券转换后的价格（$P/CF$ 值）都相等，都等于其面值 100。而利率与国债期货价格呈反方向变动，当利率提高时，国债期货价格下跌；当利率降低时，国债期货价格上涨。

以上经验法则运用了近似处理，若考虑债券的凸性、应计利息等因素，这两条经验法则并不绝对成立。

## 7.4 利率期货套期保值

### 7.4.1 套期保值基本策略

利率期货为利率工具的投资者及各种类型的公司提供了回避利率风险的保值工具。一般而言,固定收益证券的价格与市场利率呈反方向变动。而利率的上升(下降)将导致期货市场价格的下降(上升)。因此,当交易者预期市场利率将下降,并会对自己的现货头寸产生不利影响时,将采用多头套期保值的策略;反之,将采用空头套期保值的策略。以下分别举例说明。

**1. 利率期货多头套期保值**

【例 7-4】8 月份时,某公司财务主管预计公司 11 月份将有 10 000 000 美元收入,打算到时以 LIBOR 利率存入银行。8 月份时 LIBOR 利率水平较高,为避免未来 3 个月因利率下降引起利息收入损失,该公司决定利用 CME 3 月欧洲美元期货合约进行套期保值,该公司于是买入 10 手期货合约,成交指数值为 91.00;11 月 5 日,该公司在收入的美元到账的同时,将所持的欧洲期货合约平仓,成交指数值为 91.50。其保值情形可分析见表 7-10。

表 7-10 短期利率期货多头保值

| 时间/市场 | 现 货 市 场 | 期 货 市 场 |
|---|---|---|
| 8 月 5 日 | 3 月 LIBOR 利率 8% | 买入 10 份 12 月欧洲美元合约,成交价 91.00 |
| 11 月 5 日 | 3 月 LIBOR 利率 7.5% | 卖出 10 份 12 月欧洲美元合约,成交价 91.50 |
| 结果 | 损失利息收入(8% − 7.5%) × 10 000 000 × 3/12 = 12 500 美元 | 盈利(91.50 − 91.00) × 2 500 × 10 = 12 500 美元 |

因此,投资者通过套期保值,成功地以期货市场的盈利弥补了现货市场的利息损失,使实际收益率达到了 8%。

**2. 利率期货空头套期保值**

【例 7-5】某债券投资机构的基金经理持有市值为 1 亿元的中期国债投资组合,组合的久期为 5 年。由于预计未来一段时间市场利率会上升,这将给其债券投资组合带来损失,于是,基金经理决定利用中国金融期货交易所 5 年期国债期货套期保值。3 月 10 日,他卖出 100 手 6 月到期的 5 年期国债期货,成交价 96.050 元;5 月 10 日,将所持期货合约以 95.050 元的价格平仓。其保值情形可分析见表 7-11。

表 7-11 中长期利率期货空头保值

| 时间/市场 | 现 货 市 场 | 期 货 市 场 |
|---|---|---|
| 3 月 10 日 | 国债现货价格 95.010 元 | 卖出 100 手 6 月到期的 5 年期国债期货,成交价 96.050 元 |
| 5 月 10 日 | 国债现货价格 94.010 元 | 买进 100 手 6 月到期的 5 年期国债期货平仓,成交价 95.050 元 |
| 结果 | 组合价值减少(95.010 − 94.010) × 1 000 000 = 1 000 000 元 | 盈利 (96.050 − 95.050) × 10 000 × 100 = 1 000 000 元 |

因此，基金经理通过套期保值，成功地以期货市场的盈利弥补了现货市场的价值损失，抵消了债券投资组合受利率上升影响而带来的损失。

### 3. 总结

对于已经或将要持有利率敏感性资产/负债的机构及个人，利率期货是可应用的保值工具。

其中多头套期保值适用的情形主要如下。

（1）计划买入固定收益债券，担心利率下降，导致债券价格上升。

（2）已经按固定利率计息的借款人，担心利率下降，导致资金成本相对增加。

（3）计划贷出资金的一方，担心利率下降，导致贷款利率和收益下降。

空头套期保值适用的情形主要如下。

（1）持有固定收益债券，担心利率上升，其债券价格下跌或者收益率相对下降。

（2）计划借入资金的一方，担心利率上升，导致融资成本上升。

（3）已经按浮动利率计息的借款人，担心利率上升，导致资金成本上升

### 7.4.2 利率期货的套期保值比率

选取最佳套期保值比率的目的是尽量降低基差风险，以取得更好的保值效果。由于需保值的现货债券的票面利率、剩余期限可能与所选期货合约的标的不同，两者对利率变化的敏感程度也不同，因此，最佳的套期保值比率并不是 1。

若将保值者的现货与期货头寸视为一个组合，最优套期保值比率是使得整个资产组合的风险（方差）等于零的套期保值率，有

$$\Delta B N_B + \Delta F N_F = 0$$

$$\frac{N_F}{N_B} = -\frac{\Delta B}{\Delta F}$$

式中，$\Delta B$ 和 $\Delta F$ 分别表示保值期间债券现货组合价值和期货合约价值的变化，$N_B$ 和 $N_F$ 分别为现货和期货合约的数量。而套期保值比率为 $N_F / N_B$。可见，要达到完美的投资效果，应有"最优套期保值比率＝需保值债券价格变化/期货合约价格变化"。式中的负号表示期货与现货头寸方向应相反。

现货头寸与期货头寸的价格敏感性越接近，套期保值比率越近似于 1。否则，不能取 1。例如，若现货价格下降 10%，期货价格相应下降 5%，则国债现货价格敏感性是国债期货价格的两倍，套期保值比率为 2，即投资组合中每一单位的现货债券需要两倍金额的期货合约来为其保值。

在进行利率期货套期保值时，套期保值比率的计算方法主要有基点价值（basis point value，BPV）法和久期法。

### 7.4.3 基于转换因子的套期保值策略

#### 1. 基点价值法

基点价值是指债券到期收益率变化一个基点（0.01%）所引起的该债券价格的变化，即

基点价值 = 债券价格变化/债券收益率变化

例如，若债券的收益率由 3%上升至 3.01%，导致该债券价格下跌了 0.08 元，则在当时的久期及收益率下，该债券的基点价值为 0.08 元。当收益率变动时，将基点价值乘以收益率变动的基点数，就可得出相应的债券价格变动值。

当利率（收益率）发生变动时，由于现货债券与期货债券的基点价值可能不同，使得两者的价格变动不一致。因此，可以据此对套期保值比率进行估算，有

套期保值比率 = 现货价格变化/期货价格变化
= (现货基点价值×收益率变化)/(期货基点价值×收益率变化)
= 现货基点价值/期货基点价值

由于利率期货价格随着最便宜可交割债券的价格而变化，因此有

期货价格变化 = 最便宜可交割债券的价格变化/转换因子

则有

期货基点价值 = 期货价格变化/收益率变化
= (最便宜可交割债券的价格变化/转换因子)/收益率变化
= (最便宜可交割债券的价格变化/收益率变化)/转换因子
= 最便宜可交割债券的基点价值/转换因子

对于 5 年期国债期货而言，如果其最便宜可交割债券的收益率从 3.50%上升到 3.51%，导致每 100 万元面值债券的价格下降 300.80 元，则该最便宜可交割债券的基点价值为 300.80 元，该最便宜可交割债券的转换因子为 1.010 8。5 年期国债期货合约的基点价值为 297.59 元（即 300.80 元/1.010 8）。

因此，最终可得

国债期货最优套期保值比率 = 现货基点价值×CTD 转换因子/CTD 基点价值

**2. 基于基点价值法的套期保值策略应用**

【例 7-6】 某投资者持有价值 1 亿元的债券 B，打算利用中国金融期货交易所国债期货 TF 合约进行套期保值。其中，TF 合约的最便宜可交割债券的转换因子为 1.0108，其他信息见表 7-12。

表 7-12 TF 合约信息表

| 项目 | B | CTD |
|---|---|---|
| 债券净价/元 | 98.25 | 100.75 |
| 债券全价/元 | 100.15 | 102.15 |
| 基点价值 | 0.052 8 | 0.061 6 |

应用基点价值法，可得最佳套期保值比率为

$$h = \frac{现货基点价值 \times CTD转换因子}{CTD基点价值}$$

$$= \frac{0.052\,8 \times 1.010\,8}{0.061\,6} = 0.866\,4$$

因此，应卖出的 5 年期国债期货合约手数约为 87 手。

$$100\,000\,000 \div 1\,000\,000 \times 0.866\,4 = 86.64$$

基点价值法是计算套期保值比率的有效方法，因为基点价值的绝对金额表示期货及现货头寸对收益率改变的价格敏感性。

### 7.4.4 基于久期的套期保值策略

**1. 麦考利久期和修正久期**

债券的久期也称为持续期，是指债券在未来存续期间内产生现金流的时间的加权平均值，其权重为各期现金流量的现值在债券价格中所占的比重（各期现金流量的现值之和为债券的理论价格）。久期是考虑了债券现金流现值的因素后测算的债券实际到期日。期限为 $n$ 年的零息票债券的久期为 $n$ 年；期限为 $n$ 年的附息票债券的久期小于 $n$ 年（$n$ 年以前已收到了一些利息）。如某 5 年期附息债券的久期为 4.17 年（每年付息一次），表明该债券的实际资金回收期为 4.17 年，因为前 4 次利息收入都远早于到期日。

久期这一概念是 F.R.Macaulay 于 1930 年提出的，该概念基于以下假设：收益率曲线是平坦的，因此用于未来所有现金流的贴现率保持不变。则久期可表示如下：

$$D = \frac{\sum_{t=1}^{T} \frac{C_t}{(1+R)^t} \times t}{P} \quad (7\text{-}4)$$

式中，$C_t$ 为 $t$ 时的现金流量；$R$ 为贴现率，为债券的到期收益率；$t$ 为收到现金流量的时间，$T$ 为剩余期限，$t$ 从 1 到 $T$；$P$ 为债券的价值（均衡价格）；$D$ 被称为麦考利久期（Macaulay duration）。

式（7-4）的分母为债券在剩余期间内的现金流量现值的总和，即

$$P = \sum_{t=1}^{T} \frac{C_t}{(1+R)^t} \quad (7\text{-}5)$$

当利率上升时，债券本身的价格下降，但债券利息收入再投资的价值将增加；相反，当利率下降时，债券本身的价格上升，但债券利息收入再投资的价值将减少。久期正是这样一个时点，在这个时点上，利息收入再投资的收益（损失）正好可以弥补债券投资组合因利率变动而产生的损失（收益）。

将式（7-5）的等号左右两边对利率 $R$ 求导，可得到式（7-6）：

$$\frac{dP}{dR} = -\frac{1}{1+R} \sum_{t=1}^{T} \frac{tC_t}{(1+R)^t} \quad (7\text{-}6)$$

式（7-6）反映了当利率发生很小变动时债券价值发生的变动，当利率变动为 0.01% 时，式（7-6）实际上就是基点价值。将公式两边同时除以债券价格，可得到利率变动一个单位时债券价格变动的百分比。

$$D_m = -\frac{dP}{dR} \cdot \frac{1}{P} = \frac{1}{1+R} \cdot \frac{1}{P} \sum_{t=1}^{T} \frac{tC_t}{(1+R)^t} = \frac{1}{1+R} \cdot D \quad (7\text{-}7)$$

式（7-7）是修正久期（modified duration）$D_m$ 的表达式。修正久期显示了收益率的微小变动引起的债券价格变动百分比，是我们通常所说的久期概念。

若某债券的麦考利久期为 6.55 年，收益率为 6%，则其修正久期为

$$D_m = D/(1+R) = 6.55/(1+6\%) \approx 6.18$$

这表明，当收益率变动 1%时，该债券价格变动约 6.18%。

在债券及债券组合投资中，久期的概念被广泛应用。一方面，不同特性（不同利率、不同期限、不同面值）的债券，其利率风险可通过久期进行直观比较；另一方面，久期也被用来测度债券对利率变化的敏感性。修正久期越大的债券，利率上升所引起价格下降幅度就越大，而利率下降所引起的债券价格上升幅度也越大。可见，同等要素条件下，修正久期小的债券比修正久期大的债券抗利率上升风险能力强；但相应地，在利率下降同等程度的条件下，获取收益的能力较弱。

由债券修正久期[式（7-7）]与基点价值的计算公式可知，两者存在如下换算关系：

$$\text{BPV} = D_m \times P \times 0.0001 \tag{7-8}$$

式中，BPV 表示债券的基点价值。

例如，假设某债券的市场价格为 103.18 元，每百元面值债券的应计利息为 2.46 元，修正久期 8.22。则该债券的基点价值为

$$8.22 \times (103.18 + 2.46) \times 0.0001 \approx 0.0868$$

**2. 基于久期的最佳套期保值比率**

如图 7-7 所示，当收益率由 $R_0$ 降为 $R_1$ 时，债券现货、期货价格均上升。假设套期保值比率为 $h$。要达到完美的保值效果，使期货和现货的价格变动相同，应有

$$\Delta B = \Delta F \times h$$

$$h = \frac{\Delta B}{\Delta F}$$

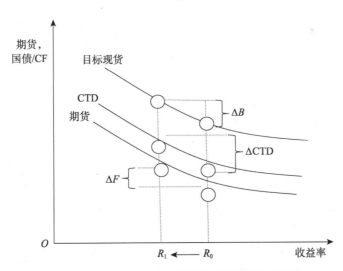

图 7-7 收益率变化对国债现货、期货价格的影响

由修正久期的定义可知

$$D_m = -\frac{dP}{dR} \cdot \frac{1}{P}$$

则有

$$\frac{\Delta P}{\Delta R} = -PD_m$$

$$\frac{\Delta P}{P} = -D_m \Delta R \tag{7-9}$$

这表明债券价格变化的百分比等于其久期乘以收益曲线的平行增量。

令 $B$、$F$、$\Delta B$ 和 $\Delta F$ 分别为需进行套期保值的现货资产的价值、利率期货合约的合约价格、保值期间现货组合价值和期货合约价值的变化,有

$$\Delta B = -BD_{mB}\Delta R$$

$$\Delta F = -FD_{mF}\Delta R$$

其中,$D_{mF}$ 和 $D_{mB}$ 分别为利率期货合约的标的资产和需进行套期保值的现货资产的久期。则套期保值所需的期货合约份数为

$$h = \frac{\Delta B}{\Delta F} = \frac{-D_{mB} \times B \times \Delta R}{-D_{mF} \times F \times \Delta R} = \frac{D_{mB} \times B}{D_{mF} \times F} \tag{7-10}$$

因为期货的修正久期等于 CTD 的修正久期 $D_{m\text{CTD}}$,所以有

$$h = \frac{D_{mB} \times B}{D_{m\text{CTD}} \times F} \tag{7-11}$$

$h$ 为基于久期的套期保值比率(duration-based hedge ratio),它令国债期货和现货的久期互相抵消,从而实现期现资产组合对利率的敏感性为 0。

进一步,考虑修正久期和麦考利久期的关系,令 $D_{\text{CTD}}$ 和 $D_B$ 分别为 CTD 和需进行套期保值的现货资产的麦考利久期。则有

$$h = \frac{\dfrac{D_B}{1+R} \times B}{\dfrac{D_{\text{CTD}}}{1+R} \times F} = \frac{D_B \times B}{D_{\text{CTD}} \times F} = \frac{D_B \times B}{D_F \times F} \tag{7-12}$$

**3. 基于久期的套期保值策略的应用**

1)基于麦考利久期的多头套期保值策略

【例 7-7】 6 月 1 日,公司的财务主管得知将于 9 月 1 日收到 300 万美元,计划于下一年 3 月份用于一项重要的资本投资项目。财务主管打算在收到款项时就将它投资于 6 个月期的美国短期国债。6 月 1 日,6 个月期短期国债收益率为 4.20%,每半年复利一次。该财务主管担心在 6 月 1 日到 9 月 1 日之间短期国债的收益率可能会下降,于是决定买入 CME 3 月欧洲美元期货合约进行套期保值。公司选择了 9 月份到期的期货,该期货合约在 6 月 1 日的价格为 96,该公司应买入多少张期货合约?

在该例子中,期货与现货的久期不同,有 $D_F = 3$ 个月 $= 0.25$ 年,$D_B = 6$ 个月 $= 0.5$ 年。所以,应购买的合约数为 25 张。

$$h = \frac{D_B \times B}{D_F \times F} = \frac{0.5 \times 3\,000\,000}{0.25 \times (2\,500 \times 96)} = 25$$

2)基于麦考利久期的空头套期保值策略

【例 7-8】 8 月 1 日,某基金投资 2 000 万元购买国债,预计下 3 个月利率变动剧烈。

基金经理决定用中国金融期货交易所 12 月到期的 10 年期国债期货合约进行套期保值。当时的期货价为 99.365。假设 $D_B$ = 7.80 年，$D_{CTD}$ = 8.20 年，则应卖空的期货合约数约为 19 张。

$$h = \frac{D_B \times B}{D_F \times F} = \frac{7.8 \times 20\,000\,000}{8.2 \times 99.365 \times 10\,000} \approx 19$$

3）基于（修正）久期的套期保值策略

【例 7-9】 某投资者打算买入面值 2 000 万元的债券 B，因担心购入前利率下降导致债券价格上升，打算利用中国金融期货交易所 2 年期国债期货 TS 合约进行套期保值。其中，TS 合约的最便宜可交割债券的转换因子为 1.012 0，其他信息见表 7-13。

表 7-13　TF 合约信息表

| 项目 | B | CTD |
|---|---|---|
| 债券净价/元 | 99.225 | 100.775 |
| 债券全价/元 | 100.250 | 101.715 |
| 修正久期 | 0.032 8 | 0.041 6 |

则该投资者应卖出大约 8 手 TS 期货合约进行套期保值：

$$h = \frac{D_{mB} \times B}{D_{mCTD} \times F} = \frac{0.032\,8 \times (100.250 \times 200\,000) \times 1.012\,0}{0.041\,6 \times (101.715 \times 20\,000)} \approx 7.86$$

需要指出的是，在对不可交割债券进行套期保值时，需保值债券与最便宜可交割债券的一些不同特性如信用等级、利率水平、期限特征等，会使得二者收益率之间的差额处在不断的变动之中，这会对套期保值的效果产生不利影响。因此，为保证套期保值的效果，在实际应用中，需要对前面计算得到的套期保值比率按照需保值债券的特征进行适当调整。

### 7.4.5　套期保值比率的优化——收益率贝塔

**1. 最小基差法和久期法的不足**

最小基差法和久期法的优点是：简单明了，在实际中广泛应用；且使用的是与国债期货高度相关的最便宜可交割债券的到期期限、息票率、价格特征等信息，而不是历史数据。

但最小基差法和久期法也存在以下不足。

（1）忽略了持有期收益（当前至交割日利息）的影响。

（2）当最便宜可交割债券发生变化时，需要重新计算套期保值比率并调整头寸。

（3）假定收益率曲线平行移动，所有债券到期收益率变化相同，所以，在收益率曲线平行移动时更加有效。而在实际中，收益率曲线平行移动的情况较少。如在收益率整体下降的过程中，收益率曲线往往变得陡峭，即 CTD 和需保值债券的收益率波动幅度不相等，此时，应用最小基差法和久期法保值将导致保值过度或保值不足。

**2. 收益率贝塔**

为了优化套期保值，应考虑需保值债券和期货合约（CTD）收益率之间的关系，对套期保值比率进行修正，以缓解假设收益率曲线平移带来的不利影响。

以需保值的现货债券的收益率为因变量，以最便宜可交割债券收益率为自变量，有

一元线性回归方程

$$y_t = \alpha + \beta x_t + \varepsilon_t \tag{7-13}$$

式中，$x_t$、$y_t$ 分别为期货（CTD）和现货的收益率，进行回归分析，得出的相关系数即为 $\beta$ 系数，称为收益率贝塔。

若某公司债券的 $\beta$ 系数大于 1，则当市场收益率变化时，该公司债券的收益率变化幅度大于国债期货的收益率变化幅度。由于 $\beta$ 系数大于 1，再乘以由基点价值或久期算出的套期保值比率，得出修正后的套期保值比率要大于修正前的套期保值比率。这表明，为了达到完全避险的目的，需运用更多的期货合约。

### 3. 利用 $\beta$ 系数调整套期保值比率

经收益率贝塔调整过的套期保值比率计算公式为

$$h^* = \frac{现货基点价值 \times CTD转换因子}{CTD基点价值} \beta$$

$$h^* = \frac{D_{mB} \times B}{D_{mCTD} \times F} \beta$$

经调整后的套期保值比率更优。

### 7.4.6 运用利率期货调整债券组合的久期和基点价值

当债券组合的管理者预测未来利率会上升、对债券市场后市看空时，他希望所持债券组合的久期和基点价值减小，从而使组合更具抗跌性；相反，当他预测未来利率会下降、对债券市场后市看多时，他希望所持债券组合的久期和基点价值增大，从而使组合更具收益性。债券组合的管理者可以通过买卖期货来达到增加（减少）现货组合久期和基点价值的目的。

【例 7-10】 假设某机构 A 持有 1 亿元的国债现货，该国债每 100 元面值的修正久期为 5.62。机构 A 看好后市，计划运用 5 年期国债期货将其修正久期调整为 6.55。已知 CTD 券的修正久期为 4.65，转换因子为 1.015，期货价格为 101.5。求：调整久期所需要的期货合约数量是多少？

$$\frac{(6.55 - 5.62) \times 10^8 \times 1.015}{4.65 \times 1.015 \times 10^6} \approx 20$$

因此，机构 A 应买入大约 20 手国债期货，以达到调整修正久期的目的。

## 7.5 国债基差交易

### 7.5.1 国债期货的理论价格

#### 1. 国债期货定价公式推导

根据持有成本理论及无套利定价原理，有

期货价格 = 现货价格 + 持有成本 = 现货价格 + 资金占用成本 − 持有期收益

将上述定价公式应用于国债期货定价时，期货价格与现货价格应均为"全价"。机构投资者在进行债券交易时，通过正回购融资买入债券，持有成本为持有债券至交割日的融资成本与国债利息收入之差。于是，有

可交割券国债期货价格（全价）= 可交割券现货价格（全价）+ 融资成本 − 利息收入

注意，"可交割券国债期货"在市场上并不存在，其价格只是"可交割券现货价"对应的期货价，无法观察到。要得到期货（对应于标的名义券）理论价格，就要考虑转换因子。因为转换因子衡量的是可交割券与标的券净价之间的关系，所以，先以可交割券国债期货价格（全价）减去当前该券的应计利息，得到该可交割国债期货的理论净价；该净价除以转换因子，便可得到期货理论报价（净价）。定价公式推导具体如下：

可交割券全价 = 可交割券报价 + 应计利息

可交割券期货全价 = 可交割券全价 + 融资成本 − 利息收入

可交割券期货净价 = 可交割券期货全价 − 应计利息

期货理论报价（净价）= 可交割券期货净价/转换因子

= (可交割券报价 + 应计利息 + 融资成本 − 利息收入
− 应计利息)/转换因子

= (可交割券报价 + 融资成本 − 利息收入)/转换因子

注意利息收入是"当日"至"交割日"的利息，可交割债券的应计利息是"上一付息日"至"当日"的利息，两者之和为"上一付息日"至"交割日"的利息（为了区分，称为累计利息）。有

应计利息 + 利息收入 = 累计利息

所以，也有

期货理论报价(净价) = (可交割券全价 + 融资成本 − 累计利息)/转换因子

由于国债期货实行一篮子可交割券的实物交割制度，可交割的是一系列期限不同、票息率不同的债券。一般空头具有交割选择权，将会选择最便宜可交割债券进行交割，国债期货的价格由最便宜可交割债券的价格决定。因此，上述公式中的"可交割券"应为"最便宜可交割债券"。我们得到国债期货的定价公式如下：

国债期货理论报价(净价) = (最便宜可交割券报价 + 融资成本 − 利息收入)/转换因子

国债期货理论报价(净价) = (最便宜可交割券全价 + 融资成本 − 累计利息)/转换因子

一般情况下，国债利息收入大于融资成本，持有成本为负，此时期货价格低于现货价格。

### 2. 国债期货定价公式应用

**【例 7-11】** 假设国债 A 是某 5 年期国债期货合约的最便宜可交割债券，其转换因子为 1.021 5。当前国债期货报价为 100.310 元，国债 A 的报价为 102.880 元，自上一次付息日以来的应计利息为 0.868 5 元。当前持有债券 A 至交割日的融资成本为 1.238 6 元，持有期利息收入为 1.652 5 元。持有债券 A 至交割日的应计利息（累计利息）为 2.521 元。

则该 5 年期国债期货的理论价格（净价）为

$$(102.880 + 1.2386 - 1.6525)/1.0215 \approx 100.309$$

或

$$(102.880 + 0.8685 + 1.2386 - 2.521)/1.0215 \approx 100.309$$

可见，期货合约的市场价格与理论价格大致相等，市场定价合理。

### 7.5.2 国债的基差与净基差

**1. 国债的基差**

1）国债基差的概念

国债的基差是可交割国债现货价格与该可交割国债期货价格之差，表示购买国债现货用于交割时的绝对收益水平。

如前所述，该可交割国债期货并非真实存在，但理论上其价格与国债期货价格存在可转换关系。假设国债期货当前价格为 $F$，$C$ 为该可交割国债的转换因子，则可交割国债的期货价格为 $C \times F$。国债的基差用公式可表示为

$$\text{国债的基差} = \text{国债现货价格(净价)} - \text{国债期货价格(净价)} \times \text{转换因子}$$

当期货合约逐渐临近交割时，基差理论上应该逐步收敛于零。

当转换因子为 1 时，该可交割国债期货价格正好等于国债期货价格，有

$$\text{国债基差} = \text{国债现货价格} - \text{国债期货价格}$$

此时，根据无套利定价理论，理论上的基差应为

$$\text{国债理论基差} = \text{国债现货价格} - (\text{国债现货价格} + \text{持有成本})$$
$$= -\text{持有成本} = \text{持有期净收益} = \text{利息收入} - \text{融资成本}$$

【**例 7-12**】8 月 13 日，TF2203 期货报价为 100.395 元，2019 年记账式附息（七期）国债是可交割券，其现货报价为 101.16 元，转换因子为 1.0097，则基差为

$$101.16 - 100.395 \times 1.0097 \approx -0.2088$$

2）国债基差的变化

通常我们用"强"（strength）或"弱"（weakness）来评价基差的变化。当基差变大时，称为"走强"（stronger）。基差走强常见的情形有：国债现货价格涨幅超过国债期货价格乘以转换因子的涨幅，以及国债现货价格跌幅小于国债期货价格乘以转换因子跌幅。基差变小，称为"走弱"（weaker），常见情形与基差走强情形相反。

【**例 7-13**】8 月 11 日，TF2203 期货报价为 99.125 元，2019 年记账式附息（七期）国债是可交割券（转换因子为 1.0097），其现货报价为 101.16 元，基差为 1.0735；8 月 13 日，TF2203 期货报价为 100.395 元，现货报价为 101.16 元，此时基差为 –0.2088，此情况属于基差走弱。

**2. 净基差**

净基差（net basis）也称扣除了持有期净收益的基差（basis net of carry，BNOC），即 basis-carry。其计算公式为

净基差 = 基差 − 持有期净收益

期货空头具有在交割时选择最便宜可交割券的权利,而净基差就是对这一选择权价值的衡量。有"基差 = 净基差 + 持有期净收益",可见,空头交割选择权以净基差的形式被包含在基差中。由于交割选择权的价值始终不为负,因此国债期货的净基差和基差在大多数时间为正值。

净基差是基差交易和跨期套利交易的重要参考指标。

### 7.5.3 买入基差交易与卖出基差交易

**1. 国债基差交易的特点**

国债基差交易是指国债的期现套利交易,其本质上是对基差的预期变化进行交易。

作为期现套利交易的一种交易方式,与其他品种的期现套利相比,国债基差交易有如下特点。

(1)国债实行一篮子可交割券的实物交割制度,可交割券范围广,期现套利机会更多。

(2)进行国债基差时,要考虑现货与标的券之间的差异。一般期货和现货的数量比例是 $C:1$。如果令国债期货和现货的数量比例是 $1:1$,也可以进行交易,但理论上这样的基差交易会存在一定的风险。

【例 7-14】假设某投资者打算在 TS2206 期货合约和其某只可交割国债之间进行基差交易,该国债的转换因子为 0.993。当时期货价格和现货价格分别为 99.98 元和 98.16 元。则期货与现货的数量比为 $0.993:1$。

实际中,由于交易所给出的转换因子一般精确到小数点后 4 位,很难严格按照比例配置期货和现货的头寸,这时就需要在交易精确度和资金量之间进行取舍。

一般的套利交易在任何时刻进行交易,两种资产的数量比例都是固定的。

(3)在套利期间,最便宜可交割债券可能发生变化,这增加了套利的复杂性,也使得套利机会增加。

(4)与一般套利交易呈线性的损益曲线不同,国债基差交易中隐含了交割选择权,因此其损益曲线类似于期权的形态。

在国债现货市场与期货市场进行套利交易一般分为买入基差交易及卖出基差交易。

**2. 买入基差交易**

买入基差交易也称为做多基差(long basis)、正向套利,是指买入国债现货,同时卖出国债期货进行期现套利。

预期基差将走强时,投资者通常会采用买入基差策略进行套利。投资者构建买入基差交易头寸后,有两种了结的方式。

其一,待基差走强后,卖出国债现货,同时买进期货合约平仓获利;

其二,持有头寸至期货交割日,交割所持国债,获得资金。

不难看出,上述第二种方式所获得的收益即为隐含回购利率。因此,该策略也被称为做空隐含回购利率策略。

### 3. 卖出基差交易

卖出基差交易也称为做空基差（long basis）、反向套利，是指卖出国债现货，同时买入国债期货进行期现套利。

预期基差将走弱时，投资者通常会采用卖出基差策略进行套利。投资者构建卖出基差交易头寸后，也有两种了结的方式。

其一，待基差走弱后，买进国债现货，同时卖出期货合约平仓获利；

其二，持有头寸至期货交割日，通过实物交割支付资金、获得国债现货。

第二种方式称为做多隐含回购利率（IRR）策略。

需要注意的是，卖出基差交易策略并不像买入基差策略那样容易实行。主要问题有：其一，债券做空的难度一般较大，成本较高；其二，由于交割选择权在卖方，卖出基差投资者作为期货多头，收到的CTD券可能不是其在期初做空的国债，在此情况下，他只能在现货市场上卖出交割得到的CTD券，同时买回期初做空的国债用于偿还，这意味着需要承担交割所得CTD券与期初做空券之间价差过大带来的额外成本。

由于卖出基差交易要承担更高的风险和成本，因此IRR达到更深程度的负值才能吸引投资者交易。这也是实际中IRR经常出现较大负值的原因之一。

### 7.5.4 基差、净基差变化与基差交易结果

下面我们讨论基差、净基差变化与基差交易结果的关系（在此我们仅考虑不进入交割的情况）。

#### 1. 对买入基差的讨论

假设 $t$ 时刻构建1单位的基差多头，即买入1单位国债现货并卖出CF单位的期货，价格及相关交易信息见表7-14。

表7-14 国债基差交易的结果

| 时刻 | 国债现货 | 国债期货 | 基　　差 |
|---|---|---|---|
| $t_1$ | $B_1$ | $F_1 \times CF$ | $B_1 - F_1 \times CF$ |
| $t_2$ | $B_2$ | $F_2 \times CF$ | $B_2 - F_2 \times CF$ |

由表7-14中信息可以推导出 $t_2$ 时刻收益 $G_s$ 为（不考虑利息的再投资收入）：

$$\begin{aligned} G_s &= (B_2 - B_1) + (F_1 - F_2) \times CF + I_{2-1} - C_{2-1} \\ &= B_2 - F_2 \times CF - (B_1 - F_1 \times CF) + I_{2-1} - C_{2-1} \\ &= I_{2-1} - C_{2-1} + \text{Basis}_2 - \text{Basis}_1 \\ &= I_{2-1} - C_{2-1} + \text{BNOC}_2 + R_{T-2} - (\text{BNOC}_1 + R_{T-1}) \\ &= \text{BNOC}_2 - \text{BNOC}_1 + I_{2-1} - R_{2-1} - C_{2-1} \\ &= \text{BNOC}_2 - \text{BNOC}_1 \end{aligned}$$

式中，$B_n$ 为 $t_n$ 时刻现货价格；$F_n$ 为 $t_n$ 时刻期货价格；CF为转换因子；$I_{2-1}$ 为国债 $t_1$ 到 $t_2$ 期间的利息收入；$C_{2-1}$ 为国债 $t_1$ 到 $t_2$ 期间的融资成本；$\text{Basis}_n$ 为 $t_n$ 时刻基差；$\text{BNOC}_n$ 为

$t_n$ 时刻净基差；$R_{T-n}$ 为从 $t_n$ 开始持有到交割时的净收益，等于"利息收入－融资成本"；$R_{N-n}$ 为从 $t_n$ 开始持有到 $t_N$ 时的净收益。

因此，国债买入基差交易的结果为其净基差之差，等于套利结束时的净基差减去套利开始时的净基差。

### 2. 对卖出基差的讨论

因为卖出基差涉及卖空现券的操作，所以在分析卖出基差收益时，实际情况更复杂。假设 $t_1$ 时刻构建 1 单位的基差空头，即买入 CF 单位国债期货并卖出 1 单位的国债现券 $B_1$，假设投资者参与借券卖空操作时需要质押债券 A，则至 T 时刻收益为（不考虑利息的再投资收入，下同）：

$$\begin{aligned}
G_s &= (B_1 - B_2) + (F_2 - F_1) \times \text{CF} - (I_{2-1} + CX_{2-1} - C_{2-1} - RA_{2-1}) \\
&= -(B_2 - F_2 \times \text{CF}) + (B_1 - F_1 \times \text{CF}) - (I_{2-1} + CX_{2-1} - C_{2-1} - RA_{2-1}) \\
&= -\text{Basis}_2 + \text{Basis}_1 - (I_{2-1} + CX_{2-1} - C_{2-1} - RA_{2-1}) \\
&= -(\text{BNOC}_2 + R_{T-2}) + (\text{BNOC}_1 + R_{T-1}) - (I_{2-1} + CX_{2-1} - C_{2-1} - RA_{2-1}) \\
&= \text{BNOC}_1 - \text{BNOC}_2 + R_{2-1} - (I_{2-1} + CX_{2-1} - C_{2-1} - RA_{2-1}) \\
&= \text{BNOC}_1 - \text{BNOC}_2 - CX_{2-1} + RA_{2-1}
\end{aligned}$$

其中，$RA_{2-1}$ 为 $t_1$ 到 $t_2$ 时刻债券 A 的利息收入；$CX_{2-1}$ 为 $t_1$ 到 $t_2$ 时刻的借券成本。

因此卖出基差的收益等于套利开始的净基差减去套利结束时的净基差，减去借券成本，再加上质押券 A 的利息收入。在借券过程中，如果不需要质押券或者投资者不考虑质押券的问题，那么卖出基差交易的收益就等于持有期间净基差的跌幅减去借券成本。

### 3. 结论

由上述推导可得基差、净基差变化与基差交易结果如下。

（1）基差交易盈利源于基差变化，而基差是持有期净收益与净基差之和，所以，基差交易的盈亏受净基差与持有期净收益影响。

（2）若预测基差将扩大，应进行买入基差交易。此时，若国债持有净收益为正，基差多头还可另外获得该持有收益；若预测基差将缩小，应进行卖出基差交易。此时，若国债持有净收益为正，基差空头会损失该净持有收益。

（3）净基差衡量了期货空头交割选择权，是基差交易的重要参考指标；若预测净基差将上涨，应进行买入基差交易，其收益为净基差的涨幅；卖出基差交易除了考虑净基差的变化，还应考虑借入债券的成本和质押权的持有期收益。卖出基差交易的收益为净基差的跌幅减去借券成本，再加上质押券的利息收入。

## 7.6 国债期货套利交易

国债期货的套利方式主要有跨期套利和跨品种套利，其中跨期套利最常见。在国债期货交易中，由于收益率曲线的变化，以及不同品种国债期货合约对利率变化的敏感程度不同，合约间价差会经常发生波动，因此，在市场上存在着大量的套利机会。

### 7.6.1 国债期货跨期套利

国债期货跨期套利是针对同一品种但不同交割月份的期货合约间的价差进行交易，可分为买入跨期套利交易和卖出跨期套利交易。买入跨期套利交易是指买入一个近期月份期货合约的同时卖出一个远期月份期货合约进行套利；而卖出跨期套利交易是指买入一个远期月份期货合约的同时卖出一个近期月份期货合约进行套利。

**1. 国债期货跨期套利结果的理论推导**

1）跨期价差变化与国债跨期套利结果

假设交易者在同标的两合约间进行跨期套利，选择一可交割券，其在近、远月合约的转换因子分别为 $CF_1$、$CF_2$，期货合约价格、跨期价差数据见表 7-15。其中跨期价差 = 近月合约价格 − 远月合约价格。

表 7-15 跨期价差的理论推导

| 时刻 | 近月合约 1 | 远月合约 2 | 价差 |
|---|---|---|---|
| 建仓时刻 $t$ | $F_{1,t}$ | $F_{2,t}$ | $SP_t$ |
| 平仓时刻 $T$ | $F_{1,T}$ | $F_{2,T}$ | $SP_T$ |

当交易者进行买入跨期套利（买近卖远）操作时，其盈利有

$$G = F_{1,T} - F_{1,t} + F_{2,t} - F_{2,T} = SP_T - SP_t$$

可见，国债期货买入跨期套利的盈利 = 平仓价差 − 开仓价差；

当交易者进行卖出跨期套利（卖近买远）操作时，其盈利有

$$G = F_{1,t} - F_{1,T} + F_{2,T} - F_{2,t} = SP_t - SP_T$$

可见，国债期货卖出跨期套利盈利 = 开仓价差 − 平仓价差。

因此，当近期月份合约与远期月份合约的价差变大时，买入跨期套利交易将会有盈利；相反，当近期月份合约与远期月份合约的价差变小时，卖出跨期套利交易将会有盈利。

以上与其他期货品种跨期套利的结论一致，即套利结果取决于价差变化。

下面进一步将价差分解，分析价差的各个构成部分对套利结果的影响。

2）套利期间债券持有净收益与跨期套利结果

以我国国债期货为例，各品种同时挂牌三个季月合约，其中流动性最好的主力合约是最近一个季月合约（当季合约），其次为接下来的季月合约（下季合约），跨期套利一般在这两个合约间进行。不同到期月份的国债期货合约所对应的可交割券虽然不完全一致，但相邻到期月份的两合约的可交割券重叠比率较高。同一只债券在相邻合约上的转换因子之间差别很小。因此不妨假设国债期货主力合约和下季合约运行期间的最便宜可交割券是同一只，且不考虑转换因子的差别，有

跨期价差 = 当季合约价格 − 下季合约价格 ≈ 下季持有成本 − 当季持有成本
　　　　= 当季净基差 − 下季净基差 − 当季末至下季的债券持有净收益
　　　　= 当季净基差 − 下季净基差 + 当季末至下季的债券持有成本

可见，若不考虑卖方交割选择权价值的差别（即忽略净基差），当季合约和下季合约之间的跨期价差，就等于当季末至下季的持有成本（即"-债券持有净收益"）。

3）净基差与跨期套利结果

进一步推导如下：

当 $t$ 时刻发现近月合约被低估、远月合约被高估时，投资者可买入近月合约 $F_{1,t}$，同时卖出远月合约 $F_{2,t}$ 进行买入跨期套利。至 $T$ 时刻，近远月合约价差变大，选择平仓获利。选择一可交割券，设其在近、远月合约上的转换因子分别为 $CF_1$、$CF_2$，则买入跨期套利收益 $G$ 为

$$\begin{aligned} G &= F_{1,T} - F_{1,t} + F_{2,t} - F_{2,T} \\ &= [(B_T - \text{BNOC}_{1,T} - R_{T'-T}) - (B_t - \text{BNOC}_{1,t} - R_{T'-t})]/CF_1 \\ &\quad + [(B_t - \text{BNOC}_{2,t} - R_{T'-t}) - (B_T - \text{BNOC}_{2,T} - R_{T'-T})]/CF_2 \\ &\approx [(B_T - \text{BNOC}_{1,T} - R_{T'-T}) - (B_t - \text{BNOC}_{1,t} - R_{T'-t})]/1 \\ &\quad + [(B_t - \text{BNOC}_{2,t} - R_{T'-t}) - (B_T - \text{BNOC}_{2,T} - R_{T'-T})]/1 \\ &\approx (\text{BNOC}_{1,t} - \text{BNOC}_{1,T}) + (\text{BNOC}_{2,T} - \text{BNOC}_{2,t}) \end{aligned}$$

其中，$F_{1,T}$、$F_{1,t}$、$F_{2,t}$、$F_{2,T}$ 为近远月合约分别在 $t$ 和 $T$ 时刻的期货价格；$B_t$ 和 $B_T$ 为 $t$ 和 $T$ 时刻的债券净价；$CF_1$ 和 $CF_2$ 为同一可交割国债在近远月合约上的转换因子；$R_{T'-T}$ 和 $R_{T'-t}$ 为 $T$ 至期货合约交割日 $T'$ 时刻和 $t$ 至 $T'$ 时刻债券的持有期净收益；$\text{BNOC}_{1,t}$、$\text{BNOC}_{1,T}$ 为债券与近月合约在 $t$ 和 $T$ 时刻的净基差；$\text{BNOC}_{2,T}$ 和 $\text{BNOC}_{2,t}$ 为债券与远月合约在 $t$ 和 $T$ 时刻的净基差。

以上推导中，假设 $CF_1$ 和 $CF_2$ 相等，并约等于 1。

因此，买入跨期套利的收益近似分为两个部分：同一可交割券近月合约净基差的跌幅和远月合约净基差的涨幅。

当 $t$ 时刻发现近月合约被高估、远月合约被低估时，投资者可卖出近月合约 $F_{1,t}$、买入远月合约 $F_{2,t}$ 进行卖出跨期套利。至 $T$ 时刻，近远月合约价差变小，选择平仓获利。选择一可交割券，设其在近、远月合约上的转换因子分别为 $CF_1$、$CF_2$，则卖出跨期套利收益 $G$ 为

$$\begin{aligned} G &= F_{1,t} - F_{1,T} + F_{2,T} - F_{2,t} = [(B_t - \text{BNOC}_{1,t} - R_{T'-t}) - (B_T - \text{BNOC}_{1,T} - R_{T'-T})]/CF_1 \\ &\quad + [(B_T - \text{BNOC}_{2,T} - R_{T'-T}) - (B_t - \text{BNOC}_{2,t} - R_{T'-t})]/CF_2 \\ &\approx (\text{BNOC}_{1,T} - \text{BNOC}_{1,t}) + (\text{BNOC}_{2,t} - \text{BNOC}_{2,T}) \end{aligned}$$

因此，卖出跨期套利的收益同样近似分为两个部分：同一可交割券近月合约净基差的涨幅和远月合约的净基差的跌幅。

**2. 国债期货跨期套利的基本原理**

一般而言，其他条件相同但到期期限不同的国债利率是不同的，不同期限的利率水平之间的关系就构成了利率期限结构，就是通常所说的收益率曲线。正常情况下，到期期限越长，收益率越大，因此通常国债利率的期限结构曲线是一条向右上方倾斜的曲线，

它反映剩余期限越长,利率水平越高。

跨期套利的实质是对收益率曲线形状的变化进行投机。当市场利率发生变动时,不同期限的利率水平的变化通常不同,收益率曲线的形状会发生变化,这时就会产生跨期套利的机会。当交易者预测收益率曲线变得更陡峭时,意味着两合约间价差变大,交易者将进行买入跨期套利交易,待将来收益率曲线变得更陡后,再将两合约反向对冲获利。当市场有如下预期时,收益率曲线将变得更陡峭:市场预期长期利率比短期利率上升得快;市场预期长期利率保持稳定,而短期利率下降。相反,当交易者预测收益率曲线变得更平坦时,意味着两合约间价差变小,交易者将进行卖出跨期套利交易。

在跨期套利实际操作中,最典型的情况是当预期收益率曲线的形状即将由向下倾斜变为向上倾斜时,利率期货的价格曲线将由向上倾斜变为向下倾斜,表现在近、远期合约的价格关系上,近期合约的价格将由低于远期合约价格变为高于远期合约价格。图7-8显示了这种情形,此时,现货收益率曲线由图7-8(c)所示情形变为图7-8(a)所示情形,利率期货价格曲线随之将由图7-8(d)所示情形变为图7-8(b)所示情形。在这种情况下,投资者可以进行买入跨期套利交易;相反,当预期收益率曲线的形状即将由向上倾斜变为向下倾斜时,投资者可以进行卖出跨期套利交易。这对应的情形为现货收益率曲线由图7-8(a)所示情形变为图7-8(c)所示情形。

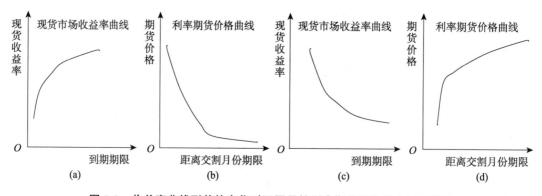

图7-8 收益率曲线形状的变化对不同月份利率期货间价格关系的影响

由于国债期货采用实物交割制度,与国债期货价格变化密切相关的最便宜交割券在一定市场情况下可能会发生转变,因此这也会增加国债期货跨期价差结构的不确定性。

因此,进行国债跨期套利,既要对利率期限结构的变化进行分析,也要考虑最便宜交割券转换带来的不确定性。此外,还要考虑其他影响价差变化的因素。

### 3. 国债期货跨期套利的实例分析

1)买进跨期套利示例

【例7-15】 10月17日,T1703的结算价为101.13元,CTD基差为1.047,当季合约T1612的结算价为101.5元,CTD基差为0.56。当季合约T1612与下季合约T1703的跨期价差为0.37元。投资者预期临近主力合约切换,合约价差将变大,于是买入50手当季合约T1612,同时卖出50手下季合约T1703。11月14日,主力合约由T1612切换为T1703。

11月21日，T1612的结算价为100.495元，T1703的结算价为99.55元，两者的跨期价差变为0.945元，投资者将两合约平仓。（跨期价差=近月合约价格−远月合约价格）

有关交易数据及结果分析见表7-16。

表7-16 交易数据表　　　　　　　　　　　　　　　　　　　　　元

| 日　　期 | T1612 | T1703 | 价差 |
| --- | --- | --- | --- |
| 10月17日 | 101.5 | 101.13 | 0.37 |
| 11月21日 | 100.495 | 99.55 | 0.945 |
| 盈亏 | −1.005 | 1.58 | 0.575 |

可见，投资者每一面值为100元的跨期套利交易可盈利0.575元，因为10年期国债期货的合约规模为1 000 000元，相当于100元面值的10 000倍，所以该投资者总共盈利为

投资者的跨期套利收益 = 0.575 × 50 × 10 000 = 287 500（元）

2）卖出跨期套利示例

【例7-16】 11月16日，某投资者观察到：11月上旬国债期货进入移仓换月阶段，主力合约由TF2012合约（当季合约）向TF2103合约切换，此时两合约的流动性都较好。当时市场上空头套期保值持仓增加，短期国债期货面临回调压力，且当季合约临近交割，国债期货价格会向现券价格收敛，而国债现券收益率因经济基本面、政策面和资金面以及信用事件冲击有上行压力，当季合约价格跌幅可能相对大于下季合约。于是，该投资者开仓卖出100手TF2012，同时买入100手TF2103进行卖出跨期套利。两合约成交价分别为99.5元和99.365元；11月25日，两合约的价格均下降，投资者分别以97.2和97.165的价格将合约平仓。有关交易数据及结果分析见表7-17。

表7-17 交易数据表　　　　　　　　　　　　　　　　　　　　　元

| 日　　期 | TF2012 | TF2103 | 价差 |
| --- | --- | --- | --- |
| 11月16日 | 99.5 | 99.365 | 0.135 |
| 11月25日 | 97.2 | 97.165 | 0.035 |
| 盈亏 | 2.3 | −2.2 | 0.1 |

可见，投资者每一面值为100元的跨期套利交易可盈利0.1元，因为5年期国债期货的合约规模为1 000 000元，相当于100元面值的10 000倍，所以该投资者总共盈利为

投资者的跨期套利收益 = 0.1 × 100 × 10 000 = 100 000（元）

### 7.6.2 国债期货跨品种套利交易

**1. 国债期货跨品种套利的概念**

跨品种套利交易可以分为买入套利交易和卖出套利交易两类。其中买入套利交易是指买入期限较短债券的期货合约，同时卖出期限较长债券的期货合约；而卖出套利交易则是指卖出期限较短债券的期货合约，同时买入期限较长债券的期货合约。例如，在芝加哥商业交易所，买入10年期/长期国债期货套利交易（买入NOB）指的是买入该10年

期国债期货合约，同时卖出长期国债期货合约；相反，卖出 10 年期/长期国债期货套利交易（卖出 NOB）指的是卖出该 10 年期国债期货合约，同时买入长期国债期货合约。

在芝加哥商业交易所，跨品种套利交易非常普遍。交易所也对相关品种间套利交易的交易保证金、最小变动价位等进行了专门规定。为了方便套利交易和提高套利效率，芝加哥商业交易所集团在其 Globex 系统中还专门提供跨品种套利的两合约间的价格比率和数量比例，表 7-18 所示为 2022 年 1 月 24 日利率期货跨品种套利信息的一部分。常见的跨品种套利为 10 年期/长期国债期货套利交易、5 年期/长期国债期货套利交易（Five-year T-notes over T-bonds Spread，FOB）、5 年期/10 年期国债期货套利交易（Five-year T-notes over Ten-year T-notes Spread，FITE）等。其中 10 年期/长期国债期货套利交易最为活跃。

表 7-18 芝加哥商业交易所利率期货跨品种套利信息（2022 年 1 月 24 日）

| 跨品种套利 | | | 跨品种套利构成 | | | |
| --- | --- | --- | --- | --- | --- | --- |
| 代码 | 第一品种 | 第二品种 | 价格比率 | 数量比例 | 第一品种数量 | 第二品种数量 |
| TYT | 2 年期国债 | 3 年期国债 | 1.50 | 1.50 | 3 | 2 |
| TUF | 2 年期国债 | 5 年期国债 | 2.50 | 1.25 | 5 | 4 |
| TUT | 2 年期国债 | 10 年期国债 | 4.00 | 2.00 | 2 | 1 |
| TUX | 2 年期国债 | 超长 10 年期国债 | 8.00 | 4.00 | 4 | 1 |
| TUB | 2 年期国债 | 长期国债 | 10.00 | 5.00 | 5 | 1 |
| TUL | 2 年期国债 | 超长 30 年期国债 | 16.00 | 8.00 | 8 | 1 |
| TOF | 3 年期国债 | 5 年期国债 | 2.00 | 1.00 | 1 | 1 |
| TUN | 3 年期国债 | 10 年期国债 | 3.00 | 1.50 | 3 | 2 |
| TYX | 3 年期国债 | 超长 10 年期国债 | 4.00 | 2.00 | 2 | 1 |
| TOB | 3 年期国债 | 长期国债 | 6.00 | 3.00 | 3 | 1 |
| TOU | 3 年期国债 | 超长 30 年期国债 | 12.00 | 6.00 | 6 | 1 |
| FYT | 5 年期国债 | 10 年期国债 | 1.50 | 1.50 | 3 | 2 |
| FIX | 5 年期国债 | 超长 10 年期国债 | 3.00 | 3.00 | 3 | 1 |
| FOB | 5 年期国债 | 长期国债 | 4.00 | 4.00 | 4 | 1 |
| FOL | 5 年期国债 | 超长 30 年期国债 | 6.00 | 6.00 | 6 | 1 |
| TEX | 10 年期国债 | 超长 10 年期国债 | 2.00 | 2.00 | 2 | 1 |
| NOB | 10 年期国债 | 长期国债 | 2.50 | 2.50 | 5 | 2 |
| NOL | 10 年期国债 | 超长 30 年期国债 | 5.00 | 5.00 | 5 | 1 |
| NCB | 超长 10 年期国债 | 长期国债 | 1.25 | 1.25 | 5 | 4 |
| NUB | 超长 10 年期国债 | 超长 30 年期国债 | 3.00 | 3.00 | 3 | 1 |
| BOB | 长期国债 | 超长 30 年期国债 | 2.00 | 2.00 | 2 | 1 |

资料来源：芝加哥商业交易所集团网站。

中国金融期货交易所已推出 2 年期、5 年期、10 年期国债期货，这些品种之间也存在套利机会。

## 2. 国债期货跨品种套利交易的基本原理

### 1) 收益率曲线平移时的跨品种套利

由于影响债券价格敏感性最重要的因素是债券的剩余期限,在其他条件不变的情况下,剩余期限越长,收益率变动对债券价格变化的影响越大。当市场收益率发生变化时,长期债券的价格变动幅度要大于短期债券。利率期货的跨品种套利交易,就是利用不同到期期限的债券价格对收益率变动的敏感性不同来进行的。当投资者预期收益率将上升时,可以买入套利交易,如果预期正确,则两个期货合约的价格将同时下跌,而其中期限较长合约的跌幅更大一些,导致两者的价差变大,此时,买入套利交易就会产生盈利。相反,当投资者预期收益率将下降时,可以卖出套利交易,如果预期正确,则两个期货合约的价格将同时上升,而其中期限较长合约的涨幅更大一些,导致两者的价差变小,此时,卖出套利交易就会产生盈利。

【例 7-17】 美国某投资者估计未来一段时间内市场利率可能下降,由于长期国债期货的价格敏感性较高,所以其价格上涨幅度应较短期国债期货大,于是,他决定在芝加哥期货交易所卖出 NOB。他于 7 月 2 日卖出 10 手 9 月交割的 10 年期国债期货合约,同时买入 10 手 9 月交割的 30 年期国债期货合约;于 7 月 31 日将上述合约全部平仓。有关交易数据及结果分析见表 7-19。(美国国债交易的最小变动价位是 1/32 美元,99-20 表示 "99 + 20/32"。)

表 7-19 美国国债期货跨品种套利分析

| 项目 | 十年期国债期货 | 30 年期国债期货 | NOB 价差 |
|---|---|---|---|
| 7 月 2 日的现券收益率/% | 6.08 | 6.26 | |
| 7 月 2 日的期货价格 | 98-19 | 97-29 | 22 |
| 7 月 31 日的现券收益率/% | 5.98 | 6.16 | |
| 7 月 31 日的期货价格 | 99-20 | 99-18 | 2 |
| 盈亏 | | | 20 |

该投资者卖出跨品种套利交易的盈亏结果为:每一面值为 100 美元的套利交易可盈利 20/32 美元,美国 10 年期与 30 年期国债期货的合约规模为 100 000 美元,则该投资者总共可盈利为

$$\frac{20}{32} \times 100\,000 \times \frac{1}{100} \times 10 = 6\,250 \text{ (美元)}$$

在以上的分析中,隐含了不同期限债的收益率同步变动的假设,即收益率曲线向上或向下平移(【例 7-17】中为向下平移)。

### 2) 收益率曲线斜率变动时的套利——斜率策略

在实际操作中,不同期限收益率的非同步变动可能会使理论上能够盈利的套利交易盈利水平降低甚至产生亏损。例如,当市场利率上升时,若 10 年期与 30 年期债券的收益率同步变动,则 NOB 的价差数值通常会变大,但是,如果 10 年期利率的上涨幅度大于 30 年期利率的上涨幅度,使原来的正向收益率曲线的斜率减小,收益率曲线变得平直,那么 NOB 的价差变化将取决于 10 年期利率的相对上涨幅度与 30 年期债券较高的价格敏

感性二者相互抵消的程度。在某些情况下，由于收益率曲线形状的改变，NOB 价差反而会缩小。由此可见，当进行利率期货的跨品种套利交易时，一定要考虑收益率曲线形状变化可能产生的影响。

实际上，现实中不同期限债券的收益率极少有同步变化的情形，在绝大多数情况下收益率曲线不是平行移动的。而国债期货的跨品种价差和国债收益率的利差之间存在较强相关性。跨品种套利交易绝大多数情况下是针对收益率曲线形状变化的套利交易（yield curve trading），因为是在收益率曲线斜率变动时进行的套利，也叫斜率策略。

利率的期限结构曲线一直处于动态变化当中，它会受到各种因素的影响，有时利率曲线会变平；也有时会变陡峭。收益率曲线陡峭，反映在收益率曲线上就是短期限债券和长期限债券的到期收益率相差较大，通常后市利差缩小的概率较大；收益率曲线平坦，反映在收益率曲线上是短期限债券和长期限债券的到期收益率相差不多，通常后市曲线变陡的概率较大。同理，利率曲线变平坦或变陡峭的过程中，通常不同期限的国债的收益率变动幅度是不同的。如果短端净变化大于长端，利率期限结构曲线就会变平；反之就会变陡。利率期限结构变平或变陡，对长期限国债和短期限国债的价格影响不同，就产生了跨品种套利交易的机会。

首先分析收益率曲线变平与国债期货跨品种套利机会。

收益率曲线变平分为收益率曲线上移过程中变平和收益率曲线下移过程中变平。图 7-9（a）显示，收益率曲线整个向上移动了，且短端向上平移的幅度更大，整个曲线变得更加平坦，说明此时债券市场价格整体下降，且短期债券下降幅度更大。收益率曲线下移过程中变平的情况如图 7-9（b）所示，此时债券市场整体价格上涨，且长期限债券价格上涨幅度更大。因此，预测收益率曲线将变得平坦时，应采取卖出套利策略，即卖出短期国债期货同时买进长期国债期货的套利交易策略。

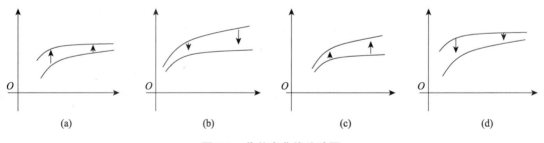

图 7-9　收益率曲线移动图
（a）收益率曲线上移过程中变平；（b）收益率曲线下移过程中变平；
（c）收益率曲线上移过程中变陡；（d）收益率曲线下移过程中变陡

接着再分析收益率曲线变陡与国债期货跨品种套利机会。

收益率曲线变陡分为收益率曲线上移过程中变陡和收益率曲线下移过程中变陡。如图 7-9（c）所示，收益率曲线整个向上移动了，且长端向上平移的幅度更大。整个曲线与原来相比变得更加陡峭，此时债券市场价格整体下降，且长期限债券下降幅度更大。图 7-9（d）显示了收益率曲线下移过程中变陡的情形，此时债券市场整体价格上涨，且短期限国债上涨幅度更大。因此预测收益率曲线将变得陡峭时，应采取买进套利策略，即买进短期国债期货同时卖出长期国债期货的套利交易策略。

### 3. 组合中性与跨品种套利系数

进行跨品种套利时，既要考虑收益率曲线平移的情形，更要考虑收益率曲线斜率变化的情形，此时不同期限的国债期货间的数量不是简单的 1∶1 的关系，而应该设定一定的套利系数，使两种债券间的相对价格敏感性保持不变，即使整个组合的风险呈中性。假设短、长期国债期货的比例关系为 $k:1$。以 $BVP_L$、$BVP_S$ 分别表示长期国债期货和短期国债期货的基点价值，$\Delta r_L$、$\Delta r_S$ 分别表示套利期间长期国债期货和短期国债期货的到期收益率净变化。组合的风险中性即整个组合的基点价值等于 0，有

$$BVP_L - k \times BVP_S = 0$$

$k = BVP_L / BVP_S$，此时组合可规避收益率曲线上移或下移带来的风险，组合的价格变化只取决于二者利差的变化。

投资者卖出 $k$ 单位短期国债期货，同时买进 1 单位长期国债期货进行套利。套利期间组合价值的变化为

$$\Delta V = -BVP_L \times \Delta r_L + k \times BVP_S \times \Delta r_S = BVP_L \times (\Delta r_S - \Delta r_L)$$

当收益率平坦化时，有 $\Delta r_S > \Delta r_L$，此时有 $\Delta V$ 大于 0，即当预测利率期限结构曲线变平坦时，应卖出短期国债期货同时买进长期国债期货进行套利，二者比例关系由式 $k = BVP_L / BVP_S$ 确定，此时组合可以取得正收益。$k$ 为套利系数。

投资者买进 $k$ 单位短期国债期货，同时卖出 1 单位长期国债期货进行套利。套利期间组合价值的变化为

$$\Delta V = BVP_L \times \Delta r_L - k \times BVP_S \times \Delta r_S = BVP_L \times (\Delta r_L - \Delta r_S)$$

当收益率陡峭化时，即有 $\Delta r_L > \Delta r_S$，此时有 $\Delta V$ 大于 0，即当利率期限结构曲线变陡峭时，应买进短期国债期货同时卖出长期国债期货进行套利，二者比例关系由式 $k = BVP_L / BVP_S$ 确定，此时组合可以取得正收益。

国债期货的基点价值可根据其最便宜可交割券计算，假设短期、长期国债期货最便宜可交割债券的基点价值分别为 $BVP_{CS}$、$BVP_{CL}$，其转换因子分别为 $CF_S$、$CF_L$，有

$$k = BVP_L / BVP_S = (BVP_{CL} / CF_L) \div (BVP_{CS} / CF_S)$$

### 4. 国债期货跨品种套利实例

1）预测收益率曲线变陡时的跨品种套利示例

【例 7-18】 12 月 22 日，某投资者观察到：因为系统性风险因素影响，5 年期国债到期收益率上升幅度大于 10 年期国债，从而导致收益率曲线过于平坦，此时 10 年期与 5 年期利差处于极小值区域，达到了 12 BP。该投资者判断，随着风险因素的影响减弱，利差回归正常水平、收益率曲线增陡的概率很大。于是他决定买入 5 年期国债期货，同时卖出 10 年期国债期货进行跨品种套利。按风险中性原则，计算得到套利系数 $k = 1.8$，他买入 90 手 TF1703 合约，同时卖出 50 手 T1703 合约。次年 1 月 24 日，二者利差达到 31 BP，该投资者平仓。其盈亏分析见表 7-20。

表 7-20 预测收益率曲线变陡时的跨品种套利

| 日　期 | TF1703 | T1703 |
|---|---|---|
| 12 月 22 日 | 买入 90 手，99.150 元 | 卖出 50 手，96.980 元 |
| 次年 1 月 24 日 | 卖出 90 手，99.095 元 | 买入 50 手，96.270 元 |
| 盈亏 | −0.055 元 | 0.71 元 |

可见，该投资者在 TF1703 合约上每 100 元面值盈利−0.055 元，而在 T1703 合约上每 100 元面值盈利 0.71 元。通过跨品种套利，共盈利

$$(-0.055 \times 90 + 0.71 \times 50) \times 10\,000 = 305\,500\,(元)$$

2）预测收益率曲线变平的跨品种套利示例

【例 7-19】 2 月 10 日，某投资者观察到：由于经济复苏预期增强，长短期限利差处于极大值区域，此时 10 年期与 5 年期利差高达 38 BP，收益率曲线过于陡峭。因为央行货币政策在收紧，该投资者预期后市利差缩小、收益率曲线变平的概率很大。于是，该投资者决定卖出 TF1706，同时买进 T1706 进行跨品种套利。根据风险中性原则，计算得套利系数 $k = 1.8$。3 月 24 日，10 年期与 5 年期国债利差缩小到 14 BP，该投资者平仓。其盈亏分析见表 7-21。

表 7-21 预测收益率曲线变平时的跨品种套利

| 日　期 | TF1706 | T1706 |
|---|---|---|
| 2 月 10 日 | 卖出 90 手，98.020 元 | 买入 50 手，94.355 元 |
| 3 月 24 日 | 买入 90 手，99.260 元 | 卖出 50 手，97.315 元 |
| 盈亏 | −1.24 元 | 2.96 元 |

可见，该投资者在 TF1706 合约上每 100 元面值盈利−1.24 元，而在 T1706 合约上每 100 元面值盈利 2.96 元。通过跨品种套利，共盈利

$$(-1.24 \times 90 + 2.96 \times 50) \times 10\,000 = 364\,000\,(元)$$

### 思考题

1. 什么是利率期货？其常见的标的有哪些？
2. 利率期货有哪些种类？
3. 目前世界主要的利率期货交易所有哪些？其主要期货合约有哪些？
4. 利率期货价格的影响因素有哪些？
5. 长期利率期货和短期利率期货报价方式有什么不同？
6. 中国金融期货交易所 2 年、5 年、10 年期国债期货合约是如何设计的？讨论其合约条款。
7. 什么是转换因子？其计算的思路与原理如何？
8. 什么是最便宜可交割债券？如何选择？
9. 什么是国债基差交易？阐述基差、净基差变化对基差交易结果的影响。

10. 如何确定利率期货的最佳套期保值比率？基点价值法、久期法各有什么特点？

11. 进行交叉套期保值时，如何利用 $\beta$ 系数调整套期保值比率？

12. 在最优套期保值比率下能否完全消除价格风险？

13. 简述利率期货跨期套利的基本原理。什么是利率期货跨期套利的买入套利交易和卖出套利交易？

14. 简述利率期货跨品种套利的基本原理。什么是利率期货跨品种套利的买入套利交易和卖出套利交易？

15. 假设一种债券组合的久期是 6 年，打算使用标的资产久期为 5 年的期货合约为其保值，如果 6 年期利率的波动性比 5 年期利率的波动性小，这对套期保值有何影响？

16. 投资者在中长期国债期货市场上寻求套利机会。空头方有权选择任何一种发行期限不高于 10 年、合约到期日首日剩余期限不低于 6.5 年的记账式附息国债用于交割，这给他寻找套利机会增加了怎样的复杂性？

17. 试述远期外汇综合协议与远期利率协议的关系。

## 习题

1. 假设银行能够以同样的利率在 LIBOR 市场中进行借贷，91 天的利率为年利 10%，182 天的利率为年利 10.2%，两者均按连续复利计。91 天后到期的欧洲美元期货报价为 89.5。对于银行而言是否有套利机会？

2. 2021 年 9 月 9 日，将于 2021 年 11 月 17 日到期、息票率为 3.57% 的 11 附息国债 24 的国债报价为 101.41，计算其全价。

3. 4 月时，某机构投资者预计在 6 月时将购买面值总和为 800 万元的某 5 年期国债 A，假设该债券是最便宜可交割债券，相对于 5 年期国债期货合约，转换因子为 1.25，当时该国债的市场价格为 118.50。为防价格上涨，该机构投资者计划用国债期货进行套期保值，请为该机构设计方案。

4. 假设要套期保值的目标国债、CTD 券及国债期货的信息见表 7-22。

表 7-22 目标国债、CTD 券、国债期货信息　　　　　　　　　　　　　　　　元

| 项目 | 净价 | 全价 | 修正久期 |
| --- | --- | --- | --- |
| 目标国债 | 100.531 3 | 101.222 0 | 4.67 |
| CTD 券 | 103.423 8 | 104.183 0 | 5.65 |
| 国债期货 | 106.250 0 | — | 5.65 |

CTD 券转换因子为 0.974 2，计算最优套期保值比率。

5. 接第 4 题。假设某基金经理管理着面值为 1 亿元的目标国债，欲用国债期货合约套期保值，应如何操作？

6. 表 7-23 为某日美元的 LIBOR 数据。假如是连续复利，计算美元的 3×6 与 6×9 远期利率。

表 7-23　LIBOR 数据　　　　　　　　　　　　　　　　　　　　　　%

| 期限 | 1月 | 3月 | 6月 | 9月 | 1年 |
|---|---|---|---|---|---|
| LIBOR | 0.43 | 0.62 | 0.86 | 1.05 | 1.14 |

7. 一名经理计划使用长期国债期货合约在未来 6 个月中对债券组合进行套期保值。组合价值 1 亿元，6 个月后的久期为 4.0 年。期货价格为 132 元，每份合约交割面值 100 万元的债券。预期的最便宜可交割债券在期货到期时的久期为 9.0 年。如果 1 个月后最便宜可交割债券变成了久期为 7 年的债券，应对套期保值进行怎样的调整？

8. 一种面值 100 元的 5 年期债券的到期收益率为 12%（按每年复利一次计），每年年末支付 8% 的利息。请问债券的价格和久期是多少？

9. 10 月 20 日，某投资者认为未来的市场利率水平将会上升，于是以 97.80 的价格卖出 25 手 12 月份到期的欧洲美元期货合约，一周之后，该期货合约的价格降至 97.30，投资者以此价格平仓。若不计交易费用，则该投资者是否获利？

10. 假定国债期货的价格为 101.12 元，表 7-24 的 4 只债券中哪一只为最便宜可交割债券？

表 7-24　债券信息

| 债券 | 价格/元 | 转换因子 |
|---|---|---|
| 1 | 125.05 | 1.213 1 |
| 2 | 142.33 | 1.379 2 |
| 3 | 115.11 | 1.114 9 |
| 4 | 144.09 | 1.402 6 |

11. 8 月 1 日，某基金经理的债券组合为 1 亿元，债券组合的久期为 7 年。12 月份国债期货的价格为 91.12，并且最便宜可交割债券在期货到期时的久期为 8 年。该基金经理应如何使得债券价值不受接下来的两个月利率变化的影响？

12. 某投资者持有面值 1 亿元的债券 TB，利用中国金融期货交易所国债期货 TF 合约进行套期保值。其中，TF 合约的最便宜可割债券 CTD 的转换因子为 1.029 4，TB 和 CTD 的相关信息见表 7-25。计算所需 TF 合约的数量。

答案解析　扫描此码

表 7-25　TB 和 CTD 的相关信息

| 项目 | TB | CTD |
|---|---|---|
| 债券净价/元 | 99.392 6 | 101.768 5 |
| 债券全价/元 | 101.158 2 | 102.157 1 |
| 修正久期 | 5.955 6 | 5.975 6 |
| 基点价值 | 0.060 2 | 0.061 0 |

**即测即练**

自学自测 扫描此码

# 第 8 章　股票指数期货

**本章学习目标：**

通过本章学习，学员应该能够：

1. 掌握股票指数期货的特点，了解世界主要股指期货，熟悉境内交易所的股指期货；
2. 根据实际场景制定股指期货套期保值策略；
3. 利用股指期货改变股票组合的 $\beta$ 系数；
4. 掌握股指期现套利的特点，分析套利机会，制定正向套利策略和反向套利策略，了解程序化交易；
5. 在实际中识别与分析股指期货跨期套利与跨品种套利机会。

## 8.1　股指期货的特点

### 8.1.1　股指期货概述

股指期货也称为股票指数期货、期指，是以股价指数为标的的期货合约。股票价格指数是衡量和反映一篮子特定股票价格变动的指标，分为综合指数、成分指数和分类指数。综合指数一般以所有上市股票为编制样本；而成分指数的编制须遵循一定的规则选择有代表性的样本股票，并定时对样本进行调整；分类指数的样本股是某一类股票中的所有股票。大多数股指期货的标的是成分指数。

股指期货产生于 20 世纪 80 年代初。1977 年，能源危机使石油价格暴涨加上 20 世纪 70 年代利率的提高，使股票市场经历了动荡的岁月。在这种背景下，1982 年 2 月，堪萨斯期货交易所推出了价值线综合平均指数期货。1982 年 4 月，芝加哥商业交易所推出了标准普尔（S&P）500 股票指数期货。英国伦敦也于 1984 年 2 月推出了金融时报 100 种股票指数期货。1984 年 7 月，美国芝加哥商业交易所又推出主要市场价格指数期货。1986 年，香港期货交易所正式开展恒生指数期货（HIS）的交易。随后，在 20 世纪 80 年代末和 90 年代，全球各地纷纷推出以本国（地区）股价指数为标的的期货合约。迄今，全球有 100 多只股指期货，已成为各地重要的投资与保值工具。

### 8.1.2　世界主要股指期货合约

**1. 标准普尔 500 综合股票指数期货**

1982 年 4 月，美国芝加哥商业交易所推出标准普尔股指期货。标准普尔股票指数的样本含 500 种股票。由于 S&P500 指数包括股票数量多，对美国股市的覆盖面与代表性高于道琼斯指数，且计算采用加权算术平均法，能够精确地反映美国股票市场的变化，因此备受世界各国的关注。1996 年，CME 又推出了小型 S&P500 指数期货及期权合约，它们的合约价值为常规合约的 1/5。

### 2. Nasdaq-100 期货与小型 Nasdaq-100 期货

继推出标准普尔股票指数期货合约获得巨大成功之后，CME 于 1996 年又上市了 Nasdaq-100 指数期货及期货期权合约。该指数包括在 NASDAQ 股票市场上市的、100 只美国最大的非金融类普通股，以调整过的市值加权。指数反映了计算机硬件和软件、电信、零售/批发交易、医药制品和生物技术行业迅速成长的公司的变化。1999 年，CME 推出了小型 Nasdaq-100，合约价值为常规 Nasdaq-100 的 1/5。

### 3. 道琼斯价格平均指数期货

道琼斯指数的全称是道琼斯股票价格平均指数，它是一种算术平均股价指数。道琼斯股票价格平均指数包括道琼斯工业平均指数（DJIA）、道琼斯运输业平均指数（DJTA）、道琼斯公用事业平均指数（DJUA）和道琼斯综合平均指数（DJCA），分别用以反映工业、交通运输业、公共事业以及上述三类行业综合的运行情况。在这一系列指数中，道琼斯工业平均指数最为著名，并被广大媒体作为道琼斯指数而加以引用。它属于价格加权型指数，其成分股由美国最大和最具流动性的 30 只工业蓝筹股构成。1928 年后，道琼斯股票价格平均指数改用新的计算方法，即在股票除权或除息时采用修正连接技术，修正通过改变指数除数进行，此举保持了指数的连续性，从而使指数得到了完善，并逐渐被推广到全世界。

世界上不少交易所推出了道琼斯股指期货。如 CBOT 共推出了以道琼斯工业平均指数为标的的小型、中型和大型三个品种的期货合约，合约乘数分别为 5、10、25 美元，以满足不同交易者的需要。香港交易及结算所有限公司于 2002 年 5 月 6 日推出道琼斯工业平均指数期货。Eurex 上市交易的有道琼斯欧洲斯托克 50 股指期货与期权、道琼斯斯托克 50 指数期货、道琼斯斯托克 600 指数期货、道琼斯全球巨人 50 指数期货、道琼斯意大利巨人 30 指数期货合约。新加坡国际金融交易所（SIMEX）推出了以道琼斯马来西亚指数为标的的马来西亚股指期货合约及以道琼斯泰国股票指数为标的的泰国股指期货合约等。

### 4. 香港恒生指数期货和小型恒指期货

恒生指数是由香港恒生银行与财经人士于 1969 年 11 月 24 日开始编制的用以反映中国香港股市行情的一种股票指数。该指数的成分股最初由在中国香港上市的较有代表性的 33 家公司的股票构成，其中金融业 4 种、公用事业 6 种、地产业 9 种、其他行业 14 种。恒生指数最初以 1964 年 7 月 31 日为基期，基期指数为 100，以成分股的发行股数为权数，采用加权平均法计算。由于技术原因，其改为以 1984 年 1 月 13 日为基期，基期指数定为 975.47。恒生指数现已成为反映中国香港政治、经济和社会状况的主要风向标。

1986 年 5 月 6 日，香港期货交易所推出恒生指数期货合约；2000 年 10 月 9 日，为满足小额投资者的需要，香港期货交易所推出了小型恒生指数期货合约（简称"小指"），其合约乘数为常规合约的 1/5，即 10 港币。

### 5. 日经 225 指数期货

日经 225 股价指数（Nikkei225）是日本经济新闻社编制和公布的反映日本股票市场

价格变动的股价指数。这一指数以在东京证券交易所第一市场上市的 225 种股票为样本股，包括制造业、金融业、运输业等行业。该指数从 1950 年起连续编制，具有较好的可比性，成为反映和分析日本股票市场价格长期变动趋势最常用和最可靠的指标。1988 年 9 月 3 日，日本大阪证券交易所推出了 Nikkei225 指数期货。

### 6. 韩国 Kospi200 股指期货

1996 年 3 月 3 日，韩国证券交易所推出 Kospi200 股指期货交易，次年 7 月，又推出股指期权交易。1999 年 4 月，为加强对期货交易的专门管理，韩国政府成立了韩国期货交易所，并于 2004 年把 Kospi200 股指期货与期权交易从韩国股票交易所移到韩国期货交易所，目前韩国股票交易所与期货交易所也已合并，进一步促进了韩国在国际金融衍生品交易中地位的提升。

### 7. 道琼斯欧洲 Stoxx50 指数期货

道琼斯欧洲 Stoxx50（DJ Euro Stoxx 50）指数由在欧盟成员国法国、德国等 12 国资本市场上市的 50 只超级蓝筹股组成，是欧洲股市的基准指数之一。该指数由 STOXX 公司设计，于 1998 年 2 月 28 日引入市场，基准值为 1 000 点，基准日期为 1991 年 12 月 31 日，并定于每年 9 月修订一次。道琼斯欧洲 Stoxx50 指数以成分股的市值作为权数来计算，同时规定任意一只成分股在指数中的权重上限为 10%。Stoxx50 指数成分股涵盖了银行、公用事业、保险、电信、能源、技术、化工、工业品、汽车、食品饮料、医疗、原材料等大部分行业。

### 8. 金融时报指数期货

金融时报指数（又称富时指数）是由英国伦敦证券交易所编制，并在《金融时报》（*Financial Times*）上发表的股票指数。根据样本股票的种数，金融时报指数分别有 30 种股票指数、100 种股票指数及 500 种股票指数三种。其中，伦敦金融时报 100 指数（FTSE 100）是英国最具代表性的股价指数，该指数自 1984 年 1 月 3 日起编制并公布，指数基值定为 1 000，挑选了 100 家有代表性的大蓝筹公司股票，代表了伦敦股票市场 81% 的市值，被称为反映英国经济的"晴雨表"。

1984 年 1 月，英国伦敦国际金融期货和期权交易所（LIFFE）推出了金融时报 100 指数期货和金融时报欧洲股票价格指数两个股指期货品种，一年后金融时报指数期权开始上市。

### 9. 俄罗斯 RTS 指数期货

俄罗斯 RTS 指数期货于 2005 年在俄罗斯 Micex-RTS 交易所上市交易。其标的为俄罗斯指数，又称莫斯科指数，由俄罗斯 Micex-RTS 交易所发布，该指数收集了莫斯科交易所内的 50 大最著名的上市公司股票，并于每 3 个月重新审核指数成分股。该指数合约乘数仅为 2 美元，因合约规模小，吸引了众多的交易者，近年来，该合约交易手数在世界排名靠前。

### 10. 标准普尔 CNX Nifty 指数期货

标准普尔 CNX Nifty 指数（Nifty 50）期货于 2000 年 6 月 12 日在印度国家证券交易

所（NSE）推出。其标的指数涵盖了印度股票市场上 50 只极具代表性的蓝筹股票，是自由流通市值加权指数，指数的基期为 1995 年 11 月 3 日，基准值被定为 1 000，以市值加权计算。目前，该指数期货已经成为印度在世界上影响力最大的金融产品，极大地推动了印度金融衍生品市场的快速增长。

**11. 巴西 Ibovespa 指数期货**

1995 年，巴西期货交易所推出巴西 iBovespa 指数期货，其合约乘数是 1，合约价值在 6 万雷亚尔左右。ibovespa 指数的主要成分股涵盖巴西航空、巴西银行、巴西食品等各个行业，其指数值变动反映了巴西的经济运行状况。2008 年，巴西圣保罗交易所（BOVASPA）和巴西期货交易所合并为新交易所，2017 年，新交易所与巴西最大的中央证券登记公司 CETIP 合并，最终形成了巴西 B3 交易所。近年来，该指数期货交易量增长迅猛，在国际股指期货市场的影响力逐步提升。2021 年，小型巴西 Ibovespa 指数（WIN）期货位居全球股指期货交易量首位。

2021 年全球股指期货合约交易排名见表 8-1。

表 8-1　2021 年全球股指期货合约交易排名（按成交手数）

| 排名 | 合约名称 | 交易所名称 | 合约交易量/手 |
| --- | --- | --- | --- |
| 1 | 小型巴西 Ibovespa 指数（WIN）期货 | 巴西 B3 交易所 | 4 622 466 696 |
| 2 | 小型美国标普 500 指数期货 | 芝加哥商业交易所（CME） | 403 640 014 |
| 3 | 微小型纳斯达克 100 指数期货 | 芝加哥商业交易所（CME） | 239 115 577 |
| 4 | 小型日经 225 指数期货 | 大阪证券交易所（OSE） | 224 009 276 |
| 5 | 欧洲 Stoxx 50 指数期货 | 欧洲期货交易所（Eurex） | 223 870 918 |
| 6 | 微小型美国标普 500 指数期货 | 芝加哥商业交易所（CME） | 218 602 634 |
| 7 | 俄罗斯 RTS 指数期货 | 莫斯科证券交易所（MOEX） | 151 785 767 |
| 8 | 小型纳斯达克 100 指数期货 | 芝加哥商业交易所（CME） | 140 406 331 |
| 9 | 富时中国 A50 指数期货 | 新加坡交易所（SGX） | 97 564 749 |
| 10 | 伊斯坦布尔 30 指数期货 | 伊斯坦布尔证券交易所（BIST） | 94 498 029 |

资料来源：FIA 官网。

### 8.1.3　我国内地股票指数期货

**1. 我国内地股指期货合约的主要条款**

沪深 300 股指期货自 2010 年 4 月 16 日起正式在中国金融期货交易所上市交易，这是我国内地第一个金融期货品种。随后，中国金融期货交易所又推出上证 50 和中证 500 两个股指期货品种，表 8-2 是目前我国内地三个股指期货品种的主要条款内容。

表 8-2　我国内地金融期货交易所股票指数期货合约表

| 内　　容 | 沪深 300 股指期货 | 上证 50 股指期货 | 中证 500 股指期货 |
| --- | --- | --- | --- |
| 合约标的 | 沪深 300 指数 | 上证 50 指数 | 中证 500 指数 |
| 合约乘数 | 每点 300 元 | | 每点 200 元 |
| 报价单位 | 指数点 | | |

续表

| 内容 | 沪深 300 股指期货 | 上证 50 股指期货 | 中证 500 股指期货 |
| --- | --- | --- | --- |
| 最小变动价位 | 0.2 点 | | |
| 合约月份 | 当月、下月及随后两个季月 | | |
| 交易时间 | 上午：9:30—11:30，下午：1:00—3:00 | | |
| 每日价格最大波动限制 | 上一个交易日结算价的±10% | | |
| 最低交易保证金 | 合约价值的 8% | | |
| 最后交易日 | 合约到期月份的第三个周五，遇国家法定假日顺延 | | |
| 交割日期 | 同最后交易日 | | |
| 交割方式 | 现金交割 | | |
| 交易代码 | IF | IH | IC |
| 上市交易所 | 中国金融期货交易所 | | |

**2. 我国内地股指期货合约要点**

（1）以股票指数为标的。不同标的代表性不同。沪深 300 指数是由上海和深圳证券市场中市值大、流动性好的 300 只 A 股作为样本编制而成的成分股指数，具有良好的市场代表性。上证 50 指数是挑选上海证券市场规模大、流动性好的最具代表性的 50 只股票组成样本股，反映的是上海证券市场最具市场影响力的一批龙头企业的整体状况。中证 500 指数挑选沪深证券市场内具有代表性的中小市值公司组成样本股，反映的是沪深证券市场内中小市值公司的整体状况。

（2）以"指数点"报价，合约价值随指数点值变化而波动。

（3）合约乘数。

$$合约价值 = 股指期货指数点 \times 合约乘数$$

如沪深 300 股指期货的合约乘数为每点人民币 300 元，则当沪深 300 股指期货指数点为 5 000 点时，合约价值等于 150 万元。

"合约乘数"条款设定了交易者入市门槛，若合约乘数设定得过大，则入市门槛高，意味着投资者需要更多的保证金才能进入市场，将影响市场流动性；相反，小的合约乘数更方便小投资者入市，有利于提高市场流动性。

（4）合约月份。我国内地股指期货合约的合约月份为当月、下月及随后两个季月，共 4 个。以沪深 300 股指期货为例，如果当前时间是 2022 年 3 月 1 日，则挂牌上市的合约有 IF2203、IF2204、IF2206、IF2209。

（5）保证金比例。我国内地股指期货合约的最低交易保证金为合约价值的 8%。当指数为 5 000 点时，投资一手沪深 300 股指期货需要占用的保证金为 5 000×300×8% = 120 000 元。与我国内地商品期货投资相比较，其入市门槛较高。

（6）现金交割。股指期货合约的交割普遍采用现金交割方式，不需要交割一篮子股票指数成分股，而是用交割结算价进行盈亏结算来了结头寸。

## 8.2 股指期货套期保值

### 8.2.1 股指期货与系统性风险

股票或股票组合的风险由系统风险和非系统风险构成，其中非系统风险可以通过恰当构造的投资组合加以分散，而系统风险无法分散，但可以运用股指期货进行对冲。

$\beta$ 系数是测量系统性风险大小的一个指标，可以度量个股或股票组合收益率对市场收益率的敏感程度，对于股指套期保值具有非常重要的意义。

在实际中，常以证券特征线来估算股票的 $\beta$ 系数，并用某股票指数代表市场指数。证券特征线实际上是一条描述股票收益率与股票指数收益率之间关系的回归线（图 8-1），有

$$r_{it} = \alpha_i + \beta_i r_{mt} + e_{it}$$

式中，$r_{it}$ 和 $r_{mt}$ 分别表示股票 $i$ 和指数 $m$ 在 $t$ 时刻的收益率；$\alpha_i$ 为截距；$\beta_i$ 为回归线的斜率；$e_{it}$ 为第 $t$ 期股票收益率对回归线的偏离。

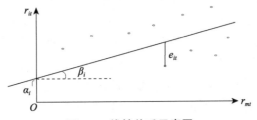

图 8-1 线性关系示意图

$\beta$ 的计算公式如下：

$$\beta_i = \frac{\mathrm{Cov}(r_i, r_m)}{\sigma_m^2}$$

如果 $\beta$ 系数等于 1，则表明股票收益率的增减幅度与指数收益率的增减幅度保持一致；$\beta$ 系数大于 1，说明股票的波动或风险程度高于以指数衡量的整个市场的波动；而当 $\beta$ 系数小于 1 时，说明股票的波动或风险程度低于指数波动幅度。

当投资者拥有一个股票组合时，就要计算这个组合的 $\beta$ 系数 $\beta_P$，则有

$$\beta_P = \sum_{i=1}^{n} W_i \beta_i$$

式中，$W_i$ 是股票 $i$ 价值占整个股票组合价值的比重。

### 8.2.2 股指期货套期保值中合约数量的确定

因用股指期货进行套期保值时，需要确定买卖的合约数量。根据马柯维茨的投资组合理论与思想，可以将套期保值者在现货市场和期货市场的头寸当作一个投资组合，考虑整个组合的价值在保值期间的变化。

假设需保值的股票或股票组合的现值为 $S$，在保值期间内每元的变动为 $\Delta_1$；股指期

货标的指数的现值为 $F$，在保值期间内每元的变动为 $\Delta_2$，有 $\Delta_1 = \beta\Delta_2$，则保值期间内股票组合的价值变动为 $S\Delta_1$，可表示为 $\beta S\Delta_2$，也可表示为

$$\beta \frac{S}{F} \times F\Delta_2$$

而期货合约价格的变动约为 $F\Delta_2$。

因此，保值所需期货合约数量 $N$ 为

$$N = \beta \frac{S}{F}$$

即所需期货合约数量 = 股票或股票组合的价值/(期货指数点 × 每点乘数) × $\beta$ 系数，式中"期货指数点 × 每点乘数"是一张期货合约的价值。

### 8.2.3 股指期货套期保值策略

**1. 多头套期保值策略**

多头（买入）套期保值是指交易者通过在股指期货市场买入股票指数的操作，来对冲股票市场价格上涨的风险。进行买入套期保值的情形主要是：投资者计划在未来持有某种股票组合，但是担心股市大盘上涨而使购买股票组合的成本上升。

【例 8-1】 3 月初，某金融机构预计 6 月初会有 1 000 万元资金入账，该机构计划在资金到账后构建一个多样化的投资组合（投资组合相对于沪深 300 股票指数的 $\beta$ 系数为 1.2），但是该机构担心几个月后行情会上涨，于是决定买入 6 月到期的沪深 300 指数期货合约进行套期保值。当时沪深 300 指数期货合约点位为 5 000 点。则

买入的合约份数 = 10 000 000/(5 000 × 300) × 1.2 = 8（手）

具体套期保值效果见表 8-3。

表 8-3 股指期货买入套期保值

| 日期 | 股 票 市 场 | 股指期货市场 |
| --- | --- | --- |
| 3 月初 | 计划买股票组合 1 000 万元 | 以 5 000 点买入 8 手 6 月沪深 300 期货合约 |
| 6 月初 | 股市上涨，买入股票成本提至 1 048 万元 | 以 5 200 点卖出 8 手 6 月沪深 300 期货合约 |
| 成本变化 | 成本增加 48 万元 | 期货市场获利(5 200 − 5 000) × 300 × 8（元），共 48 万元 |

由于股市上涨，该机构购入股票成本增加了 48 万元，但是由于该机构在指数期货上做了多头保值，6 月初将期指合约卖出平仓，获得盈利 48 万元，抵消了在现货市场购买股票组合增加的成本。

**2. 空头套期保值策略**

空头（卖出）套期保值是指交易者通过在股指期货市场卖出股票指数的操作，来对冲股票市场价格下跌的风险。进行卖出套期保值的情形主要是：投资者持有股票组合，担心股市大盘下跌而影响股票组合的收益。

【例 8-2】 国内某证券投资基金在 9 月 5 日时，其收益率已达到 25%，鉴于后市不太明朗，下跌的可能性很大，为了保持这一业绩到年底，决定利用沪深 300 股指期货保值。

其股票组合的现值为 1 亿元,并且其股票组合与沪深 300 指数的 $\beta$ 系数为 1.2。假设 9 月 5 日的现货指数为 4 900 点,而 12 月到期的期货合约为 5 000 点。该基金应卖出期货合约数为

卖出的期货合约数 = 100 000 000 ÷ (5 000 × 300) × 1.2 = 80(手)

该基金保值的情形见表 8-4。

表 8-4 股指期货卖出套期保值分析

| 日 期 | 现 货 市 场 | 期 货 市 场 |
|---|---|---|
| 9月5日 | 股票总值 1 亿元 | 卖出 80 手 12 月到期的沪深 300 股指期货合约,期指为 5 000 点 |
| 12月5日 | 股票价值缩水为 0.975 8 亿元 | 买进 80 手 12 月到期的沪深 300 股指期货合约平仓,期指为 4 900 点 |
| 损益 | 缩水 242 万元 | 获利为(5 000 – 4 900)× 300 × 80 元,共 240 万元 |

由于股市下跌,该基金的股票组合价值缩水了 242 万元,但是由于该基金在指数期货上做了空头保值,12 月 5 日将期指合约买入平仓,获得盈利 240 万元,大致抵消了股票价格下跌的影响。

### 8.2.4 股指的 Beta 系数与最佳套期保值比率

在之前的分析中,我们以某一股票指数的收益率代替了整个市场的收益率,假设其 $\beta$ 系数为 1。但实际上,它们还是有区别的。有些股指期货,其标的股指的 $\beta$ 系数接近 1;而有些股指期货,其标的股指的 $\beta$ 系数与 1 差距较大。如果是后一种情况,在进行套期保值时,应计算其最佳套期保值比率。

$$h = \frac{\beta}{\beta_F}$$

式中,$\beta_F$ 是股指期货标的指数股票组合的 $\beta$ 系数,$\beta$ 为需保值股票组合的 $\beta$ 系数。则有,保值所需的合约份数为

$$N = h\frac{S}{F} = \frac{\beta}{\beta_F}\frac{S}{F}$$

【例 8-3】 某股票基金有一个价值 1.4 亿人民币的股票组合,其相对于市场证券组合的 $\beta$ 系数为 1.5。基金计划从 3 月 4 日起到 7 月 5 日之间运用中证 500 指数期货进行保值。已知中证 500 股指期货合约乘数为 200,其标的股票组合相对于市场证券组合的 $\beta$ 系数为 1.2。3 月 4 日,基金经理以 7 000 点卖出了 8 月份中证 500 指数期货开始保值。

则其最佳套期保值比为 1.5/1.2 = 1.25。

该基金经理应当卖出[140 000 000/(7 000×200)] × 1.25 = 125 手期货合约。

### 8.2.5 利用股指期货改变股票组合的 $\beta$ 系数

当股市看涨时,投资者希望持有 $\beta$ 系数值大的股票;而当股市看跌时,投资者希望持 $\beta$ 系数值小的股票。在实际中,投资者可以通过改变组合内的股票来调整组合的 $\beta$ 系数,但这样做非常不方便,而且操作成本高。

通过买卖股指期货可以改变股票组合的 $\beta$ 系数。以 $\beta_1$ 和 $\beta_2$ 分别表示调整前后的 $\beta$ 系数值。具体计算如下：

若对市场看跌，希望降低股票组合的 $\beta$ 系数值，即有 $\beta_1>\beta_2$，则需出售合约份数为

$$N = \frac{S}{F\beta_F}(\beta_1 - \beta_2)$$

【例 8-4】 某基金持有价值 1 亿的股票组合，其贝塔系数为 1.2（$\beta_1$），基金经理预测大盘将会下跌，于是他准备用沪深 300 指数期货将组合的贝塔系数降至 0.8（$\beta_2$），假设沪深 300 指数期货为 4 000 点，则他应在期货市场卖空合约份数为

$$N = \frac{100\,000\,000}{4\,000 \times 300 \times 1} \times (1.2 - 0.8) \approx 33$$

相反，若对市场看涨，希望提高股票组合的 $\beta$ 系数值，即有 $\beta_1<\beta_2$，则需买入合约份数为

$$N = \frac{S}{F\beta_F}(\beta_2 - \beta_1)$$

【例 8-5】 某基金持有价值 1 亿的股票组合，其贝塔系数为 1.2（$\beta_1$），基金经理预测大盘将会上涨，于是他准备用沪深 300 指数期货将组合的贝塔系数提高至 1.8（$\beta_2$），假设沪深 300 指数期货为 4 000 点，则他应在期货市场买入合约份数为

$$N = \frac{100\,000\,000}{4\,000 \times 300 \times 1} \times (1.8 - 1.2) = 50$$

## 8.3 股指期货期现套利

### 8.3.1 股指期现套利的特点

股指期现套利是指买入（卖出）某个月份的股指期货合约的同时卖出（买入）代表标的指数的现货股票组合，利用股指现货和期货的"基差"变化进行套利的交易方式。与其他品种期现套利相比，股指期现套利具有以下特点。

第一，需要复制标的现货指数。由于现货指数并不能买卖，需要用股票组合进行复制。而股指成分股数量较多，实际操作中，完全复制标的成分股，并按指数中的权重配置成分股很难完成。所以，一般常用股指 ETF 基金来代替现货，或采用与股指高度相关且跟踪误差很小的小样本股票组合代替。

第二，股指现货和期货的"基差"是现货指数点与期货指数点之差，由于现货采用复制技术，实际上是现货股票组合与期货合约价值之差。

### 8.3.2 股指期现套利机会分析

**1. 理论模型与套利机会**

常用的股指期货期现套利决策的方法是利用股指期货的理论价格模型，通过对股指期货实际价格和理论价格的比较，判断是否存在套利的机会以及进行何种方式的套利交易。

由股指期货的制度设计，在到期日时股指期货的价格和指数的现货价格被强制相等。这一制度设计保证了股指期货与股指现货之间存在紧密的联系，两者的价格关系一旦失衡，价差超过交易成本，就会产生套利机会（图8-2）。

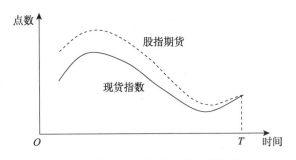

图 8-2　股指期货与指数现货之间的关系

按照持有成本及无风险套利理论，有

指数期货理论价格 = 现货指数价格 + 融资成本 − 股票红利收入

在完全市场条件下，当市场价格不同于理论价格时，即出现了无风险的套利机会。

假设沪深 300 指数为 2 000 点，市场年利率为 6%。一个月后将获得红利收入，红利水平为 1%，获得红利后以 6% 的利率水平贷出，3 个月后获得本利。则 3 个月后到期的股指期货理论价格可由以下公式计算：

$$F_{t,T} = S_{t,T} \times [1 + r(T-t)/365 - d(T-t)/365]$$

其中 $F_{t,T}$ 为到期日为 $T$ 的股指期货合约在 $t$ 时刻的理论价格；$S_{t,T}$ 为标的股指现货在 $t$ 时刻的价格水平；$r$ 为资金成本；$d$ 为 $t$ 到 $T$ 期间指数现货的股息率。按照上式的计算，3 个月后到期的股指期货合约的理论价格如下。

（1）资金占用成本：

$$2\,000 \times 6\% \times 3 \div 12 = 30$$

（2）股票红利的本利和：

$$2\,000 \times 1\% \times [1 + 6\% \times 2 \div 12] = 20.2$$

由此可知，3 个月后到期的股指期货合约理论价格为 2000 + 30 − 20.2 = 2 009.8 点。

**2. 股指期货的正向套利与反向套利**

当股指期货价格高于理论价格时，卖出期货、买入现货（与指数对应的股票组合或该指数对应的ETF）并持有到期，在到期日或到期日前出现有利情况时，将股指期货头寸与现货头寸同时平仓了结，即正向套利；当股指期货价格低于理论价格时，买入股指期货并卖出现货（与指数对应的股票组合或该指数对应的ETF），在到期日或到期日前出现有利情况时，同时了结期货与现货头寸，即反向套利。

续前例中所述，3 个月后到期的股指期货合约理论价格为 2 009.8 点，若实际期货合约的市场价格为 2 209.8 点，即比理论价格高 2 209.8 − 2 009.8 = 200 点。此情形下应进行正向套利，见表 8-5。

表 8-5　正向套利损益情况表

| 时间 | 期货市场/点 | 现货市场/点 | 备注 |
|---|---|---|---|
| 当前 | 2 209.8 | 2 000 | 期货市场为空头头寸<br>股票市场为多头头寸 |
| 1 个月后 | | 20.2 | 股票市场红利收入 |
| 3 个月后 | 2 250 | 2 250 | 期货价格与现货价格相等 |
| 损益情况 | −40.2 | 250 | 资金成本为 30 点<br>红利融出的收入和为 20.2 点 |
| 总损益 | | −40.2 + 250 − 30 + 20.2 = 200（点） | |

从上例可见，正向套利策略获得的收益为市场价格与理论价格之差。

### 3. 交易成本与无套利区间

在实际市场环境中，借贷利率不一致、交易成本、冲击成本等因素会影响套利策略的实施。这类市场因素的存在，产生了一个无套利机会的区间，只有在超出该区间的范围中才会出现真正的无风险套利机会（图 8-3）。考虑了市场因素后的无风险套利区间如下。

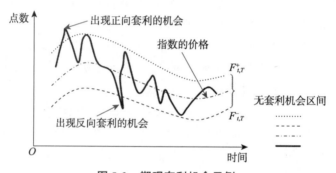

图 8-3　期现套利机会示例

上界 $F_{t,T}^+$：

完全市场下的理论价格（使用借款利率计算资金占用成本）+ 交易成本 + 冲击成本 + 现货拟合跟踪误差（使用 ETF 或股票组合替代指数时产生的误差）

下界 $F_{t,T}^-$：

完全市场下的理论价格（使用贷款利率计算资金占用成本）− 交易成本 − 冲击成本 − 现货拟合跟踪误差（使用 ETF 或股票组合替代指数时产生的误差）

无套利区间：$F_{t,T}^- \leqslant F_{t,T} \leqslant F_{t,T}^+$

当 $F_{t,T}$ 高于 $F_{t,T}^+$ 时，说明期货价格偏高，出现了正向套利的机会（期货市场上持空头头寸，ETF 上的多头头寸）；当 $F_{t,T}$ 低于于 $F_{t,T}^-$ 时，说明期货价格偏低，出现了反向套利的机会（期货市场上持多头头寸，现货市场上的空头头寸）。

在现实市场环境中，股票卖空远不如买入便利，使得反向套利策略受限。

续前例，如果考虑了市场上的交易成本、期货及现货市场上的冲击成本、使用 ETF 拟合沪深 300 指数时产生的跟踪误差后，除了资金成本以外的成本水平为 5‰，则套利的上界为 2 009.8 ×（1 + 5‰）= 2 019.849 点。当实际的市场价格为 2 250 点时，高于无风险套利区间的上界,因此正向套利策略仍然可行,但套利策略的获利空间会被压缩。见表 8-6。

表 8-6 无套利区间计算

| 项　　目 | 各项价格 | |
| --- | --- | --- |
| 现货价格/点 | 2 000 | |
| 考虑资金成本、红利后的理论价格/点 | 2 009.8 | |
| 包含交易成本、冲击成本、拟合误差在内的总成本水平 | 5‰ | |
| 价格区间/点 | 上界 | 下界 |
| | 2 019.849 | 1 999.751 |

### 8.3.3 股指期现套利交易中的模拟误差

准确的套利交易意味着卖出或买进股指期货合约的同时,买进或卖出与其相对应的股票组合。如果实际交易的现货股票组合与指数的股票组合不一致,势必导致两者未来的走势或回报不一致,从而导致一定的误差。这种误差,通常称为模拟误差。

模拟误差来自两方面:一方面是因为组成指数的成分股太多,短时期内同时买进或卖出这么多的股票难度较大,并且准确模拟将使交易成本大大增加,因为对一些成交不活跃的股票来说,买卖的冲击成本非常大。通常,交易者会通过构造一个取样较小的股票投资组合来代替指数,这会产生模拟误差。另一方面,即使组成指数的成分股并不太多,但由于指数大都以市值加权法计算,严格按比例复制很可能会产生零碎股,无法完成交易,这也会产生模拟误差。模拟误差会给套利者原先的利润预期带来一定的影响。因而,在套利交易活动中,套利者应该对模拟误差给予足够的重视。

若用股指 ETF 基金代替现货,则要注意 ETF 基金的申购与赎回规则;也要关注 ETF 基金二级市场的交易价格与基金净值之间的折价或溢价关系;还要注意 ETF 基金对指数的跟踪误差,一般选取几只 ETF 基金形成现货组合,以确保套利的稳健性。

【例 8-6】 2021 年 1 月,某投资机构观察到沪深 300 指数快速上涨,股指期货合约贴水扩大,其认为是很好的期现套利机会,于是,该机构在 1 月 26 日以 5 527.2 的点位买入 IF2102,同时以 5.554 的价格卖出华泰柏瑞沪深 300ETF 基金进行期现套利,1 月 27 日,该机构以 5 498.6 的点位将股指期货平仓,同时以 5.512 的价格买入 ETF 基金完成套利。平仓时,股指期货的跌幅为 0.517%,基金的涨幅为 0.756 2%。该机构获取无风险套利收益。

### 8.3.4 股指期现套利程序化交易

期现套利交易对时间要求非常高,必须在短时间内完成期指的买卖以及许多股票的买卖,传统的报价交易方式难以满足这一要求,因此必须依赖程序化交易系统。

程序化交易系统由套利机会发觉子系统、自动下单子系统、成交报告及结算子系统、风险管理子系统四个子系统组成。

套利机会发觉子系统在运作时必须同步链接股票现货市场与股指期货市场的行情信

息。除此之外，子系统内要预置与套利者自身有关的信息模块，如无套利区间计算所需要的各种参数、各种股票组合模型及相应的误差统计、套利规模的设定等。按此设计的套利机会发觉子系统将会及时发现市场是否存在套利机会，或及时发现已有的套利头寸是否存在了结的机会，一旦产生机会，便会向交易者发出提示或按照预定的程序向自动下单子系统发出下单指令。

成交报告及结算子系统的作用是对成交情况迅速进行结算并提供详尽的报告，使套利者可以动态掌握套利交易的情况，对其进行评估，并在必要时对原有套利模式进行修正。

风险管理子系统可以对模拟误差风险及其他风险进行控制，同时它也会发挥管理指数期货保证金账户的作用。

通过运用程序化交易，套利者可以在较短时间内发现套利机会，并且快速执行套利操作，从而有效获取套利收益。

## 8.4 股指期货套利交易

### 8.4.1 股指期货跨期套利

**1. 不同交割月份股指期货合约间的价格关系**

股指期货跨期套利是利用不同月份的股指期货合约的价差关系，买进（卖出）某一月份的股指期货的同时卖出（买进）另一月份的股指期货合约，并在未来某个时间同时将两个头寸平仓了结的交易行为。其具体又分为多头跨期套利、空头跨期套利和蝶式跨期套利三种类型。

根据股指期货定价理论，可以推算出不同月份的股指期货之间存在理论价差。现实中，两者的合理价差可能包含更多因素，但基本原理类似。

设：$F(T_1)$为近月股指期货价格；

$F(T_2)$为远月股指期货价格；

$S$为现货指数价格；

$r$为利率；

$d$为分红利率；

则根据期-现价格理论有

$$F(T_1) = S[1 + (r - d)T_1/365]$$
$$F(T_2) = S[1 + (r - d)T_2/365]$$

可推出

$$F(T_2) - F(T_1) = S[1 + (r - d)T_2/365] - S[1 + (r - d)T_1/365]$$
$$= S(r - d)T_2/365 - S(r - d)T_1/365$$
$$= S(r - d)(T_2 - T_1)/365$$

此即两个不同月份的股指期货的理论价差，当实际价差与理论价差出现明显偏离时，可以考虑进行套利交易，等到价差回归到合理水平时了结头寸结束交易。

## 2. 股指期货跨期套利实例

由于股指期货的价格受众多因素的影响，实际价格可能会经常偏离理论价格，因此完全依据理论价格进行套利分析和交易可能会面临较大的不确定性。

在实际中，可以通过分析两个不同月份期货合约的价差和价比数据，并观察和统计数据分布区间及其相应概率，当实际价差出现在大概率分布区间之外时可以考虑建立套利头寸，当价差或价比重新回到大概率区间时，将所持头寸平仓获利。

1）股指期货多头跨期套利示例

**【例8-7】** 假定利率比股票分红高3%，即 $r-d=3\%$。5月10日，沪深指数为2 700点，沪深300股指期货9月合约价格为2 800点，6月合约价格为2 750点，6月期货合约与9月期货合约之间的实际价差为–50点（表8-7），有：$S(r-d)(T_2-T_1)/365 = 2\ 700 \times 3\% \times 3/12 = 20.25$ 点，6月与9月期货合约的理论价差为–20.25。因此投资者认为不久价差很可能变大，于是买入6月合约，卖出9月合约。一周后，6月合约涨至2 880点，9月合约涨至2 890点，6月期货合约与9月期货合约之间的实际价差变大为–10点。在不考虑交易成本的情况下，投资者平仓后获利为40点（此处价差=近月合约价格–远月合约价格）。

表 8-7 多头跨期套利分析

| 时 间 | 6月合约 | 9月合约 | 价 差 |
|---|---|---|---|
| 5月10日 | 买入1手，2 750点 | 卖出1手，2 800点 | –50点 |
| 5月17日 | 卖出1手，2 880点 | 买入1手，2 890点 | 价差–10点 |
| 每张合约损益 | +130点 | –90点 | 价差变大40点 |
| 最终盈亏 | 盈利40点×300元/点 = 12 000元 | | |

2）股指期货空头跨期套利示例

**【例8-8】** 某投资机构分析了IF2106和IF2109两个合约的价差数据，观察到3月中旬股指加速下跌，两者价差也迅速扩大，大大超出了价差的大概率分布区间，于是，在3月15日入市卖出6月合约，同时买入9月合约进行套利（表8-8）。随后，随着股指上涨，两合约价差逐步重新回到大概率区间，5月17日，该机构将所持合约平仓获利。

表 8-8 空头跨期套利分析

| 时 间 | IF2106 | IF2109 | 价 差 |
|---|---|---|---|
| 3月15日 | 卖出10手，5 984点 | 买入10手，5 795点 | 189点 |
| 5月17日 | 买进10手，6 652点 | 卖出10手，6 510点 | 142点 |
| 每张合约损益 | –668点 | 715点 | 价差变小47点 |
| 最终盈亏 | 盈利10×47点×300元/点 = 141 000元 | | |

## 8.4.2 股指期货跨品种套利与跨市套利

### 1. 股指期货跨品种套利

股指期货跨品种套利是指在同一市场内上市的、标的为不同现货指数的两个股指期货之间的套利。这两种指数之间具有相互替代性，或受同一供求因素制约和影响。跨品种套利操作的重点是两个股指期货合约的价差,价差变化在合理的范围之外即引发套利,而当价差回落到合理的区间时,交易者即平仓了结。

目前我国推出的沪深 300、上证 50 和中证 500 股指期货的标的指数之间存在一定关系。上证 50 指数包含了上海证券交易所中规模大、流动性好、最具代表性的 50 只股票,是沪深 300 成分股的子集。中证 500 指数主要反映沪深证券市场内中小市值公司的整体状况,其成分股是扣除沪深 300 指数样本股及最近一年日均总市值排名前 300 名的股票。虽然三种股指期货基于不同的现货指数,但是它们都代表着中国内地市场,且三个指数的期货合约都采用相同的到期日及现金交割的方式,合约条款相似,理论上这三种股指期货存在相互替代性,存在跨品种套利的机会。

【例 8-9】 某投资机构对沪深 300 与上证 50 股指期货主力合约的价格数据进行了统计分析,发现两者的相关性高达 98%,且存在长期均衡关系,短期的背离都会恢复到基本的价差水平。这意味着两者间的套利交易成为可能,说明上证 50 股指期货和沪深 300 股指期货可以进行跨品种价差套利。进一步分析认为,沪深 300 与上证 50 股指期货的合约交易数量比应为 3∶2。11 月 1 日,该机构入市卖出 30 手 12 月沪深 300 股指合约,同时买入 20 手 12 月上证 50 股指合约进行套利,成交点位分别为 4 968、3 979。11 月 18 日,该机构将所持合约平仓获利,成交点位分别为 4 854、3 956。其交易结果分析见表 8-9。

表 8-9 跨品种套利分析

| 时间 | IF | IH | 价差 |
| --- | --- | --- | --- |
| 11 月 1 日 | 卖出 30 手,4 968 点 | 买入 20 手,3 979 点 | 989 点 |
| 11 月 18 日 | 买进 30 手,4 854 点 | 卖出 20 手,3 956 点 | 898 点 |
| 每张合约损益 | 114 点 | −23 点 | 价差变小 |
| 最终盈亏 | 盈利 30 × 114 × 300 + 20 × (−23) × 300 = 888 000(元) | | |

**2. 股指期货跨市套利**

股指期货的跨市套利是利用两个市场相同股指期货合约之间不合理的价差进行套利。如日经 225 指数期货同时在大阪和新加坡两个市场上市,因种种原因,两市股指期货价格的走势可能会有所不同,但由于跟踪的是同一标的,因此最终两市股指期货价格之差又会回到正常的水平,这就给跨市套利提供了机会。

但是,由于证券市场的特殊性,不同国家或地区极少有在不同交易所上市而标的指数相同的期货合约,尽管理论上能够进行跨市套利的股指期货合约应以同种指数为标的,但实际中的跨市套利包含了跨市套利和跨品种套利两方面,即进行跨市套利的两种股指期货合约的标的指数存在差异。比如新加坡中国 A50 指数期货和中国沪深 300 股指期货,由于股市信息获得的时效性、准确性以及心理预期的不同,两市同样反映中国经济整体走势,但股指期货价格的走势可能会不同,从而产生套利机会。通常这些品种在各交易所间的价格会有一个稳定的差额,通过历史统计分析能合理地判断两市股指期货价格的区间。一旦这些差额发生短期变化,交易者就可以通过这两个市场间进行套利交易,购买相对低的合约,卖出相对高的合约,等待两者之间的价差恢复到合理水平时双向平仓获利。

## 思考题

1. 有人说股指期货只能对与指数组成接近的股票组合进行套期保值，而对单只股票无效，你认同这一说法吗？
2. 我国内地股指期货在合约设计方面有什么特点？
3. 股指期货的合约价值是如何计算的？
4. 股指期货套期保值时的合约数量如何确定？
5. 如何利用股指期货调整投资组合的 $\beta$ 系数？
6. 什么叫正向套利？什么叫反向套利？
7. 什么叫无套利区间？
8. 什么叫模拟误差？模拟误差主要来源于哪两个方面？
9. 程序化交易系统由哪几个系统构成？

扫描此码 答案解析

## 习题

1. 假设沪深 300 指数当前的价位为 4 300 点。假定市场年利率为 6%，且沪深 300 指数的红利率为 3%，计算 3 个月到期的沪深 300 指数期货的理论价格。

2. 2020 年 5 月 22 日，6 月沪深 300 期货指数点为 4 618 点，请你计算出一手沪深 300 合约价值为多少？若交易保证金为 12%，当日结算价为 4 620 点，计算当天持仓一手合约需要占用的保证金。

3. 一名投资组合经理持有价值 1 000 万元的股票组合，计划用沪深 300 指数期货保值。该组合相对于沪深 300 指数的 $\beta$ 值为 1.5。股指期货的当前价格为 4 500。请为该经理制定套期保值策略。

4. 某基金有一个价值 2 000 万元的股票组合，其相对于市场证券组合的 $\beta$ 系数为 1.5。基金计划从 1 月 4 日起到 4 月 5 日之间进行保值，于是在 1 月 4 日以 4 500 点卖出了 6 月份沪深 300 指数期货，假设该指数合约的 $\beta$ 系数为 1.1。则该基金应当卖出多少张期货合约？

5. 美国某投资基金为了防止后市出现下跌，决定用 S&P500 股指期货进行套期保值，假设其股票组合现值为 2.24 亿美元，其与 S&P500 指数的 Beta 值为 0.9，假定到了 12 月期货合约指数为 1 400 点。求该投资基金要卖出多少份期货合约才能进行有效的套期保值？

6. 假设你持有一组复制 Stoxx50 收益的股票投资组合，市值为 300 万欧元，计划用欧洲期货交易所的欧洲 Stoxx50 股指期货保值。已知投资组合相对于该指数的 $\beta$ 系数为 1.15。上网查一下当前的现货指数点和可用来保值的期货合约的指数点，计算需要多少份合约进行保值。说说你的策略。

7. 国内某证券投资基金，在 6 月 1 日时，其股票组合的收益达到了 40%，总市值为 3 亿元。该基金预测，由于基本面的变化，股票可能出现短期下调，为了避免价格风险，该基金决定用沪深 300 指数期货进行保值。假设其股票组合与沪深 300 指数的 $\beta$ 系数为

0.9。6月1日的沪深300指数现货指数为4 851点,假设9月期货为4 850点。那么,该基金应如何进行套期保值操作?假设到了7月2日,股票市场企稳,沪深300指数现货指数为4 683,9月期货为4 698点,该基金套期保值效果如何?

8. 某投资机构计划构建模拟中证500指数收益的投资组合,但是投资所用资金要等3个月才能到账。你打算如何通过套期保值对冲股票价格上涨的风险?请用现在的市场数据进行分析。

9. 某人持有价值为100万美元的股票投资组合,其$\beta$值为1.2。假设S&P500期货指数为1 500点,为防范股票下跌的风险,该投资者应如何操作?

10. 假设某投资者持有一份$\beta$系数为1.2的股票组合2.4亿元。因担心股市下跌,准备用沪深300指数期货进行套期保值。假设当前沪深300指数期货的市场价位是4 885点,如果想尽量降低风险,应如何操作?如果该投资者只想把风险降低一些,如将$\beta$系数降为0.6,应如何操作?

11. 某基金持有价值1 000万元的股票组合,其相对于市场证券组合的$\beta$系数为1.5。若该基金对市场看跌,希望降低股票组合的$\beta$系数值至0.9,应该怎样利用沪深300指数期货达到目的?

12. 7月6日,沪深300指数现货当日收盘4 472点,9月沪深300指数期货合约为4 497点。假设沪深300指数预计红利为3 000元,该期间的无风险利率为6%。那么,市场是否存在套利机会?如果存在,应如何进行套利操作?

13. 某投资者在3 050点位买入10张9月份到期的上证50指数期货合约,并在3 250点将其平仓。在不考虑其他费用的情况下,他的净收益为多少?

14. 假设沪深300指数为4 400点,市场年利率为5%。1个月后将获得红利收入,红利水平为1%,获得红利后以5%的利率水平贷出,3个月后获得本利。若除了资金成本以外的成本(含交易成本、市场冲击成本、使用ETF拟合沪深300指数时产生的跟踪误差等)为5‰,当沪深300指数期货的市场价格为4 500点时,有没有套利机会?应如何操作?

15. 假定利率比股票分红高4%。5月10日,沪深300指数为4 590点,沪深300股指期货9月合约价格为4 627点,6月合约价格为4 588点,投资者认为不久后9月期货和6月期货间的价差很可能会缩小,于是买入6月合约,卖出9月合约。一周后,9月合约涨至4 630点,6月合约涨至4 610点。分析该套利者的盈亏情况(不考虑交易成本)。

答案解析 扫描此码

### 即测即练

自学自测 扫描此码

# 第 9 章  互换与互换市场

**本章学习目标:**

通过本章学习,学员应该能够:
1. 掌握互换的概念和主要的互换种类;
2. 掌握利率互换的概念与分类、基本结构及应用,理解利率互换协议主要条款的含义,熟悉标准利率互换的变形,了解我国利率互换市场的发展;
3. 掌握货币互换的概念与类别、基本结构及应用,理解货币互换与利率互换的结合形式;
4. 掌握商品互换的概念和类别、基本结构及应用;
5. 了解股权互换相关知识;
6. 掌握利率互换定价与估值的基本原理与方法,理解货币互换及商品互换定价与估值的基本原理。

## 9.1 互换概述

### 9.1.1 互换的概念与种类

**1. 互换的概念**

互换是指两个或两个以上当事人按照共同商定的条件,在约定的时间内定期交换现金流的金融交易。互换一般发生在双方对对方的资产或负债有需求,或者双方均存在比较优势的条件下。在大多数情况下,互换协议的双方会约定在未来多次交换现金流,因此互换可以看作一系列远期的组合。

**2. 互换的种类**

作为一种重要的场外衍生工具,互换的设计非常具有灵活性,根据实际需要,计算或确定现金流的方法很多,互换的种类也就很多。基础的互换分为利率互换、货币互换、商品互换、股权互换等几大类,此外,实际中还出现了很多标准互换的变形或几种基础互换组合而成的新型互换。

### 9.1.2 利率互换

**1. 概念**

利率互换指交易双方约定在未来的一定期限内,对约定的名义本金按照不同的计息方法定期交换利息的场外金融合约。其主要目的是降低双方的资金成本(即利息),并得到自己需要的利息支付方式(固定或浮动)。需要注意的是,在利率互换中,交易者只进行不同利率的利息交换,不交换本金。其中最基本的互换是固定利率对浮动利率的互换。

从期限来看，利率互换的常见期限包括 1 年、2 年、3 年、4 年、5 年、7 年与 10 年，30 年与 50 年的长期互换也时有发生。

### 2. 分类

最基本的利率互换主要有两类：息票互换（coupon swap）和基差互换（basis swap）。息票互换是利率互换中最基本的交易方式，指同种货币的固定利率和浮动利率之间的互换；基差互换又称基点互换、基础互换，是同种货币基于不同参考利率的浮动利率对浮动利率的利息互换。

此外，在基本形式的基础上，其还演变出了其他形式，将在后文介绍。

### 3. 基本结构

在基本的固定利率对浮动利率的互换中，通常把支付固定利率的一方称为利率互换的多头（买方），而把支付浮动利率的一方称为利率互换的空头（卖方）。在做市商制度下，一些大型商业银行等充当利率互换的做市商，同时报出利率互换的买入价（愿意支付的固定利率）和较高的卖出价（愿意收取的固定利率），二者的差价就是做市商的做市收益。比如，充当做市商的银行以 LIBOR 作为互换的浮动利息的计算利率，报出的 3 年期利率互换的买价（愿意支付的固定利率）为 4.50%，卖价（愿意收取的固定利率）为 4.53%。那么，通过媒介互换交易，银行赚取 3 个基点的收益。该利率互换的结构如图 9-1 所示。

图 9-1 加入互换银行的利率互换基本结构

### 4. 主要条款

国际掉期与衍生工具协会发布了一整套互换的标准化文件，成为国际互换市场的基础性制度安排和互换交易的重要工具。其所发布的《衍生产品交易主协议》主要包括主协议、附件和交易确认书三部分。进行互换交易时，交易双方需就正文部分签署主协议，就释义条款、支付条款、先决条件条款、净额结算条款、陈述与承诺条款、违约事件和终止事件条款、管辖法律与司法管辖权等条款达成一致，明确交易可能涉及的所有定义和双方的权利义务。主协议签署后，每次交易只需对价格、数量等具体条款进行谈判并签订协议附件和交易确认书。附件的作用是让交易双方对主协议的主文条款进行修改与补充，以适应双方当事人之间的特定交易情形。交易确认书则对主协议项下每项具体交易的交易条款进行确认，是每笔交易中最重要的法律文件。值得注意的是，主协议的此种制度安排使得每项交易并不构成当事人双方之间的独立合同关系，而仅是在主协议这一合同关系下的一笔交易，因此每份交易确认书中总会说明 ISDA 主协议条款适用于该交易。

表 9-1 为利率互换交易协议摘要示例，该例子说明了利率互换交易需包含的主要条款。

表 9-1 利率互换交易协议摘要示例

| 项 目 | 内 容 |
| --- | --- |
| 交易日 | 2012 年 2 月 27 日 |
| 起息日 | 2012 年 3 月 5 日 |
| 经营日准则 | （支付日遇节假日时顺延至）下一营业日 |
| 节假日日历 | 美国 |
| 终止日 | 2015 年 3 月 5 日 |
| 固定利率方 | |
| 固定利率支付者 | 微软公司 |
| 固定利率名义本金 | 1 亿美元 |
| 固定利率 | 5.015% |
| 固定利率天数计算惯例 | 实际天数/365 |
| 固定利率支付日期 | 自 2012 年 9 月 5 日至（包含）2015 年 3 月 5 日的每年 3 月 5 日和 9 月 5 日 |
| 浮动利率方 | |
| 浮动利率支付者 | 高盛公司 |
| 浮动利率名义本金 | 1 亿美元 |
| 浮动利率 | 美元 6 个月期 LIBOR |
| 浮动利率天数计算惯例 | 实际天数/360 |
| 浮动利率支付日期 | 自 2012 年 9 月 5 日至（包含）2015 年 3 月 5 日的每年 3 月 5 日和 9 月 5 日 |

在利率互换协议中，有几个关键日期。

（1）交易日（exchange date），即交易双方达成互换协议的日期。

（2）起息日（value date），又称生效日（effective date），是互换中固定利率和浮动利率开始计息的日期，通常是交易日后两个营业日。

（3）支付日（payment date），从前例可以看出，整个互换由若干个交换阶段构成，在每个阶段期末支付一次，这个时间被称为支付日，有多少个阶段就有多少个支付日。

（4）到期日（maturity date），或终止日，即整个互换的结束日，也是最后一次现金流交换的日期。

**5. 标准利率互换的现金流分析**

【例 9-1】 2020 年 1 月 15 日，某机构与银行达成了为期 1 年的浮动利率换固定利率协议，按照协议，4 个浮动利率确定日分别为 2020 年 1 月 17 日、4 月 17 日、7 月 17 日、10 月 17 日，现金流交换日是浮动利率确定后的 3 个月（0.25 年）。在现金流交换日，该机构按照 2.92% 的固定利率支付。表 9-2 是 4 次实际的现金流交换状况。

表 9-2 标准利率互换中某机构的现金流（每 1 元本金）

| 日 期 | 3 月期 Shibor/% | 收到的浮动利息 | 支付的固定利息 | 净现金流 |
| --- | --- | --- | --- | --- |
| 2020 年 1 月 17 日 | 2.868 0 | — | — | — |
| 2020 年 4 月 17 日 | 1.403 0 | $\dfrac{2.868\,0\%}{4}=0.007\,17$ | $\dfrac{2.92\%}{4}=0.007\,3$ | −0.000 13 |

续表

| 日　期 | 3月期 Shibor/% | 收到的浮动利息 | 支付的固定利息 | 净现金流 |
| --- | --- | --- | --- | --- |
| 2020年7月17日 | 2.356 0 | $\frac{1.403\ 0\%}{4}=0.003\ 51$ | $\frac{2.92\%}{4}=0.007\ 3$ | −0.003 79 |
| 2020年10月17日 | 2.786 0 | $\frac{2.356\ 0\%}{4}=0.005\ 89$ | $\frac{2.92\%}{4}=0.007\ 3$ | −0.001 41 |
| 2021年1月17日 | — | $\frac{2.786\ 0\%}{4}=0.006\ 97$ | $\frac{2.92\%}{4}=0.007\ 3$ | −0.000 33 |

#### 6. 报价方式

尽管属于场外交易，利率互换市场也已经成为一个标准化程度相当高的金融市场，这一点也表现在互换的报价中。互换本来需要同时报出浮动利率和固定利率，但在实际中同种货币的利率互换报价通常都基于特定的浮动利率。例如，标准的美元利率互换通常以3月期的美元 LIBOR 作为浮动利率。浮动利率达成一致之后，报价和交易就只需针对特定期限与特定支付频率的固定利率一方进行，从而大大提高了市场效率。

扩展案例 9.1

通过利率互换节约费用

在做市商制度下，做市商每天都会进行双边互换报价，买价（bid rate）就是做市商在互换中收到浮动利率时愿意支付的固定利率，卖价（ask rate）则是做市商在互换中支付浮动利率时要求收到的固定利率，显然互换卖价应高于买价。

#### 7. 互换头寸的结清

通常来说，结清互换头寸主要包括以下几种方式。

（1）互换协议到期结清。互换协议到期结清是最常见的结清方式。

（2）出售原互换协议。出售原互换协议是在市场上出售未到期的互换协议，将原先利息收付的权利与义务完全转移给购买协议者。但由于不同交易者的信用风险不同，该交易必须经过互换原对手方的同意才能进行。互换协议出售后，实际上等同于原先的利率互换已经终止，而原来的交易对手与协议购买者之间签订了一份完全相同的新协议。

（3）对冲原互换协议。对冲原互换协议是在市场上进行对冲交易，签一份与原互换协议的本金、到期日和互换利率等均相同，但收付利息方向相反的互换协议。如果该对冲交易是与原先的互换交易对手进行的，此种对冲又被称为"镜子互换"，等价于终止了原先的利率互换。如果是与其他交易对手对冲原互换协议，在利息的现金流上的确能够实现对冲，但由于交易对手不同，仍然无法完全抵消对手方违约的风险。

除此之外，交易互换期货、互换期权等互换衍生产品也是对冲原有互换头寸的一种方法。

（4）解除原有的互换协议。解除原有的互换协议是与原先的交易对手协议提前结束互换，双方的权利义务同时抵消。在解除原有互换协议时，通常由希望提前结束的一方提供一定的补偿，或者协议将未来的现金流贴现后进行结算支付，提前实现未实现损益，使原先的互换协议完全解除。此种结清头寸方式的一个优点在于，冲销了原先的信用风险，也不会再产生新的信用风险。

总的来看，上述（2）、（3）、（4）三种方式都为互换头寸的流动提供了重要的工具与途径，而国际互换交易的二级市场流动性的不断增强，在互换市场的迅速发展中也起到了不可忽视的作用。

**8. 标准利率互换的变形**

作为场外衍生工具，互换合约用于管理风险非常灵活，可以根据交易方的需求而设计。在实际中，标准利率互换经过变形，产生了一些新的形式。

1）递升互换与摊还互换

有时利率互换的名义本金会随时间与某种事先约定的固定形式变化。名义本金随时间变化而增加的利率互换被称为递升互换（step up swap）。例如，某公司对一投资项目以浮动利率借入资金的形式来进行融资，且借入资金的数量逐次增加，此时，该公司希望将浮动利率转换为固定利率，则可使用递升互换。

名义本金随时间变化而减少的利率互换被称为摊还互换（amortizing swap）。例如，某家公司有固定利率债务，且债务数量逐渐递减，该公司希望将债务转换为浮动利率计息，则可使用摊还互换。

2）固定期限互换与固定期限国债互换

固定期限互换（constant maturity swap，CMS）是将 LIBOR 与某种互换利率交换的合约；固定期限国债互换（constant maturity treasury swap，CMT）与 CMS 类似，只是浮动利率为具有特定期限的政府债券收益。

3）复合互换

标准利率互换的另一种变形是复合互换（compounding swap）。不同于定时将付款交割，复合互换的浮动利息一直按浮动利率复合至互换的截止日期再交换现金流。

4）LIBOR 后置互换

标准利率互换的特点是，将前一个付息日期所观察的浮动利率，在下一个付息日期付出。而 LIBOR 后置互换（LIBOR-in-arrears swap）的特点是，在一个付息日所付的浮动利率由在这个支付日所观察到的利率来确定。

5）计息互换

计息互换（accrual swap）是一种一方的利息只有在浮动参考利率介于某个区间时才会累积的互换，有时区间会在整个互换期间保持不变，有时会被定期重新设定。

6）可取消互换

可取消互换（cancellable swap）是一个简单的利率互换，但其中一方有权决定在某一日期或多个日期终止交易。

**9. 我国的利率互换**

自人民币利率互换于 2006 年 2 月 9 日推出以来，国内人民币利率互换交易快速发展，交易量逐年大幅增长，浮动利率参考指标可选项不断增多，交易主体日益多元化，已经成为中国目前银行间市场最主要的衍生产品。

从交易品种看，浮动端参考指标从 1Y 定存拓展到 O/N Shibor、3M Shibor、FR007、央行存贷款基准利率以及 1Y LPR 等；从交易期限看，交易以短期为主，大多集中在 1 年以内，中长期限品种比重也呈逐年上升的态势；从交易主体看，人民币利率互换业务制度备案机构逐渐增多，参与机构涵盖银行、证券公司、保险公司以及非法人产品，这种参与主体的多元化趋势使得投资者对利率波动敏感性逐步增强，利率风险管理理念亦不断更新。图 9-2 为利率互换市场交易量变化趋势。

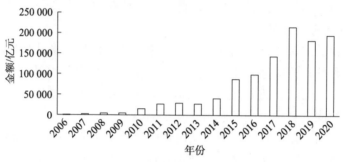

**图 9-2　利率互换市场交易量变动趋势**
资料来源：中国货币网。

我国利率互换报价主要通过 X-Swap 交易平台，它是银行间同业拆借中心推出的通过匿名撮合方式达成利率衍生品交易的电子平台，正式上线时间为 2014 年 2 月 18 日，参考利率包括 FR007 和 Shibor3M，报价方式见表 9-3。表中，第一行是 6 个月利率互换报价，报买（%）列中 2.660 0 表示交易者愿意向对方支付 2.66%固定利率，收取浮动利率；报卖（%）列中 2.690 0 表示交易者愿意向对方支付浮动利率，收取 2.69%固定利率。

**表 9-3　X-Swap 交易平台利率互换报价**　　　　　　　　　　　　　%

| 标准期限 | 报买 | 均值 | 报卖 |
| --- | --- | --- | --- |
| 6M | 2.660 0 | 2.675 0 | 2.690 0 |
| 9M | 2.762 5 | 2.777 5 | 2.792 5 |
| 1Y | 2.820 0 | 2.836 3 | 2.852 5 |
| 2Y | 3.020 0 | 3.031 3 | 3.042 5 |
| 3Y | 3.180 0 | 3.197 5 | 3.215 0 |
| 4Y | 3.310 0 | 3.328 8 | 3.347 5 |
| 5Y | 3.420 0 | 3.433 8 | 3.447 5 |
| 7Y | 3.565 0 | 3.647 9 | 3.730 8 |
| 10Y | 3.730 0 | 3.833 4 | 3.936 9 |

资料来源：X-Swap 交易平台。

除境内利率互换市场外，境外不可交割的人民币利率互换（NDIRS）和不可交割的人民币利率互换期权（non-deliverable swaption）也实现同步发展，主要用于海外市场参与者对冲其资本项目下不可自由兑换货币潜在的利率风险，境内外互换市场的套利交易也增加了两个市场间的联动。

### 9.1.3 货币互换

**1. 概念**

货币互换是在未来约定期限内将一种货币的本金和固定利息与另一货币的等价本金和固定利息进行交换。在利率互换中，通常无须交换本金，只需定期交换利息差额；而在货币互换中，期初和期末须按照约定的汇率交换不同货币的本金，其间还需定期交换不同货币的利息。

【例 9-2】雷斯顿科技公司（Reston Technology）是成立于美国弗吉尼亚州科技开发区的一家互联网公司，由于计划到欧洲拓展业务，该公司需要借入 1 000 万欧元，当时汇率是 0.980 4 美元/欧元。雷斯顿科技公司因此借入 2 年期的 980.4 万美元借款，利率为 6.5%，并需要将其转换为欧元。由于其业务拓展所产生的现金流是欧元现金流，它希望用欧元交付利息，因此雷斯顿科技公司转向其开户行的一家分支机构——全球互换公司进行货币互换交易。图 9-3 是该笔货币互换的主要流程。

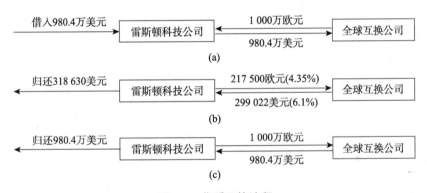

图 9-3 货币互换流程

(a) 期初；(b) 两年中每半年一次；(c) 期末

雷斯顿科技公司通过货币互换将其原先的美元借款转换成了欧元借款。在美国市场上，它按照 6.5% 的利率支付利息；同时在货币互换中，收到 6.1% 的美元利息，支付 4.35% 的欧元利息。如果汇率不变，其每年的利息水平大约为 4.35% + (6.5% − 6.1%) = 4.75%。

**2. 无初始本金交换的货币互换**

货币互换的初始本金交换可以取消。在这种情况下，双方进行一次即期外汇交易便可获得各自所需的货币。在图 9-4 中，假定当时的汇率为 6.35 元/美元，A、B 两机构开始各自在即期市场上获取所需货币，通过货币互换管控面临的汇率风险。

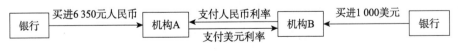

图 9-4 无初始本金交换的货币互换

初始本金互换的取消并不意味着不需要在相关货币之间确定一个参考即期汇率，这一汇率在互换到期时将用于货币的再次交换。理论上讲，这一汇率可以等于初始的市场即期汇率，也可以另取他值。如果另取他值，则意味着期末交换的本金与互换期间计算两种货币的利息所使用的名义本金额不同。

### 3. 有做市商介入的货币互换基本结构

与利率互换一样，在国际市场上货币互换也是以做市商制度为基础的。当银行等金融机构作为做市商媒介参与货币互换时，货币互换的基本结构如图 9-5 所示。

图 9-5　有做市商介入的货币互换基本结构

## 9.1.4　利率互换与货币互换的组合

交叉货币利率互换（cross-currency interest rate swap）是最常见的利率互换和货币互换的结合形式，是在一笔互换交易中既有不同货币的支付的交换，又有不同种类利率的利息支付的交换。该类互换可分为两种：一种是浮动利率换固定利率的交叉货币利率互换，如将浮动利率瑞士法郎债券收益转换为固定利率美元债券收益；另一种是浮动利率换浮动利率的交叉货币利率互换，如将浮动利率美元的债务转换为加元 LIBOR 的债务。

鸡尾酒式互换（cocktail swap）也是利率互换和货币互换的组合，如图 9-6 及图 9-7 所示。

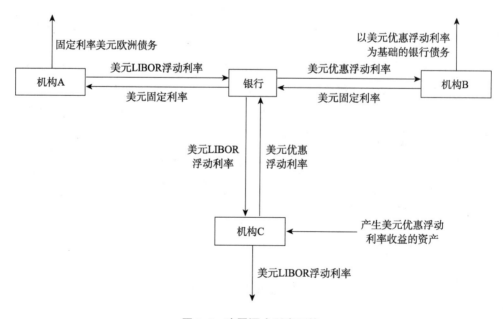

图 9-6　鸡尾酒式利率互换

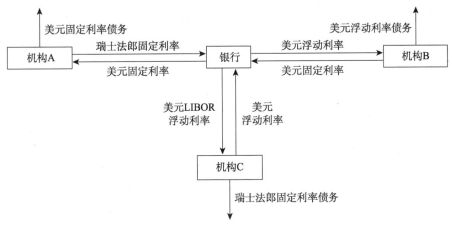

图 9-7 鸡尾酒式货币互换

## 9.1.5 商品互换

商品互换又称商品价格互换，实际上是互换与商品期货的合成工具，其目的是降低筹资成本和避免商品价格波动的敞口风险。

**1. 固定价格换浮动价格的商品价格互换**

最常见的商品互换是固定价格换浮动价格的商品价格互换（fixed-for-floating commodity price swap）。比如，商品生产者和客户之间约定在一个规定的时间范围内，对一定数量的商品用按固定价格计算的货款来交换以浮动价格计算的货款。这里的浮动价格一般是指商品的即期市场价格，常使用商品期货价格或商品指数价格。合约到期时，交易双方直接根据标的资产的价值变化支付损益，而不需要进行标的资产的实际交换。

商品互换的标的可以是大宗商品期货，如石油、天然气、有色金属、贵重金属等；也可以是商品指数或者价差组合。国际上常见的商品价格指数有 GSCI（Goldman Sachs Commodity Index）和 CRB（Commodities Research Board Index）等。我国大连商品交易所和郑州商品交易所推出的商品互换业务就主要采用即期固定价格换远期浮动价格的交易模式，标的可以是交易所的期货价格和商品指数。这种商品互换在结构上与固定对浮动利率的利率互换类似。例 9-3 说明了这种互换的原理与结构。

【例 9-3】 某矿石贸易商和某钢厂均可以按固定价格和浮动价格采购矿石，其采购成本见表 9-4 所示。

表 9-4 贸易商和钢厂的采购成本

| 项　　目 | 贸　易　商 | 钢　　厂 |
| --- | --- | --- |
| 固定价格 | 880 元/吨 | 900 元/吨 |
| 浮动价格 | 大连铁矿石期货现货月价格 + 8 元/吨 | 大连铁矿石期货现货月价格 + 18 元/吨 |

可见，贸易商在采购成本上有绝对优势，且以固定价格采购有相对优势；而钢厂在

采购成本上有绝对劣势，但以浮动价格采购有相对优势。

贸易商预测铁矿石价格将下跌，倾向于以浮动价格购买铁矿石；钢厂担心铁矿石价格上涨，倾向于以固定价格购买铁矿石。双方签订互换协议，贸易商以固定价格买入，钢厂以浮动价格买入，双方协议固定价格 890 元/吨，浮动价格为"现货月期货价格 + 13 元/吨"，当固定价格高于浮动价格时，钢厂向贸易商支付差额；当浮动价格高于固定价格时，贸易商向钢厂支付差额。

如果贸易商和钢厂不签订互换协议，而是分别购买，则贸易商的采购成本为"大连铁矿石期货现货月合约价格 + 8 元/吨"，钢厂的采购成本为 900 元/吨，两者总成本为"大连铁矿石期货现货月合约价格 + 908 元/吨"。签订互换协议后，双方都发挥了比较优势，总成本为"大连铁矿石期货现货月合约价格 + 898 元/吨"。参与互换交易使双方采购总成本降低 10 元/吨。

固定价格换浮动价格的商品价格互换主要有以下特点。

第一，商品价格互换是一种金融交易。在交易过程中，双方没有任何形式的商品交换。双方都在现货市场上进行正常所需的商品买卖。商品价格互换交易完全独立于有形的基础现货交易之外。

第二，商品互换交易将有形商品的买卖与交易价格的锁定分离开来。这样做有利有弊。有利之处在于，买方能够锁定其从互换对手方得到的价格；不利之处在于，其从现货市场上买进商品的价格有可能与互换中达成协议的商品价格指数不一致，从而不能完全规避价格风险。

第三，互换交易的结算协议中是净额结算，互换对手之间的收支净差额由双方在每一结算日结算。在互换交易中不存在中间现金流，而且不需要任何保证金。

另外，商品互换中同样可以引入互换中介。有中介机构的商品互换与有中介机构的利率、货币互换的结构相似，此不赘述。

### 2. 商品价格与利息的互换

商品价格与利息的互换是商品价格互换的变种。在这一交易中，互换双方达成协议，以某一商品的固定数量交换浮动利率付款。

一个商品价格与利息的互换交易由三部分组成：第一，一个商品价格与利息的互换。商品生产商同意向商品用户提供某一数量的某一商品，并从商品用户那里收入以协议本金额为基础的浮动利率（如美元 LIBOR）利息。第二，一个浮动利率借款。商品生产商借入浮动利率借款为其商品生产融资。第三，一个利率互换。商品用户通过这一互换锁定其购买商品的成本。具体交易结构如图 9-8 表示。

在实际操作中，人们往往运用名义商品流而不是实际商品流。在这样的结构中，某一商品的固定数量被名义数量（以协议价格指数和商品数量为基础计算出来的数额）所取代。此外互换双方需要的实际商品购销由各自在现货市场上进行，其交易结构如图 9-9 所示。

这类互换也可以有中介参与其中。当银行作为中介参与其中时，其交易结构如图 9-10 所示。

第 9 章 互换与互换市场 | 185

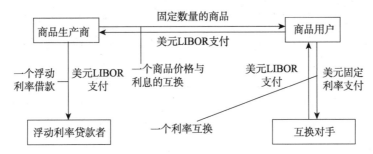

图 9-8 商品价格与利息互换交易结构

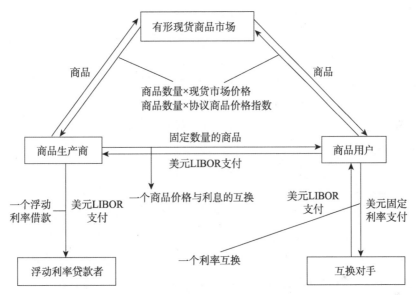

图 9-9 商品价格与利息互换交易结构（利用名义商品）

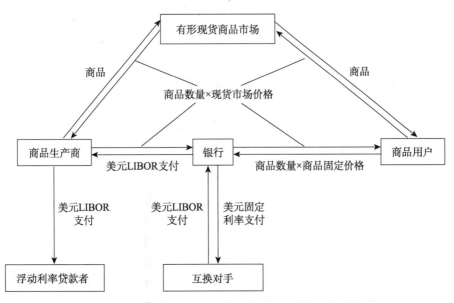

图 9-10 商品价格与利息互换交易结构（银行作为中介）

### 9.1.6 股权互换

**1. 股权互换的概念**

股权互换是指互换的双方中,至少有一方支付由某只股票或某种股票指数的收益决定的现金流,另一方支付的现金流可以由固定利率、浮动利率或另一只股票或股票指数的收益来决定。股权互换可用来替代直接的股票交易。

股权互换的主要特点如下。

第一,双方的支付以名义本金为基础,名义本金的作用仅是计算彼此的支付额,这一点与利率互换相同,有时名义本金额也是可以变动的。

第二,双方进行支付互换之前,需就支付的时间间隔达成协议(一般是一季一付,或半年一付);同时就整个互换期限或互换的到期日达成协议。

第三,前已指出,股权互换中的名义本金额是可以变动的。如果名义本金是变动名义本金,一般而言,在从对手那里得到股权收益时,名义本金增加;在向对手支付股权收益时,名义本金减少。这种交易结构主要是模仿在股票市场上直接进行股票投资时所产生的现金流的情况。

当使用固定名义本金时,本金额在其互换结算日确定下来后,在整个互换期内保持不变。这种交易结构模仿的是在股票市场进行直接股票投资时保持股票投资价值不变的情况——当股票价格或股票指数值上扬获利时,即变现获利部分;而当股票价格或股票指数值下跌亏损时,需增加投资补足亏损掉的部分。

第四,互换中现金流的计值货币必须是指定的。双方所支付的现金流大多以同种货币计值,也可以以不同的货币计值,后者又称交叉货币股权互换。在交叉货币股权互换中,交易回报不仅与股价或股指的变化有关,还与互换中所使用的不同货币之间的汇率有关。

**2. 股权收益对固定利率股权互换**

在这样的股权互换中,一方支付的是单只股票收益或股指收益,另一方支付的是固定利率。这样,支付固定利率的一方,相当于以固定利率借入资金并投资到股票市场。图 9-11 是一个虚构的此类互换,我们以此说明其基本结构。

图 9-11 股权收益对固定利率股权互换

**3. 股权收益对浮动利率股权互换**

在此类股权互换中,一方支付的是单只股票收益或股指收益,另一方支付的是浮动利率。这样,支付浮动利率的一方,相当于以浮动利率借入资金并投资到股票市场,图 9-12 说明了其基本结构。

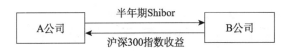

图 9-12　股权收益对浮动利率股权互换

### 4. 股权收益对另一股权收益股权互换

在股权收益对另一股权收益的互换中，双方交换的是不同的股权收益。这相当于一种股权多头和另一种股权空头的组合。

【例 9-4】某慈善机构收到一笔某公司的股份捐赠。该慈善机构认为这笔捐赠的风险较大，考虑把风险分散。但若出售该捐赠，会显得不尊重捐赠人。于是，该慈善机构进入了一个股权互换：由慈善机构支付公司股权收益，同时收取沪深 300 指数收益。通过这样的互换，慈善机构既保留了公司捐赠的股份，又分散了组合风险。该互换交易的结构如图 9-13 所示。

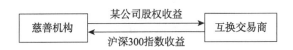

图 9-13　股权收益对另一股权收益股权互换

## 9.2　互换的定价与估值

### 9.2.1　利率互换的定价与估值

在利率互换中，互换的价格指的是互换中的固定利率，这正与我们前面提到的利率互换的报价只报出固定利率是一致的。利率互换在开始签订合约，确定彼此支付的固定利率和浮动利率时，互换合约本身对交易双方应该是公平公正的，因而支付固定与浮动利率的双方都不能有盈亏。因此，合理定价的互换合约在开始时本身的价值为零。但是，当互换合约签订以后，合约中的固定利率已固定下来，随着时间的推移以及市场利率等因素的变化，合约就会变得对一方有利，而对另一方不利。因此，互换的定价包括：开始签订合约时固定利率的确定，即互换价格的确定，以及随后合约价值的估值两个方面。

利率互换定价与估值的方法包括运用债券组合和运用远期合约两种方法。

### 1. 运用债券组合给利率互换定价或估值

可以把互换合约看作债券组合，见表 9-5，椭圆形框中每一期"收到的浮动利息"相当于一个浮动利率债券多头的收益，而矩形框中每一期"支付的固定利息"相当于一个固定利率债券空头的支付。因此，先分别对浮动利率多头和固定利率空头进行估值，再将两者价值相加，便可得到利率互换的价值。

表 9-5 标准利率互换中某机构的现金流（每 1 元本金）

| 日　期 | 3 月期 Shibor/% | 收到的浮动利息 | 支付的固定利息 | 净现金流 |
|---|---|---|---|---|
| 2020 年 1 月 17 日 | 2.868 0 | — | — | — |
| 2020 年 4 月 17 日 | 1.403 0 | $\frac{2.868\ 0\%}{4} = 0.007\ 17$ | $\frac{2.92\%}{4} = 0.007\ 3$ | −0.000 13 |
| 2020 年 7 月 17 日 | 2.356 0 | $\frac{1.403\ 0\%}{4} = 0.003\ 51$ | $\frac{2.92\%}{4} = 0.007\ 3$ | −0.003 79 |
| 2020 年 10 月 17 日 | 2.786 0 | $\frac{2.356\ 0\%}{4} = 0.005\ 89$ | $\frac{2.92\%}{4} = 0.007\ 3$ | −0.001 41 |
| 2021 年 1 月 17 日 | — | $\frac{2.786\ 0\%}{4} = 0.006\ 97$ | $\frac{2.92\%}{4} = 0.007\ 3$ | −0.000 33 |

对于互换多头，也就是固定利率的支付者来说，利率互换的价值为

$$V = B_{fl} - B_{fix} \quad (9\text{-}1)$$

相反，对于互换空头，也就是浮动利率的支付者来说，利率互换的价值为

$$V = B_{fix} - B_{fl} \quad (9\text{-}2)$$

式中，$B_{fix}$ 为分解出的固定利率债券的价值；$B_{fl}$ 为分解出的浮动利率债券的价值。

固定利率债券的定价公式为

$$B_{fix} = \sum_{i=1}^{n} k e^{-r_i t_i} + A e^{r_n t_n} \quad (9\text{-}3)$$

式中，$A$ 为利率互换中的名义本金额；$k$ 为现金流交换日 $t_i$ 交换的固定利息额；$n$ 为交换次数；$t_i$ 为距第 $i$ 次现金流交换的时间长度（$1 \leq i \leq n$）；$r_i$ 则为到期日为 $t_i$ 的零息即期利率。显然固定利率债券的价值就是未来现金流的贴现和。这里使用了连续复利的贴现计算方式，用非连续复利贴现也没有问题。

浮动利率债券的定价公式为

$$B_{fl} = (A + k^*) e^{-r_1 t_1} \quad (9\text{-}4)$$

式中，$k^*$ 为下一交换日应交换的浮动利息额（这是已知的），距下一次利息支付日还有 $t_1$ 的时间。

理解浮动利率债券的定价公式并不难，在浮动利率始终等于该债券的合理贴现率的条件下，有如下几点：第一，在浮动利率债券新发行时，该债券的价值就等于它的面值；第二，在任一重新确定利率的时刻，付息之后的浮动利率债券价值就等于新发行的同期限的浮动利率债券面值，付息之前的浮动利率债券价值就等于面值 $A$ 加上应付利息 $k^*$；第三，根据证券定价的一般原理，在不考虑流动性因素的情况下，证券当前的价值应该等于未来某一时点证券的市场价值加上该时点持有证券可获得的利息之和的贴现值。在为浮动利率债券定价时，选定下一个付息日为未来的时点，就得到了浮动利率债券的定价公式。

在国际互换市场上，互换的定价绝大多数是用 LIBOR 利率对现金流进行折现，并且决定浮动利率。LIBOR 反映较高信用等级的借贷利率，典型的是拥有 A 或 AA 级评级的商业银行在资本市场获得融资时的利率。大多数的互换交易方都是投资级的，但在信用

质量上存在显著的差异。这些差异通常通过非价格方式体现在主协议中，而不是调整互换的价格或利率。主协议明确相关条款，允许交易对手进行净额结算并且实施预先风险评估（通过与信用风险相关的文件规定以及通过强制执行的陈述等）和持续风险评估（通过文件规定、契约保证、抵押品使用以及定时保证金等措施）。

**【例 9-5】** 一个始于 2020 年 12 月 18 日的 3 年期、每半年支付一次的普通利率互换。该互换将在未来 3 年中每年的 6 月 18 日和 12 月 18 日进行支付。假设根据 LIBOR 现货和美元期货市场价格得到的 2020 年 12 月 18 日美元不同到期期限的零息收益率分别为 6 个月 4.825%、12 个月 4.372 5%、18 个月 4.169 4%、24 个月 4.131 3%、30 个月 4.178 6%、36 个月 4.269 4%。求互换的价格。

$$\frac{k}{2}e^{-4.825\%\times 0.5}+\frac{k}{2}e^{-4.372\,5\%\times 1}+\frac{k}{2}e^{-4.169\,4\%\times 1.5}+\frac{k}{2}e^{-4.131\,3\%\times 2}+\frac{k}{2}e^{-4.178\,6\%\times 2.5}+\left(\frac{k}{2}+1\right)e^{-4.269\,4\%\times 3}=1$$

求得 $k = 0.043\,2$，即互换利率为 4.32%。

**【例 9-6】** 为一个已有的利率互换估值。

某利率互换协议中，某金融机构收取 6 个月的 LIBOR，同时支付 3% 的年利率（半年付息一次），名义本金 1 亿。该互换还有 1.25 年到期。目前 3 个月、9 个月和 15 个月的 LIBOR（连续复利）分别为 2.8%、3% 和 3.2%。前一支付日所观察到的 6 个月的 LIBOR 为 2.8%（半年复利 1 次）。求该笔利率互换对该金融机构的价值。

已知 $k = 150$ 万美元，$A = 1$ 亿美元，$k^* = 140$ 万美元，有

$$B_{\text{fix}} = 150e^{-2.8\%\times 0.25} + 150e^{-3\%\times 0.75} + 10\,150e^{-3.2\%\times 1.25} \approx 10\,048 \text{（万美元）}$$

$$B_{\text{fl}} = (10\,000 + 140)e^{-2.8\%\times 0.25} \approx 10\,069 \text{（万美元）}$$

由上可得，此互换的价值为 10 069 - 10 048 = 21（万美元）。

### 2. 运用远期利率协议组合为利率互换估值

可以把互换看作一系列远期合约组合的方式，见表 9-6，每一个长方形的矩形框中的情形都相当于一个利率远期，该互换共可分解为四个远期。分别计算这四个远期的价值，再加总，可求得利率互换的价值。

表 9-6 标准利率互换中某机构的现金流（每 1 元本金）

| 日 期 | 3 月期 Shibor/% | 收到的浮动利息 | 支付的固定利息 | 净现金流 |
|---|---|---|---|---|
| 2020 年 1 月 17 日 | 2.868 0 | — | | |
| 2020 年 4 月 17 日 | 1.403 0 | $\frac{2.868\,0\%}{4}=0.007\,17$ | $\frac{2.92\%}{4}=0.007\,3$ | -0.000 13 |
| 2020 年 7 月 17 日 | 2.356 0 | $\frac{1.403\,0\%}{4}=0.003\,51$ | $\frac{2.92\%}{4}=0.007\,3$ | -0.003 79 |
| 2020 年 10 月 17 日 | 2.786 0 | $\frac{2.356\,0\%}{4}=0.005\,89$ | $\frac{2.92\%}{4}=0.007\,3$ | -0.001 41 |
| 2021 年 1 月 17 日 | — | $\frac{2.786\,0\%}{4}=0.006\,97$ | $\frac{2.92\%}{4}=0.007\,3$ | -0.000 33 |

在存续期间的任何时点上，利率互换除了紧接着就要交换的现金流已知以外，后面

每一次现金流的交换都可以看作是一个利率远期协议,因此,我们把包含第一次现金流交换的价值以及随后各次现金流交换所等价的远期协议的价值在内的所有价值的现值求出来加总,就得到利率互换的价值。这里需要用到远期协议价值的计算公式。

一个执行利率为 $r_K$ 的远期协议多头方(名义借方,即按固定利率支付利息的一方)价值(在均为连续复利情况下)为

$$V_f = \left[ Ae^{r_F(T^*-T)} - Ae^{r_K(T^*-T)} \right] e^{-r^*(T^*-t)} \quad (9\text{-}5)$$

远期协议空头方的价值为式(9-5)相反数。

### 9.2.2 货币互换定价和估值

与利率互换类似,货币互换也可以分解为债券的组合或远期协议的组合,只是这里的债券组合不再是浮动利率债券和固定利率债券的组合,而是一份外币债券和一份本币债券的组合,远期协议也不再是FRA,而是远期外汇协议。

#### 1. 以债券组合形式为货币互换定价

定义 $V_{互换}$ 为货币互换的价值,那么对于收入本币、付出外币的那一方:

$$V_{互换} = B_D - S_0 B_F \quad (9\text{-}6)$$

式中,$B_F$ 为用外币表示的从互换中分解出来的外币债券的价值;$B_D$ 为从互换中分解出的本币债券的价值;$S_0$ 为即期汇率(直接标价法)。

对付出本币、收入外币的那一方:

$$V_{互换} = S_0 B_F - B_D \quad (9\text{-}7)$$

#### 2. 以远期外汇协议组合形式为货币互换定价

货币互换中的每次支付,都可以用一笔远期外汇协议的现金流来代替。因此,只要能够计算并加总货币互换中分解出来的每笔远期外汇协议的价值,就可得到相应货币互换的价值。

### 9.2.3 其他互换定价和估值

可以将利率互换和货币互换的定价及估值框架应用于其他互换的定价与估值。接下来将介绍商品互换的定价。

正如利率互换和货币互换可以看作一系列远期协议的组合一样,商品互换也可以看作一系列商品远期协议的组合,互换中每次交换现金流时的固定价格相当于该时点到期的商品远期协议的执行价格。根据远期合约价值的意义,对商品远期合约的多头方,远期合约的价值可写为(以间断复利表示)

$$V = \frac{\hat{C} - C_k}{(1+r)^t} \quad (9\text{-}8)$$

式中,$\hat{C}$ 是商品的远期(或期货)价格;$C_k$ 是合约原已确定的执行价格;$r$ 是当前到合约到期的这段时间的零息利率;$t$ 是远期合约剩余的时间。

这样，商品互换有几次现金流交换，就有几个等价的商品远期合约，求出它们的价值后相加，就可以得到商品互换的价值。与利率互换合约一样，在签订互换合约时，准确定价的合约价值应该为0，我们据此得到商品互换的价格。

## 9.3 互换的应用

### 9.3.1 运用互换进行套利

最早出现的货币互换主要是为了规避外汇管制，而最早出现的利率互换则是为了降低融资成本。根据套利收益来源的不同，互换套利大致可分为信用套利与税收及监管套利。

**1. 信用套利**

1）利率互换信用套利

【例9-7】是通过利率互换进行信用套利的一个典型例子。

【例9-7】假设A和B两家公司都想借入5年期的1 000万美元借款，A公司想借入与6个月期相关的浮动利率借款，B公司想借入固定利率借款。但两家公司的信用等级不同，故市场向它们提供的利率也不同，见表9-7。

表9-7 市场提供给A、B两家公司的借款利率

| 项 目 | 固 定 利 率 | 浮 动 利 率 |
|---|---|---|
| A公司 | 4.0% | 6个月LIBOR |
| B公司 | 5.2% | 6个月LIBOR+0.7% |
| 借款成本差额 | 1.2% | 0.7% |
| 结论 | A有相对优势 | B有相对优势 |

从表9-7可以看出，A公司在两个市场上的借款利率均比B公司低。在固定利率市场上A公司比B公司低1.2%，而在浮动利率市场上A公司仅比B公司低0.7%，我们将这种情形称为A公司在两个市场上均具有绝对优势，在固定利率市场上有比较优势，而B公司则在浮动利率市场上具有比较优势。这样，双方就可利用各自的比较优势为对方借款，然后互换，从而达到共同降低筹资成本的目的。

具体来看，基本的合作与互换机制为：A公司在其具有比较优势的固定利率市场上以4.0%的固定利率借入1 000万美元，而B公司则在其具有比较优势的浮动利率市场上以LIBOR+0.7%的浮动利率借入1 000万美元，然后进行互换。由于本金相同，双方不必交换本金，只交换利息的现金流即可。A公司向B公司支付浮动利息，而B公司向A公司支付固定利息。对A公司来说，它应在随后的5年内每年按4.0%的固定利率支付银行利息，但是经过与B公司的互换，它每年接受B公司按固定利率支付的利息，同时向B公司支付按浮动利率计算的利息，最终的结果相当于按浮动利率融入资金1 000万美元。而对于B公司则正好相反，B公司虽然按浮动利率向银行借款，经与A公司的互换后，

实际相当于按固定利率融入资金 1 000 万美元。

在明确基本的合作和互换机制之后，我们可以看到：如果 A 公司与 B 公司不合作，它们的总筹资成本为 5.2% + 6 个月期 LIBOR；而如果彼此合作，总筹资成本则为 4.0% + 6 个月期 LIBOR + 0.7% = LIBOR + 4.7%，比不合作的情形降低了 0.5%，这就是合作与互换的总收益，或者是双方融资降低的总成本。

互换利益是双方合作的结果，由双方分享，分享比例由双方谈判决定。假定双方各分享一半，双方都将使筹资成本降低 0.25%：A 公司最终支付 LIBOR − 0.25%，实际融入浮动利率贷款；B 公司最终支付 4.95%，实际融入固定利率贷款。这样，双方根据借款成本与实际目标成本的差异，就可以计算出互换中相互支付的现金流，达成互换协议，实现双方套利降低融资成本的目标。图 9-14 就是这样的一个利率互换套利。

图 9-14　利率互换套利流程

2）货币互换信用套利

货币互换同样可以用与利率互换类似的方式进行信用互换套利。

【例 9-8】国内某中型宝石加工企业在海外享有一定的声誉。该企业为拓展海外市场，决定在澳大利亚开设多家精品店，需要借入 5 年期澳元 500 万。同时，国内另外一家设备制造企业意图直接投资到美国开设分厂，需要 5 年期借款 450 万美元。澳元兑美元的即期汇率为 0.9 美元/澳元。两者所能得到的市场借款利率见表 9-8。

表 9-8　市场提供给两家公司的借款利率

| 项　　目 | 美元贷款利率 | 澳元贷款利率 |
| --- | --- | --- |
| 宝石加工企业 | 5.5% | 8.5% |
| 设备制造企业 | 7.6% | 9.8% |
| 借款成本差额 | 2.1% | 1.3% |
| 结论 | 宝石加工企业相对优势 | 设备制造企业相对优势 |

由表 9-8 可见，宝石加工企业在美元与澳元的借款上与设备制造企业相比都具有优势，但是，其在美元借款上的优势更大，美元借贷市场是其具有比较优势的市场。而设备制造企业的比较优势在澳元借贷市场。从两企业的借贷需求看，恰构成货币互换的完美情形：宝石加工企业与设备制造企业各自在自身具有比较优势的市场借入资金，即宝石加工企业借入美元，设备制造企业借入澳元，然后通过互换将前者的美元借款转化为澳元借款，而将后者的澳元借款转化为美元借款，同时使双方都节省了借款成本。

两家企业以美元借款的差价为 2.1%，以澳元借款的差价为 1.3%，通过互换，双方节省的总成本为 2.1% − 1.3% = 0.8%。

在当今的互换市场上，金融机构经常作为做市商介入其中。图 9-15 展示了银行作为做市商进行货币互换套利的一种情形。

图 9-15 货币互换套利流程

可以看到，在这一互换的安排中，宝石加工企业最终的效果相当于以 8.2% 的利率借入澳元，设备制造企业最终效果相当于以 7.3% 的利率借入美元，这比不参与互换直接借自己需要的币种节省了 0.3%。而银行作为中介，在澳元上损失 1.6%，在美元上盈利 1.8%，若忽略货币的差别，其净收益为 0.2%。所有参与方总的收益为 0.8%，正如所料。不仅如此，在这样一个安排下，银行承担了汇率风险，两个企业降低了成本，还完全规避了汇率风险，二者都相当于单纯地以其需要的币种借款。

**2. 税收及监管套利**

税收及监管套利是指交易者利用不同国家或经济体税收和监管要求的不同、运用互换规避税收与监管的特殊规定，降低成本，获取收益。

【例 9-9】 澳大利亚规定，一个非澳大利亚居民在澳大利亚购买澳元证券所得的利息要缴纳 10% 的预扣税（withholding tax）。例如，一位欧洲投资者购买收益率为 13% 的澳联邦政府债券，在每个付息日将只能收到 11.70% 的收益，因为要从 13.00% 中扣除预扣税。如果他无法在本国税负中抵补该笔扣税，显然将失去这 1.30% 的收益。

一家信用等级很高（这是为了使其信用等级接近于澳大利亚联邦政府）且希望发行美元债券的欧洲机构可以运用互换对此预扣税机制进行套利，步骤如下。

第一步，该机构在欧洲市场上发行欧洲澳元债券。由于欧洲澳元债券在澳大利亚之外发行，不受澳大利亚税法约束。因此，投资于欧洲澳元债券的利息所得免缴预扣税。假设欧洲澳元债券的收益率为 12.50%，低于澳洲联邦政府债券的 13% 收益率。但对于欧洲投资者来说，由于免缴预扣税，其投资实际所得仍比澳洲联邦政府债券高 0.8%。

第二步，该机构与澳大利亚国内机构进行货币互换。澳大利亚国内机构向该欧洲机构支付澳元利息，而欧洲机构向澳大利亚国内机构支付美元利息。由于节省了预扣税，此互换中的澳元利息低于澳大利亚国内债券利息，澳大利亚机构因此愿意向该欧洲机构收取比市场利率低的美元利息，从而实现了双方融资成本的降低。

【例 9-10】 1984 年年底，在日元兑换限制解除的背景下，澳元证券的高收益引起了日本投资者的极大兴趣。但是日本当局规定日本机构在外币证券方面的投资不应超过其证券组合的 10%。1985 年年初，上述 10% 的规定有所放宽，日本居民出于某些特殊原因发行的外币证券不属于 10% 的外币证券份额之内。一些日本金融机构运用货币互换对上述监管制度进行了套利，具体步骤如下。

第一步，日本金融机构向日本投资者发行澳元证券。这些证券的利率水平较高，但仍低于澳大利亚境内的澳元证券。在当时的监管规则下，日本投资者无法大量投资于澳大利亚境内的澳元证券，而只能购买日本金融机构发行的澳元证券，因为这些证券被认定为不属于 10% 的外币证券份额之内。

第二步，日本金融机构与澳大利亚国内机构进行货币互换。澳大利亚国内机构向日本金融机构支付澳元利息，而日本金融机构向澳大利亚国内机构支付美元利息。由于日本境内的澳元利息成本低，此互换中的澳元利息低于澳大利亚国内债券利息，澳大利亚机构因此愿意向日本金融机构收取比市场利率低的美元利息，从而实现了双方融资成本的降低。

从【例 9-9】和【例 9-10】可以看到，只要税收和监管制度的规定导致了定价上的差异，市场交易者就可以进入定价优惠的市场，并通过互换套取其中的收益。总的来说，不同国家或地区、不同种类收入、不同种类支付的税收待遇（包括纳税与税收抵扣）差异，一些人为的市场分割与投资限制，出口信贷、融资租赁等能够得到补贴的优惠融资，等等，都可能成为互换套利的基础。

然而，与信用套利类似，税收及监管套利也是不稳定的。随着市场的开放与完善，套利机会将越来越少。

### 9.3.2 运用互换进行风险管理

一般认为、风险管理是互换最重要、最基本的功能与应用领域。互换种类不同，其管理的风险也各不相同。利率互换主要用于管理利率风险，货币互换主要用于管理汇率风险，股权互换主要针对股票价格或股票指数风险，商品互换则主要针对商品价格风险等。下面主要介绍利率互换与货币互换在风险管理中的应用。

**1. 运用利率互换管理利率风险**

1）运用利率互换转换资产的利率属性

图 9-16 描述了运用利率互换转换资产的利率属性的方法。如果交易者原先拥有一笔固定利率资产，他可以通过进入利率互换的多头，使所支付的固定利率与资产中的固定利率收入相抵消，同时收到浮动利率，从而转换为浮动利率资产。类似地，如果交易者原先拥有一笔浮动利率资产，他可以通过进入利率互换的空头，使所支付的浮动利率与资产中的浮动利率收入相抵消，同时收到固定利率，从而转换为固定利率资产。类似的转换在一些金融机构的利率风险管理中有时是很必要的，比如，商业银行由于其资产和负债常常出现期限结构的不匹配，就有必要转换一些资产的利率属性或者负债的利率属性，以减少利率风险敞口。

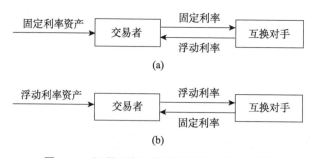

图 9-16 运用利率互换转换资产的利率属性

(a) 运用利率互换将固定利率资产转换为浮动利率资产；(b) 运用利率互换将浮动利率资产转换为固定利率资产

2）运用利率互换转换负债的利率属性

负债利率属性的转换与资产利率属性的转换是非常相似的。如图 9-17 所示，如果交易者原先拥有一笔浮动利率负债，他可以通过进入利率互换的多头，使所收到的浮动利率与负债中的浮动利率支付相抵消，同时支付固定利率，从而转换为固定利率负债。类似地，如果交易者原先拥有一笔固定利率负债，他可以通过进入利率互换的空头，使所收到的固定利率与负债中的固定利率支付相抵消，同时支付浮动利率，从而转换为浮动利率负债。

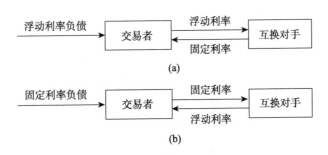

图 9-17 运用利率互换转换负债的利率属性

(a) 运用利率互换将浮动利率负债转换为固定利率负债；(b) 运用利率互换将固定利率负债转换为浮动利率负债

3）运用利率互换进行久期套期保值

作为利率敏感性资产，利率互换与利率远期、利率期货一样，经常被用于进行久期套期保值，管理利率风险。利率互换协议与固定附息债券的久期相当接近，可以提供类似的久期对冲功能，而所需成本则低得多，因而利率互换成为久期风险管理的重要工具。利率互换协议最长可达 30 年，在互换市场发展起来之前，长期固定收益产品比较少，流动性通常较差，因此利率互换是长期利率风险管理的重要工具之一。

### 2. 运用货币互换管理汇率风险

与利率互换类似，货币互换也可以通过转换资产或负债的货币属性的方式，规避汇率风险。货币互换为市场投资者提供了管理汇率风险，尤其是长期汇率风险的工具。其互换的情景可以是这样的：乙公司有一笔 5 年期的年收益率为 6%、本金为 2 000 万美元的投资，但是乙公司认为美元相对于英镑有可能会走弱。于是，其通过这笔互换，将投资转换成等价值的英镑投资。也可以是乙公司有一笔本金为 1 000 万美元、为期 5 年的负债，为了规避汇率风险，实施这样的互换。总之，用货币互换管理风险，主要就是通过改变资产或负债的货币属性来实现的。

### 9.3.3 运用互换进行金融创新

互换一经产生，人们就开始用它与基础性金融工具或其他衍生金融工具结合，创新出人们所需要的金融产品来。这里仅举例来说明其在金融创新方面的应用，不做其他过多的阐述。

根据前面的介绍，我们知道，如果一笔名义本金为 $A$ 的浮动利率资产与一份名义本金相同的利率互换空头组合在一起,将构造出一份合成的固定利率资产。现在,设想一下,如果该笔利率互换空头的名义本金是 $2A$ 而非 $A$,会发生什么?

**【例 9-11】** 假设乙公司拥有一份 2 年期的本金为 $A$、利率为 1 年期 LIBOR 的浮动利率资产(为简要起见,这里设定浮动期限为 1 年)。现在乙公司与甲银行签订一份名义本金为 $2A$ 的 2 年期利率互换,支付 LIBOR,收到年利率 $r$,利息每年交换一次,如图 9-18 所示。

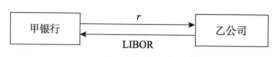

图 9-18 甲银行与乙公司的互换

在签订了此笔利率互换协议后,乙公司面临 3 个利息现金流:
(1)从资产中获得 $A \times$ LIBOR 的浮动利息收入;
(2)从互换中收入 $2A \times r$ 的固定利息;
(3)在互换中支付 $2A \times$ LIBOR 的浮动利息。

这样乙公司的利息现金流就转化为 $A \times (2r-\text{LIBOR})$。也就是说,当市场利率上升的时候,该资产的利息收入下降,这样的资产被称为反向浮动利率债券。因此,一笔名义本金为 $A$ 的浮动利率资产与一份名义本金为 $2A$ 的利率互换空头组合在一起,将构造出一份合成的反向浮动利率债券。

## 思考题

1. 请说明有哪些主要的互换种类。
2. 请阐述国际互换市场迅速发展的原因。
3. 互换有哪些主要功能?
4. 试画出利率互换的交易结构图。
5. 试画出货币互换的交易结构图。
6. 商品互换有哪些主要种类?可以发挥哪些作用?
7. 股权互换有哪些主要种类?可以发挥怎样的作用?
8. 简单说明利率互换有哪些市场惯例。
9. 试述互换头寸的结清方式有哪些。
10. 互换经常运用于哪些场景?
11. 商业银行的资产与负债的期限往往并不匹配,因为其吸收存款的期限一般较短,而发放贷款的期限则相对要长很多,这样银行就会面临比较大的利率风险。试思考银行用互换怎样才能抵消或降低这种风险敞口。

答案解析 扫描此码

## 习题

1. 公司 A 和公司 B 从市场上获得表 9-9 所示的 5 年期 1 000 万美元的贷款年利率报价。

表 9-9　公司 A 与公司 B 的贷款年利率

| 项目 | 浮动利率 | 固定利率/% |
|---|---|---|
| 公司 A | LIBOR | 5.0 |
| 公司 B | LIBOR + 0.4% | 6.2 |

公司 A 希望借入浮动利率贷款，公司 B 希望借入固定利率贷款，假设互换银行作为中介的收益为 20 个基点，试设计一个以互换银行为中介的互换合约。

2. 有人对公司 A 与公司 B 的 500 万元 10 年期投资许诺表 9-10 所示的利率。

表 9-10　公司 A 和公司 B 的 10 年期投资利率

| 项目 | 浮动利率 | 固定利率/% |
|---|---|---|
| 公司 A | Shibor | 8.0 |
| 公司 B | Shibor + 0.4% | 9.8 |

公司 A 希望得到固定收益的投资，公司 B 希望得到浮动收益投资，设计一个互换，使作为中介的银行的收益为 20 个基点，并使该互换对于公司 A 和公司 B 具有同样的吸引力。

3. 公司 A 和公司 B 面临的借款利率见表 9-11。

表 9-11　公司 A 和公司 B 的借款利率

| 项目 | 浮动利率 | 固定利率/% |
|---|---|---|
| 公司 A | LIBOR | 5.0 |
| 公司 B | LIBOR + 0.5% | 6.5 |

假定公司 A 想以浮动利率借入美元，公司 B 想以固定利率借入加元。一家金融机构计划安排一个货币互换并从中盈利 40 个基点。如果这一互换对于公司 A 和公司 B 有同样的吸引力，公司 A 和公司 B 最终支付的利率分别为多少？

4. 公司 A 希望以固定利率借入人民币，公司 B 希望以固定利率借入美元，经即期汇率转换后，双方所需要的金额大体相当。经过税率调整后，两家公司可以得到的利率报价见表 9-12。

表 9-12　公司 A 与公司 B 可得到的利率报价　　　　　　　　　　　　　　　　%

| 项目 | 人民币 | 美元 |
|---|---|---|
| 公司 A | 9.6 | 5.0 |
| 公司 B | 10.0 | 6.5 |

设计一个互换，使作为中介的银行有 50 个基点的净收益，并使得该互换对双方具有同样的吸引力，且让银行承担所有的汇率风险。

5. 假设在一笔互换合约中，某一金融机构每半年支付 6 个月期的 LIBOR，同时收取

8%的年利率(半年计一次复利),名义本金为1亿美元,互换还有1.25年的期限。3个月、9个月和15个月的LIBOR(连续复利率)分别为4.5%、5.0%和5.2%。上一次利息支付日的6个月LIBOR为5.0%(半年计一次复利)。试分别运用债券组合和远期利率协议组合计算此笔利率互换对该金融机构的价值。

6. 假设美元和日元的LIBOR的期限结构是平的,在日本是4%而在美国是9%(均为连续复利)。某一金融机构在一笔货币互换中每年收入日元,利率为5%,同时付出美元,利率为8%。两种货币的本金分别为1 000万美元和120 000万日元。这笔互换还有3年的期限,每年互换一次利息,即期汇率为1美元=110日元。试分别运用债券组合和远期外汇组合计算此笔货币互换对该金融机构的价值。

7. 假设1年期、2年期、3年期的石油远期价格分别是60美元、65美元、70美元。1年期有效年利率为6.0%,2年期有效年利率为6.5%,3年期有效年利率为7.0%。该互换每年结算一次。试计算:

(1) 3年期的互换价格是多少?

(2) 1年之后生效的2年期互换的价格是多少?

# 第 10 章  期权与期权交易

**本章学习目标：**

通过本章学习，学员应该能够：
1. 掌握期权的概念与主要类别；
2. 熟悉场内期权合约的条款；
3. 掌握期权开仓及头寸了结方式；
4. 熟悉无保护期权交易保证金的计算方法；
5. 了解期权做市商制度。

## 10.1  期权的概念与种类

### 10.1.1  期权的概念

期权，也称选择权，是指以对一定标的的选择性买卖权利为核心，赋予买方在将来一定时间内以事先商定的价格选择是否买入（或卖出）一定数量和规格某种标的的权利，而卖方有义务按规定满足买方未来买卖的要求。

期权的买方（taker，多头）通过支付权利金（option premium，期权费）的方式拥有权利；卖方（grantor，空头）收取期权费，卖出权利。在期权的有效期内，若标的价格朝有利于买方的方向变动，买方可以选择行使权利（称为行权或履约）；否则，买方也可以放弃权利。

场内期权合约在有效期内可以像期货合约那样交易转让；超过规定期限，合约失效，买主的权利随之作废，卖主的义务也被解除。

期权是对权利的买卖，权利金就是期权的价格。

### 10.1.2  期权的种类

由于期权的含义涉及众多要素，可以从不同的角度来将期权划分为不同的类型。

**1. 按行权的时间划分**

按行权的时间，期权可分为欧式期权和美式期权两类。欧式期权是指买方在期权合约到期日才能行权；而美式期权则给买方以更大的灵活选择权利，既能在到期日行权，也能在到期日之前的任一交易日行权。因此，同等条件下，美式期权的购买者一般需支付更高的权利金。场外期权大都是欧式期权，而期货期权一般都是美式期权。

**2. 按赋予买方的权利不同划分**

按赋予买方的权利不同，期权可分为看涨期权（ call options ）和看跌期权（ put options ）。其中看涨期权又称买权、认购期权，是指期权买方拥有在有效期内向期权卖方"买入"

标的的权利；看跌期权又称卖权、认沽期权，是指期权买方拥有在有效期内向期权卖方"卖出"的权利。

看涨期权的买方之所以愿意支付权利金获得未来"买入"标的的权利，是因为他对标的未来价格"看涨"；而看跌期权的买方之所以愿意支付权利金获得未来"卖出"标的的权利，是因为他对标的未来价格"看跌"。这解释了名称的由来。

我国内地期货交易所的期权合约一般惯用"看涨期权/看跌期权"，我国内地证券交易所及香港交易所的期权合约一般惯用"认购期权/认沽期权"。

### 3. 按交易场所划分

按交易场所，期权可分为场内期权和场外期权。前者也叫交易所交易期权，一般在交易所的交易大厅内或交易系统内交易，所交易的都是交易所制定的标准化期权合约；后者也称为柜台交易期权，是买卖双方为满足某一特定需求而创设的，合约内容由买卖双方自行协商。

与场内期权相比，场外期权具有如下特点。

第一，合约非标准化。

第二，交易品种多样、形式灵活、规模巨大。由于场外交易双方可以直接商谈，期权品种、交易形式和交易规模等均可以按照交易者的需求进行定制，所以场外期权更能够满足投资者的个性化需求，场外期权交易也促进了新的复杂产品的诞生和交易。

第三，交易对手机构化。场外期权交易多在机构投资者之间进行，对于一般法人和机构投资者，其交易对手多为经验丰富的投资银行、商业银行等专业金融机构，期权合约的内容、交易方式等均由经验丰富的交易对手设计。

第四，流动性风险和信用风险大。交易所期权随时可以转让，结算机构可以保证卖方履约，而场外期权交易转让很困难，且不经过结算所结算，也没有担保。所以，场外交易具有较高的流动性风险和信用风险。

现举例说明场外交易期权：某上市公司欲以每股20元发行5 000万新股，由于担心新股发行不顺，为了使股票更加具有吸引力，该上市公司采取了期权策略，即每购100股新股，就送购买者一份卖权，使其在未来2年内有权按每股18元的价格卖掉100股股票。这样购买者的损失就限制在每股2元以内；而一旦股价上涨，他们的获益潜力很大。

期权在场外市场很普遍，常用于外汇保值、新股发行、债券交易、房产交易等。本书在接下来的章节将重点介绍更为标准化和制度化的场内期权，若不另行指明，所说的期权交易都是指场内期权交易。

### 4. 按期权合约标的划分

按期权合约标的不同，期权可分为现货期权和期货期权。标的为现货商品或其指数的期权被称为现货期权；标的为期货合约的期权被称为期货期权。每一分类之下又可细分为金融期权和商品期权。如我国第一个场内期权"上证50ETF期权"，其标的是"上证50交易型开放式指数证券投资基金"（"50ETF"），属于金融现货期权；中国金融期货交易所"沪深300股指期权"的标的是"沪深300指数"，属于金融现货指数期权；上海期货交易所"黄金期权"的标的是"黄金期货"，属于期货期权。

## 10.2 场内期权合约

### 10.2.1 场内期权合约示例

以下列示三个不同类别的期权合约。

**1. 上海证券交易所上证 50ETF 期权合约**

表 10-1 所示为我国第一个场内期权合约——上证 50ETF 期权合约的基本条款。

表 10-1 上证 50ETF 期权合约基本条款

| 合约标的（物） | 上证 50 交易型开放式指数证券投资基金（"50ETF"） |
|---|---|
| 合约类型 | 认购期权和认沽期权 |
| 合约单位 | 10 000 份 |
| 合约到期月份 | 当月、下月及随后两个季月 |
| 行权价格 | 9 个（1 个平值合约、4 个虚值合约、4 个实值合约） |
| 行权价格间距 | 3 元或以下为 0.05 元，3 元至 5 元（含）为 0.1 元，5 元至 10 元（含）为 0.25 元，10 元至 20 元（含）为 0.5 元，20 元至 50 元（含）为 1 元，50 元至 100 元（含）为 2.5 元，100 元以上为 5 元 |
| 行权方式 | 到期日行权（欧式） |
| 交割方式 | 实物交割（业务规则另有规定的除外） |
| 到期日 | 到期月份的第四个星期三（遇法定节假日顺延） |
| 行权日 | 同合约到期日，行权指令提交时间为 9:15—9:25，9:30—11:30，13:00—15:30 |
| 交收日 | 行权日次一交易日 |
| 交易时间 | 9:15—9:25，9:30—11:30（9:15—9:25 为开盘集合竞价时间）13:00—15:00（14:57—15:00 为收盘集合竞价时间） |
| 最小报价单位 | 0.000 1 元 |
| 申报单位 | 1 张或其整数倍 |
| 涨跌幅限制 | 认购期权最大涨幅 = max{合约标的前收盘价 × 0.5%，min[(2 × 合约标的前收盘价 − 行权价格)，合约标的前收盘价] × 10%}<br>认购期权最大跌幅 = 合约标的前收盘价 × 10%<br>认沽期权最大涨幅 = max{行权价格 × 0.5%，min[(2 × 行权价格 − 合约标的前收盘价)，合约标的前收盘价] × 10%}<br>认沽期权最大跌幅 = 合约标的前收盘价 × 10% |

**2. 中国金融期货交易所沪深 300ETF 期权合约**

表 10-2 所示为中国金融期货交易所沪深 300ETF 期权合约的基本条款。

表 10-2 沪深 300 股指期权合约表

| 合约标的（物） | 沪深 300 指数 |
|---|---|
| 合约乘数 | 每点人民币 100 元 |
| 合约类型 | 看涨期权、看跌期权 |
| 报价单位 | 指数点 |

续表

| 合约标的（物） | 沪深 300 指数 |
|---|---|
| 最小变动价位 | 0.2 点 |
| 每日价格最大波动限制 | 上一交易日沪深 300 指数收盘价的±10% |
| 合约月份 | 当月、下 2 个月及随后 3 个季月 |
| 行权价格 | 行权价格覆盖沪深 300 指数上一交易日收盘价上下浮动 10%对应的价格范围<br>对当月与下 2 个月合约：行权价格≤2 500 点时，行权价格间距为 25 点；2 500 点<行权价格≤5 000 点时，行权价格间距为 50 点；5000 点<行权价格≤10 000 点时，行权价格间距为 100 点；行权价格>10 000 点时，行权价格间距为 200 点<br>对随后 3 个季月合约：行权价格≤2 500 点时，行权价格间距为 50 点；2 500 点<行权价格≤5 000 点时，行权价格间距为 100 点；5 000 点<行权价格≤10 000 点时，行权价格间距为 200 点；行权价格>10 000 点时，行权价格间距为 400 点 |
| 行权方式 | 欧式 |
| 交易时间 | 9:30—11:30，13:00—15:00 |
| 最后交易日 | 合约到期月份的第三个星期五，遇国家法定假日顺延 |
| 到期日 | 同最后交易日 |
| 交割方式 | 现金交割 |
| 交易代码 | 看涨期权：IO 合约月份-C-行权价格<br>看跌期权：IO 合约月份-P-行权价格 |
| 上市交易所 | 中国金融期货交易所 |

### 3. 上海期货交易所黄金期货期权合约

表 10-3 所示为上海期货交易所黄金期货期权合约的基本条款。

表 10-3　上海期货交易所黄金期货期权合约表

| 合约标的（物） | 黄金期货合约（1 000 克） |
|---|---|
| 合约类型 | 看涨期权，看跌期权 |
| 交易单位 | 1 手黄金期货合约 |
| 报价单位 | 元（人民币）/克 |
| 最小变动价位 | 0.02 元/克 |
| 涨跌停板幅度 | 与黄金期货合约涨跌停板幅度相同 |
| 合约月份 | 最近两个连续月份合约，其后月份在标的期货合约结算后持仓量达到一定数值之后的第二个交易日挂牌。具体数值交易所另行发布 |
| 交易时间 | 上午 9:00—11:30、下午 1:30—3:00 及交易所规定的其他时间 |
| 最后交易日 | 标的期货合约交割月前第一月的倒数第五个交易日，交易所可以根据国家法定节假日等调整最后交易日 |
| 到期日 | 同最后交易日 |
| 行权价格 | 行权价格覆盖黄金期货合约上一交易日结算价上下浮动 1.5 倍当日涨跌停板幅度对应的价格范围。行权价格≤200 元/克，行权价格间距为 2 元/克；200 元/克＜行权价格≤400 元/克，行权价格间距为 4 元/克；行权价格>400 元/克，行权价格间距为 8 元/克 |
| 行权方式 | 美式。买方可以在到期日前任一交易日的交易时间提交行权申请；买方可以在到期日 15:30 之前提出行权申请、放弃申请 |
| 交易代码 | 看涨期权：AU-合约月份-C-行权价格<br>看跌期权：AU-合约月份-P-行权价格 |
| 上市交易所 | 上海期货交易所 |

## 10.2.2 场内期权合约主要条款

以下对场内期权合约的主要条款进行解读与分析。

**1. 合约标的（物）**

上海证券交易所"上证 50ETF 期权"的标的是"50ETF 基金"；中国金融期货交易所"沪深 300 指数期权"的标的是"沪深 300 指数"；上海期货交易所"黄金期货期权合约"的标的是"黄金期货"。

**2. 合约单位/交易单位/合约乘数**

"上证 50ETF 期权"的合约单位是 10 000 份，表明每张期权合约对应 10 000 份"50ETF"基金份额；"沪深 300 指数期权"的合约乘数为 100，表明：若指数期权价格为 20 点，则买入或卖出 1 手合约的权利金为 20×100 = 2 000 元；一般而言，期货期权的交易单位为一手期货合约。

**3. 行权方式**

期货期权的行权方式为"美式"，买方可以在到期日前任一交易日的交易时间提交行权申请；而 ETF 期权和股指期权为"欧式"，仅在到期日可以行权。

**4. 履约方式**

股指期权采用"现金结算"方式履约，与股指期货类似；其他品种采用"实物交割"方式履约，即获得或付出"ETF 基金"，或进入相应的期货头寸。

**5. 最后交易日/到期日**

最后交易日为场内期权合约可以卖空买空交易的最后一天；到期日为美式期权买方可以行权的最后一天，也是欧式期权的行权日。期货期权的到期日一般在标的期货到期日前一个月。

**6. 合约类型**

合约类型分为看涨期权（认购期权）和看跌期权（认沽期权），并在合约代码中分别以"C"和"P"标明。

**7. 合约代码**

不同交易所的期权合约代码规则有所不同，但都包含了期权标的、看涨（认购）看跌（认沽）类型、到期月份、行权价格等要素。如中国金融期货交易所股指期权合约代码构成为"标的代码-合约月份-C/P-行权价格"，"IO2206C4500"为沪深 300 股指看涨期权，行权价格为 4 500 点，到期月份为 2022 年 6 月。

值得注意的是，如果期权标的为股票或者跟踪股票指数的 ETF 基金，当标的发生除权、除息情形时，交易所将按既定规则，在除权、除息当日对该合约标的的合约单位、行权价格进行调整，并在合约代码中进行标识。如上海证券交易所 ETF 期权合约代码构成为："标的证券代码-C/P-到期月份-M（代表月合约序列，首次调整改为'A'，再次调整改为'B'，以此类推）-行权价格"。"510050C2203M03100"为 50ETF 认购期权，行权价格为 3.100 元，到期月份为 2022 年 3 月。其中"510050"为"50ETF"的证券代码。

### 10.2.3 场内期权行权价格的确定

**1. 行权价格的概念**

行权价格（exercise price，strike price）也称敲定价格、协定价格或执行价格，即期权合约规定的、在期权买方行权时买入、卖出合约标的（资产、期货合约、指数等）的交易价格。如某上证 50ETF 看涨期权的执行价格为 2.500，则表明期权买方有权在到期日按 2.500 的价格买入一份上证 50ETF。

**2. 行权价格间距**

行权价格间距是基于同一合约标的的期权合约相邻两个行权价格的差值。

**3. 实值、虚值与平值合约**

在基于同一合约标的的所有挂牌的期权合约中，有三种处于不同状态的合约：实值合约、虚值合约和平值合约。

（1）实值合约。实值合约指行权价格低于合约标的市场价格的认购期权，以及行权价格高于合约标的市场价格的认沽期权。

（2）虚值合约。虚值合约指行权价格高于合约标的市场价格的认购期权，以及行权价格低于合约标的市场价格的认沽期权。

（3）平值合约。平值合约指行权价格与合约标的市场价格一致的认购期权和认沽期权。

**4. 行权价格确定规则及考虑的因素**

交易所一般同时挂牌多个行权价格的合约，便于交易者选择。期权合约规定了行权价格规则。首先，要保证同一时间有不同状态的期权合约挂牌交易；其次，标的物价格的高低以及标的物价格波动的幅度决定了不同行权价格的间隔。如上证 50ETF 期权合约规定，每天都要至少保持 1 个平值、4 个虚值、4 个实值期权，如果不够，次日就会加挂新的行权价合约。所以，在标的价格大幅波动的次日往往会加挂新的行权价格合约。

## 10.3 场内期权交易机制

### 10.3.1 期权开仓及头寸了结

**1. 期权交易指令**

期权交易指令主要有市价指令和限价指令。在市价指令的基础上，可以附加即时成交剩余撤销指令和即时成交剩余转限价指令属性。即时成交剩余撤销指令是指不限定价格，以对手实时价格为成交价成交，未成交的部分自动撤销；而即时成交剩余转限价指令，是指不限定价格，以对手方实时价格为成交价格成交，未成交部分自动转为以最新成交价为委托价格。

在限价指令的基础上可以附加即时全部成交或撤销，和即时成交剩余撤销两种指令属性,即时全部成交或撤销指令属性是指限价指令中所有数量必须同时成交,否则指令自动撤销。

期权交易指令中一般应明确如下内容:开仓或平仓、交易方向(买入或卖出)、合约数量、合约代码、合约名称(含标的资产、合约月份及年份、行权价格、期权类型——看涨或看跌)、报价——权利金、指令种类(分为市价指令、限价指令等)。

### 2. 期权开仓

期权开仓分为买入开仓和卖出开仓。

买入开仓是指买入认购期权或认沽期权,形成权利仓。

卖出开仓是指卖出认购期权或认沽期权,形成义务仓;其中,在拥有标的证券的基础上,卖出相应的认购期权而形成义务仓的,称为备兑开仓。

### 3. 期权头寸的了结

期权具有一定的期限,过期后会变得没有任何价值,因此,交易者会在到期日或到期前了结持有的头寸。期权头寸的了结方式有对冲平仓、买方行权(卖方接受买方行权)了结、到期自动行权或权利失效三种。

1)对冲平仓

期权买方和卖方可选择以对冲平仓的方式了结其期权头寸,即卖出(买进)相同的看涨期权或看跌期权。这分为买入平仓、卖出平仓、备兑平仓三种情形。

买入平仓是在持有义务仓的基础上,买入期权,以了结合约或减少义务仓数量;卖出平仓是在持有权利仓的基础上,卖出期权,以了结合约或减少权利仓数量;备兑平仓是在持有备兑义务仓的基础上,买入期权,以了结合约或减少义务仓数量。

例如,某交易者已经以 0.250 0 的价格买进了 1 张 "510050C2209M03000",对冲平仓的方式是卖出 "510050C2209M03000"。若卖出时成交价格为 0.850 0,则该交易者 1 张期权合约共盈利 $0.6 \times 10\ 000 = 6\ 000$ 元。

2)买方行权(卖方接受买方行权)了结

期权买方也可选择在到期日或之前以行权的方式了结其头寸,而卖方此时必须接受买方行权。看涨期权买方行权,按行权价格买入标的;看跌期权买方行权,按行权价格卖出标的。行权后,期货期权的交易双方则获得相应的期货头寸,见表 10-4。

表 10-4 期货期权买方行权后期权买方、卖方获得的期货头寸

| 项 目 | 看 涨 期 权 | 看 跌 期 权 |
| --- | --- | --- |
| 期权买方 | 期货多头头寸 | 期货空头头寸 |
| 期权卖方 | 期货空头头寸 | 期货多头头寸 |

3)到期自动行权或权利失效

期权买方还可以选择持有期权合约至到期。如果此时期权为实值期权,交易所将自动执行期权;否则,期权将自动失效。

从理论上分析，期权行权的机会很小，因为行权只能得到内涵价值，而平仓还可以得到时间价值。但对于深实值期权而言，由于市场流动性差，多头方不得不通过行权了结头寸；此外，一些套期保值者也会要求行权。

### 10.3.2 期权交易的保证金

保证金制度作为一项重要的风险控制制度，用于担保期权合约的履行。在期权交易中，买方最大的损失为交易时支付的权利金，所以没有额外的保证金要求。而卖方只有义务没有权利，承担的风险很大，结算机构会要求其交付保证金。与期货交易的保证金制度一致，期权的保证金也实行逐日盯市，也采用分级结算。交易所在合约中规定最低保证金的计算方法，经纪商收取的保证金一般会在交易所保证金的基础上增加一定的幅度。

**1. 有保护的期权和无保护的期权**

期权的卖方可分为两种情况。

第一种是持有有保护的期权（covered option），也称备兑期权，是指期权的卖方拥有可以用来抵偿期权风险的头寸。如看涨期权的卖方持有标的资产或标的期货合约多头，看跌期权的卖方持有标的期货空头头寸，或买进到期时间相同或更晚的同标的的看跌期权，且其行权价格等于或高于卖出的期权的行权价格。

第二种是持有无保护的期权（naked option）。

如果卖出的是有保护的期权，则可以考虑将保护期权的资产或期货合约充当保证金。

通常情况下，交易所或结算公司会依据行权期限、交易品种、期权类型、期权所处状态、是出售无保护期权还是组合期权等的不同，决定计算和收取保证金的数值和方法。

**2. 无保护期权卖方的保证金计算**

各交易所期权保证金的计算方法类似。下面以上海证券交易所的有关规定，说明期权保证金的结算及交纳方式。上证50ETF的开仓保证金计算公式如下：

认购期权义务仓开仓保证金 = [合约前结算价 + Max(12% × 合约标的前收盘价 − 认购期权虚值，7% × 合约标的前收盘价)] × 合约单位

认沽期权义务仓开仓保证金 = Min[合约前结算价 + Max(12% × 合约标的前收盘价 − 认沽期权虚值，7% × 行权价格)，行权价格] × 合约单位

开仓后，交易所会于每个交易日收市后对期权头寸进行逐日盯市结算，计算"维持保证金"，其公式同上类似，只是不用上一日价格，而是改为用当日价格：

认购期权义务仓维持保证金 = [合约结算价 + Max(12% × 合约标的收盘价 − 认购期权虚值，7% × 合约标的收盘价)] × 合约单位

认沽期权义务仓维持保证金 = Min[合约结算价 + Max(12% × 合标的收盘价 − 认沽期权虚值，7% × 行权价格)，行权价格] × 合约单位

注：上海证券交易所将无保护的卖方头寸、有保护的卖方头寸、买方头寸分别称为"义务仓""备兑仓"和"权利仓"。

1）认购期权（看涨期权）开仓保证金计算

**【例 10-1】** 某投资者卖出 1 张无保护的"510050C2203M03000"，权利金为 0.234 0 元，行权价格为 3 元，成交时 50ETF 市价为 3.108 元，期权合约前结算价为 0.264 5 元，50ETF 前收盘价为 3.178 元；此时该认购期权处于实值，对期权卖方不利，实值为 0.108 元，故按公式计算得

认购期权义务仓开仓保证金 = [0.264 5 + Max(12% × 3.178，7% × 3.178)] × 10 000 = 6 458.6（元）

2）认沽期权（看跌期权）开仓保证金计算

**【例 10-2】** 某投资者卖出 1 张无保护的"510050P2203M03000"，权利金为 0.141 1 元，行权价格为 3 元，成交时 50ETF 市价为 3.108 元，期权合约前结算价为 0.115 2 元，50ETF 前收盘价为 3.178 元；此时该认沽期权处于虚值，对期权卖方有利，虚值为 0.108 元，故按公式计算得

认沽期权义务仓开仓保证金 = Min[0.115 2 + Max(12% × 3.178 − 0.108，7% × 3)，3] × 10 000 = 3 885.6（元）

由以上公式及算例可以看出，当期权由虚值向实值变化时，卖方风险随之增加，保证金也会不断增加。对于深度虚值的期权合约有最低保证金要求。投资者若希望降低期权保证金占用，可考虑通过备兑以及组合的方式降低保证金支出。

### 10.3.3 期权做市商制度

**1. 期权做市商制度的运作机理**

传统的做市商制度采用报价驱动交易机制，由一名或多名做市商负责提供买卖双边报价，投资者的买卖指令会传送至做市商处并与之交易。做市商的买入价与卖出价之间存在价差，是做市商的主要收入。交易所一般实行竞争性的做市商制度，以降低交易者成本、提高市场效率。

境外大部分期权市场都引入了做市商制度。如全球第一家期权交易所美国芝加哥期权交易所，在 1973 年上市第一个股票期权产品时即引入了做市商制度。目前全球十大股指期权合约中，除韩国的 Kospi200、印度国家证券交易所的 S&P CNX Nifty 股指期权合约外均有做市商。而这两个股指合约规模小，进入门槛低，个人投资者和高频交易者占比高，市场流动性不平衡的问题也较为突出。

正如本书前面所讨论的，指令驱动与报价驱动两种机制互有优劣，后者在大宗交易能力、成交及时性以及价格稳定性方面具有优势，但在运作费用、透明性、信息效率等方面不如前者。因此，在实践发展中，出现了两种机制的融合。

我国场内期权交易采用了混合机制，在实行指令驱动机制的基础上，引入做市商制度，作为提供市场流动性的辅助机制。做市商向公众投资者提供双边报价，其报价与投资者的指令共同参与集中撮合，交易仍然严格按照"价格优先、时间优先"的原则进行。做市商在交易系统中并不享有特殊地位。

我国期权做市商对指定合约提供的双边报价包括两类：向投资者提供的持续报价，以及对投资者询价提供双边回应报价。交易所将根据做市协议，对最大买卖价差、最小报价数量、参与率、合约覆盖率、回应报价的最长回应时间以及最短保留时间等做市指标做出具体要求。

成为做市商应具备一定的条件，包括具备雄厚的资金实力、良好商业信誉、极强的报价及风管理能力等。做市商具有为指定合约提供市场流动性、维持双向报价的连续性等义务；作为回报，做市商的保证金要求和交易税费标准一般会低于公众投资者。做市商也通过买卖双向报价的适当价差来补偿所提供服务的成本费用，并实现一定的利润。

做市商的期权做市过程一般分为三步：第一步，基准价格的确定，即做市商根据理论模型对期权合约进行定价，进而确定做市基准价；第二步，买卖挂单，即做市商以理论定价为中枢，根据市场风险、当前持仓头寸和目标持仓头寸、安全边际等因素设定价差，并确定报单量；第三步，风险管理，即做市商根据头寸情况，及时调整报价策略，降低整体组合对方向性风险和波动率风险的暴露。当持仓累积到一定程度时，做市商通常进行一次 Delta 中性对冲。

**2. 期权市场引入做市商的作用**

1）为市场提供流动性

由于同时挂牌的同一标的期权合约数量较多，而普通投资者的交易一般会集中于接近平值的期权，其他合约会出现指令不均衡的情况，流动性也较差。做市商给市场提供了连续报价（流动性），使普通投资者可以方便地找到交易对手，市场变得更加活跃和更具流动性，市场效率得以提高。

扩展案例 10.1

期权与"恐怖组织"

2）有助于发挥期权价格发现功能

做市商一般比普通投资者更有专业能力，他们通过计算合理的隐含波动率，再运用期权定价模型，得到期权理论价格作为报价基准。做市商在引导市场价格向理论价格靠近的同时，利用 Delta 中性对冲实现盈利。做市商买入低估的波动率、卖出高估的波动率的交易行为，也起到了引导市场合理定价的作用。

### 10.3.4 期权行情解读

交易所和相关资讯机构发布的期权行情提供了期权交易的相关信息。期权行情一般有两种展示方式，一种是左右分列式，也称为"T 型报价"，即将同一行权价的看涨（认购）、看跌（认沽）期权对称分列在表的左边和右边，到期日相同的期权列示在一张表上；另一种是纵列式，即按照到期时间、期权类型、行权价不同将所有挂牌合约列示在一张表格上。下面以上海证券交易所、中国金融期货交易所和上海期货交易所为例进行说明。其中前两者为左右分列式，后者为纵列式。

**1. 上海证券交易所期权行情**

表 10-5 为上海证券交易所期权行情表。下面对表中相关内容及术语进行解读。

表 10-5　上海证券交易所期权行情（2021 年 8 月 31 日）

| 认 | 购 | | | 10月份 | 认 | 沽 | | |
|---|---|---|---|---|---|---|---|---|
| 合约交易代码 | 当前价 | 涨跌幅 | 前结价 | 行权价 | 合约交易代码 | 当前价 | 涨跌幅 | 前结价 |
| 510050C2110M02850 | 0.291 6 | −4.08% | 0.304 0 | 2.850 | 510050P2110M02850 | 0.015 8 | 0.64% | 0.015 7 |
| 510050C2110M02900 | 0.252 5 | −3.26% | 0.261 0 | 2.900 | 510050P2110M02900 | 0.021 0 | 2.44% | 0.020 5 |
| 510050C2110M02950 | 0.206 0 | −6.79% | 0.221 0 | 2.950 | 510050P2110M02950 | 0.030 0 | −0.66% | 0.030 2 |
| 510050C2110M03000 | 0.175 5 | −3.99% | 0.182 8 | 3.000 | 510050P2110M03000 | 0.041 9 | 1.21% | 0.041 4 |
| 510050C2110M03100 | 0.110 0 | −5.82% | 0.116 8 | 3.100 | 510050P2110M03100 | 0.079 3 | 3.12% | 0.076 9 |
| 510050C2110M03200 | 0.064 0 | −7.51% | 0.069 2 | 3.200 | 510050P2110M03200 | 0.128 8 | −0.54% | 0.129 5 |
| 510050C2110M03300 | 0.035 0 | −6.17% | 0.037 3 | 3.300 | 510050P2110M03300 | 0.201 1 | 2.86% | 0.195 5 |
| 510050C2110M03400 | 0.016 4 | −9.39% | 0.018 1 | 3.400 | 510050P2110M03400 | 0.292 3 | 4.99% | 0.278 4 |
| 510050C2110M03500 | 0.008 7 | −2.25% | 0.008 9 | 3.500 | 510050P2110M03500 | 0.377 0 | 2.95% | 0.366 2 |
| 510050C2110M03600 | 0.005 1 | 4.08% | 0.004 9 | 3.600 | 510050P2110M03600 | 0.477 9 | 3.26% | 0.462 8 |

资料来源：上海证券交易所网站。

1）期权合约到期月份

表 10-5 列示的期权合约都有相同的到期日 "2021 年 10 月"。此外，还有 2021 年 9 月、2021 年 12 月、2022 年 3 月到期的上证 50ETF 期权合约，分别列示在其他三张表中。

2）行权价与行权价格间距

表 10-5 中间一列为挂牌交易期权合约的行权价。行权价从上至下按由低到高的顺序排列，共有 10 个不同的行权价，其中前 4 个行权价为 3 元或以下，行权价间距为 0.05 元；后面系列行权价在 3 元至 5 元（含）之间，行权价间距为 0.1 元。

3）认购期权行情区

行权价左右两边的区域是不同的期权类型。其中左边区域是认购期权行情区，列示了所有挂牌交易的认购期权（表 10-5 中为 10 月份到期）。

4）认沽期权行情区

认沽期权行情区在右边区域，列示了所有挂牌交易的认沽期权（10 月份到期）。

5）合约交易代码

认购期权行情区和认沽期权行情区的第一列都是期权合约交易代码。上证 50ETF 期权合约交易代码中列明了合约标的、合约类型、到期月份、行权价格等一些要素，由 17 位数字和字母组成。各部分分别表示：第 1~6 位是合约标的证券代码；第 7 位是 C 或 P，表示认购期权或者认沽期权；第 8~11 位表示到期年月；第 12 位期初设为 "M"，并且会根据合约调整次数按照 "A" 到 "Z" 依序变更。当标的证券发生除权除息情形时，将对期权合约的相关条款进行相应调整。如果变更为"A",则标识期权合约首次发生调整,变更成为"B"就标识期权合约进行第二次调整;第13~17位标识的是行权价格,以0.001元为单位。如"510050C2203M02850"表示"2022年3月到期、行权价2.85的上证50ETF认购期权"。

6)当前价

当前价为期权最新一笔成交价。如"510050C2203M02850"的当前价为0.291 6元,表示每一份期权的价格为0.291 6元,因为一手期权为10 000份,则一手期权的价格为0.291 6×10 000 = 2 916元。

7)前结算价

前结算价指上一交易日期权结算价。期权合约的结算价格为该合约当日收盘集合竞价的成交价格。"510050C2203M02850"的前结算价为0.304 0元。

8)涨跌幅

这是指当前价相对于前结算价的涨跌幅。如"510050C2203M02850"当前的涨跌幅为-4.08%。

**2. 中国金融期货交易所期权行情**

表10-6为中国金融期货交易所沪深300指数期权行情表,该表含2021年9月到期的所有挂牌交易的沪深300股指期权行情信息。该表与上证50ETF期权行情表大体一致,但包含了更多交易信息,如列明了当日的成交量和截止至当日的持仓量。

表10-6 中国金融期货交易所沪深300指数期权行情表(2021年8月31日)

| 图表 | 持仓量 | 成交量 | 涨跌 | 最新价 | 行权价 | 最新价 | 涨跌 | 成交量 | 持仓量 | 图表 |
|---|---|---|---|---|---|---|---|---|---|---|
| | 看 | | 涨 | | IO2 109 | | 看 | | 跌 | |
| ▼ | 112 | 21 | ↓33.80 | 637.80 | 4 100 | 1.40 | ↑0.00 | 276 | 2 067 | ▼ |
| ▼ | 77 | 6 | ↓11.80 | 560.00 | 4 200 | 1.80 | ↑0.00 | 289 | 985 | ▼ |
| ▼ | 33 | 38 | ↓36.00 | 488.00 | 4 250 | 2.40 | ↑0.00 | 335 | 728 | ▼ |
| ▼ | 92 | 29 | ↓5.40 | 472.20 | 4 300 | 3.00 | ↓0.80 | 940 | 1 546 | ▼ |
| ▼ | 27 | 40 | ↓20.40 | 408.20 | 4 350 | 4.20 | ↓1.00 | 517 | 1 207 | ▼ |
| ▼ | 138 | 98 | ↓20.60 | 360.60 | 4 400 | 6.00 | ↓1.00 | 1 167 | 2 368 | ▼ |
| ▼ | 74 | 81 | ↓10.40 | 323.40 | 4 450 | 8.00 | ↓1.60 | 1 201 | 1 564 | ▼ |
| ▼ | 333 | 115 | ↓6.80 | 281.00 | 4 500 | 11.60 | ↓2.00 | 2 185 | 3 107 | ▼ |
| ▼ | 255 | 332 | ↓2.60 | 242.40 | 4 550 | 17.00 | ↓3.00 | 1 985 | 2 630 | ▼ |
| ▼ | 955 | 1 817 | ↓1.40 | 199.20 | 4 600 | 24.20 | ↓4.00 | 5 061 | 3 263 | ▼ |
| ▼ | 1 550 | 1 681 | ↓2.40 | 160.40 | 4 650 | 35.00 | ↓4.60 | 3 216 | 2 291 | ▼ |
| ▼ | 3 209 | 7 030 | ↓6.20 | 123.80 | 4 700 | 49.80 | ↓5.60 | 8 949 | 3 024 | ▼ |
| ▼ | 3 087 | 6 507 | ↓7.60 | 92.60 | 4 750 | 68.00 | ↓6.40 | 7 474 | 2 438 | ▼ |
| ▼ | 6 280 | 13 945 | ↓3.80 | 69.00 | 4 800 | 95.00 | ↓2.40 | 12 316 | 3 903 | ▼ |
| ▼ | 5 107 | 5 525 | ↓5.20 | 49.80 | 4 850 | 124.40 | ↓1.40 | 4 178 | 3 441 | ▼ |

续表

| 图表 | 持仓量 | 成交量 | 涨跌 | 最新价 | 行权价 | 最新价 | 涨跌 | 成交量 | 持仓量 | 图表 |
|---|---|---|---|---|---|---|---|---|---|---|
| | | | 看 | 涨 | IO2 109 | | 看 | 跌 | | |
| ▼ | 7 047 | 7 031 | ↓3.20 | 34.20 | 4 900 | 158.20 | ↓4.60 | 4 578 | 2 518 | ▼ |
| ▼ | 3 572 | 3 099 | ↓2.40 | 23.40 | 4 950 | 197.80 | ↓2.00 | 883 | 1 590 | ▼ |
| ▼ | 10 010 | 5 610 | ↓1.40 | 16.00 | 5 000 | 239.60 | ↓2.60 | 1 209 | 3 904 | ▼ |
| ▼ | 9 230 | 2 744 | ↓0.40 | 7.20 | 5 100 | 333.20 | ↓9.00 | 520 | 2 395 | ▼ |
| ▼ | 8 190 | 1 672 | ↑0.00 | 3.40 | 5 200 | 427.80 | ↓9.60 | 222 | 1 485 | ▼ |
| ▼ | 3 665 | 668 | ↑0.00 | 1.80 | 5 300 | 530.00 | ↓5.40 | 356 | 2 251 | ▼ |
| ▼ | 3 526 | 350 | ↑0.00 | 1.40 | 5 400 | 632.80 | ↓1.40 | 13 | 987 | ▼ |
| ▼ | 1 318 | 112 | ↑0.20 | 1.20 | 5 500 | 765.40 | ↑31.60 | 9 | 72 | ▼ |
| ▼ | 2 649 | 79 | ↑0.20 | 1.20 | 5 600 | — | ↑0.00 | 0 | 568 | ▼ |
| ▼ | 735 | 72 | ↑0.00 | 0.80 | 5 700 | 941.00 | ↑7.80 | 2 | 42 | ▼ |
| ▼ | 1 518 | 48 | ↑0.00 | 0.80 | 5 800 | 1 038.20 | ↑5.20 | 7 | 413 | ▼ |
| ▼ | 1 102 | 43 | ↑0.00 | 0.60 | 6 000 | 1 219.60 | ↓13.20 | 26 | 502 | ▼ |
| ▼ | 854 | 83 | ↑0.00 | 0.60 | 6 200 | — | ↑0.00 | 0 | 131 | ▼ |
| ▼ | 2 144 | 42 | ↑0.00 | 0.60 | 6 400 | 1 637.20 | ↑4.20 | 36 | 105 | ▼ |

资料来源：中国金融期货交易所网站。

### 3. 上海期货交易所期权行情

上海期货交易所的期权报价采用纵列式，所有挂牌合约依序列在一张表上，因为同时挂牌的期权数量很多，完整的表格相当占篇幅。表10-7为上海期货交易所原油期货期权行情表，因篇幅所限，中间省略了某些部分。共有两个到期月份（11月和12月）的原油期货期权合约。

**表10-7　上海期货交易所原油期货期权行情表（部分，2021年9月14日）**

| | 延时行情（延时三十分钟） | | | | | | | | | 2021-09-14 22:09:36 | | | | | |
|---|---|---|---|---|---|---|---|---|---|---|---|---|---|---|---|
| 合约代码 | 最新价 | 涨跌 | 成交量 | 持仓量 | 持仓量变化 | 申买价 | 申卖价 | 申买量 | 申卖量 | 结算价 | 开盘价 | 收盘价 | 最高价 | 最低价 | 前结算价 |
| sc2111C350 | 111.70 | 0.00 | | 0 | 0 | 79.65 | 148.50 | 2 | 1 | | | | | | 111.70 |
| … | … | … | … | … | … | … | … | … | … | … | … | … | … | … | … |
| sc2111C465 | 11.45 | −2.15 | 19 | 159 | −1 | 11.25 | 11.50 | 5 | 7 | 13.35 | | 13.45 | 13.45 | 11.45 | 13.60 |
| sc2111C470 | 9.35 | −2.15 | 58 | 194 | −10 | 9.10 | 9.30 | 10 | 2 | 10.65 | | 10.90 | 10.90 | 9.20 | 11.50 |
| sc2111C475 | 7.55 | −2.10 | 64 | 205 | −18 | 7.25 | 7.50 | 8 | 9 | 8.70 | | 8.90 | 8.90 | 7.40 | 9.65 |
| … | … | … | … | … | … | … | … | … | … | … | … | … | … | … | … |
| sc2111C520 | 0.95 | −0.35 | 19 | 71 | 4 | 0.85 | 0.95 | 10 | 12 | 1.10 | | 1.15 | 1.15 | 0.95 | 1.30 |
| sc2111P350 | 0.25 | 0.20 | | 208 | 0 | 0.15 | 0.25 | 79 | 4 | | | | | | 0.05 |
| … | … | … | … | … | … | … | … | … | … | … | … | … | … | … | … |
| sc2111P465 | 14.05 | −2.85 | 9 | 66 | −3 | 14.85 | 15.10 | 6 | 2 | 13.70 | | 14.15 | 14.15 | 13.70 | 16.90 |
| sc2111P470 | 17.30 | −2.50 | 2 | 67 | 0 | 17.65 | 18.00 | 4 | 4 | 16.90 | | 17.30 | 17.30 | 16.90 | 19.80 |
| sc2111P475 | 20.95 | −1.95 | 12 | 60 | −4 | 20.85 | 21.20 | 2 | 8 | 19.25 | | 20.95 | 20.95 | 19.10 | 22.90 |
| … | … | … | … | … | … | … | … | … | … | … | … | … | … | … | … |

续表

| 合约代码 | 延时行情（延时三十分钟） | | | | | | | | | 2021-09-14 22:09:36 | | | | | |
|---|---|---|---|---|---|---|---|---|---|---|---|---|---|---|---|
| | 最新价 | 涨跌 | 成交量 | 持仓量 | 持仓量变化 | 申买价 | 申卖价 | 申买量 | 申卖量 | 结算价 | 开盘价 | 收盘价 | 最高价 | 最低价 | 前结算价 |
| sc2111P520 | 59.55 | 0.00 | | 0 | 0 | 23.15 | 96.35 | 2 | 1 | | | | | | 59.55 |
| sc2112C365 | 93.50 | 0.00 | | 0 | 0 | 57.40 | 130.00 | 2 | 1 | | | | | | 93.50 |
| … | … | … | … | … | … | … | … | … | … | … | … | … | … | … | … |
| sc2112C475 | 13.65 | −1.00 | | 37 | 0 | 12.45 | 12.70 | 2 | 6 | | | | | | 14.65 |
| … | | | | | | | | | | | | | | | |
| sc2112C520 | 3.05 | −1.05 | 9 | 9 | 9 | 3.00 | 3.15 | 5 | 10 | | 3.45 | | 3.50 | 3.05 | 4.10 |
| sc2112P365 | 1.15 | 0.65 | | 156 | 0 | 1.20 | 1.35 | 1 | 5 | | | | | | 0.50 |
| … | | | | | | | | | | | | | | | … |
| sc2112P510 | 57.50 | 0.00 | | 0 | 0 | 54.55 | 57.45 | 1 | 1 | | | | | | 57.50 |
| sc2112P520 | 65.90 | 0.00 | | 0 | 0 | 29.65 | 102.40 | 2 | 1 | | | | | | 65.90 |

表10-7依次列出了四个系列的期权：11月到期的看涨期权、11月到期的看跌期权、12月到期的看涨期权、12月到期的看跌期权；每一个系列内部均按照行权价从低到高排列。如2021年11月到期的看涨期权，行权价从350元/桶到500元/桶时，行权价间距为5元/桶，共有31个合约，当行权价从500元/桶到520元/桶时，行权价间距为10元/桶，共有2个合约，因此共有33个11月到期的看涨期权合约挂牌交易。其他三个系列也各有33个合约。

表10-7提供了更多的行情信息，具体如下。

1）持仓量变化

持仓量变化表示与上一交易日相比，持仓量的增减情况。

2）申买价

申买价为当前市场报价中最好（最高）的买方报价。

3）申卖价

申卖价为当前市场报价中最好（最低）的卖方报价。

4）申买量

申买量为最好买价对应的买入量。

5）申卖量

申卖量为最好卖价对应的卖出量。

6）结算价

结算价为当日期权合约的结算价，是当日规定时段内成交价格按照一定原则确定的加权平均价。

7）前结算价

前结算价为上一交易日期权的结算价。

8）开盘价

开盘价是指期权合约当日第一笔成交价。原油期货期权开盘价为开市前5分钟内经集合竞价产生的成交价格。集合竞价未产生成交价格的，以集合竞价后第一笔成交价为开盘价。

9）收盘价

收盘价表示该期权合约当日交易产生的最后一笔成交价。

10）最高价

最高价表示该期权合约当日交易产生的最高一笔成交价。

11）最低价

最低价表示该期权合约当日交易产生的最低一笔成交价。

扩展阅读 10.1

相关资讯机构发布的期权行情解读

### 思考题

1. 美式期权和欧式期权的主要区别是什么？欧式期权的时间价值为什么有可能为负？
2. 场内期权和场外期权的主要区别是什么？
3. 场内期权合约的行权价格如何确定？应考虑哪些因素？
4. 场内期权合约的主要条款有哪些？
5. 了结期权头寸有哪几种方式？请简要阐述。
6. 期权市场引入做市商有何作用？

答案解析 扫描此码

### 习题

1. 试分别查看"上证 50ETF 期权"和"沪深 300 指数期权"的行情，若分别买入两期权合约的平值合约，各需多少权利金？
2. 某交易者已经以 0.300 0 元的价格买进了 10 张"510050C2212M03100"期权合约，他打算对冲平仓，该如何操作？若平仓时成交价格为 1.300 0 元，则该交易者的盈亏是多少？
3. 某交易者已经以 100 点的价格卖出了 10 张"IO2204-P-4500"期权合约，他打算对冲平仓,该如何操作？若平仓时成交价格为 20 点,则该交易者的盈亏是多少？
4. 试观察某商品期权合约的行情表，同时有多少合约挂牌交易？行权价规则是什么？有哪些合约为实值？哪些是虚值？哪些接近平值？
5. 某交易者买入了"sc2112P470"期权合约，请问他若行权，结果怎样？

### 即测即练

自学自测 扫描此码

# 第 11 章 期权交易策略

**本章学习目标：**

通过本章学习，学员应该能够：
1. 分析期权的损益特征；
2. 掌握期权基本交易策略并结合实际场景运用；
3. 分析合成期权与合成期货策略；
4. 掌握期权价差策略的构造及应用；
5. 掌握组合期权策略的构造及应用。

## 11.1 期权的损益特征

### 11.1.1 看涨期权多头到期日的损益特征

**1. 期货多头的损益特征**

假设某原油期货合约 A 的市价为 400 元/桶，某投资者预期原油期货价格将上涨，因而买入原油期货 A，则该投资者的损益状况如图 11-1 所示。如果原油期货价格 $F$ 下跌，投资者将发生亏损，当价格跌至 0 时[①]，最大亏损为 400 元/桶；如果原油期货价格 $F$ 上升，投资者盈利，盈利潜力非常大。

**2. 看涨期权多头的损益特征**

如果投资者预期原油期货价格将上涨，以 $C$ = 60 元/桶的期权价格买入了以上述原油期货 A 为标的、行权价为 400 元/桶的看涨期权。如图 11-2 所示，在期权到期时其损益状况为（虚线为不考虑期初权利金支出的损益状况；实线为考虑期初权利金支出的损益状况，忽略货币时间价值）：

当 $F<X$ 时（$X$ 为 400 元/桶），投资者不行权，亏损为 $C$（$C$ 为 60 元/桶）；

当 $F>X$ 时，投资者行权，收益为 $F-(X+C)$；

投资者的最大损失为 $C$（60 元/桶），而其盈利的潜力很大。

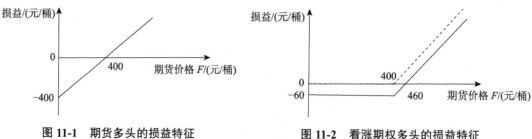

图 11-1 期货多头的损益特征   图 11-2 看涨期权多头的损益特征

---

① 理论上资产价格最低应为 0。但 2020 年 4 月，受新冠肺炎疫情下特殊的产销情况影响，原油运送及存储成本超过原油本身的价值，加上交易所规则改变，NYMEX 原油期货价格曾短暂为负。

看涨期权多头的损益平衡点为 $X+C$（此处为 460 元/桶）。即，当期货价格上涨幅度小于期权价格 $C$ 时，投资者均亏损。

### 3. 看涨期权多头与期货多头的对比

若上述两个策略的交易量都是 1 手（1 000 桶），则买入期货不需要初始投资，而买入看涨期权需要的初始投资为 $60 \times 1\,000 = 60\,000$（元）。

上面两种策略在期权到期时可能的损益状况见表 11-1。

表 11-1 看涨期权到期日可能的损益状况 （元）

| 期货价格 | 期货多头损益（1） | 看涨期权多头损益<br>（不考虑期初权利金） | 看涨期权多头损益<br>（考虑期初权利金）（2） | （1）-（2） |
|---|---|---|---|---|
| 0 | -400 000 | 0 | -60 000 | -340 000 |
| 100 | -300 000 | 0 | -60 000 | -240 000 |
| 200 | -200 000 | 0 | -60 000 | -140 000 |
| 300 | -100 000 | 0 | -60 000 | -40 000 |
| 340 | -60 000 | 0 | -60 000 | 0 |
| 400 | 0 | 0 | -60 000 | 60 000 |
| 460 | 60 000 | 60 000 | 0 | 60 000 |
| 500 | 100 000 | 100 000 | 40 000 | 60 000 |
| 600 | 200 000 | 200 000 | 140 000 | 60 000 |
| 700 | 300 000 | 300 000 | 240 000 | 60 000 |
| 800 | 400 000 | 400 000 | 340 000 | 60 000 |

与买入期货相比较，买入看涨期权为投资者提供了一个避免标的价格下跌受损的保护。但是，标的价格没有下跌时，买入期货的收益高于买入看涨期权的收益，高出的部分正好等于期权价格（权利金）。买入看涨期权相当于买入标的，同时为标的买了一份价格下跌保险。如图 11-3 所示。

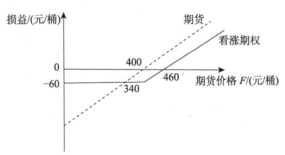

图 11-3 期权与期货多头损益对比

## 11.1.2 看跌期权多头到期日的损益特征

### 1. 期货空头的损益特征

投资者预期某原油期货合约 A 的价格会下跌，以 400 元的市价卖空该合约，则该投资者的损益状况由如图 11-4 所示。如果原油期货价格上升，投资者将发生亏损，理论上最大亏损可以相当大；如果原油期货价格下跌，投资者盈利，当价格跌至 0 时，最大盈利为 400 元/桶。

### 2. 买进看跌期权的损益特征

投资者预期原油期货价格将下跌，他以 $P=50$ 元/桶的期权价格买入标的为原油期货合约 A、行权价为 400 元/桶的看跌期权。

当 $F>X$ 时，投资者不行权，损失期权费；

当 $F<X$ 时，投资者行权，收益为 $X-(F+P)$；

看跌期权多头的盈亏平衡点为 $X-P$（此处为 350 元/桶），投资者的最大损失为期权费 $P$，最大收益发生在期货价格降为 0 的时候，为 $X-P$。

期权到期时，投资者的盈亏状况如图 11-5 所示。

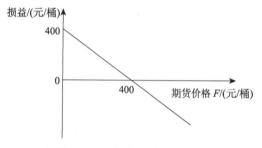

图 11-4 期货空头的损益特征

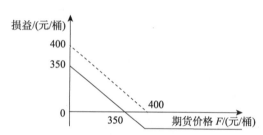

图 11-5 看跌期权多头的损益特征

### 3. 看跌期权多头与期货空头的对比

若上述两个策略的交易量都是 1 手（1 000 桶），则卖出期货不需要初始投资，而买入看跌期权需要的初始投资为 $50 \times 1\,000 = 50\,000$ 元。上面两种策略在期权到期时可能的损益状况见表 11-2。

表 11-2 看跌期权到期日可能的损益状况 元

| 期货价格 | 期货空头损益（1） | 看跌期权多头损益（不考虑期初权利金） | 看跌期权多头损益（考虑期初权利金）（2） | （1）-（2） |
| --- | --- | --- | --- | --- |
| 0 | 400 000 | 400 000 | 350 000 | 50 000 |
| 100 | 300 000 | 300 000 | 250 000 | 50 000 |
| 200 | 200 000 | 200 000 | 150 000 | 50 000 |
| 300 | 100 000 | 100 000 | 50 000 | 50 000 |
| 350 | 50 000 | 50 000 | 0 | 50 000 |
| 400 | 0 | 0 | -50 000 | 50 000 |
| 450 | -50 000 | 0 | -50 000 | 0 |
| 500 | -100 000 | 0 | -50 000 | -50 000 |
| 600 | -200 000 | 0 | -50 000 | -150 000 |
| 700 | -300 000 | 0 | -50 000 | -250 000 |
| 800 | -400 000 | 0 | -50 000 | -350 000 |

与卖出期货相比较，买入看跌期权为投资者提供了一个防范期货价格上涨的保护。然而，当期货价格没有上涨时，卖出期货获取的收益比买同样数量的看跌期权获取的收

益要高。高出的部分等于期权价格。因此，买入看跌期权相当于卖出期货并为卖空头寸买一个防范价格上涨的保险。

### 11.1.3 看涨期权空头到期日的损益特征

**1. 看涨期权空头的损益特征**

如果投资者预期原油期货价格将不会上涨或略跌，他将以 $C=60$ 元/桶的期权价格卖出以上述原油期货 A 为标的、行权价为 400 元/桶的看涨期权。如图 11-6 所示，在期权到期时其损益状况为（虚线为不考虑期初权利金支出的损益状况；实线为考虑期初权利金支出的损益状况，忽略货币时间价值）：

当 $F<X$ 时（$X$ 为 400 元/桶），多头不行权，空头盈利为 $C$（$C$ 为 60 元/桶）；

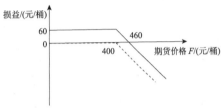

**图 11-6** 看涨期权空头的损益特征

当 $F>X$ 时，投资者行权，空头亏损为 $X+C-F$；

空头方的最大盈利为 $C$（60 元/桶），而其亏损可能会很大。

看涨期权空头的损益平衡点为 $X+C$（此处为 460 元/桶）。即当期货价格上涨幅度大于期权价格 $C$ 时，空头方亏损。

**2. 看涨期权空头与期货空头的对比**

若上述两个策略的交易量都是 1 手（1 000 桶），则卖出期货不需要初始投资，而卖出看涨期权盈利为 $60\times1\,000=60\,000$ 元。上面两种策略在期权到期时可能的损益状况见表 11-3。

表 11-3 看涨期权空头到期日可能的损益状况　　　　　　　　　　　　　　　元

| 期货价格 | 期货空头损益（1） | 看涨期权空头损益（不考虑期初权利金） | 看涨期权空头损益（考虑期初权利金）（2） | （1）－（2） |
|---|---|---|---|---|
| 0 | 400 000 | 0 | 60 000 | 340 000 |
| 100 | 300 000 | 0 | 60 000 | 240 000 |
| 200 | 200 000 | 0 | 60 000 | 140 000 |
| 300 | 100 000 | 0 | 60 000 | 40 000 |
| 400 | 0 | 0 | 60 000 | −60 000 |
| 460 | −60 000 | −60 000 | 0 | −60 000 |
| 500 | −100 000 | −100 000 | −40 000 | −60 000 |
| 600 | −200 000 | −200 000 | −140 000 | −60 000 |
| 700 | −300 000 | −300 000 | −240 000 | −60 000 |
| 800 | −400 000 | −400 000 | −340 000 | −60 000 |

当期货价格下降幅度较大时，卖出期货获取的收益比卖出同样数量的看涨期权获取的收益要高。而当期货价格上涨时，卖出期货的亏损比卖出看涨期权更多，且多出的部

分为收取的权利金。

### 11.1.4 看跌期权空头到期日的损益特征

**1. 看跌期权空头的损益特征**

如果投资者预期原油期货价格将不会下跌或略涨,他以 $P=50$ 元/桶的期权价格卖出标的为原油期货合约 A、行权价为 400 元/桶的看跌期权。

当 $F>X$ 时,多头不行权,空头赚取期权费 $P$;

当 $F<X$ 时,多头行权,空头的亏损为 $F+P-X$;

看跌期权空头的盈亏平衡点为 $X-P$(此处为 350 元/桶),空头的最大盈利为期权费 $P$,最大亏损发生在期货价格降为 0 的时候,为 $P-X$。

期权到期时,投资者的盈亏状况如图 11-7 所示。

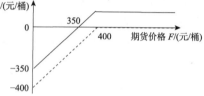

图 11-7 看跌期权空头的损益特征

**2. 看跌期权空头与期货多头的对比**

若上述两个策略的交易量都是 1 手(1 000 桶),则买入期货不需要初始投资,而卖出看跌期权获得初始权利金收入为 $50×1\,000=50\,000$ 元。上面两种策略在期权到期时可能的损益状况见表 11-4。

表 11-4 看跌期权空头到期日可能的损益状况

| 期货价格 | 期货多头损益(1) | 看跌期权空头损益<br>(不考虑期初权利金) | 看跌期权空头损益<br>(考虑期初权利金)(2) | (1)-(2) |
|---|---|---|---|---|
| 0 | -400 000 | -400 000 | -350 000 | -50 000 |
| 100 | -300 000 | -300 000 | -250 000 | -50 000 |
| 200 | -200 000 | -200 000 | -150 000 | -50 000 |
| 300 | -100 000 | -100 000 | -50 000 | -50 000 |
| 350 | -50 000 | -50 000 | 0 | -50 000 |
| 400 | 0 | 0 | 50 000 | -50 000 |
| 450 | 50 000 | 0 | 50 000 | 0 |
| 500 | 100 000 | 0 | 50 000 | 50 000 |
| 600 | 200 000 | 0 | 50 000 | 150 000 |
| 700 | 300 000 | 0 | 50 000 | 250 000 |
| 800 | 400 000 | 0 | 50 000 | 350 000 |
| 900 | 500 000 | 0 | 50 000 | 450 000 |
| 1000 | 600 000 | 0 | 50 000 | 550 000 |

与期货多头相比较,卖出看跌期权的最大收益受限于权利金。当期货价格下跌时,买入期货的亏损比卖出同样数量的看跌期权要多。多出的部分等于期权价格。

## 11.2 期权基本交易策略

### 11.2.1 期权基本策略分析

**1. 买进看涨期权**

这种策略风险有限而收益潜力却很大,所以颇受保值者青睐。当保值者预计价格上涨会给手中的资产或期货合约带来损失时,就可买进看涨期权。随着价格上涨,期权的内涵价值也增加,保值者可通过对冲期权合约获得权利金增值;也可以选择行权,获得标的资产(或期货合约)的增值。而其最大损失就是权利金。

**2. 卖出看涨期权**

很显然,这是收益有限而潜在风险却很大的方式。卖出看涨期权的目的是赚取权利金,其最大收益是权利金,因此卖出看涨期权的人(卖方)必定预测标的价格持稳或下跌的可能性很大。当价格低于行权价时,买方不会行权,卖方将稳赚权利金;当价格在行权价与盈亏平衡点之间时,因买方可能行权,故卖方只能赚部分权利金;当价格涨至盈亏平衡点以上时,卖方可能面临非常大的风险。

买进/卖出看涨期权到期损益图如图 11-8 所示。

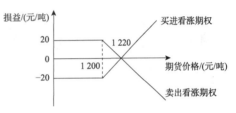

图 11-8 买进/卖出看涨期权到期损益图

**3. 买进看跌期权**

买进看跌期权是风险有限而收益潜力却很大的策略。看跌期权的买方预测标的价格将下跌,那么价格下跌时他将获取多于所付权利金的收益;当标的价格与预测的相反时,他的最大损失也就是权利金。

**4. 卖出看跌期权**

卖出看跌期权是收益有限却风险很大的策略。当标的价格上涨或基本持平时,可稳赚权利金;如果标的价格下跌,发生的损失将开始抵消所收权利金,价格跌至盈亏平衡点以下时期权卖方将开始出现净损失,当价格跌至盈亏平衡点之下时,卖方可能面临非常大的风险。

买进/卖出看跌期权到期损益图如图 11-9 所示。

通过以上四种基本策略的分析我们可以看出,交易者采取何种交易方式是基于他们对标的价格变动趋势的判断,可总结见表 11-5。

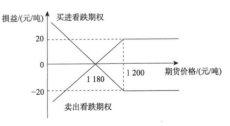

图 11-9 买进/卖出看跌期权到期损益图

表 11-5 标的价格变动趋势预测与期权基本交易策略

| 期权交易策略 | 看涨期权 | 看跌期权 |
| --- | --- | --- |
| 买入 | 看涨 | 看跌 |
| 卖出 | 价格持稳或略跌 | 价格持稳或略涨 |

多头策略（买入看涨期权或买入看跌期权）具有风险有限、盈利潜力很大的特点，很受保值者的欢迎，因而被广泛用来保值；而空头策略的目的是赚取权利金，主要用来投机，并且只有很有经验的交易者才会采取其中的无保护空头期权策略。下面举例说明这四种策略的运用。

### 11.2.2 期权基本策略的运用

#### 1. 买入看涨期权保值

选择这种策略的投资者想在市场上投资某种资产（股票、债券、外汇、期货等），但在未来某时间才会有足够资金用以买入。由于投资者对资产价格看涨，但又担心价格下降，于是决定买入看涨期权。一般投资者选择的行权价为期望达到的目标价格，期权到期日则在未来现金流入期之后。

【例 11-1】3 月份某投资者预计 6 月份将会收到一笔款项，准备用来买入沪深 300ETF，由于预期标的价格会上涨，决定提前安排买入，以保证在低价位购进。于是买入了沪深 300ETF 看涨期权，行权价为 4.9 元，权利金为 0.101 5。到 6 月份，该投资者资金到位，买入沪深 300ETF，此时沪深 300ETF 价格已上涨，期权的价格也上涨了，投资者对冲期权，分析见表 11-6。

表 11-6 买入看涨期权保值

| | 现　货 | 期　权 |
|---|---|---|
| 3 月 × 日 | 沪深 300ETF 价格　4.900 元 | 买进 6 月到期、行权价为 4.9 元的看涨期权合约，权利金：0.101 0 元 |
| 6 月 × 日 | 沪深 300ETF 价格　5.350 元 | 卖出 6 月到期、行权价为 4.9 元的看涨期权合约平仓，权利金：0.475 0 元 |
| | | 盈利 0.374 0 元 |

结果：该投资者期权头寸盈利为 0.374 0 元/份，经过期权盈利冲抵，其沪深 300ETF 实际买入成本 = 5.35 − 0.374 0 = 4.976 元/份；

该投资者也可以选择到期后按每份 300ETF 4.9 元的价格行权，但考虑到期初的权利金支出，其行权的实际买入成本 = 4.9 + 0.101 0 = 5.001 元/份。

一般而言，平仓对冲比行权效果更好，因为行权只能获得内涵价值，而平仓还能获得时间价值。

#### 2. 买入看跌期权保值

买入看跌期权也是较为有效的保值策略。当投资者已经拥有某种资产时，为了防止行情波动使资产贬值，可以采用这一策略保值。

【例 11-2】某贸易商未来有一批铁矿石要销售，由于担心未来铁矿石价格下跌，该贸易商买入铁矿石期货看跌期权进行保值，分析见表 11-7。

表 11-7 买入看跌期权保值

| 现货 | | 期权 |
|---|---|---|
| 1月×日 | 铁矿石价格为 1 000 元/吨 | 买入 3 月到期、行权价为 1 000 元/吨的铁矿石期货看跌期权,权利金: 5.5 元/吨 |
| 2月×日 | 铁矿石价格为 980 元/吨 | 卖出 3 月到期、行权价为 1 000 元/吨的铁矿石期货看跌期权,权利金: 22.5 元/吨 |
| | | 盈利 17 元/吨 |

结果:通过买入看跌期权保值,贸易商卖出铁矿石的实际销售价格为 980 + 17 = 997 元/吨。该贸易商也可以选择到期后按 1 000 元/吨的价格行权,获得相应的铁矿石期货空头头寸,但对冲平仓的效果更好。

### 3. 卖出看跌期权,赚取权利金

【例 11-3】 9月份玉米期货价为 2 300 元/吨,某交易商预测元旦来临前玉米期货价格将持稳或略涨,于是卖出了 3 个月到期、行权价为 2 300 元/吨的玉米期货看跌期权,收取权利金 70 元/吨。最终可能会有以下情况出现:

(1)直至期权到期时,玉米期货的价格在 2 300 元/吨以上,此时买方将放弃权利,期权失效,交易商获得最大收入,即开仓时的权利金收入。

(2)若到期时玉米期货价在 2 230～2 300 元/吨,买方会行使权利,使交易商损失 0～70 元/吨,这将部分抵消先前收取的权利金。

(3)若到期时玉米期货价格在 2 230 元/吨以下,买方会行权,交易商将会损失全部的权利金,并且面临风险。

(4)期权到期前若为虚值期权,则没有内涵价值,且时间价值随到期日临近加速衰减,此时权利金会很低,交易商可以乘机低价对冲,赚取权利金差价。

### 4. 卖出有保护的看涨期权,赚取权利金

【例 11-4】 某投资机构预计今后 3 个月沪深 300 股指会维持在 5 000 点左右,波动不大,于是卖出 3 个月到期、行权价为 5 000 点的沪深 300 股指看涨期权合约,收取权利金 70 点。可能会遇到以下四种情况。

(1)期权到期前若是虚值期权(即沪深 300 股指在 5 000 点以下),且时间价值已减小,权利金会很低,此时对冲,可获取权利金差价收入。

(2)期权到期时沪深 300 股指在 5 000 点以下,此时买方将会放弃权利,卖方获取最大收入,即期初的权利金。

(3)期权到期时若沪深 300 股指在 5 000～5 070 点之间,买方将会行使以 5 000 点买入的权利,投资机构的损失介于 0 和 70 点之间,将部分或全部抵消先前收取的权利金。

(4)期权到期时若沪深 300 股指高于 5 070 点,买方会行权,则投资机构将会损失全部权利金并且面临风险。

## 11.3 合成期权与合成期货策略

根据市场行情的变化和自身需求,投资者可以将不同资产合成,形成新的资产组合。本节中将讨论一些典型的合成技术与合成资产。合成后为期权是指由期权与期货组合而成的期权,简称合成期权,它具有期权的风险收益特征;而合成后为期货是指由两个期权组合而成的期货,简称合成期货,它具有期货的特性。具体分析如下(在以下合成期货、合成期权的分析中,都暂时不考虑期权的初始权利金收入和支出)。

在图 11-10 和图 11-11 中,$X'$ 为期货成交价;$X$ 为期权行权价;$P$ 为期权权利金。

### 11.3.1 合成期权

一个基本期权和一个期货的合成(基本期权与其他标的资产的合成也与此类似,不再另做分析)具有以下四种形式。

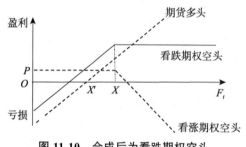

图 11-10 合成后为看跌期权空头

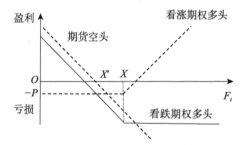

图 11-11 合成后为看跌期权多头

**1. 期货多头和看涨期权空头的合成**

这种合成期权有如下收益特征:当期货价格 $F_t$ 低于 $X$ 时,看涨期权的买方将放弃行权,合成后收益为 $F_t - X'$;当期货价格高于 $X$ 时,看涨期权买方将行权,则期权空头的收益为 $-(F_t - X)$,买入期货的收益为 $F_t - X'$,合成后收益为 $F_t - X' - (F_t - X) = X - X'$,而 $X - X'$ 是一个固定值。所以两者合成后的结果相当于卖出一个行权价为 $X$ 的同一到期日的看跌期权,这样权利金就会与原期权不同,很显然,若原期权为实值期权,则合成期权必定是虚值期权,这样必须从原期权权利金中减去内涵价值,才能得到合成期权的价格;若原期权是平值期权,则合成期权也是平值期权,两者权利金就会相同;若原期权是虚值期权,则合成期权必定是实值期权,原期权虚值额就是合成期权的实值额,因此应将原期权权利金加上虚值数额,才得到合成期权的权利金额。

所以合成后的看跌期权空头的权利金为 $P + X - X'$。盈利情况见表 11-8。

表 11-8 合成后的看跌期权空头损益分析

| 期货价格范围 | 卖出看涨期权收益 | 买入期货收益 | 合成后的收益 |
| --- | --- | --- | --- |
| $F_t \geq X$ | $X - F_t$ | $F_t - X'$ | $X - X'$ |
| $F_t < X$ | 0 | $F_t - X'$ | $F_t - X'$ |

下面，我们用实际例子来验证这一结论。

**【例 11-5】** 买入玉米期货，成交价 $X' = 2\,500$ 元/吨，同时卖出看涨期权，行权价 $X = 2\,550$ 元/吨，权利金 $P = 70$ 元/吨。

合成后的结果：相当于卖出一个看跌期权，行权价 $2\,550$ 元/吨，权利金为 $(P + X - X') = 70 + 2\,550 - 2\,500 = 120$ 元/吨。见表 11-9。

表 11-9 合成后为看跌期权空头　　　　　　　　　　　　　　元/吨

| 期货价格范围 | 卖出看涨期权收益 | 买入期货收益 | 合成后的收益 |
| --- | --- | --- | --- |
| 2 400 | 0 | −100 | −100 |
| 2 450 | 0 | −50 | −50 |
| 2 500 | 0 | 0 | 0 |
| 2 550 | 0 | 50 | 50 |
| 2 600 | −50 | 100 | 50 |

### 2. 期货空头和看涨期权多头合成

如图 11-11 所示，同理分析，可知合成结果相当于买进行权价 $X$ 的相同到期日的看跌期权，权利金为 $P + X - X'$。盈利情况见表 11-10。

表 11-10 合成后为看跌期权多头损益分析

| 期货价格范围 | 买进看涨期权收益 | 卖出期货收益 | 合成后的收益 |
| --- | --- | --- | --- |
| $F_t \geq X$ | $F_t - X$ | $X' - F_t$ | $X' - X$ |
| $F_t < X$ | 0 | $X' - F_t$ | $X' - F_t$ |

**【例 11-6】** 卖出一手白糖期货合约，价格 4 980 元/吨，同时买进一手行权价 5 000 元/吨的相同到期月份的白糖期货的看涨期权合约，权利金为 30 元/吨。其合成结果为：买进行权价 5 000 元/吨的白糖期货看跌期权，权利金为 $(P + X - X') = 30 + 5\,000 - 4\,980 = 50$ 元/吨。验证见表 11-11。

表 11-11 合成后为看跌期权多头　　　　　　　　　　　　　　元/吨

| 期货价格范围 | 买进看涨期权收益 | 卖出期货收益 | 合成后的收益 |
| --- | --- | --- | --- |
| 4 920 | 0 | 60 | 60 |
| 4 940 | 0 | 40 | 40 |
| 4 960 | 0 | 20 | 20 |
| 4 980 | 0 | 0 | 0 |
| 5 000 | 0 | −20 | −20 |
| 5 020 | 20 | −40 | −20 |

### 3. 期货多头和看跌期权多头的合成

由图 11-12 的分析可知，合成结果是相同到期日的看涨期权多头，行权价为 $X$，权利金为 $P - (X - X')$，损益分析见表 11-12。

表 11-12 合成后为看涨期权多头损益分析

| 期货价格范围 | 买进看跌期权收益 | 买入期货收益 | 合成后的收益 |
|---|---|---|---|
| $F_t \geq X$ | 0 | $F_t - X'$ | $F_t - X'$ |
| $F_t < X$ | $X - F_t$ | $F_t - X'$ | $X - X'$ |

【例 11-7】 买进豆粕期货合约，价格 3 390 元/吨，同时买进行权价 3 400 元/吨的豆粕期货看跌期权，权利金 20 元/吨。合成结果是：买进行权价 3 400 元/吨的豆粕看涨期权，权利金为 $P - (X - X') = 20 - (3\,400 - 3\,390) = 10$ 元/吨。分析见表 11-13。

表 11-13 合成后为看涨期权多头　　　　　　　　元/吨

| 期货价格范围 | 买进看跌期权收益 | 买入期货收益 | 合成后的收益 |
|---|---|---|---|
| 3 370 | 30 | −20 | 10 |
| 3 380 | 20 | −10 | 10 |
| 3 390 | 10 | 0 | 10 |
| 3 400 | 0 | 10 | 10 |
| 3 410 | 0 | 20 | 20 |
| 3 420 | 0 | 30 | 30 |

### 4. 期货空头和看跌期权空头的合成

期货空头和看跌期权空头的合成情形如图 11-13 所示，合成后为看涨期权空头，损益分析见表 11-14。

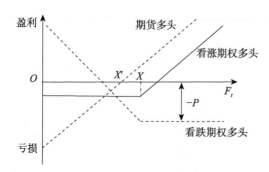

图 11-12 合成后为看涨期权多头

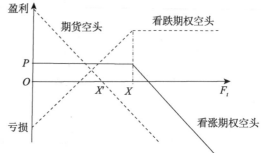

图 11-13 合成后为看涨期权空头

表 11-14 合成后为看涨期权空头损益分析

| 期货价格范围 | 卖出看跌期权收益 | 卖出期货收益 | 合成后的收益 |
|---|---|---|---|
| $F_t \geq X$ | 0 | $X' - F_t$ | $X' - F_t$ |
| $F_t < X$ | $F_t - X$ | $X' - F_t$ | $X' - X$ |

从以上分析可知，合成结果相当于一个看涨期权空头（相同到期日、同一行权价），权利金为 $P - (X - X')$。

【例 11-8】 卖出一手铜期货，价格 68 000 元/吨；同时卖出一手行权价 68 300 元/吨的看跌期权，权利金 400 元/吨。合成结果相当于卖出一个行权价为 68 300 元/吨的看涨期权，权利金为 $P-(X-X')=400-(68\,300-68\,000)=100$ 元/吨，见表 11-15。

表 11-15　合成后为看涨期权空头　　　　　　　　　　　　　　　　　元/吨

| 期货到期价格 | 卖出看跌期权收益 | 卖出期货收益 | 合成后的收益 |
|---|---|---|---|
| 67 900 | −400 | 100 | −300 |
| 68 000 | −300 | 0 | −300 |
| 68 100 | −200 | −100 | −300 |
| 68 200 | −100 | −200 | −300 |
| 68 300 | 0 | −300 | −300 |
| 68 400 | 0 | −400 | −400 |

### 11.3.2　合成期货

某投资者买进一看涨期权，同时卖出一看跌期权，如图 11-14 所示。看涨期权多头与看跌期权空头到期日相同，行权价为 $X$，权利金分别为 $C$，$P$。当期货价 $F_t \geqslant X$ 时，看涨期权会被行权，同时看跌期权会放弃行权，组合部分的收益应为 $F_t-X+0=F_t-X$；当期货价 $F_t<X$ 时，看涨期权多头收益为 0，看跌期权空头收益为 $-(X-F_t)$，合成后的收益为 $F_t-X$（另有权利金收益 $P-C$）。可见，合成结果构成了期货多头。因为权利金的收入会降低买入期货的成本，而权利金支出会增加买入期货的成本，所以合成期货的成交价为 $X-(P-C)$。

【例 11-9】某投资者买入行权价 2 250 元/吨的玉米期货看涨期权，权利金为 5 元/吨；同时卖出到期日相同的同一行权价的玉米期货看跌期权，权利金 15 元/吨。这样构成了一个合成期货多头，成交价为 $X-(P-C)=2\,250-(15-5)=2\,240$ 元/吨，见表 11-16。

表 11-16　合成后为期货多头　　　　　　　　　　　　　　　　　　　元/吨

| 期货到期价格 | 看涨期权多头收益 | 看跌期权空头收益 | 合成后的收益 |
|---|---|---|---|
| 2 230 | 0 | −20 | −20 |
| 2 240 | 0 | −10 | −10 |
| 2 250 | 0 | 0 | 0 |
| 2 260 | 10 | 0 | 10 |
| 2 270 | 20 | 0 | 20 |

与以上分析类似，若有某品种的看涨期权空头与看跌期权多头组合（图 11-15），到期日相同，行权价为 $X$，权利金分别为 $C$，$P$。当期货价 $F_t \geqslant X$ 时，合成后的收益为 $X-F_t$；$F_t<X$ 时，合成后的收益亦为 $X-F_t$；另有权利金收益为 $C-P$，所以合成结果为期货空头。又因为权利金收入会增加期货卖出的收入，而权利金支出会减少期货卖出的收入，所以合成期货成交价为 $X+C-P$。

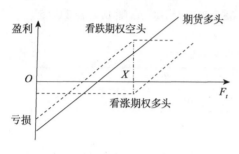

图 11-14 合成后为期货多头

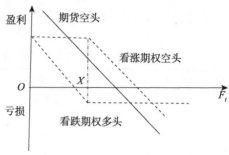

图 11-15 合成后为期货空头

例如,某投资者卖出行权价 2 250 元/吨的玉米看涨期权,权利金为 15 元/吨。同时买进同一行权价、相同到期日的玉米看跌期权,权利金为 5 元/吨。这样构成了一个合成玉米期货空头,成交价为 $X + C - P = 2\,250 + 15 - 5 = 2\,260$ 元/吨,见表 11-17。

表 11-17 合成后为期货空头　　　　　　　　　　　　　　　　　　元/吨

| 期货到期价格 | 看涨期权空头收益 | 看跌期权多头收益 | 合成后的收益 |
| --- | --- | --- | --- |
| 2 230 | 0 | 20 | 20 |
| 2 240 | 0 | 10 | 10 |
| 2 250 | 0 | 0 | 0 |
| 2 260 | −10 | 0 | −10 |
| 2 270 | −20 | 0 | −20 |

### 11.3.3 关于合成期权与合成期货的结论

综合上文分析,我们可以得出如表 11-18 和表 11-19 的结论。其中合成期权的权利金与状态均决定于原期权。如果原期权是实值期权,则合成期权是虚值期权,且合成期权权利金 = 原期权权利金 − 原期权内涵价值;如果原期权是平值期权,则合成期权也是平值期权,且合成期权权利金 = 原期权权利金;如果原期权是虚值期权,则合成期权是实值期权,且合成期权权利金 = 原期权权利金 + 原期权虚值部分的数额(取绝对值)。

表 11-18 合成期权的形成

| 原资产的组合 | 合成后资产 |
| --- | --- |
| 买入期货 + 买入看跌期权 | 买入看涨期权 |
| 买入期货 + 卖出看涨期权 | 卖出看跌期权 |
| 卖出期货 + 卖出看跌期权 | 卖出看涨期权 |
| 卖出期货 + 买入看涨期权 | 买入看跌期权 |

表 11-19 合成期货的形成

| 原资产的组合 | 合成后的资产 |
| --- | --- |
| 买入看涨期权 + 卖出看跌期权 | 买入期货 |
| 买入看跌期权 + 卖出看涨期权 | 卖出期货 |

其中合成期货的成交价取决于买卖两个期权的权利金差价。如果两个期权是平值期权，它们的权利金正好相等，则合成期货成交价＝期权行权价；如果期权不是平值期权，其中一个是实值期权，另一个为虚值期权，权利金必不相等，则合成期货成交价＝期权行权价＋看涨期权权利金－看跌期权权利金。

合成期权与合成期货在实际运用中具有如下特点。

（1）市场总是处在变化中，而交易者对市场的预测也会因市场变动而发生改变。运用合成期权与合成期货能使交易者迅速有效地重新调整其在市场中所处的地位。如某交易者开始时预测市场是强劲的熊市，因此卖出了期货，但后来某些因素的出现致使市场情况发生了变化，该交易者重新分析价格趋势，判断市场将变为温和的熊市。这时，他便可以做一看跌期权空头，其合成结果将会构成一个看涨期权空头，而这正是温和熊市的交易策略。

（2）必须注意的是，在直接期权交易中，权利金是真实的，若投资者进行的是有保护的期权交易，其权利金收入可以另行投资。而在合成期权中，合成期权的权利金是虚拟的，仅是相当于某个数量，而实际发生的权利金数额还是原期权的权利金数额。

## 11.4 期权价差策略

### 11.4.1 期权价差策略的概念与分类

**1. 期权价差策略的概念**

价差交易策略的实质是利用不同期权合约间的价差变化获利，是买入某一类期权（a series of options）中的一种期权，同时卖出同类期权中的另一种期权，待价差变化有利时，再对冲获利。该策略常被专业交易商采用。

同一类期权是指同一标的的看涨期权（或看跌期权）。每一类期权中包含了若干种期权。例如，铜的看涨期权是一类，由于到期日和行权价不同，铜的看涨期权就有很多种了。买进铜看涨期权中的一种，同时卖出另一种，利用两个期权之间的价差变化获利，就构成了价差交易策略。

**2. 期权价差策略的分类**

价差交易策略可分为三种形式：第一种是同时买卖相同行权价、不同到期月份的期权，称为时间价差交易；第二种是同时买卖相同到期日而行权价不同的期权，称为价格价差交易；第三种是同时买卖到期日不同、行权价不同的期权，称为对角价差交易。

在以前的报刊期权行情表上，期权的月份是水平排列的，而行权价是垂直排列的。因此，时间价差交易也称水平价差交易，价格价差交易也叫垂直价差交易，而对角价差交易所买卖的期权处在对角线上。见表11-20。

表 11-20 以前的期权行情表示例    美元

| 期权标的与纽约股市收盘价 | 履约价格 | 买权收盘价 | | | 卖权收盘价 | | |
|---|---|---|---|---|---|---|---|
| | | 6月 | 7月 | 8月 | 6月 | 7月 | 8月 |
| 霍尼韦尔 | 85 | $14\frac{3}{8}$ | s | r | r | s | 3/8 |
| 98 | 90 | 8 | r | r | r | r | r |
| 98 | 95 | $2\frac{7}{8}$ | $5\frac{5}{8}$ | $7\frac{1}{8}$ | r | $1\frac{1}{4}$ | r |
| 98 | 100 | 1/16 | $2\frac{3}{8}$ | $4\frac{1}{8}$ | $1\frac{3}{4}$ | r | 4 |
| 98 | 105 | r | 1 | $2\frac{1}{8}$ | r | r | r |

注：字母 r 表示该期权当日无交易，字母 s 表示交易所没有提供和挂牌该期权。

### 11.4.2 价格价差期权

最常见的价格价差策略有三种形式：牛市价差策略、熊市价差策略和蝶式价差策略。它们适用的市场状况各不相同，其中牛市价差策略是牛市中应用的策略，而熊市价差策略是在熊市中采用的策略，蝶式价差策略则是交易者同时持有三种不同期权。

下面分别对价格价差期权的牛市价差策略和熊市价差策略进行分析。

#### 1. 牛市价差策略

这是最普遍的价差期权策略。其构造方式有两种。

（1）买入一个较低行权价的看涨期权，同时卖出一个同品种、同到期日的较高行权价的看涨期权。

（2）买入一个较低行权价的看跌期权，同时卖出一个同品种、同到期日的较高行权价的看跌期权。

两种方式分别如图 11-16 和图 11-17 所示。

可对其盈亏结果做如下讨论（以下的分析均不考虑权利金的初始投资），以股票期权为例。

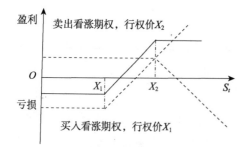

图 11-16 利用看涨期权构造牛市价差期权

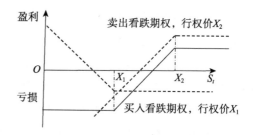

图 11-17 利用看跌期权构造牛市价差期权

设某交易者买入到期日 $t$、行权价 $X_1$ 的某股票的看涨期权,同时卖出到期日 $t$、行权价 $X_2$ 的同一股票的看涨期权,其中 $X_1 < X_2$。在到期日,当股市股票价格 $S_t \leq X_1$ 时,两个期权都不会行权,组合后总盈利为 0;当 $X_1 < S_t < X_2$ 时,低行权价的期权会被行权,盈利为 $S_t - X_1$,高行权价的期权会被放弃行权,收益为 0;当 $S_t \geq X_2$ 时,两个期权均会被行权,其中低行权价期权盈利为 $S_t - X_1$,高行权价期权盈利为 $X_2 - S_t$,总盈利为 $S_t - X_1 + X_2 - S_t = X_2 - X_1$,见表 11-21。

表 11-21 牛市价差期权的损益

| 股票价格范围 | 买入看涨期权盈利 | 卖出看涨期权盈利 | 总盈利 |
| --- | --- | --- | --- |
| $S_t \geq X_2$ | $S_t - X_1$ | $X_2 - S_t$ | $X_2 - X_1$ |
| $X_1 < S_t < X_2$ | $S_t - X_1$ | 0 | $S_t - X_1$ |
| $S_t \leq X_1$ | 0 | 0 | 0 |

由以上分析可知,交易者在预期价格上升时可采用牛市价差策略,其特点是同时限定了最高盈利额和最大亏损额。采用该策略需要有一笔初始投资,因为买进期权的行权价更低,它多半会具有更多内涵价值。考虑权利金,该策略的最大收益为 $X_2 - X_1$ - 初始权利金投资,最大亏损即初始权利金投资。

【例 11-10】 买进 1 手 9 月份到期、行权价 4 800 点的沪深 300 股指看涨期权,权利金 100 点;卖出 1 手 9 月份到期、行权价 4 850 点的沪深 300 股指看涨期权,权利金 80 点。该投资者需要初始权利金投资 20 点,当沪深 300 股指 $S_t \leq 4\,800$ 时,上述牛市价差策略收益为 0;当 $S_t \geq 4\,850$ 时,该策略将总收益限定为 $X_2 - X_1 = 50$ 点;当 $4\,800 < S_t < 4\,850$ 时,总收益为 $S_t - 4\,800$。

有三种不同类型的牛市价差策略。

(1)两个原看涨期权均为虚值期权。

(2)两个原看涨期权中,一个为实值,另一个为虚值。

(3)两个原看涨期权均为实值期权。

在第一种策略中两个期权都只具有时间价值,因此需要的初始投资很小,但获得较高收益的可能性也小;后两种策略需要的初始投资相对要多些,而其获得较高收入的可能性也大些。

利用看跌期权构造牛市价差期权的情况见图 11-17,请读者自行分析。

**2. 熊市价差策略**

该策略的构造方式也有两种。

(1)买入行权价较高的看涨期权,同时卖出同一品种相同到期日的行权价较低的看涨期权。

(2)买入较高行权价的看跌期权,同时卖出相同到期日同一品种的行权价较低的看跌期权。

在第一种构造方式中,设买入行权价 $X_2$ 的看涨期权,同时卖出行权价 $X_1$ 的同一股票相同到期日的看涨期权,其中 $X_1<X_2$。当 $S_t\leq X_1$ 时,两个期权都不会被执行,总收益为 0;当 $X_1<S_t<X_2$ 时,只有后一期权被行权,收益为 $X_1-S_t$;当 $S_t\geq X_2$ 时,两个期权均会被行权,前者盈利 $S_t-X_2$,后者盈利 $X_1-S_t$,总盈利 $X_1-X_2$。如图 11-18 与表 11-22 所示。

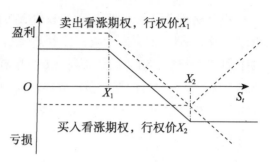

图 11-18 利用看涨期权构造熊市价差期权

表 11-22 熊市价差期权的损益

| 股票价格范围 | 买入看涨期权盈利 | 卖出看涨期权盈利 | 总盈利 |
| --- | --- | --- | --- |
| $S_t\geq X_2$ | $S_t-X_2$ | $X_1-S_t$ | $-(X_2-X_1)$ |
| $X_1<S_t<X_2$ | 0 | $X_1-S_t$ | $-(S_t-X_1)$ |
| $S_t\leq X_1$ | 0 | 0 | 0 |

可以看出,熊市价差策略是在预期价格下跌时采用,同时限定了最大盈利和最大亏损。由于买入的期权的内涵价值通常较卖出的期权为低,所以该策略具有初始权利金收入。考虑权利金收入,该策略的最大盈利($S_t\leq X_1$)就是初始权利金收入;最大亏损为初始权利金收入 $-(X_2-X_1)$。

**【例 11-11】** 买入 1 手 10 月份到期、行权价 4 950 点的沪深 300 股指看涨期权,权利金 80 点;卖出 1 手 10 月份到期、行权价 4 900 点的沪深 300 股指看涨期权,权利金 100 点。该策略有初始权利金收益 20 点,当沪深 300 股指 $S_t\leq 4\,900$ 时,上述熊市价差策略收益为 0;当 $S_t\geq 4\,950$ 时,收益为 $-50$ 点;当 $4\,900<S_t<4\,950$ 时,总收益为 $4\,900-S_t$。即若考虑权利金,当 $S_t>4\,920$ 时,出现亏损。

利用看跌期权构造熊市价差期权的情况,请读者自行分析。

### 11.4.3 时间价差期权

**1. 日历价差期权**

日历价差期权是将相同品种、相同行权价,但不同到期日的期权进行组合,其构造方式有两种。

(1)期限 $T_1$ 的看涨期权空头 + 期限 $T_2$ 的看涨期权多头(其中 $T_1<T_2$)。

(2)期限 $T_1$ 的看跌期权空头 + 期限 $T_2$ 的看跌期权多头(其中 $T_1<T_2$)。

上述情形(1)的构造方式如图 11-19 所示。由于两期权行权价相同,内涵价值也相同,而到期日长的期权时间价值会更大。因此,该组合需

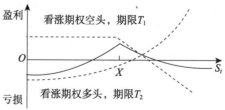

图 11-19 利用看涨期权构造日历价差期权(较短期限期权到期日损益)

要一笔初始投资，相当于两期权的时间价值之差。通常情况下，短期期权的时间价值衰减会更快，投资者可以从中对冲获利。

当短期期权临近到期时，若标的资产市价远低于行权价，则两期权都只剩时间价值，短期期权价值为 0，而长期期权价值接近于 0，投资者从中获得的收益微乎其微，只能略微抵消初始权利金投资；当短期期权临近到期时，若标的资产市价远高于行权价，则两期权包含了很多内涵价值，其时间价值的差异会很小，两相抵消，投资者从中获得的收益也微乎其微，也只能略微抵消初始投资；当短期期权临近到期时，若标的资产市价与行权价相近，则短期期权内涵价值与时间价值均很小，长期期权虽然内涵价值也很小，但时间价值会很大，这时若对冲两个期权，投资者会获得较大利润。

【例 11-12】 某投资者预测 9 月中旬，沪深 300 股指将在 4 850 点左右，于是卖出 1 手 9 月到期、行权价 4 850 点的沪深 300 股指看涨期权，权利金 100 点；同时买进 1 手 10 月到期、行权价 4 850 点的沪深 300 股指看涨期权，权利金 120 点，构成了日历价差期权，需要初始权利金投资为 20 点。如果在 9 月中旬，果真如投资者所料，股指为 4 850 点，则由于短期期权已到期，价格为 0；而长期期权成为还有 1 个月到期的平值期权，权利金为 100 点。将两个期权对冲，可获利 100 点，扣除权利金支出 20 元，投资者的收益为 80 点。

情形（2）是由看跌期权构造的日历价差期权，其损益状态与情形（1）类似，大家可自行分析。需注意的是，这里分析时用到了如下知识：平值期权的时间价值最大，而虚值或实值很大的期权时间价值小，甚至为 0。而且随着期权到期日的临近，期权时间价值是加速衰减的。

**2. 逆日历价差期权**

逆日历价差期权的构造方式有两种。
（1）期限 $T_1$ 的看涨期权多头 + 期限 $T_2$ 的看涨期权空头。
（2）期限 $T_1$ 的看跌期权多头 + 期限 $T_2$ 的看跌期权空头。
其中 $T_1 < T_2$。

【例 11-13】 某投资者买入 1 手 3 月到期、行权价 3 元的上证 50ETF 期权，同时卖出 1 手 6 月到期、行权价 3 元的上证 50ETF 期权，构成了逆日历价差期权。

逆日历价差期权的损益状态与日历价差期权的损益状态正好相反。当短期期权到期时，如果标的资产市价远高于或远低于行权价，可获少量利润；当标的资产市价与行权价相近时，会有一定的损失。当然，这种策略可获得少量权利金收入。

### 11.4.4 对角价差期权

对角价差期权（diagonal spreads options）有许多不同种类，我们不再具体分析，仅举一例加以说明。其构造如：一个 9 月到期、行权价 4 300 元的沪深 300 股指期权多头加一个 12 月到期、行权价 4 400 元的沪深 300 股指期权空头。

### 11.4.5 运用期权套利策略需注意的几个问题

（1）价差交易策略实质上是对两期权的权利金价差进行投机，利用价差的变化来获利。其风险比单向买卖的风险小得多，但也因此而放弃了单向买卖的高额潜在利润，因而是相对保守的期权投机策略。

（2）价差交易策略实际上分为三大类，各种策略适用于不同的市场状况，交易者应根据对市场的判断灵活地运用。其中垂直价差期权是市场比较强时采用的策略（如较强的牛市或较强的熊市）；对角价差期权则是市场比较温和时的交易策略；而水平价差期权则是市场趋于中性时采用的策略。

（3）交易者若想利用价差交易盈利，必须对组成价差期权的原期权的权利金价差的变化进行较为正确的预期。权利金包含内涵价值与时间价值两部分，对于水平价差期权来说，其组成的各原期权的行权价相同，因而内涵价值也相同，所以预期的重点就在于各期权时间价值的变化；对于垂直价差期权而言，其组成的各原期权的到期日相同但行权价不同，因而预期的重点是各期权内涵价值的变化；而对于对角价差期权来说，由于各原期权的到期日、行权价均不同，则对内涵价值和时间价值的变化都要关注。

（4）使时间价值的衰减于己有利，必须注意以下几点。

第一，短期期权时间价值的衰减速度要快于长期期权。

第二，平值、虚值、实值期权的时间价值衰减率不一样，一般而言，平值期权或近似平值期权的时间价值的衰减是加速的，而虚值期权和实值期权时间价值基本上呈线性衰减，如图 11-20 和图 11-21 所示。

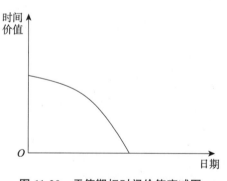

图 11-20　平值期权时间价值衰减图

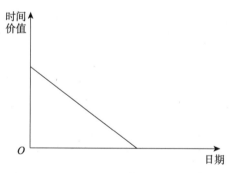

图 11-21　虚值、实值期权时间价值衰减图

第三，虚值很大或实值很大的期权，时间价值接近于 0。

所以，一般来说，交易者应卖出期限短的期权，买进期限长的期权；应卖出平值期权，买进实值或虚值期权。这样可以使时间价值的衰减于己有利。

（5）恰当地构造各种不同的风险-收益结构。每种策略的风险-收益结构均会有所不同，有的策略将有较小的可能性获得较大的收益，有较大的可能性遭受较小的损失；而有的策略将有较大的可能性获得较小的收益，而以较小的可能性遭受较大的损失。交易者必须对各种策略的风险-收益进行研究，以便构造令己满意的组合，同时，在交易中较好地把握对冲机会，使预期利润得以实现。

## 11.5 组合期权

前述价差交易策略包含买卖相对的交易行为,而组合期权的交易行为则是同向的。组合期权的构造策略中包括同一标的资产的不同类型的期权,即同时买进(或卖出)看涨期权和看跌期权。组合期权有许多种类,这里主要介绍常见的几种。

### 11.5.1 跨式期权

跨式期权(straddle)的构造方式有两种。

(1)同时买入相同行权价、相同到期日、同种标的资产的看涨期权和看跌期权,也称为买入跨式期权或底部跨式期权。

(2)同时卖出相同行权价、相同到期日、同种标的资产的看涨期权和看跌期权,也称为卖出跨式期权或顶部跨式期权。

图 11-22 是买入跨式期权的损益状况。当标的市价 $S_t$ 大于期权行权价时,该组合的盈利为 $S_t - X$;当标的市价 $S_t$ 小于期权行权价时,该组合盈利为 $X - S_t$,分析见表 11-23。

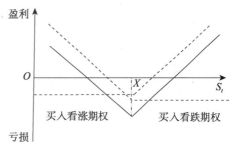

图 11-22 买入跨式期权的损益状况

表 11-23 买入跨式期权的损益状况

| 标的价格范围 | 看涨期权的损益 | 看跌期权的损益 | 组合期权的损益 |
| --- | --- | --- | --- |
| $S_t \leq X$ | 0 | $X - S_t$ | $X - S_t$ |
| $S_t \geq X$ | $S_t - X$ | 0 | $S_t - X$ |

该策略的特点是要付出初始投资,即买入两个期权的权利金。若标的价格波动很小,投资者就会亏损,最大亏损就是权利金;而标的价格大幅度波动时,其盈利潜力很大。

【例 11-14】 8 月份时,某公司股价为 112,该公司 3 个月后将被购并,因此投资者预测该股票价格 3 个月后将有重大变化。若购并成功,股价将大幅上涨;若失败股价将大幅下降。投资者决定利用该机会,于是同时买入 11 月到期、行权价 110 的看涨期权、看跌期权各一份,权利金分别为 6.5 和 2,初始投资为 8.5。若届时 $S_t < 110$,组合部分收益 $110 - S_t$;若 $S_t > 110$,组合部分收益 $S_t - 110$。考虑到回收权利金投资问题,当 $S_t > 118.5$ 或 $S_t < 101.5$ 时,投资者可获利。

卖出跨式期权的策略与上述情况相反,可获得两个期权的初始权利金收入。当标的价格小幅波动时,会有一定的盈利;而价格大幅度波动时,其损失的可能性很大。

### 11.5.2 宽跨式期权

买入宽跨式期权的策略也叫底部垂直价差组合,是指投资者同时买入相同到期日但行权价不同的一个看跌期权和一个看涨期权，其中看涨期权的行权价高于看跌期权的行权价。该策略需要初始投资，即买入两个期权的权利金投资。

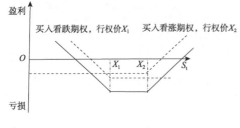

图 11-23 买入宽跨式期权的损益状况

如图 11-23 所示，设看跌、看涨期权行权价分别为 $X_1$，$X_2$，其中 $X_1 < X_2$。当 $S_t \leq X_1$ 时，看跌期权会被行权，而看涨期权会被弃权，组合部分收益为 $X_1 - S_t$；当 $X_1 < S_t < X_2$ 时，两个期权都会被弃权，收益为 0；当 $S_t \geq X_2$ 时，只有看涨期权被行权，收益为 $S_t - X_2$。分析见表 11-24。

表 11-24 买入宽跨式期权的损益状况

| 标的价格范围 | 看涨期权的损益 | 看跌期权的损益 | 组合期权的损益 |
| --- | --- | --- | --- |
| $S_t \leq X_1$ | 0 | $X_1 - S_t$ | $X_1 - S_t$ |
| $X_1 < S_t < X_2$ | 0 | 0 | 0 |
| $S_t \geq X_2$ | $S_t - X_2$ | 0 | $S_t - X_2$ |

由此可知，该宽跨式期权策略与跨式期权策略类似，是预测价格会大幅度波动，但不知波动方向时采用的一种策略。该策略最大亏损是买入两个期权的权利金，而盈利潜力很大。

卖出宽跨式期权的策略也叫顶部垂直价差组合，与上述相反，在投资者预测标的价格波动不大时采用。其最大盈利即卖出两份期权的权利金，而其潜在损失可能很大。

## 11.6 期权交易策略总结

期权策略使用起来非常灵活，图 11-24 和图 11-25 对不同行情趋势下采用何种策略进行了总结。

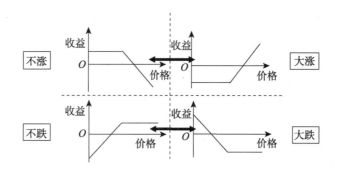

图 11-24 标的价格变动趋势预测与期权基本交易策略

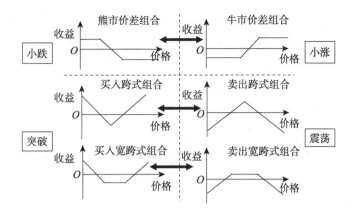

图 11-25 标的价格变动趋势预测与期权价差、组合交易策略

### 思考题

1. 分析图 11-24 和图 11-25 中各种策略分别适合在什么行情下采用。各策略的风险收益特征如何？
2. 为什么本章讨论的典型的损益图表只在期权到期日有效？
3. 画出期权四种基本策略的风险收益结构图，并举例进行分析。
4. 价差交易策略有哪几种形式？
5. 解释牛市价差期权和熊市价差期权的构造方式。
6. 画出以下两种交易组合的风险收益结构图（假定期权行权价格等于当前标的价格）。
   （1）持有标的并持有该标的看涨期权空头头寸。
   （2）持有标的并持有该标的看跌期权多头头寸。

### 习题

1. 假设某投资者认为在接下来的几个月里标的价格会比较稳定，那么卖出跨式期权组合与卖出宽跨式期权组合各有什么利弊？
2. 持有 10 000 份上证 50ETF 的投资者如果卖出 2 手上证 50ETF 看涨期权，其收益风险特征是怎样的？
3. 某投资分析师认为受新冠肺炎疫情影响，股市的实际情况比市场预计的要差很多。如果分析师的预计是正确的，应当采取哪种期权投资策略使获利的可能性最大？
4. 某投资分析师认为沪深 300 指数会停留在历史某一交易水平或者小幅上扬。同时你也认为该股票指数没有下跌空间，应当采用哪种期权投资策略？
5. 某投资者在 9 月份以 20 元/吨的权利金买入 1 手 11 月份到期的行权价格为 3 500 元/吨的豆粕看涨期权，同时以 23 元/吨的权利金买入 1 手 11 月份到期的行权价格为 3 500 元/吨的豆粕看跌期权，11 月份到期时，相关期货合约价格为 3 550 元/吨，请计算该投资人的投资结果。

6. 某投资者在 6 月份以 180 点的权利金买入一张 9 月到期、行权价格为 13 000 点的股指看涨期权，同时他又以 100 点的权利金买入一张 9 月到期、行权价格为 12 500 点的同一指数看跌期权，理论上来讲该投机者最大亏损为多少？

7. 某投资者在 9 月份以 100 点的权利金卖出一张 12 月到期、行权价格为 5 000 点的股指看涨期权，同时他又以 80 点的权利金卖出一张 12 月到期、行权价格为 5 000 点的同一指数看跌期权，分析该投资者可能的盈亏。

8. 请用现在的某品种期权及其行情数据构造牛市价差套利策略，并分析可能的盈亏。

9. 请用现在的某品种期权及其行情数据构造熊市价差套利策略，并分析可能的盈亏。

10. 请用现在的某品种期权及其行情数据构造日历价差套利策略或逆日历价差套利策略，并分析可能的盈亏。

答案解析 扫描此码

## 即测即练

# 第 12 章  期权的价格

**本章学习目标：**

通过本章学习，学员应该能够：

1. 分析期权价格的影响因素；
2. 掌握期权时间价值和内涵价值的概念及计算方法；
3. 区分期权的平值、实值、虚值状态；
4. 理解 Black-Scholes 和二叉树期权定价模型的原理，运用模型对不同类型期权进行定价。

## 12.1  期权的价格分析

### 12.1.1  期权价格（权利金）的构成

影响期权价格的因素有很多，使期权定价成为一个很复杂的问题。我们首先对期权价格的构成进行分析。

期权价格主要由内涵价值和时间价值组成。

**1. 内涵价值**

1）内涵价值的含义

期权的内涵价值（intrinsic value，内在价值），是指在不考虑交易费用和期权费的情况下，买方立即执行期权合约可获取的行权收益。它反映了期权合约行权价格与标的市场价格之间的关系。

2）内涵价值的计算

根据内涵价值的含义，有

看涨期权的内涵价值 = MAX{标的市场价格 – 行权价格，0}

看跌期权的内涵价值 = MAX{行权价格 – 标的市场价格，0}

期权的内涵价值总是大于等于 0。

我们以表 12-1 的数据为例，分别计算看涨期权"510050C2203M03200"和看跌期权"510050P2203M03200"的内涵价值。标的 50ETF 的价格为 3.108 元，有

"510050C2203M03200"的内涵价值 = MAX{3.108 – 3.200，0} = 0 元

"510050P2203M03200"的内涵价值 = MAX{3.200 – 3.108，0} = 0.092 元

**2. 时间价值**

1）时间价值的含义

期权的时间价值（time value），又称外涵价值，是指权利金扣除内涵价值的剩余部分，它是期权剩余有效期内标的市场价格波动为期权持有者带来收益的可能性所隐含的价值。显然，标的市场价格的波动率越高，期权有效期越长，期权的时间价值就越大。随

着期权到期日的临近，其时间价值也逐渐变小；当该期权到期时，便不再具有时间价值。

表 12-1  上证 50ETF 期权行情表（2021 年 8 月 20 日）

上证 50ETF 价格为 3.108

| 认 购 | | | | 03 月份 | 认 沽 | | | |
|---|---|---|---|---|---|---|---|---|
| 合约交易代码 | 当前价 | 涨跌幅 | 前结价 | 行权价 | 合约交易代码 | 当前价 | 涨跌幅 | 前结价 |
| 510050C2203M02900 | 0.292 0 | −11.86% | 0.331 3 | 2.900 | 510050P2203M02900 | 0.098 7 | 26.05% | 0.078 3 |
| 510050C2203M02950 | 0.260 7 | −11.66% | 0.295 1 | 2.950 | 510050P2203M02950 | 0.120 2 | 27.74% | 0.094 1 |
| 510050C2203M03000 | 0.234 0 | −11.53% | 0.264 5 | 3.000 | 510050P2203M03000 | 0.141 1 | 22.48% | 0.115 2 |
| 510050C2203M03100 | 0.182 0 | −12.54% | 0.208 1 | 3.100 | 510050P2203M03100 | 0.187 0 | 19.72% | 0.156 2 |
| 510050C2203M03200 | 0.141 1 | −11.92% | 0.160 2 | 3.200 | 510050P2203M03200 | 0.242 3 | 17.74% | 0.205 8 |
| 510050C2203M03300 | 0.106 9 | −13.58% | 0.123 7 | 3.300 | 510050P2203M03300 | 0.309 0 | 15.99% | 0.266 4 |
| 510050C2203M03400 | 0.079 6 | −14.41% | 0.093 0 | 3.400 | 510050P2203M03400 | 0.380 3 | 13.05% | 0.336 4 |
| 510050C2203M03500 | 0.059 8 | −13.58% | 0.069 2 | 3.500 | 510050P2203M03500 | 0.467 7 | 13.60% | 0.411 7 |
| 510050C2203M03600 | 0.044 6 | −12.72% | 0.051 1 | 3.600 | 510050P2203M03600 | 0.545 5 | 10.76% | 0.492 5 |
| 510050C2203M03700 | 0.033 0 | −14.29% | 0.038 5 | 3.700 | 510050P2203M03700 | 0.626 3 | 8.79% | 0.575 7 |

2）时间价值的计算

时间价值 = 权利金 − 内涵价值

以表 12-1 的数据为例，分别计算看涨期权"510050C2203M03200"和看跌期权"510050P2203M03200"的时间价值。有

看涨期权"510050C2203M03200"的时间价值 = 0.141 1 − 0 = 0.141 1（元）

看跌期权"510050P2203M03200"的时间价值 = 0.242 3 − 0.092 = 0.150 3（元）

**3. 实值期权、虚值期权与平值期权的内涵价值与时间价值**

1）看涨期权和看跌期权的不同状态

按照期权合约条款，每一交易日都同时有实值（in-the-money）、虚值（out-of-the-money）与平值（at-the-money）三种状态的期权挂牌。同时，随着时间变化，标的价格会不断变化，同一期权的状态也可能会变化，见表 12-2。

表 12-2  看涨期权和看跌期权的不同状态（实值、虚值与平值）

| | 看 涨 期 权 | 看 跌 期 权 |
|---|---|---|
| 实值期权 | 行权价格 < 标的市场价格 | 行权价格 > 标的市场价格 |
| 虚值期权 | 行权价格 > 标的市场价格 | 行权价格 < 标的市场价格 |
| 平值期权 | 行权价格 = 标的市场价格 | 行权价格 = 标的市场价格 |

当看涨期权的行权价格远远低于（高于）标的市场价格，看跌期权的行权价格远远

高于（低于）标的市场价格时，该期权称为深度或极度实值（虚值）期权。

如果某个看涨期权处于实值状态，行权价格和标的相同的看跌期权一定处于虚值状态。反之亦然。这在表 12-1 中非常明显。

2）实值期权、虚值期权和平值期权的内涵价值

对于实值期权，在不考虑交易费用和期权费的情况下，买方的行权收益大于 0，所以实值期权的内涵价值大于 0；对于虚值期权和平值期权，由于买方立即执行期权不能获得行权收益，或行权收益小于等于 0，所以虚值期权和平值期权不具有内涵价值，其内涵价值等于 0。

3）实值期权、虚值期权和平值期权的时间价值

第一，平值期权和虚值期权的时间价值总是大于等于 0。

由于平值期权和虚值期权的内涵价值等于 0，而期权的价值不能为负，所以平值期权和虚值期权的时间价值总是大于等于 0。

第二，美式期权的时间价值总是大于等于 0。

对于实值美式期权，由于美式期权在有效期的正常交易时间内可以随时行权，如果期权的权利金低于其内涵价值，在不考虑交易费用的情况下，买方立即行权便可获利。因此，在不考虑交易费用的情况下，权利金与内涵价值的差总是大于 0，或者说，处于实值状态的美式期权的时间价值总是大于等于 0。

由于平值期权和虚值期权的时间价值也大于 0，所以，美式期权的时间价值均大于等于 0。

第三，实值欧式期权的时间价值可能小于 0。

欧式期权由于只能在期权到期时行权，所以在有效期的正常交易时间内，当期权的权利金低于内涵价值时，即处于实值状态的欧式期权具有负的时间价值时，买方并不能够立即行权。因此，处于实值状态的欧式期权的时间价值可能小于 0。而处于深度实值状态的欧式看涨期权和看跌期权，由于标的市场价格与行权价格的差距过大，标的市场价格进一步上涨或下跌的难度较大，时间价值小于 0 的可能性更大。如 2021 年 8 月 20 日，上证 50ETF 价格为 3.108 元，"510050P2108M03900" 处于深度实值状态，此时期权价格为 0.788 0，而内涵价值为 3.900 - 3.108 = 0.792，时间价值 = 0.788 0 - 0.792 = -0.004 元。

表 12-1 的各期权内涵价值和时间价值计算见表 12-3。上证 50ETF 价格为 3.108 元。

表 12-3 期权的内涵价值与时间价值　　　　　　　　　　　　　　元

| 认购 | | | | 03 月份 | 认沽 | | | |
|---|---|---|---|---|---|---|---|---|
| 合约交易代码 | 当前价 | 内涵价值 | 时间价值 | 行权价 | 合约交易代码 | 当前价 | 内涵价值 | 时间价值 |
| 510050C2203M02900 | 0.292 0 | 0.208 | 0.084 | 2.900 | 510050P2203M02900 | 0.098 7 | 0 | 0.098 7 |
| 510050C2203M02950 | 0.260 7 | 0.158 | 0.102 7 | 2.950 | 510050P2203M02950 | 0.120 2 | 0 | 0.120 2 |
| 510050C2203M03000 | 0.234 0 | 0.108 | 0.126 | 3.000 | 510050P2203M03000 | 0.141 1 | 0 | 0.141 1 |
| 510050C2203M03100 | 0.182 0 | 0.008 | 0.174 | 3.100 | 510050P2203M03100 | 0.187 0 | 0 | 0.187 |
| 510050C2203M03200 | 0.141 1 | 0 | 0.141 1 | 3.200 | 510050P2203M03200 | 0.242 3 | 0.092 | 0.150 3 |

续表

| 认购 | | | | 03月份 | 认沽 | | | |
|---|---|---|---|---|---|---|---|---|
| 合约交易代码 | 当前价 | 内涵价值 | 时间价值 | 行权价 | 合约交易代码 | 当前价 | 内涵价值 | 时间价值 |
| 510050C2203M03300 | 0.106 9 | 0 | 0.106 9 | 3.300 | 510050P2203M03300 | 0.309 0 | 0.192 | 0.117 |
| 510050C2203M03400 | 0.079 6 | 0 | 0.079 6 | 3.400 | 510050P2203M03400 | 0.380 3 | 0.292 | 0.088 3 |
| 510050C2203M03500 | 0.059 8 | 0 | 0.059 8 | 3.500 | 510050P2203M03500 | 0.467 7 | 0.392 | 0.075 7 |
| 510050C2203M03600 | 0.044 6 | 0 | 0.044 6 | 3.600 | 510050P2203M03600 | 0.545 5 | 0.492 | 0.053 5 |
| 510050C2203M03700 | 0.033 0 | 0 | 0.033 | 3.700 | 510050P2203M03700 | 0.626 3 | 0.592 | 0.034 3 |

### 12.1.2 影响期权价格的基本因素

影响期权价格的基本因素主要有五个：标的市场价格（$S$）、行权价格（$X$）、标的市场价格波动幅度（$V$）、期权合约的有效期（$T$）、无风险利率（$r$）等。

**1. 标的市场价格和行权价格**

期权的行权价格与标的市场价格是影响期权价格的重要因素。两种价格的相对差额不仅决定着内涵价值，而且影响着时间价值。

行权价格与市场价格的相对差额决定了内涵价值的有无及其大小。就看涨期权而言，市场价格较行权价格高时，期权具有内涵价值，高出越多，内涵价值越大；当市场价格等于或低于行权价格时，内涵价值为0。就看跌期权而言，市场价格较行权价格低时，期权具有内涵价值，低得越多，内涵价值越大；当市场价格等于或高于行权价格时，内涵价值为0。

对于实值期权，标的市场价格与看涨期权的内涵价值呈正相关关系，与看跌期权的内涵价值呈负相关关系。由于虚值期权和平值期权的内涵价值总为0，所以，当期权处于虚值或平值状态时，标的市场价格的上涨或下跌及行权价格的高低不会使内涵价值发生变化。

此外，期权的价格虽然由内涵价值和时间价值组成，但由期权定价理论可以推得，内涵价值对期权价格高低起决定作用，期权的内涵价值越高，期权的价格也越高。

行权价格与标的市场价格的相对差额也决定着时间价值的有无和大小。

一般来说，行权价格与标的市场价格的相对差额越大，时间价值就越小。当期权处于深度实值或深度虚值状态时，其时间价值将趋于0，而处于深度实值状态的欧式看涨期权和看跌期权，时间价值还可能小于0。因为当期权处于深度实值状态时，市场价格变动使它继续增加内涵价值的可能性已极小，而使它减少内涵价值的可能性则极大，因而人们都不愿意为买入该期权并持有它而支付时间价值，或付出比当时的内涵价值更高的权利金；当期权处于深度虚值状态时，人们会认为变为实值期权的可能性十分渺茫，因而也不愿意为买入这种期权而支付时间价值或支付权利金。相反，行权价格与标的市场价格的相对差额越小，则时间价值就越大。而当期权正好处于平值状态时，其时间价值达到最大。因为此时市场价格的变动才最有可能使期权增加内涵价值，人们也才最愿意为买入这种期权而付出代价。

## 2. 标的市场价格波动幅度

标的市场价格波动幅度，是影响期权价格水平的重要因素之一。

在其他因素不变的条件下，标的市场价格波动幅度越大，标的上涨很高或下跌很深的机会会随之增加，标的市场价格涨至损益平衡点之上或跌至损益平衡点之下的可能性和幅度也就越大，买方获取较高收益的可能性也会增加，而损失却不会随之增加，但期权卖方的市场风险却会随之大幅增加。所以，标的市场价格的波动幅度越大，期权的价格也应该越高。

## 3. 期权合约的有效期

期权合约的有效期是指距期权合约到期日剩余的时间。在其他因素不变的情况下，期权有效期越长，美式看涨期权和看跌期权的价值都会越大。这是因为对于美式期权来说，有效期长的期权不仅包含了有效期短的期权所有的行权机会，而且有效期越长，标的市场价格向买方所期望的方向变动的可能性就越大，买方行使期权的机会也就越多，获利的机会也就越多。所以，在其他条件相同的情况下，到期日长的美式期权价值不应该低于到期日短的美式期权的价值。

随着有效期的增加，欧式期权的价值并不必然增加。这是因为对于欧式期权来说，有效期长的期权并不包含有效期短的期权的所有行权机会。即便在有效期内标的市场价格向买方所期望的方向变动，但由于不能行权，在到期时也存在再向不利方向变化的可能，所以随着期权有效期的增加，欧式期权的时间价值和权利金并不必然增加，即剩余期限长的欧式期权的时间价值和权利金可能低于剩余期限短的欧式期权的时间价值和权利金。

由于美式期权的行权机会多于相同标的和剩余期限的欧式期权，所以，在其他条件相同的情况下，剩余期限相同的美式期权的价值不应该低于欧式期权的价值。

## 4. 无风险利率

无风险利率水平会影响期权的时间价值，也可能会影响期权的内涵价值。

当利率提高时，期权买方收到的未来现金流的现值将减少，从而使期权的时间价值降低；相反，当利率下降时，期权的时间价值会增加。但是，利率水平对期权时间价值的整体影响十分有限。

此外，利率的提高或降低会影响标的市场价格，如果提高利率使标的市场价格降低，如在经济过热时期，政府提高利率以抑制经济的过热增长，将导致股票价格下跌，股票看涨期权的内涵价值降低，股票看跌期权的内涵价值提高，此种情况下，看涨期权的价值必然降低，而看跌期权的价值有可能会提高。但是，如果在经济正常增长时期，当利率提高时，股票的预期增长率也倾向于增加，此种情况下得出的结论与前述结论可能相反。

所以，无风险利率对期权价格的影响，要视当时的经济环境以及利率变化对标的市场价格影响的方向，考虑其对期权内涵价值的影响方向及程度，然后综合其对时间价值的影响，得出最终的影响结果。

此外，股票分红因素主要是对股票期权、股指期权和 ETF 期权的价格有影响。随着股利支付日期的临近，股价趋于上升，看涨期权的内涵价值趋于升高，而看跌期权的内涵价值趋于减少。当股利支付日期过后，人们预期股票价格会降低，因此，看涨期权价格会降低,看跌期权价格会上涨。

### 12.1.3 合成资产与无风险资产组合

**1. 合成资产总结**

合成资产(synthetic assets)是指用两项或两项以上的资产构造出与某一项资产具有同样收益风险特征的资产组合的投资策略。资产的合成分解技术在现代金融领域运用广泛,尤其是在资产定价、资产风险收益特性分析、资产组合构建和风险管理等方面。

在期权交易策略这一部分,我们用实例展示了 4 种合成期权与 2 种合成期货,在无套利市场假设下,表 12-4 所列同一行里左右两种资产组合即有相同的收益风险特征。

表 12-4 合成资产及对应的实际资产

| 合成资产 | 对应的实际资产 |
|---|---|
| 看涨期权多头 + 看跌期权空头 | 标的资产多头 |
| 看涨期权空头 + 看跌期权多头 | 标的资产空头 |
| 标的资产多头 + 看跌期权多头 | 看涨期权多头 |
| 标的资产多头 + 看涨期权空头 | 看跌期权空头 |
| 标的资产空头 + 看涨期权多头 | 看跌期权多头 |
| 标的资产空头 + 看跌期权空头 | 看涨期权空头 |

合成资产与对应的实际资产尽管到期时收益平衡点不一致,但其收益的变化规律、收益风险特征相同,到期时损益图的形状完全相同。因此,完全可以用表中的合成资产与其对应的实际资产构建无风险资产组合。

**2. 无风险资产组合策略一**

首先,我们以表 12-4 中第一行的合成资产"看涨期权多头 + 看跌期权空头"与实际资产"标的资产多头"构建无风险资产组合。考虑以下的投资策略:

(1)以价格 $C$ 买进一份行权价为 $X$ 的看涨期权。

(2)以价格 $P$ 卖出一份行权价为 $X$ 的看跌期权。

(3)以价格 $S$ 卖空一份股票。

本策略获得的初始现金流为 $P+S-C$,用作无风险投资,以无风险利率 $r$ 投资至期权到期,到期时为 $(P+S-C)(1+r)$。期权到期时现金流量情况见表 12-5。

表 12-5 无风险资产组合策略一到期现金流

| | 现金流 | | |
|---|---|---|---|
| | $S<X$ | $S=X$ | $S>X$ |
| 买进看涨期权 | 0 | 0 | $S-X$ |
| 卖空看跌期权 | $S-X$ | 0 | 0 |
| 卖空股票 | $-S$ | $-S$ | $-S$ |
| 净现金流 | $-X$ | $-S(=-X)$ | $-X$ |
| 到期操作方式 | 对手看跌期权行权。支付 $X$,得到股票,了结股票空头 | 期权失效。支付 $X$,购回股票,了结股票空头 | 看涨期权行权。支付 $X$,得到股票,了结股票空头 |

无论最后标的股票价格如何变化，此组合最后都需要支付 $X$，因此，此为无风险资产组合。若期权有效期内股票支付股利，由于投资者卖空股票，需支付股票出借方分红的损失，相当于至到期日多支付 $(1+r)D$。到期时终值为 $-X-(1+r)D$。

在无套利假设下，有

$$(1+r) \times (P+S-C) - [X+(1+r)D] = 0 \tag{12-1}$$

$$\frac{X+(1+r)D}{P+S-C} = 1+r \tag{12-2}$$

**3. 无风险资产组合策略二**

我们以表 12-4 中第二行的合成资产"看涨期权空头 + 看跌期权多头"与实际资产"标的资产空头"为例，构建无风险资产组合。考虑以下的投资策略：

（1）以价格 $C$ 卖出一份行权价为 $X$ 的看涨期权。
（2）以价格 $P$ 买进一份行权价为 $X$ 的看跌期权。
（3）以价格 $S$ 买进一份股票。

本策略的初始投资为 $P+S-C$，以无风险利率 $r$ 计，相当于到期时为 $(P+S-C)(1+r)$。期权到期时现金流量情况见表 12-6。

表 12-6 无风险资产组合策略二到期现金流

| | 现　金　流 | | |
|---|---|---|---|
| | $S<X$ | $S=X$ | $S>X$ |
| 卖空看涨期权 | 0 | 0 | $X-S$ |
| 买进看跌期权 | $X-S$ | 0 | 0 |
| 买进股票 | $S$ | $S$ | $S$ |
| 净现金流 | $X$ | $S(=X)$ | $X$ |
| 到期操作方式 | 看跌期权行权，交付股票，获得现金 $X$ | 期权失效，卖出股票，获得现金 $X$ | 交易对手看涨期权行权，交付股票，获得现金 $X$ |

无论最后标的价格如何变化，此组合最后都获得现金 $X$，因此，此为无风险资产组合。若股票在期权有效期内支付股利，投资者因持有股票获得股利，该股利至到期日的终值为 $(1+r)D$。到期时终值为 $X+(1+r)D$。在无套利假设下，无风险资产组合的收益率必然等于市场无风险利率，有

$$\frac{X+(1+r)D}{P+S-C} = 1+r$$

### 12.1.4 看涨看跌期权的平价关系

**1. 无风险资产组合策略一和策略二的推论**

式（12-2）变形后可得

$$C = \left[(S-D) - \frac{X}{1+r}\right] + P \tag{12-3}$$

或者

$$P = \left[\frac{X}{1+r} - (S-D)\right] + C \qquad (12\text{-}4)$$

式（12-3）和式（12-4）反映了具有同一标的、同一到期期限、同一行权价格以及标的市场价格的欧式看涨期权和看跌期权的价格之间的关系，称为欧式看涨–看跌期权的平价关系（put-call parity）。

对于持有期间没有收益的标的而言，有 $D=0$，上述看涨–看跌期权的平价关系简化为

$$C = \left(S - \frac{X}{1+r}\right) + P \qquad (12\text{-}5)$$

$$P = \left(\frac{X}{1+r} - S\right) + C \qquad (12\text{-}6)$$

**【例 12-1】** 上证 50ETF 市价为 3.1 元，当前无风险利率为 3%。某 3 个月后到期、行权价格为 3 元的上证 50ETF 看涨期权价格为 0.22 元。（上证 50ETF 期权为欧式期权，假设上证 50ETF 期间不分红）。计算该上证 50ETF 3 个月后到期、行权价格为 3 元的看跌期权的价格。

根据式（12-6）可得

$$P = \left(\frac{3}{1+3\%/4} - 3.1\right) + 0.22 \approx 0.097\,67 \quad (\text{元})$$

### 2. 进一步的推论

1）欧式看涨–看跌股票期权之间的平价关系

设 $P$ 和 $C$ 分别是欧式看跌、看涨股票期权的价格，考虑以下两个资产组合。

组合 A：一个欧式股票看涨期权加上金额为 $Xe^{-rT}$ 的现金。

组合 B：一个欧式股票看跌期权加一股股票。

在期权到期时，组合 A 的价值为

$$\max(S_T - X, 0) + X = \max(S_T, X)$$

组合 B 的价值为

$$\max(X - S_T, 0) + S_T = \max(X, S_T)$$

因此期权到期日，两个组合的价值相等。由于是欧式期权，只有在到期日才能行权，所以现在组合必然具有相等的价值，即有

$$C + Xe^{-rT} = P + S$$

这个关系式就是欧式看涨–看跌股票期权的平价关系。该式与式（12-1）～式（12-6）相同，只是以连续复利形式贴现。

2）欧式看涨–看跌期货期权之间的平价关系

设 $C$，$P$ 分别为欧式看涨期货期权、看跌期货期权的价格，$F_T$ 是到期日的期货价格，考虑以下两个组合。

组合 A：一个欧式看涨期货期权加上金额为 $Xe^{-rT}$ 的现金。

组合 B：一笔数额为 $Fe^{-rT}$ 的现金加上一份期货合约，再加上一份欧式看跌期货期权。

在期权到期时,组合 A 的价值为
$$\max(F_T - X, 0) + X = \max(F_T, X)$$
组合 B 的价值为
$$F + (F_T - F) + \max(X - F_T, 0) = \max(F_T, X)$$
从以上可以看出,期权到期时,两个组合的价值相等。因为欧式期权不能提前行权,所以现在的价值也相等,现在期货合约的价值为 0,所以有
$$C + X\mathrm{e}^{-rT} = P + F\mathrm{e}^{-rT}$$
上式就是欧式看涨–看跌期货期权的平价关系。

## 12.2 Black-Scholes 期权定价模型

### 12.2.1 基本思路

**1. Black-Scholes 和 Merton 对前人工作的改进**

1997 年的诺贝尔经济学奖被授予两位美国经济学家:美国哈佛大学教授 Robert C. Merton 和斯坦福大学教授 Myron S. Scholes,以表彰他们和已去世的 Fischer Black 在期权定价理论中所做的贡献。其主要贡献就是提出了 Black-Scholes(B-S)期权定价模型。

在这之前,期权定价模型可以分为两类:第一类是特定模型,即根据实际观测和曲线拟合程度来确定期权价格,这种模型的缺点在于无法反映经济均衡对期权价格的影响;第二类是均衡模型,即根据市场参与者效用最大化来确定期权价格,这方面最早进行研究的是法国数学家兼经济学家 Louis Bachelier。他在 1900 年的博士论文《投机的数学理论》中,给出了一个股票期权定价公式,首次提出了确定期权价格的均衡理论方法。但他的公式是建立在一些不现实的假设之上,如利率为零,股票价格可以为负等。进入 20 世纪 60 年代后,期权定价理论的研究开始活跃起来。但 20 世纪 70 年代以前的期权定价公式所具有的共同不足之处,就是不同程度地依赖于股票未来价格的概率分布和投资者的风险偏好,而风险偏好和股票概率分布是无法预测或正确估计的,因而限制了这些公式在实际中的应用。

1973 年,Fischer Black 和 Myron S. Scholes 在美国《政治经济学》杂志上发表了一篇开创性论文《期权和公司债务的定价》,给出了欧式股票看涨期权的定价公式,即今天所称的 Black-Scholes 公式,它与以往期权定价公式最重要的差别就在于它的实际应用价值,即它只依赖于可观察到的或可估计出的变量。同年,Robert C. Merton 在其《合理期权定价理论》一文中提出了支付红利股票的期权定价公式,进一步完善了 Black-Scholes 公式。Black、Scholes、Merton 三人在改进前人工作的基础上完成了现代期权理论的奠基工作。

**2. Black 和 Scholes 的期权定价思想**

Black-Scholes 模型避免了对未来股票价格概率分布和投资者风险偏好的依赖。这是因为 Black 和 Scholes 认识到,股票看涨期权可以用来回避股票的投资风险。通过一种投

资策略,买入一种股票,同时卖出一定份额的该股票看涨期权,可以构成一个无风险的投资组合,即投资组合的收益完全独立于股票价格的变化。在资本市场均衡条件下,根据资本资产定价模型,这种投资组合的收益应等于短期利率。因此,期权的收益可以用标的股票和无风险资产构造的投资组合来复制,在无套利机会存在的情况下,期权价格应等于购买投资组合的成本,即期权价格仅依赖于股票价格的波动量、无风险利率、期权到期时间、行权价格、股票市价。上述几个变量,除股票价格波动量外都是可以直接观察到的,而对股票价格波动量的估计也比对股票价格未来期望值的估计简单得多。这就是 Black 和 Scholes 的期权定价思想。

### 3. Black-Scholes 微分方程的推导

首先,假定股票和期权市场的"理想条件"如下。

(1)股票价格运动是一种"布朗运动",即在连续时间内股票价格遵循随机漫步,方差率(单位时间的方差)与股票价格的平方根成比例。因而在任何有限时间间隔末,可能的股票价格的分布是对数正态分布。股票收益率的方差率不变。

(2)股票不付红利或其他收益。

(3)期权为欧式期权,到期日才能履行。

(4)买卖股票或期权没有交易成本。

(5)无风险利率 $r$ 为常数且对所有到期日都相同。

(6)证券交易是连续的。

(7)不存在无风险套利的机会。

根据第一个假设,股票价格遵循数学家 Ito 提出的 Ito 过程:

$$dS = \mu S dt + \sigma S dz \tag{12-7}$$

式中,$dS$ 为股票价格在 $dt$ 时间内的变化;$\mu S$ 为价格瞬时期望漂移率;$\mu$ 为以年复利计的年预期收益率,可取为常数;$\sigma$ 为股票价格年波动率,可取常数;$dz = \varepsilon\sqrt{dt}$ 为标准布朗运动(即维纳过程),其中 $\varepsilon$ 为标准正态分布(即均值为 0、标准差为 1 的正态分布)中取得的一个随机值;$t$ 为时间。

式(12-7)表示,股票价格 $S$ 可用瞬时期望漂移率 $\mu S$ 和瞬时方差率 $\sigma^2 S^2$ 的 Ito 过程来表达。

假设 $f$ 是依赖于 $S$ 的衍生证券的价格,则变量 $f$ 一定是 $S$ 和 $t$ 的某一函数。由 Ito 定理得到 $f$ 遵循的过程为

$$df = \left(\frac{\partial f}{\partial S}\mu S + \frac{\partial f}{\partial t} + \frac{1}{2}\frac{\partial^2 f}{\partial S^2}\sigma^2 S^2\right)dt + \frac{\partial f}{\partial S}\sigma S dz \tag{12-8}$$

得式(12-7)和式(12-8)的离散形式为

$$\frac{\Delta S}{S} = \mu\Delta t + \sigma\Delta z = \mu\Delta t + \sigma\varepsilon\sqrt{\Delta t} \tag{12-9}$$

$$\Delta f = \left(\frac{\partial f}{\partial S}\mu S + \frac{\partial f}{\partial t} + \frac{1}{2}\frac{\partial^2 f}{\partial S^2}\sigma^2 S^2\right)\Delta t + \frac{\partial f}{\partial S}\sigma S \Delta z \tag{12-10}$$

其中，方程（12-9）与方程（12-10）遵循的维纳过程相同，即 $\Delta z(=\varepsilon\sqrt{\Delta t})$ 相同。所以我们可以选择某种股票和衍生证券的组合来消除维纳过程。假设某投资者卖出一份衍生证券，同时买入 $\frac{\partial f}{\partial S}$ 份股票，则该证券组合的价值为

$$\Pi = -f + \frac{\partial f}{\partial S}S \tag{12-11}$$

$\Delta t$ 时间后，该证券组合的价值变化：

$$\Delta\Pi = -\Delta f + \frac{\partial f}{\partial S}\Delta S \tag{12-12}$$

将方程（12-9）、（12-10）代入式（12-12），得

$$\Delta\Pi = \left(-\frac{\partial f}{\partial t} - \frac{1}{2}\frac{\partial^2 f}{\partial S^2}\sigma^2 S^2\right)\Delta t \tag{12-13}$$

因为这个方程不含有 $\Delta z$，经过 $\Delta t$ 时间后证券组合必定没有风险。因此，当 $\Delta t$ 无限短时，该证券组合的瞬时收益率一定与其他短期无风险证券的收益率相同。否则将存在无风险套利机会。所以

$$\Delta\Pi = r\Pi\Delta t \tag{12-14}$$

其中，$r$ 为无风险利率。将方程（12-11）、（12-12）代入式（12-14）可得

$$\left(\frac{\partial f}{\partial t} + \frac{1}{2}\frac{\partial^2 f}{\partial S^2}\sigma^2 S^2\right)\Delta t = r\left(f - \frac{\partial f}{\partial S}S\right)\Delta t \tag{12-15}$$

化简得

$$\frac{\partial f}{\partial t} + rS\frac{\partial f}{\partial S} + \frac{1}{2}\sigma^2 S^2\frac{\partial^2 f}{\partial S^2} = rf \tag{12-16}$$

这就是著名的 Black-Scholes 微分方程。

对于欧式看涨期权，关键的边界条件为：

当 $t = T$ 时，

$$f = \max(S_T - X, 0)$$

对欧式看跌期权，边界条件为：

当 $t = T$ 时，

$$f = \max(X - S_T, 0)$$

其中，$X$ 为行权价格。

方程（12-16）不包含任何受投资者的风险偏好影响的变量，从而它独立于风险偏好。因此，在对期权进行定价时可以使用任何一种风险偏好。为了简化分析，可以做一个非常简单的假设：所有的投资者都是风险中性的，这样所有证券的预期收益率都是无风险利率 $r$，且其衍生证券的目前价值可以用其期末价值的期望值以无风险利率 $r$ 来贴现得到。在这种假设前提下的定价称为风险中性定价。

### 12.2.2 Black-Scholes 期权定价公式

根据风险中性定价理论，欧式看涨期权到期日的期望值为

$$\hat{E}[\max(S_T - X, 0)]$$

其中，$\hat{E}$ 表示风险中性定价下的期望值，$T$ 为期权到期时间。$S_T$ 为 $T$ 时刻股票价格。

因此，欧式看涨期权的价格 $C$ 是这个值以无风险利率 $r$ 贴现的结果：

$$C = e^{-rT}\hat{E}[\max(S_T - X, 0)] \tag{12-17}$$

假设股票价格是几何"布朗运动"，运用数学随机变量函数的一些定理，可以得出股价的对数 $\ln S_T$ 服从正态分布。在风险中性的情况下，可将 $\mu$ 换成 $r$，即

$$\ln S_T \sim N\left[\ln S_0 + \left(r - \frac{\sigma^2}{2}\right)T,\ \sigma\sqrt{T}\right] \tag{12-18}$$

记 $\mu_1 = \ln S_0 + \left(r - \frac{\sigma^2}{2}\right)T$，$\sigma_1 = \sigma\sqrt{T}$，那么

$$\ln S_T \sim N(\mu_1, \sigma_1)$$

即 $S_T$ 服从对数正态分布。设 $S_T$ 的概率密度为 $g_{S_T}(y)$，则

$$g_{S_T}(y) = \begin{cases} \dfrac{1}{\sqrt{2\pi}\sigma_1 y} e^{-\frac{(\ln y - \mu_1)^2}{2\sigma_1^2}}, & y > 0 \\ 0, & y \leq 0 \end{cases}$$

$$\hat{E}[\max(S_T - X, 0)] = \int_X^{+\infty}(y - X)g_{S_T}(y)dy = \int_X^{\infty}(y - X)\frac{1}{\sqrt{2\pi}\sigma_1 y}e^{-\frac{(\ln y - \mu_1)^2}{2\sigma_1^2}}dy$$

令 $\ln y = t$，上式 $= \int_{\ln X}^{\infty}\dfrac{e^t}{\sqrt{2\pi}\sigma_1}e^{-\frac{(t-\mu_1)^2}{2\sigma_1^2}}dt - \int_{\ln X}^{\infty}\dfrac{X}{\sqrt{2\pi}\sigma_1}e^{-\frac{(t-\mu_1)^2}{2\sigma_1^2}}dt$

上式中，右边第一项 $= \dfrac{1}{\sqrt{2\pi}\sigma_1}\int_{\ln X}^{\infty}e^{-\frac{[t-(\mu_1+\sigma_1^2)]^2}{2\sigma_1^2}}e^{\mu_1+\frac{\sigma_1^2}{2}}dt$

$$= e^{\mu_1+\frac{\sigma_1^2}{2}}\left\{1 - N\left[\frac{\ln X - (\mu_1 + \sigma_1^2)}{\sigma_1}\right]\right\}$$

$$= S_0 e^{rT} N\left[\frac{\ln(S/X) + \left(r + \frac{\sigma^2}{2}\right)T}{\sigma\sqrt{T}}\right]$$

$$= S e^{rT} N(d_1)$$

第二项 $= X\left[1 - N\left(\dfrac{\ln X - \mu_1}{\sigma_1}\right)\right]$

$$= XN\left(-\frac{\ln X - \mu_1}{\sigma_1}\right)$$

$$= XN\left[\frac{\ln(S/X) + \left(r - \frac{\sigma^2}{2}\right)T}{\sigma\sqrt{T}}\right]$$

$$= XN(d_2)$$

其中：$d_1 = \dfrac{\ln(S/X) + \left(r + \dfrac{\sigma^2}{2}\right)T}{\sigma\sqrt{T}}$

$d_2 = \dfrac{\ln(S/X) + \left(r - \dfrac{\sigma^2}{2}\right)T}{\sigma\sqrt{T}} = d_1 - \sigma\sqrt{T}$

所以，

$$C = e^{-rT}\hat{E}[\max(S_T - X, 0)] = e^{-rT}\left[Se^{rT}N(d_1) - XN(d_2)\right]$$
$$= SN(d_1) - Xe^{-rT}N(d_2) \tag{12-19}$$

其中 $N$ 为标准正态分布的累计概率分布函数（即这一变量小于 $X$ 的概率）。式（12-19）就是著名的 Black-Scholes 公式。在其包含的变量中，股价波动率 $\sigma$ 可以通过历史数据估算，$N(d_1)$ 和 $N(d_2)$ 的概率分布值可以通过查表求得，这样我们就可以算出无风险利率为 $r$ 时不支付红利股票欧式看涨期权的价格。根据欧式看涨期权 $C$ 与看跌期权 $P$ 之间的平价关系，有

$$C + Xe^{-rT} = P + S$$

欧式看跌期权的价格 $P$ 可用欧式看涨期权类似的方法求出。因此，欧式看跌期权的价值为

$$P = C - X + Xe^{-rT} = Xe^{-rT}N(-d_2) - SN(-d_1) \tag{12-20}$$

【例 12-2】某个还有 6 个月有效期的不支付红利的股票期权，股票的现价为 42 美元，期权的行权价格为 40 美元，无风险利率为每年 10%，波动率为 20%，即

$$S = 42,\ X = 40,\ r = 0.1,\ \sigma = 0.2,\ T = 0.5$$

所以：$d_1 = \dfrac{\ln(42/40) + (0.1 + 0.5 \times 0.2^2) \times 0.5}{0.2 \times \sqrt{0.5}} = 0.7693$

$d_2 = \dfrac{\ln(42/40) + (0.1 - 0.5 \times 0.2^2) \times 0.5}{0.2 \times \sqrt{0.5}} = 0.6278$

$Xe^{-rT} = 40\,e^{-0.05} = 38.049$

又查表，得

$$N(0.7693) = 0.7791,\ N(-0.7693) = 0.2209$$
$$N(0.6278) = 0.7349,\ N(-0.6278) = 0.2651$$

将上述数据代入公式计算，得：

$$C = SN(d_1) - Xe^{-rT}N(d_2) = 4.76$$
$$P = Xe^{-rT}N(-d_2) - SN(-d_1) = 0.81$$

Robert C. Merton 则注意到，基于一种价格为 $S$、支付连续红利率为 $q$ 的股票的欧式期权，与基于一种价格为 $Se^{-qT}$、不支付红利的股票的相应欧式期权有相同的价值。因此，Merton 将股票现价从 $S$ 减小到 $Se^{-qT}$，然后代入 Black-Scholes 定价公式中，便得到了如下支付红利股票的期权定价公式：

$$C = Se^{-qT}N(d_1) - Xe^{-rT}N(d_2) \tag{12-21}$$

其中：

$$d_1 = \frac{\ln\left(\dfrac{S}{X}\right) + \left(r - q + \dfrac{\sigma^2}{2}\right)T}{\sigma\sqrt{T}}$$

$$d_2 = \frac{\ln\left(\dfrac{S}{X}\right) + \left(r - q - \dfrac{\sigma^2}{2}\right)T}{\sigma\sqrt{T}} = d_1 - \sigma\sqrt{T}$$

### 12.2.3 股指期权定价

假设股票指数遵循几何布朗运动。在式（12-21）中，令 $S$ 为指数值，$\sigma$ 为指数波动率，$q$ 为指数的红利收益率。利用式（12-21）就可算出基于股票指数的欧式看涨期权的价值。

**【例 12-3】** 设有沪深 300 看涨期权，还有 3 个月到期。指数现值为 4 200 点，行权价格为 4 000 点，无风险利率为年利率 6%，指数波动率为每年 20%，在到期日前 3 个月中期望得到的红利收益率分别为 0.15%、0.25%、0.10%，求该看涨期权的价格。

解：按题意有 $S = 4\,200$，$X = 4\,000$，$r = 0.06$，$\sigma = 0.20$，$T = 3/12 = 0.25$，平均红利收益率为每 3 个月 0.5% 或每年 2%，即 $q = 0.02$，

则有

$$d_1 = \frac{\ln\left(\dfrac{4\,200}{4\,000}\right) + \left(0.06 - 0.02 + \dfrac{0.20^2}{2}\right) \times 0.25}{0.20 \times \sqrt{0.25}} \approx 0.638$$

$$d_2 \approx 0.538$$

通过查表，可得

$$N(d_1) \approx 0.738\,2,\ N(d_2) \approx 0.704\,7$$

则该看涨期权的价格 $C$ 为

$$C = 4\,200 \times 0.738\,2\,e^{-0.02 \times 0.25} - 4\,000 \times 0.704\,7\,e^{-0.06 \times 0.25} \approx 308.14(\text{点})$$

即该看涨期权的价格为 308.14 点，合约乘数为 100，相当于每手合约的权利金为 30 814 元。

## 12.2.4 外汇期权定价

在为外汇期权定价时，首先假定：
（1）汇率变动与股价变动一样，遵循几何布朗运动。
（2）$r$ 和 $r_f$ 都是恒定的，对于任何到期日都相同（$r$，$r_f$ 定义见下）。并定义：

$S$——即期汇率；
$F$——$T$ 时间后的远期汇率；
$\sigma$——汇率变动的波动率；
$r$——国内无风险利率；
$r_f$——其他币种的无风险利率；

有 $F = Se^{(r-r_f)T}$。

外币的持有者具有利息收入，而且收益率为 $r_f$，所以外币与支付已知红利收益的股票类似，将式（12-21）中的 $q$ 替换成 $r_f$，并依据看涨-看跌期权的平价关系可推导出相应的欧式外汇看涨期权和看跌期权的公式分别如下：

$$C = Se^{-r_f T}N(d_1) - Xe^{-rT}N(d_2) \quad (12\text{-}22)$$

$$P = Xe^{-rT}N(-d_2) - Se^{-r_f T}N(-d_1) \quad (12\text{-}23)$$

其中

$$d_1 = \frac{\ln\left(\frac{S}{X}\right) + \left(r - r_f + \frac{\sigma^2}{2}\right)T}{\sigma\sqrt{T}}$$

$$d_2 = \frac{\ln\left(\frac{S}{X}\right) + \left(r - r_f - \frac{\sigma^2}{2}\right)T}{\sigma\sqrt{T}} = d_1 - \sigma\sqrt{T}$$

如果 $S$ 未知，$F$ 已知，可以利用 $F$ 与 $S$ 之间的关系式代换。

**【例 12-4】** 设有一份 3 个月期的英镑欧式看涨期权。目前的即期汇率为 1.600 0 美元/英镑，行权价 1.600 0 美元/英镑，年利率 $r = 8\%$，$r_f = 11\%$，$\sigma = 10\%$，试计算该看涨期权的价格。

解：按题意有 $T = 0.25$（年）

$$\ln\left(\frac{S}{X}\right) = \ln\left(\frac{1.6}{1.6}\right) = 0$$

则有

$$d_1 = \frac{\left(0.08 - 0.11 + \frac{0.1^2}{2}\right) \times 0.25}{0.1 \times \sqrt{0.25}} = -0.125$$

$$d_2 = -0.175$$

通过查表，可得

$$N(d_1) \approx 0.450\,3, \quad N(d_2) \approx 0.430\,6$$

则该看涨期权的价格 $C$ 为

$$C = 1.600\,0\,\mathrm{e}^{-0.11\times0.25}\times 0.450\,3 - 1.600\,0\,\mathrm{e}^{-0.08\times0.25}\times 0.430\,6 \approx 0.025\,6(美元/英镑)$$

### 12.2.5 利率期权定价

通常利率期权的定价较为复杂，这里我们仅介绍债券期权估值的简单方法。

假设债券价格的标准差是常数 $\sigma$，债券现价为 $B$，期权行权价为 $X$，在 $T$ 时间后到期的无风险投资的当前利率为 $r$。

对于零息债券，可由 Black-Scholes 定价模型给出欧式看涨期权价值 $C$ 为

$$C = SN(d_1) - \mathrm{e}^{-rT}N(d_2) \tag{12-24}$$

看跌期权的价值 $P$ 为

$$P = \mathrm{e}^{-rT}N(-d_2) - SN(-d_1) \tag{12-25}$$

其中

$$d_1 = \frac{\ln\left(\dfrac{B}{X}\right) + \left(r + \dfrac{\sigma^2}{2}\right)T}{\sigma\sqrt{T}}$$

$$d_2 = \frac{\ln\left(\dfrac{B}{X}\right) + \left(r - \dfrac{\sigma^2}{2}\right)T}{\sigma\sqrt{T}} = d_1 - \sigma\sqrt{T}$$

【例 12-5】设有一个标的为 10 年期债券的 6 个月期的欧式看涨期权，债券面值为 1 000 美元。债券现价为 1 000 美元，行权价为 1 000 美元，6 个月的无风险利率为每年 6%，债券价格的年波动率为 10%。若标的债券为零息债券，计算该看涨期权的价格。

解：依题意有 $B = 1\,000$，$X = 1\,000$，$\sigma = 0.10$，$r = 0.06$，$T = 6/12 = 0.5$，计算可得

$$d_1 = \frac{\ln\left(\dfrac{1\,000}{1\,000}\right) + \left(0.06 + \dfrac{0.10^2}{2}\right)\times 0.5}{0.10\times\sqrt{0.5}} \approx 0.459\,6$$

$$d_2 \approx 0.388\,9$$

通过查表，可得

$$N(d_1) \approx 0.677\,1, \quad N(d_2) \approx 0.651\,3$$

则该看涨期权的价格 $C$ 为

$$C = 1\,000\times 0.677\,1 - \mathrm{e}^{-0.06\times0.5}\times 1\,000\times 0.651\,3 \approx 45.05(美元)$$

### 12.2.6 期货期权定价

设期货价格为 $F$，$F$ 与即期价格 $S$ 的关系为 $F = S\mathrm{e}^{\alpha T}$，假定其中变量 $\alpha$ 仅为时间的函数，并假定 $S$ 的波动率是常数，则 $F$ 的波动率也是常数，且等于 $S$ 的波动率。这样期货价格可以和支付连续红利率 $r$ 的证券同样对待，即有 $\alpha = r$。代入式（12-21），并根据看涨-

看跌期货期权之间的平价关系，可以推导出欧式看涨期货期权与欧式看跌期货期权的权利金计算公式如下：

$$C = e^{-rT}\left[FN(d_1) - XN(d_2)\right] \quad (12\text{-}26)$$

$$P = e^{-rT}\left[XN(-d_2) - FN(-d_1)\right] \quad (12\text{-}27)$$

其中

$$d_1 = \frac{\ln\left(\frac{F}{X}\right) + \left(\frac{\sigma^2}{2}\right)T}{\sigma\sqrt{T}}$$

$$d_2 = \frac{\ln\left(\frac{F}{X}\right) - \left(\frac{\sigma^2}{2}\right)T}{\sigma\sqrt{T}} = d_1 - \sigma\sqrt{T}$$

式（12-26）及式（12-27）适合于欧式股指期货期权、外汇期货期权及商品期货期权，但不适于利率期货期权。实际上，期货期权一般都是美式期权，用该式计算的价格一般要低于真实的理论价格。

**【例 12-6】** 设有一行权价 450 元/桶的距到期日 3 个月的原油期货看涨期权，无风险利率为年利 10%，期货价格的波动率是每年 25%，当原油期货价为 450 元/桶时，该看涨期权（假设该期权为欧式）的价格是多少？

解：按题意有 $F = 450$，$X = 450$，$r = 10\%$，$T = 3/12 = 0.25$，$\sigma = 0.25$，则有

$$\ln(F/X) = 0$$

$$d_1 = \frac{\left(\frac{\sigma^2}{2}\right)T}{\sigma\sqrt{T}} = 0.062\,5$$

$$d_2 = d_1 - \sigma\sqrt{T} = 0.062\,5 - 0.25 \times 0.5 = -0.062\,5$$

通过查表，可得

$$N(d_1) \approx 0.524\,9,\ N(d_2) \approx 0.475\,1$$

则看涨期权的价格 $C$ 为

$$C = e^{-0.10 \times 0.25}\left(450 \times 0.524\,9 - 450 \times 0.475\,1\right) \approx 21.86(元/桶)$$

## 12.3 二叉树期权定价模型

### 12.3.1 几何布朗运动的二叉树模型近似

**1. 布朗运动**

在数学中，布朗运动（Brownian motion）也称为维纳过程，是一个随机过程。如果随机过程 $\{X(t),\ t \geq 0\}$ 满足：

条件 1：$X(0)$ 为一给定的常数；

条件2：对于任意一个给定的正数 $y$ 和 $t$，$X(y+t)-X(y)$ 是独立于 $y$ 之前的所有过程值的随机变量，且服从均值为 $\mu t$、方差为 $\sigma^2 t$ 的正态分布。

则称 $\{X(t), t \geq 0\}$ 为漂移系数为 $\mu$、方差参数为 $\sigma^2$ 的布朗运动。

如果 $X(0)=0$，$\mu=0$，$\sigma=0$，则 $\{X(t), t \geq 0\}$ 为标准布朗运动，也称为标准维纳过程。

条件2表明过程从任意大于0的时刻 $y$ 起，经过时间 $t$ 后，过程的改变是一个均值为 $\mu t$、方差为 $\sigma^2 t$ 的正态随机变量。任意将来值 $X(y+t)$ 等于 $y$ 时刻的值 $X(y)$ 加上改变值 $X(y+t)-X(y)$。这一条件表明正是过程的现值而不是过去值决定了将来值的概率分布。

布朗运动的一个重要性质是：$X(t)$ 以概率1是 $t$ 的连续函数。为了证明 $X(t)$ 是连续的，只需证明：

$$\lim_{h \to 0}[X(t+h)-X(t)]=0$$

因为随机变量 $X(t+h)-X(t)$ 的均值、方差分别是 $\mu h$ 和 $h\sigma^2$，当 $h \to 0$ 时，它收敛于一个均值为0、方差为0的随机变量，即收敛于常数0。这证明了其连续性。

尽管 $X(t)$ 以概率1是 $t$ 的连续函数，但 $\dfrac{X(t+h)-X(t)}{h}$ 的均值为 $\mu$，方差为 $\sigma^2/h$。当 $h \to 0$ 时，该比率的方差趋向无穷大，所以该比率不收敛，$X(t)$ 处处不可微。

**2. 布朗运动的二叉树模型近似**

设 $\Delta$ 是一个很小的时间增量。考虑一个过程，使其在每个时间长度 $\Delta$ 上，或以概率 $p$ 增加 $\sigma\sqrt{\Delta}$，或以概率 $1-p$ 减少 $\sigma\sqrt{\Delta}$，其中有

$$p=\frac{1}{2}\left(1+\frac{\mu}{\sigma}\sqrt{\Delta}\right)$$

且该过程后面的改变值与前面的改变值是独立的。则该过程值仅按 $\Delta$ 的整数倍时间变化，在每个变化点过程值增加或减少的量为 $\sigma\sqrt{\Delta}$，且过程值增加的概率为 $p=\dfrac{1}{2}\left(1+\dfrac{\mu}{\sigma}\sqrt{\Delta}\right)$，这便构建了一个过程变化的二叉树模型。以股票价格变化服从上面假定的模型为例。假定股票的初始价格为 $s$，我们可以描绘出其经过多次变化的情况，如图12-1所示。

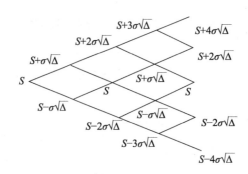

图12-1　股票价格变化的二叉树Ⅰ

当 $\Delta$ 越来越小时，股票价格的改变变得越来越频繁，该过程就变成了一个漂移参数

为 $\mu$、方差参数为 $\sigma^2$ 的布朗运动。因此，布朗运动可由一个相对简单的过程近似，即一个在每一段固定的时间长度上有一确定量的增加或减少的二叉树模型来近似。

### 3. 几何布朗运动

设 $\{X(t), t \geq 0\}$ 为漂移系数为 $\mu$、方差参数为 $\sigma^2$ 的布朗运动过程。又设

$$S(t) = e^{X(t)}, \ t \geq 0$$

则称过程 $S(t)(t \geq 0)$ 为一个漂移系数为 $\mu$、方差参数为 $\sigma^2$ 的几何布朗运动过程，意味着 $\ln[S(t)](t \geq 0)$ 是漂移系数为 $\mu$、方差参数为 $\sigma^2$ 的布朗运动，且 $\ln[S(t+y)] - \ln[S(y)] = \ln\dfrac{S(t+y)}{S(y)}$。由布朗运动的定义可知，对任意正数 $y$ 和 $t$，过程 $\ln\dfrac{S(t+y)}{S(y)}$ 独立于 $y$ 时刻之前的所有历史过程值，且均服从均值为 $\mu t$、方差为 $\sigma^2 t$ 的正态分布。

假定随时间变化的证券价格服从几何布朗运动，就避免了其服从布朗运动假设的缺陷。假定证券价格服从几何布朗运动等同于假定证券价格的对数增量为正态随机变量，首先，这确保了证券的价格不会出现负数；其次，假定相隔相同时间长度的证券价格比值的对数值具有相同的分布，实质上是假定证券的对数收益率，或称连续复利收益率服从相同的分布。这显然是比假定证券价格在同样时间长度上的绝对变化值服从相同的分布更合理的假定。

### 4. 几何布朗运动的二叉树模型近似

如果 $S(t)(t \geq 0)$ 为一个漂移参数为 $\mu$、方差参数为 $\sigma^2$ 的几何布朗运动过程，则 $X(t) = \ln[S(t)](t \geq 0)$ 是一个对应的布朗运动。而布朗运动有二叉树模型的近似形式。因而，我们可以相应地得到几何布朗运动的二叉树模型近似形式。

由 $\dfrac{S(y+\Delta)}{S(y)} = e^{X(y+\Delta)-X(y)}$ 可以得到

$$S(y+\Delta) = S(y)e^{X(y+\Delta)-X(y)}$$

而作为布朗运动的 $X(t)$ 在二叉树模型近似中，在固定时间长度 $\Delta$ 上的变化 $X(y+\Delta) - X(y)$ 是以 $p$ 的概率取值 $\sigma\sqrt{\Delta}$，以 $1-p$ 的概率取值 $-\sigma\sqrt{\Delta}$。其中，$p = \dfrac{1}{2}\left(1 + \dfrac{\mu}{\sigma}\sqrt{\Delta}\right)$。

因此，几何布朗运动可以看作下列二叉树模型的近似：

假定过程值的变化仅发生在固定时间长度 $\Delta$ 的整数倍时刻，且变化只有两种可能，或以概率 $p$ 上涨 $u$ 倍，或以概率 $1-p$ 下降 $d$ 倍，其中有

$$u = e^{\sigma\sqrt{\Delta}}, \ d = e^{-\sigma\sqrt{\Delta}}$$

且

$$p = \dfrac{1}{2}\left(1 + \dfrac{\mu}{\sigma}\sqrt{\Delta}\right)$$

当 $\Delta \to 0$ 时，上面的二叉树模型就变成了一个几何布朗运动。几何布朗运动是每次的上升或下降都是原来的值乘以固定的倍数。以股票价格服从几何布朗运动为例，近似的

二叉树模型如图 12-2 所示，图中 $u$、$d$ 的取值同上文所述。

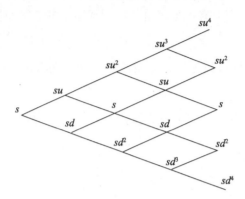

图 12-2 股票价格变化的二叉树 Ⅱ

### 12.3.2 单期二叉树定价模型

**1. 无套利分析定价法用于单期二叉树模型定价**

因为期权的价格依赖于其标的资产的价格及其变化，它们有着相同的风险源。用看涨期权与其标的资产，或用看跌期权与标的资产可以构建无风险资产组合，组合的收益率为无风险利率。在已知标的资产价格与无风险利率的情况下，可以求得期权的价格。

假设标的股票价格服从二叉树模型变化规律，下面用无套利分析方法为期权定价。

【例 12-7】假设股票的当前价格为 $S = 100$ 元。假设股票一个时期后价格只有两种可能，上升为 $S_u = 120$ 元或者下降为 $S_d = 80$ 元，并假设一期的无风险利率 $r = 5\%$。计算一期后到期的该股票平值看涨期权的价格 $C$（行权价 $X = 100$ 元）。

以 $\Delta$ 股股票与 1 股看涨期权构建一个无风险的资产组合，所需成本为 $100\Delta + C$。作为无风险资产，在投资期结束时，不论股票价格上升还是下降，组合的价值都应该相等。股票价格和期权价值在一期后的变化如图 12-3、图 12-4 所示。

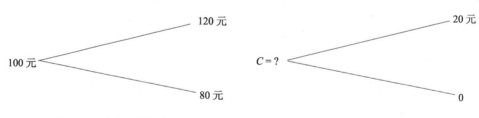

图 12-3 股票的价格变化　　　　图 12-4 期权价值的变化

当股票价格上升为 120 元时，期权被执行，上述组合的价值为 $120\Delta + 20$ 元；当股票价格下降至 80 元时，期权无价值，上述组合的价值为 $80\Delta$ 元。

令二者相等，有 $120\Delta + 20 = 80\Delta$，得到 $\Delta = \dfrac{-20}{120 - 80} = -0.5$。

即，无风险资产组合中，标的资产头寸是期权头寸的一半，头寸方向相反。因为标的资产价值与看涨期权价值随标的资产价格变化的方向相同，头寸相反才能对冲风险。

该组合未来的价值等于 $-40$ 元。其当前的价值为 $100\Delta + C = C - 50$ 元。

由于是无风险的组合，$C-50$ 应该等于 $-40$ 元按一期无风险利率折现的现值。因此有：
$C - 50 = -40/(1+r) = -40/(1+5\%) \approx -38.0952$，求得：$C \approx 11.90$（元）。

### 2. 风险中性定价方法

对无套利分析方法可以总结如下：

假设不付红利股票当前的价格为 $S$，经过一个时期其价格要么上升为原来的 $u$ 倍，为 $uS$，要么下降为原来的 $d$ 倍，为 $dS$。行权价为 $X$ 的看涨期权未来的价值为 $C_u = \max(0, uS - X)$，$C_d = \max(0, dS - X)$。该时期二叉树定价过程如图 12-5 所示。

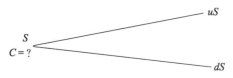

**图 12-5　单期二叉树定价过程**

考虑买进 $\Delta$ 股股票，卖空 1 股看涨期权构建无风险资产组合。则有
$$\Delta uS - C_u = \Delta dS - C_d$$
因此，有
$$\Delta = \frac{C_u - C_d}{uS - dS}$$
则 $\Delta$ 是构建无风险资产组合时标的资产与其看涨期权的头寸比例，等于到期时期权价值变化与股价变化的比例。

有
$$\Delta S - C = \frac{(\Delta uS - C_u)}{1+r} = \frac{(\Delta dS - C_d)}{1+r}$$
将 $\Delta = \frac{C_u - C_d}{uS - dS}$ 代入上式得
$$C = \frac{\frac{(1+r-d)}{(u-d)}C_u + \frac{(u-1-r)}{(u-d)}C_d}{1+r}$$
记 $p = \frac{1+r-d}{u-d}$，$1-p = \frac{u-1-r}{u-d}$，有
$$C = \frac{pC_u + (1-p)C_d}{1+r}$$

上式分子中 $C_u$ 与 $C_d$ 分别为股票价格上涨与下跌时，该看涨期权的到期价值。而它们的系数之和等于 1，因而可看作股价上升与下降的概率。进一步，可以把股票未来的价格看作可以取 $uS$ 与 $dS$ 二值的随机变量 $\widetilde{S}_1$；同样地，把看涨期权看作可以取 $C_u$ 和 $C_d$ 的二值随机变量 $\widetilde{C}_1$。则可把上式写作 $C = \frac{E^Q(\widetilde{C}_1)}{1+r}$，即看涨期权的价格等于在这一概率测度 $Q$ 下

的期望值以无风险利率折现的现值。该现值与标的风险无关。因此，该概率测度称为风险中性概率测度，这一定价方法称为风险中性定价方法。

**【例 12-8】** 假设股票的当前价格为 $S = 100$ 元。股票一个时期后价格只有两种可能，上升为 $S_u = 120$ 元或者下降为 $S_d = 80$ 元。一个时期的无风险利率为 5%。计算一个时期后到期的平值看跌期权的价格 $P$（行权价为 $X = 100$ 元），具体定价过程如图 12-6、图 12-7 所示。

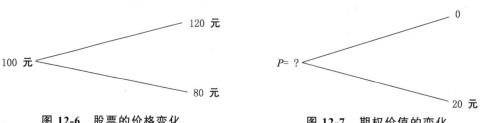

图 12-6　股票的价格变化　　　　图 12-7　期权价值的变化

对于看跌期权，由于标的资产价格的变化与期权价格的变化方向相反，要构建无风险的资产组合，二者头寸的持有方向应该相同。为此，用 Δ 股股票与 1 股看跌期权构建无风险的资产组合。同样在到期时，不论股票价格上升还是下降，组合的价值应该相等。

当股票的价格上升为 120 元时，看跌期权的价值为 0，组合的价值即是所持有的 Δ 个单位股票的价值，等于 $120\Delta$ 元；当股票的价格下降为 80 元时，股票的价值为 80 元，看跌期权的价值为 20 元，组合的价值为（$20 + 80\Delta$）元。因此，有

$$120\Delta = 20 + 80\Delta$$

从而得到

$$\Delta = \frac{20}{120 - 80} = 0.5$$

股票与期权的投资比例为 1∶2。资产组合未来的价值为 60 元，其当前的价值为 $100\Delta + P = 50 + P$，应该等于 60 元按无风险利率的折现值。所以，有

$$50 + P = \frac{60}{1+r} = \frac{60}{1+5\%} \approx 57.14$$

求得：$P \approx 7.14$ 元。

可见，对于看跌期权，其到期时的价值为

$$P_u = \max(X - uS, 0), \quad P_d = \max(X - dS, 0)$$

构建无风险组合时标的股票与其看跌期权的投资比例为

$$\Delta = \frac{P_d - P_u}{uS - dS}$$

组合的当前价格与未来值的关系为

$$\Delta S - P = \frac{(\Delta uS + P_u)}{1+r} = \frac{(\Delta dS + P_d)}{1+r}$$

仍然令 $p = \frac{(1+r-d)}{(u-d)}$，$1-p = \frac{(u-1-r)}{(u-d)}$，二者分别表示股票价格上涨与下跌的概率，

可得

$$P = \frac{pP_u + (1-p)P_d}{1+r} = \frac{E^Q(\widetilde{P_1})}{1+r}$$

其中，$\widetilde{P_1}$ 表示看跌期权未来价值的随机变量，分别以上述概率取 $P_u$ 和 $P_d$ 两个值。

可见看跌期权的价格等于其风险中性概率测度下按无风险利率的折现值。

在完全有效市场中不存在无风险套利机会，只要求出风险中性的概率测度，就可以算出证券未来价值的期望值，再以无风险利率折现可得到其当前的价格，该价格与证券的风险以及投资者的风险偏好等因素无关。

**3. 单期二叉树定价模型总结**

假设不支付红利股票当前的价格为 $S$，期末股票的价格可能上涨为 $uS$，或下跌为 $dS$。一期的无风险利率为 $r$。以该股票为标的资产的看涨期权的期末价值在股票价格上涨时为 $C_u$，在股票价格下跌时为 $C_d$；而以该股票为标的资产的看跌期权的期末价值在股票价格上涨时为 $P_u$，在股票价格下跌时为 $P_d$。如果以标的股票分别与其看涨期权、看跌期权构建无风险的资产组合，股票与期权的投资比例分别为

$$\Delta_{\text{call}} = \frac{C_u - C_d}{uS - dS}$$

$$\Delta_{\text{put}} = \frac{P_d - P_u}{uS - dS}$$

在风险中性的概率测度下，股票价格上涨的概率为

$$p = \frac{1+r-d}{u-d}$$

下跌的概率为

$$1 - p = \frac{u-1-r}{u-d}$$

以 $\widetilde{C_1}$ 表示看涨期权期末价值的随机变量，$\widetilde{P_1}$ 表示看跌期权期末价值的随机变量。则期权的价格为

$$C = \frac{pC_u + (1-p)C_d}{1+r} = \frac{E^Q(\widetilde{C_1})}{1+r}$$

$$P = \frac{pP_u + (1-p)P_d}{1+r} = \frac{E^Q(\widetilde{P_1})}{1+r}$$

### 12.3.3　二期二叉树定价模型

假设不付红利的股票在每段时间内要么上升为期初的 $u$ 倍，要么下跌为期初的 $d$ 倍。每一期的无风险利率都为 $r$。经过两个时期，股票与以其为标的资产、行权价为 $X$ 的看涨期权的价值变化过程如图 12-8 所示。

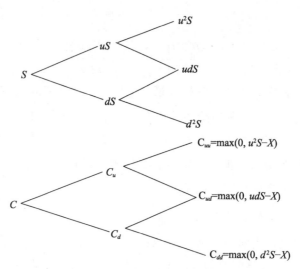

**图 12-8 二期二叉树模型股票及看涨期权价值变化**

在上面的二叉树模型中，假设 $ud = 1$。这样，股价在第一期上涨、第二期下跌产生的价格与股价在第一期下跌、第二期上涨产生的价格与原股价是相同的，在两个时期结束时，期权可能的价值 $C_{uu}$，$C_{ud}$，$C_{dd}$ 就等于它们的内涵价值。由于在第一期结束时期权尚未到期，其价格 $C_u$，$C_d$ 等于内涵价值加上时间价值。

用从到期日倒推的方法进行计算。首先根据单期二叉树模型计算出第一期结束时期权的两个价格 $C_u$，$C_d$：

$$C_u = \frac{pC_{uu} + (1-p)C_{ud}}{1+r}$$

$$C_d = \frac{pC_{ud} + (1-p)C_{dd}}{1+r}$$

其中，$p = \frac{1+r-d}{u-d}$，为股价上涨的风险中性概率测度。由于各期的 $r$、$u$、$d$ 均相同，风险中性概率 $p$ 在各期均相同。

继续使用一期二叉树模型公式 $C = \frac{pC_u + (1-p)C_d}{1+r}$，将上述 $C_u$，$C_d$ 代入，即得到期权当前的价格：

$$C = \frac{p^2 C_{uu} + p(1-p)C_{ud} + (1-p)^2 C_{dd}}{(1+r)^2} = \frac{E^Q(\widetilde{C_2})}{(1+r)^2}$$

同样，这里的 $\widetilde{C_2}$ 表示的是到期时期权价值的随机变量，$E^Q(\widetilde{C_2})$ 是风险中性概率测度下期权到期价值的期望值。可见，二期二叉树模型下，看涨期权的价值仍然是期权未来价值在风险中性概率测度下的期望值，用无风险利率折现的结果。而风险中性的概率测度与一期二叉树模型的情况完全相同。

对于看跌期权，我们可以通过同样的方法和步骤，得到其价格为

$$P = \frac{p^2 P_{uu} + p(1-p)P_{ud} + (1-p)^2 P_{dd}}{(1+r)^2} = \frac{E^Q(\widetilde{P_2})}{(1+r)^2}$$

同样是在风险中性的概率测度下期权到期值的期望值,用无风险利率折现的结果。而风险中性的概率测度则是一样的。

### 12.3.4 多期二叉树模型

当期权有效期较长时,只有把时间分成更小的区间,二叉树模型对于股票价格的模拟才更加合理,求出来的期权的价格才更精确。因此实践中需要使用多期二叉树模型。二叉树模型的极限形式是几何布朗运动。

使用多期二叉树模型与上面二期二叉树模型的基本做法或步骤类似,知道每步中标的资产上涨或下跌的倍数 $u$ 和 $d$,计算出风险中性的概率 $p$,从到期日往前推就可得到相关期权的价格。

由二期二叉树模型推广到多期二叉树模型,可以使用几何布朗运动的近似形式,假设股票的价格每经过一个小的时间段 $\Delta$ 发生一次上涨或下跌的变化:要么上涨为原价格的 $u = e^{\sigma\sqrt{\Delta}}$ 倍,要么下降为原价格的 $d = e^{-\sigma\sqrt{\Delta}}$ 倍。在 $t$ 时间长度内共发生 $n = t/\Delta$ 次这样的变化。见图 12-2。

风险中性概率测度下的股票价格每步上涨的概率为

$$P = \frac{e^{r\Delta} - d}{u - d} = \frac{e^{r\Delta} - e^{-\sigma\sqrt{\Delta}}}{e^{\sigma\sqrt{\Delta}} - e^{-\sigma\sqrt{\Delta}}} = \frac{e^{rt/n} - e^{-\sigma\sqrt{t/n}}}{e^{\sigma\sqrt{t/n}} - e^{-\sigma\sqrt{t/n}}}$$

这就是在 $n$ 期二叉树模型中唯一的风险中性概率测度:在每一个时间段,证券价格要么以概率 $p$ 上涨为原来的 $e^{\sigma\sqrt{t/n}}$ 倍,要么以概率 $1-p$ 下跌为原来的 $e^{-\sigma\sqrt{t/n}}$ 倍。

由二期二叉树模型,可以很自然地得到,在多期二叉树模型下,欧式期权价格的计算方式为

$$f = e^{-nr\Delta} E^Q(f_n) = \begin{cases} e^{-nr\Delta} E^Q(\widetilde{S_n} - X)^+ = e^{-rt/n}\{E^Q[\widetilde{S_n}|\widetilde{S_n} > X] - XP(\widetilde{S_n} > X)\} \\ e^{-nr\Delta} E^Q(X - \widetilde{S_n})^+ = e^{-rt/n}\{XP(\widetilde{S_n} < X) - E^Q[\widetilde{S_n}|\widetilde{S_n} < X]\} \end{cases}$$

期权价格仍然是到期时在风险中性的概率测度下求出的期望值,用无风险利率折现的结果。上面一行是看涨期权的价格,下面一行是看跌期权的价格。

总结用二叉树模型为期权定价的步骤如下。

第一步,假设标的证券价格变化服从几何布朗运动,把行权价为 $X$、有效期为 $t$ 的期权分为 $n$ 个小时期,每个时期长 $\Delta = t/n$。在每个小时间段上股票价格发生上涨或下跌的运动。此时,风险中性的概率测度及涨跌倍数分别为

$$p = \frac{e^{r\Delta} - d}{u - d}, \ u = e^{\sigma\sqrt{\Delta}}, \ d = e^{-\sigma\sqrt{\Delta}}$$

第二步,对期权从到期日价值的风险中性期望值逐步以无风险利率折现,前推即可求得其价格,即从二叉树模型结构图的末端 $T$ 时刻开始往回倒推折现,为期权定价。

在证券价格的上述变化中，如果在前 $k$ 个价格变化中有 $i$ 次上涨及 $k-i$ 次下跌，那么在时刻 $t_k$（即第 $k$ 次价格变化后）证券的价格是

$$S(t_k) = u^i d^{k-i} S$$

由于 $i$ 的值必须是 $0, 1, \cdots, k$ 中的一个，则在 $t_k$，证券的价格就有 $k+1$ 种可能性，末端 $T$ 时 $i$ 有 $n+1$ 种可能值，对应地，为求得期权当前的价格，从后往前递推，期权的价值也有 $n+1$ 种可能值，设期权价值为 $V_n(i)$，有

$$V_n(i) = \begin{cases} \max(u^i d^{n-i} S - X, 0), & \text{对于看涨期权} \\ \max(X - u^i d^{n-i} S, 0), & \text{对于看跌期权} \end{cases}$$

令 $\beta = e^{-rt/n}$，假设标的证券的价格从 $t_k$ 时刻 $S(t_k) = u^i d^{k-i} S$ 上涨为 $S(t_{k+1}) = u^{i+1} d^{k-i} S$ 时期权的价值为 $V_{k+1}(i+1)$，而标的证券的价格从 $t_k$ 时刻的 $S(t_k) = u^i d^{k-i} S$ 下跌为 $S(t_{k+1}) = u^i d^{k+1-i} S$ 时期权的价值为 $V_{k+1}(i)$。又知证券每次上涨的概率为 $p$，下跌的概率为 $1-p$，则在 $t_k$ 期权的价值为

$$p\beta V_{k+1}(i+1) + (1-p)\beta V_{k+1}(i)$$

这样，从后往前，一步步前推即可求出各个时间节点上期权的理论价格，最终求出期权当前的价格。

【例 12-9】 用二叉树模型为具有如下参数的欧式看涨期权定价（每个参数的含义同前文）：$s=9$，$t=0.25$，$X=10$，$\sigma=0.3$，$r=0.06$。

取 $n=5$，有

$$u = e^{0.3\sqrt{0.05}} = 1.0694$$

$$d = e^{-0.3\sqrt{0.05}} = 0.9351$$

$$p = \frac{e^{0.06 \times 0.05} - 0.9351}{1.0694 - 0.9351} = 0.5056$$

$$1 - p = 0.4944$$

$$\beta = e^{-0.06 \times 0.05} = 0.997$$

在时刻 $t_5$ 该证券所有可能的价格为

$$9u^5 = 12.588, \quad 9u^4 d = 11.007, \quad 9u^3 d^2 = 9.625 < 10$$

$$9u^i d^{5-i} < 10 \ (i = 2, 1, 0)$$

因此，有

$$V_5(5) = 2.588, \quad V_5(4) = 1.007, \quad V_5(i) = 0 \ (i=0,1,2,3)$$

在 $t_4$ 时刻，证券价格节点及各节点上期权的价值为

$9u^4 = 11.771$，在这个节点上，有

$$V_4(4) = p\beta V_5(5) + (1-p)\beta V_5(4) = 1.801$$

$9u^3 d = 10.293$，在这个节点上，有

$$V_4(3) = p\beta V_5(4) + (1-p)\beta V_5(3) = 0.508$$

$9u^2d^2 = 9$，在这个节点上，有
$$V_4(2) = 0$$
另外两个节点分别为 $9ud^3 = 7.870, 9d^4 = 6.881$，期权的价值也为 0。

以此类推，可得到
$$V_3(3) = 1.158, \ V_3(2) = 0.256, \ V_3(1) = V_3(0) = 0$$
$$V_2(2) = 0.710, \ V_2(1) = 0.129, \ V_2(0) = 0$$
$$V_1(1) = 0.421, \ V_1(0) = 0.065$$

最后推出
$$C = p\beta V_1(1) + (1-p)\beta V_1(0) = 0.244$$

对于欧式看跌期权，用二叉树模型可做类似推导。

### 12.3.5 用多期二叉树模型为美式期权定价

二叉树模型是一个很好的期权定价模型，不仅适用于一般欧式期权的定价，对于期间有分红等情况以及可能提前行权的美式期权的定价也有很好的适用性。而前面我们介绍的 Black-Scholes 模型则不具备这种广泛的适用特征。下面讨论如何用二叉树模型为可能提前行权的美式看跌期权定价。

假设证券 0 时刻的价格为 $S$，波动率为 $\sigma$，无风险利率为 $r$。以该证券为标的资产的美式看跌期权的到期时间为 $t$。假定证券从 0 到 $t$ 期间价格的变化遵循 $n$ 期二叉树模型。令 $t_k = kt/n (k = 0,1,\cdots,n)$，并假设：

（1）期权只能在时刻 $t_k (k = 0,1,\cdots,n)$ 中的时间点行权。

（2）$S(t_{k+1}) = \begin{cases} uS(t_k), & \text{以概率} p \\ dS(t_k), & \text{以概率} 1-p \end{cases}$

其中，
$$u = e^{\sigma\sqrt{t/n}}, \ d = e^{-\sigma\sqrt{t/n}}, \ p = \frac{e^{rt/n} - d}{u - d}$$

（3）在各个可以行权的时刻 $t_k (k = 0,1,\cdots,n)$，期权持有者将比较其行权获得的收益与不行权期权的价值的大小，如果前者大于后者，期权持有者将行权；否则，将继续持有。

如前所述，如果在 $t_k$ 时刻不行权，期权的价值为
$$p\beta V_{k+1}(i+1) + (1-p)\beta V_{k+1}(i)$$

而在 $t_k$ 时刻行权获得的收益为
$$x - u^i d^{k-i} S$$

因此，此时期权的价值应该等于上述两者之间的大者。

就是说，对于 $k = 0,1,\cdots,n-1$，有
$$V_k(i) = \max(x - u^i d^{k-i} S, \ p\beta V_{k+1}(i+1) + (1-p)\beta V_{k+1}(i)), \ i = 0,1,\cdots,k$$

然后，再循着前面的步骤，从后往前就可以最终求得美式看跌期权的价格。

这个过程用手工计算比较复杂，但是用计算机编程计算却很容易。像 CBOE 等很多

交易所的网站上都能找到现成的程序。注意到 $ud=1$，并利用下面可以证明的结果，就可以简化上面的计算。

若在时刻 $t$ 证券价格是 $x$ 时，看跌期权价值为 0，那么当证券价格高于 $x$ 时，时刻 $t_k$ 的期权价值也为 0，即

$$V_k(i)=0 \Rightarrow V_k(j)=0, \ 若 j>i$$

若最优选择是在时刻 $t$ 证券价格是 $x$ 时执行期权，那么在时刻 $t_k$，如果证券价格低于 $x$，执行期权同样是最优的，即

$$V_k(i)=x-u^i d^{k-i}S \Rightarrow V_k(j)=x-u^j d^{k-j}S, \ 若 j<i$$

【例 12-10】 仍用【例 12-9】中的参数，用二叉树模型方法求具有同样参数的美式看跌期权的价格。取 $n=5$，仍然得到相同的参数如下：

$$u = e^{0.3\sqrt{0.05}} = 1.0694$$

$$d = e^{-0.3\sqrt{0.05}} = 0.9351$$

$$p = \frac{e^{0.06 \times 0.05} - 0.9351}{1.0694 - 0.9351} = 0.5056$$

$$1-p = 0.4944$$

$$\beta = e^{-0.06 \times 0.05} = 0.997$$

在时刻 $t_5$ 该证券所有可能的价格为

$$9d^5 = 6.435, \ 9ud^4 = 7.359, \ 9u^2 d^3 = 8.416,$$

$$9u^3 d^2 = 9.625, \ 9u^4 d = 11.007, \ 9u^5 = 12.588$$

因此，有

$$V_5(0) = 3.565, \ V_5(1) = 2.641, \ V_5(2) = 1.584,$$

$$V_5(3) = 0.375, \ V_5(i) = 0 \ (i=4,5)$$

因为 $9u^2 d^2 = 9$，有

$$V_4(2) = \max(1, \beta p V_5(3) + \beta(1-p)V_5(2)) = 1$$

说明在时刻 $t_4$，如果证券的价格是 9，那么执行期权优于继续持有期权。从上面的假设（2）可知，如果该时刻证券价格低于 9，也应该执行期权。所以有

$$V_4(1) = 10 - 9ud^3 = 2.130, \ V_4(0) = 10 - 9d^4 = 3.119$$

当 $9u^3 d = 10.293$，有

$$V_4(3) = p\beta V_5(4) + (1-p)\beta V_5(3) = 0.181$$

类似地：

$$V_5(5) = p\beta V_5(5) + (1-p)\beta V_5(4) = 0$$

继续下去，可得到

$$V_3(0) = \max(2.641, \beta p V_4(1) + \beta(1-p)V_4(0)) = 2.641$$

$$V_3(1) = \max(1.584, \beta p V_4(2) + \beta(1-p)V_4(1)) = 1.584$$

$$V_3(2) = \max(0.375, \beta p V_4(3) + \beta(1-p)V_4(2)) = 0.584$$
$$V_3(3) = \beta p V_4(4) + \beta(1-p)V_4(3) = 0.089$$

类似地，有

$$V_2(0) = \max(2.130, \beta p V_3(1) + \beta(1-p)V_3(0)) = 2.130$$
$$V_2(1) = \max(1, \beta p V_3(2) + \beta(1-p)V_3(1)) = 1.075$$
$$V_2(2) = \beta p V_3(3) + \beta(1-p)V_3(2) = 0.333$$

以及：

$$V_1(0) = \max(1.584, \beta p V_2(1) + \beta(1-p)V_2(0)) = 1.592$$
$$V_1(1) = \max(0.375, \beta p V_2(2) + \beta(1-p)V_2(1)) = 0.698$$

由上面最后两式，即可求得最后的结果：

$$P = V_0(0) = \max(1, \beta p V_1(1) + \beta(1-p)V_1(0)) = 1.137$$

### 12.3.6 Black-Scholes 模型与二叉树期权模型的比较

二叉树模型中的时间段是离散型的，考虑到期前价格变化的时间段不断增加的情况，比如，到期前每天，甚至每小时、每分钟股价都有不同变化，将会得到一个非常大的二叉树。实际上，当时间段被无限细分时，二叉树定价公式就会变成 Black-Scholes 定价公式。Black-Scholes 模型与二叉树模型的主要差别有如下几点。

（1）Black-Scholes 模型没有考虑期权提前执行的情况，而二叉树模型并未排斥美式期权的这种情况，因而适用更广泛。正因为这一原因，对于实值期权的定价，Black-Scholes 模型的定价较二叉树模型偏低；但对平值期权或虚值期权定价时，两者确定的价格差异不太明显。

（2）二叉树模型在计算机发展的初期阶段比 Black-Scholes 模型计算起来更复杂、更费时，但随着快速大型计算机和模型计算的标准程序的出现，这个问题得到了解决。

（3）二叉树模型假定标的物价格变化呈二项式分布，而 Black-Scholes 模型假设价格呈标准对数正态分布，后者的假设更接近于现实。

### 思考题

1. 观察某期权的交易行情，举例说明什么是实值期权、平值期权、虚值期权。
2. 美式期权和欧式期权的主要区别是什么？欧式期权的时间价值为什么有可能为负？
3. 为什么美式期权价格至少不小于同等条件下欧式期权价格？
4. 时间流逝对持有哪些期权头寸的人有利？请解释原因。
5. 欧式看涨-看跌期货期权的平价关系是什么？
6. 为了计算一个欧式看涨期权以实值结束的概率，知道 $X$, $S(0)$, $r$, $t$, $\sigma$ 这 5 个参数就足够了吗？如果不够，还需要知道其他什么条件？

7. 讨论看涨期权和看跌期权权利金的取值范围。
8. Black-Scholes 定价模型的原理是什么？
9. Black-Scholes 模型和二叉树期权模型的联系与区别是什么？

## 习题

1. 某投资者预测上证 50ETF 未来 3 个月内围绕 3 元小幅波动，已知行权价为 3 元的 3 个月到期的上证 50ETF 认沽（看跌）期权权利金为 0.150 0 元。

（1）如果无风险利率为年利 5%，计算上证 50ETF 认购期权（行权价 3 元，3 个月到期）的权利金。

（2）投资者应采用何种投资策略？试分析其损益状况。

（3）怎样利用认购期权、认沽期权和买入无风险利率的债券来构造一个投资组合，使其在到期日与上证 50ETF 有同样的收益？若 3 个月内上证 50ETF 不分红，该组合的初始投资额是多少？

2. 某投资者卖出一手 1 月份到期、行权价 3 500 元/吨的无保护豆粕期货看涨期权，权利金 95 元/吨，当时豆粕期货价格为 3 530 元/吨，上一交易日的期权结算价为 100 元/吨，计算该投资者应付的保证金。

3. 设 $S = 47$ 美元，$X = 45$ 美元，$r = 0.05$，$\sigma = 0.40$，请用 Black-Scholes 期权定价模型，计算 3 个月后到期的不分红股票看涨期权的权利金。

4. 某白糖期货价格为 5 800 元/吨，3 个月后白糖期货价格可能为 6 380 元/吨或 5 220 元/吨，年无风险利率 4%。请用二叉树定价方法计算 3 个月后到期、行权价 5 800 元/吨的白糖期货看涨期权的权利金。

5. 设 $S = 50$ 美元，$X = 48$ 美元，$\sigma = 0.30$，$r = 0.03$，请用 Black-Scholes 期权定价模型，计算 3 个月后到期的不分红股票看跌期权的权利金。

6. 行权价格为 70 000 元/吨的铜期货看涨期权，当标的铜期货价格为 71500 元/吨时，期权价格为 2 000 元/吨，该期权的内涵价值和时间价值各为多少？

7. 假设 CBOT 2021 年 9 月小麦期权合约最后交易日的情况见表 12-7，当日期货价格为 347 美分/蒲式耳，你认为合约哪些会失效，哪些会自动行权？

8. 设某原油期货价格为 450 元/桶，3 个月后价格可能为 495 元/桶或 405 元/桶，年无风险利率为 4%。请用二叉树定价方法计算 3 个月后到期、行权价 450 元/桶的看涨期权的权利金。

9. 某沪深 300 股指期货当前价格为 5 000 点，股指的连续复利收益率为每年 4%，无风险利率为每年 6%，假设这一股指的 3 个月期、行权价格为 4 900 点的欧式看涨期权价格为 110 点。那么一个 3 个月期、行权价为 4 900 点的看跌期权价值为多少？

10. 已知黄金期货价格为 370 元/克，若此时 3 个月期的行权价格为 380 元/克的看涨期权和看跌期权价格均为 10 元/克，无风险利率假定为 4%（连续复利），问有无套利机会？若有，怎样进行套利？

表 12-7　合约最后交易日的情况

| 行权价/（美分/蒲式耳） | 看涨期权未平仓合约量/手 | 放弃或自动执行 | 看跌期权未平仓合约量/手 | 放弃或自动执行 |
| --- | --- | --- | --- | --- |
| 220 | 2 | | | |
| 250 | | | 476 | |
| 260 | 1 | | 1 827 | |
| 270 | 4 | | 1 948 | |
| 280 | 95 | | 3 420 | |
| 290 | 568 | | 2 532 | |
| 300 | 1 023 | | 1 882 | |
| 310 | 1 183 | | 3 078 | |
| 320 | 2 035 | | 2 599 | |
| 325 | 8 | | 55 | |
| 330 | 1 541 | | 1 241 | |
| 335 | 119 | | 282 | |
| 340 | 1 493 | | 838 | |
| 345 | 66 | | 823 | |
| 350 | 1 654 | | 1 683 | |
| 355 | 249 | | 202 | |
| 360 | 1 452 | | 158 | |
| 365 | 31 | | | |
| 370 | 450 | | | |
| 380 | 669 | | | |
| 390 | 1 | | | |
| 400 | 1 914 | | | |
| 420 | 110 | | | |
| 合计 | 14 668 | | 23 044 | |

11. 假设沪深 300 指数为 4 900 点，指数的年波动率为 20%，市场无风险利率为 6%，在未来 3 个月里，预计年股利率为 2.5%。分别计算 3 个月到期的行权价为 4 950 点的看涨期权合约、看跌期权合约的价格。

12. 一份美元计价的欧式欧元看跌期权，当前的汇率为 1.16 美元/欧元，行权价为 1.06 美元/欧元，欧元的利率为 5%，美元的利率为 6%，合约期限为 6 个月，汇率波动率为 25%，利用 Black-Scholes 公式计算该期权的价格。

13. 某还有 3 个月到期的、行权价为 3 000 元/吨的豆粕期货看涨期权。假设市场年无风险利率为 4%，期货价格的波动率为 20%。当标的价格为 3 100 元/吨时，该期权的价格为多少？

14. 已知市场无风险利率为 6%，某一证券当前的价格为 60 元，证券的波动率为 25%。

一个行权价为 55 元、6 个月到期的该证券的欧式看跌期权的风险中性价值为多少？

15. 假设某只股票当前的价格是 50 元，经过一个时期其价格要么上涨为 55 元，要么下跌为 45 元。市场上有一行权价 50 元、期末到期的该股票的欧式看涨期权在交易。一期的市场无风险利率为 4%。

（1）用上述期权与股票构建一无风险资产组合。

（2）计算期权当前的无套利均衡价格。该期权的内在价值、时间价值各是多少？

（3）假设期权的市场价格为 2.9 元，试问是否有一定会盈利的套利机会？如果有，设计一个套利策略，并计算其盈利。

（4）假设期权的市场价格为 4.2 元，试问是否有一定会盈利的套利机会？如果有，设计一个套利策略，并计算其盈利。

16. 假设某只股票当前的价格是 50 元，经过一个时期其价格要么上涨为 55 元，要么下跌为 45 元，市场上有一行权价 50 元、期末到期的该股票的欧式看跌期权在交易。一期的市场无风险利率为 4%。

（1）用上述期权与股票构建一无风险资产组合。

（2）计算期权当前的无套利均衡价格。该期权的内在价值、时间价值各是多少？

（3）假设期权的市场价格为 2.9 元，试问是否有一定会盈利的套利机会？如果有，设计一个套利策略，并计算其盈利。

（4）假设期权的市场价格为 1 元，试问是否有一定会盈利的套利机会？如果有，设计一个套利策略，并计算其盈利。

17. 用上两题的计算结果解答以下问题。

（1）验证欧式看涨–看跌期权平价关系。

（2）如果市场无风险利率降为 0，上述看涨期权、看跌期权的价格和时间价值会发生怎样的变化？

（3）如果股票价格的波动加大，上述看涨期权、看跌期权的价格和时间价值会发生怎样的变化？

18. 股票 A 的当前价格为 60 元，以股票 A 为标的资产的欧式看涨期权和看跌期权的行权价为 60 元，到期日为 2 个月后。投资者预估，股票每过 1 个月要么上涨为原来的 $u$ 倍，要么下跌为原来的 $d$ 倍，$u = 1.171$，$d = 0.854$。每月的市场无风险利率为 0.15%。把到期时间平分为两个 1 个月，用二期二叉树模型计算上述期权的价格。

19. 假设上题中的期权是美式期权，重新计算期权的价格。

20. 假设某股票收益率的年标准差为 77.4%。以该股票为标的资产的欧式和美式看涨期权、看跌期权的行权价与初始价格相等，到期日为 1 个月。年连续复利收益率为 3.6%，在期权有效期内股票无分红。

（1）计算一期二叉树模型下，股票上涨和下跌的因子 $u$ 和 $d$。其中 $u = e^{\sigma\sqrt{\Delta}}$，$d = 1/u$。

（2）假设把 1 个月等分为两期，用二期二叉树模型重新计算（1）中的问题。

（3）试编制计算程序计算美式看跌期权的 $n$ 期二叉树模型价格，并计算上述美式看跌期权的 5 期二叉树模型价格。

**即测即练**

# 第 13 章 期权价格敏感性及风险对冲

**本章学习目标：**

通过本章学习，学员应该能够：
1. 理解 Delta 的含义，分析 Delta 的性质，应用 Delta 中性对冲策略；
2. 理解 Gamma 的含义，分析 Gamma 的性质，应用 Gamma 中性对冲策略；
3. 理解 Theta 的含义，分析 Theta 的性质，掌握 Theta 的应用；
4. 掌握期权价格波动率相关概念，根据隐含波动率的变化制定交易策略；理解 Vega 的含义，分析 Vega 的性质，应用 Vega 中性对冲策略；
5. 理解 Rho 的含义与性质。

期权价格的影响因素包括标的资产价格、标的资产波动率、行权价、到期时间、无风险利率等，而本章所述的希腊字母 Delta、Gamma、Vega、Theta、Rho 是用来衡量不同因素对期权价格影响程度的指标。

## 13.1 Delta 与 Delta 套期保值策略

### 13.1.1 Delta 的含义及计算

**1. 含义**

Delta（$\Delta$）用来表示期权价格对其标的价格变化的敏感性，即标的价格每变化一个单位，期权价格的变化。如某股票看涨期权的 Delta 值为 0.6，意味着当股票价格变化一个微小量 $\Delta S$ 时，该期权价格变化 $\Delta C$ 为 $0.6\Delta S$。一般来说，Delta 是衍生证券价格与标的资产价格之间关系曲线的斜率；严格讲，是衍生证券价格 $f$ 对标的资产价格 $S$ 的偏导数（图 13-1）：

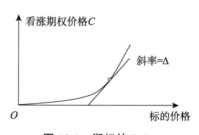

图 13-1 期权的 Delta

$$\Delta = \frac{\partial f}{\partial S}$$

Delta 的变化量就近似等于期权价格的变化除以标的价格变化，有 $\Delta \approx \Delta f / \Delta S$。将不支付红利的股票看涨期权定价算式对 $S$ 取偏导数可得

$$\Delta = \frac{\partial C}{\partial S} = N(d_1) \approx \frac{\Delta C}{\Delta S} = \frac{期权价格变化}{期权标的价格变化}$$

可见，当用标的与其期权复制无风险资产时，Delta 为一单位期权所需要的标的资产数量。

## 2. 计算

根据 Black-Scholes 看涨期权定价公式有

$$C = SN(d_1) - Xe^{-rT}N(d_2)$$

$$d_1 = \frac{\ln(S/X) + \left(r + \frac{\sigma^2}{2}\right)T}{\sigma\sqrt{T}}$$

由 Delta 的定义可知，不支付红利股票的欧式看涨期权的 Delta 值为

$$\Delta_c = \frac{\partial C}{\partial S} = N(d_1)$$

这表明：若对欧式看涨期权空（多）头进行 Delta 套期保值，可以采取两种组合，即一个欧式看涨期权空头+$N(d_1)$个股票多头，或者一个欧式看涨期权多头+$N(d_1)$个股票空头。

又有看跌期权定价公式

$$P = Xe^{-rT}N(-d_2) - SN(-d_1)$$

因而不支付红利股票的欧式看跌期权的 Delta 值则为

$$\Delta_p = \frac{\partial P}{\partial S} = -N(-d_1) = N(d_1) - 1$$

其中符号意义同前述 Black-Scholes 定价算式。

### 13.1.2 Delta 的性质

**1. Delta 值的影响因素**

由 Delta 值的计算公式可知，影响 Delta 值的因素包括标的资产价格、行权价、无风险利率、标的资产价格波动率、期权距离到期的时间等。

**2. 期权 Delta 的取值**

看涨期权的 Delta 是标准正态分布随机变量取值 $N(d_1)$ 的累计概率分布，而看跌期权的 Delta 值则等于同等条件下看涨期权的 Delta 值减去 1。从概率分布的性质可知，看涨期权的 Delta 值在 0 与 1 之间，而看跌期权在 -1 和 0 之间（图 13-2）。

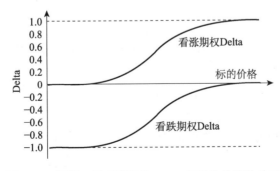

图 13-2　看涨、看跌期权的 Delta 与标的价格的关系

平值看涨期权的 Delta 值接近 0.5，实值看涨期权的 Delta 值大于 0.5，深度实值看涨期权的 Delta 值接近于 1；平值看跌期权的 Delta 值接近 –0.5，实值看跌期权的 Delta 值小于 –0.5，深度实值看跌期权的 Delta 值接近于 –1。

### 3. Delta 值与期权有效期的关系

Delta 值与期权有效期的关系如表 13-1、图 13-3 所示。

表 13-1　期权 Delta 值随着到期时间临近的变化

| | 实值 | 平值 | 虚值 |
| --- | --- | --- | --- |
| 看涨期权 | 收敛于 1 | 收敛于 0.5 | 收敛于 0 |
| 看跌期权 | 收敛于 –1 | 收敛于 –0.5 | 收敛于 0 |

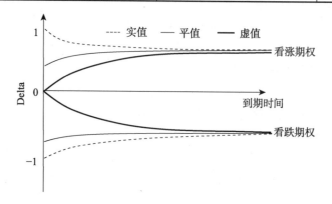

图 13-3　不同期权的 Delta 与到期时间的关系

## 13.1.3　Delta 的应用

### 1. 反映期权的实值程度，或成为实值的概率大小

实值期权 Delta 的绝对值较高，平值期权 Delta 的绝对值为 0.5，虚值期权 Delta 的绝对值较低。因此，期权的 Delta 值可用于表示期权的实值程度。实值期权 Delta 的绝对值介于 0.5 与 1 之间，数值越大，实值程度越高。

由 Black-Scholes 模型可知，在无套利假设下，期权到期时成为实值期权的概率为 $N(d_1 - \sigma\sqrt{T})$，当资产价格的波动率较小、到期时间较短时，有 $N(d_1 - \sigma\sqrt{T}) \approx N(d_1)$，而 $N(d_1)$ 正好等于 Delta。因而可以用 Delta 值近似表示期权到期时成为实值状态的概率。Delta 的绝对值越大，期权收在实值的可能性越大。Delta 绝对值接近 1，期权收在实值的概率接近 100%；Delta 绝对值接近 0，期权收在实值的概率接近 0。当然，实际上期权到期时成为实值的概率比 Delta 要小。资产价格的波动率越小、到期期限越短，二者的差值越小。

### 2. 投资组合的 Delta 以及 Delta 中性对冲套期保值

对于投资者来说，Delta 值有正负之分，看涨期权多头和看跌期权空头的 Delta 为正，相反，看跌期权多头和看涨期权空头的 Delta 为负。标的资产本身的 Delta 等于 1，而标的资产多头的 Delta 值为 1，空头的 Delta 值为 – 1。投资组合的 Delta 即组合中各资产的 Delta 与其头寸的乘积之和。其公式为

$$\Delta = \sum_{i=1}^{n} w_i \Delta_i$$

式中，$\Delta_i$ 为第 $i$ 种资产的 Delta 值；$w_i$ 为该种资产的头寸。若整体 Delta > 0，则当标的价格上涨时，持仓将会获利；Delta < 0，则当标的价格下跌时，持仓将会获利；Delta = 0，则标的价格涨跌对持仓盈亏没有影响，保持中性。

不难看出，Black-Scholes 微分方程推导中，构建的组合采用了一个单位看涨期权空头和 $\dfrac{\partial f}{\partial S}$ 份股票，正是运用了 Delta 中性对冲方法。

**【例 13-1】** 某做市商卖出了 100 手上证 50ETF 看涨期权（1 手为 10 000 份上证 50ETF）。假设 $C$ = 0.08 元，$S$ = 3.1 元，一份上证 50ETF 期权空头的 Delta 值为 – 0.6。做市商获得权利金共计 0.08 × 100 × 10 000 = 80 000 元。此时该做市商面临 50ETF 价格上涨的风险，于是决定进行保值，即卖出期权的同时，买入上证 50ETF，那么，要买多少份才能完全保值？

Delta 为 – 0.6，表明上证 50ETF 若变动 1 元，期权价则反向变动 0.6 元；投资者卖出了 100 手该期权合约，相当于 1 000 000 份 50ETF，因此要想用买入 50ETF 的盈利来抵消卖出股票期权的可能亏损，需买入 50ETF 的份数为 0.6 × 1 000 000 = 600 000，才能达到完全保值目的。

可见，Delta 也可理解为期权的套期保值比率。该做市商的期权头寸（空头）总 Delta 值为 – 0.6 × 1 000 000 = – 600 000，为了保值，他买入的 600 000 份上证 50ETF（多头）的总 Delta 值为+ 600 000，因此，该投资者保值后形成的资产组合的 $\Delta$ = – 600 000 + 600 000 = 0。标的头寸的 Delta 冲抵了期权头寸的 Delta。Delta 值为零的状况即为 Delta 中性（Delta neutral），表明组合的价值不受标的价格变化的影响。这种使整个组合保持 Delta 中性的策略称为 Delta 中性对冲套期保值。

做市商通过 Delta 中性套期保值，可以实现降低期权头寸风险敞口、稳定赚取期权价差收入的目的。但是，随着股票价格的不断变化和时间的流逝，Delta 值也会不断变化，因此做市商的保值头寸保持 Delta 中性状态（对冲状态）也只能维持一个相当短暂的时间。假设上例中 Delta 值过两天变为 – 0.65，那么，若要保持中性对冲，还要额外再买入 0.05 × 1 000 000 = 50 000 份上证 50ETF，这种随情况变化而调整的对冲操作称为动态对冲操作。

表 13-2 与表 13-3 是保持 Delta 中性的动态调整的策略总结。

表 13-2 根据标的资产价格变化进行的动态 Delta 对冲策略

| 期权状态/策略 | 标的资产价格上升 | 标的资产价格下降 |
| --- | --- | --- |
| 多头看涨、空头看跌 | Delta 增大，卖出更多标的资产 | Delta 减小，买进多出的标的资产 |
| 空头看涨、多头看跌 | Delta 减小，买进更多标的资产 | Delta 增大，卖出多出的标的资产 |

表 13-3　随着到期时间的缩短的动态 Delta 对冲策略

| 期权状态/策略 | 多头看涨、空头看跌 | 多头看跌、空头看涨 |
|---|---|---|
| 实值 | Delta 增大，卖出更多标的资产 | Delta 减小，买进更多标的资产 |
| 平值 | 可不调整 | 可不调整 |
| 虚值 | Delta 减小，买进多出的标的资产 | Delta 增大，卖出多出的标的资产 |

### 13.1.4　Delta 套期保值的局限性

首先，由于期权价格是标的资产价格的凸函数，Delta 也是随着标的资产价格的变化而变化的。因此，Delta 中性套期保值仅在 Delta 对标的资产价格的变化不甚敏感，标的资产价格变化较小时才有效。当 Delta 对标的资产价格的变化很敏感，而标的资产价格又有较大变化时，Delta 中性套期保值效果就会大打折扣。

其次，在进行动态对冲时，需考虑交易费用的增加。

最后，标的资产价格波动率、无风险利率、到期时间都会对期权的 Delta 造成影响，从而影响 Delta 套期保值的效果。

## 13.2　Gamma 与 Gamma 套期保值策略

### 13.2.1　Gamma 的含义及计算

Gamma($\gamma$)衡量的是 Delta 随标的资产价格变化的敏感性，即当标的资产价格变化一个单位时，Delta 变化的量。因此，Delta 是期权价格对标的资产价格的一阶导数，而 Gamma 是期权价格对标的资产价格的二阶导数，即

$$\gamma = \frac{\partial \Delta}{\partial S} = \frac{\partial^2 C}{\partial^2 S^2}$$

根据 Delta 的公式，可得

$$\gamma = N(d_1)\frac{\partial d_1}{\partial S} = \frac{N'(d_1)}{S\sigma\sqrt{T}}$$

其中，$N'(d_1)$ 是标准正态分布，由下式给出：

$$N(x) = \frac{1}{\sqrt{2\pi}}e^{-x^2/2}$$

其他条件相同的看涨期权与看跌期权的 Gamma 相同。

Gamma 反映标的价格变动 1% 时 Delta 变动的幅度，如某一期权合约的 Delta 为 0.7，Gamma 值为 0.05，则表示标的价格上升 1%，所引起 Delta 增大量为 0.05，Delta 将从 0.7 增大到 0.75。Gamma 值越大，表明 Delta 对标的资产价格的变化越敏感。

### 13.2.2　Gamma 的性质

（1）期权多头的 Gamma 总为正值，空头的 Gamma 总为负值。因为期权价格是标的

资产价格的凸函数。

（2）看涨期权与看跌期权的 Gamma 相对于标的资产价格的变化如图 13-4 所示。一般深度实值或深度虚值的期权合约 Gamma 值较小；平值期权 Gamma 最大，表明平值期权 Delta 对标的资产价格的变化最敏感。

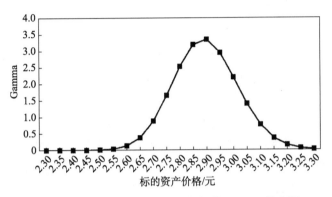

图 13-4　行权价 2.9 元的看跌期权的 Gamma 分布图

（3）期权的 Gamma 相对于剩余期限的变化如图 13-5 所示。剩余期限越长，Gamma 越小，即 Delta 变化越缓慢；随着剩余期限逐渐变短，Gamma 的变化变得剧烈。尤其是平值期权，越接近到期日，Gamma 越大，Delta 变化越剧烈。

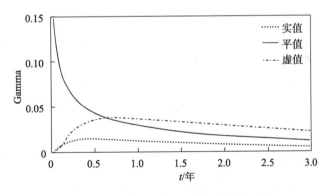

图 13-5　不同期权的 $\gamma$ 与剩余期限的关系

### 13.2.3　Gamma 的应用

**1. Gamma 中性对冲**

Gamma 主要反映了风险对冲时的难度，Gamma 值比较大时，对冲组合要经常调整，以应对多变的 Delta 值。如前所述，平值期权 Gamma 值较大，特别是临近到期的平值期权 Gamma 值非常大，其风险对冲的难度也最大。

当 Gamma 的值很小时，Delta 也相应地变化很小，采取 Delta 中性套期保值策略时，动态调整的频率不会很高；而当 Gamma 的值很大时，Delta 对于标的资产价格的变化就会很敏感，此时为了保持 Delta 中性，资产的调整就会很频繁。为了避免频繁的调整带来管理成本的大幅增加，可以在 Delta 中性的基础上，运用 Gamma 中性的对冲策略。

由于标的资产的价格对其自身的二阶导数为 0，因此标的资产的 Gamma 值为 0。因此不能通过买卖标的资产的方式来调整资产组合的 Gamma 值。实现资产组合 Gamma 中性的方法只能是通过买卖其他具有不同 Gamma 值的期权。对于一个拥有 Gamma 的资产组合，可以通过做多或做空另外一个期权，获得相反 Gamma，从而使得整个资产组合的 Gamma 为 0。

值得注意的是，增加新期权使 Gamma 中性后，资产组合的 Delta 也会随之变化，还要通过标的资产的买卖以维持组合的 Delta 中性。

**【例 13-2】** 某 Delta 中性的投资组合具有 50 000 的 Gamma 值。投资者决定利用 Delta 为 0.6、Gamma 为 2.5 的期权对其进行 Gamma 中性对冲。于是投资者将卖空 50 000/2.5 = 20 000 份期权。随之，新组合的 Delta 变为 $-0.6 \times 20\,000 = -12\,000$。因此，为保持 Delta 中性，应买进 12 000 份标的资产。

**2. Delta-Gamma 近似**

对于标的资产价格的一个小变动，Delta 的变化率由 Gamma 的大小决定。若在一个长度为 $h$ 的时间段上标的价格变动为：$\varepsilon = S_{t+h} - S_t$。

Gamma 就是标的价格变动 1 个单位时的 Delta 的变化量，即

$$\gamma(S_t) = \frac{\Delta(S_{t+h}) - \Delta(S_t)}{\varepsilon}$$

改写该表达式，Delta 的变化量就近似等于价格的变化乘以 Gamma，即 $\varepsilon\gamma$，所以：

$$\Delta(S_{t+h}) = \Delta(S_t) + \varepsilon\gamma(S_t)$$

当 Gamma 为常数（即 Delta 的变化率固定）时，上述计算就是准确的。

这样，只要知道标的价格在 $(S_t, S_{t+h})$ 范围内 Delta 的平均值，用此平均值乘以 $\varepsilon$，即可算出标的价格变动 $\varepsilon$ 所引起的期权价格的变化。当 Gamma 为常数时，Delta 的平均值是 $\Delta(S_{t+h})$ 与 $\Delta(S_t)$ 的均值。有

$$\overline{\Delta} = \frac{\Delta(S_t) + \Delta(S_{t+h})}{2} = \Delta(S_t) + \frac{1}{2}\varepsilon\gamma(S_t) \qquad (13\text{-}1)$$

新的标的价格处期权价格是初始期权价格加上平均 Delta 乘以股价的变化：

$$C(S_{t+h}) = C(S_t) + \varepsilon\overline{\Delta} = C(S_t) + \varepsilon\left[\frac{\Delta(S_t) + \Delta(S_{t+h})}{2}\right]$$

将式（13-1）代入，有

$$C(S_{t+h}) = C(S_t) + \varepsilon\overline{\Delta} = C(S_t) + \varepsilon\Delta(S_t) + \frac{1}{2}\varepsilon^2\gamma(S_t) \qquad (13\text{-}2)$$

可见，Gamma 修正独立于标的价格的变动方向，因为进入公式的是 $\varepsilon^2$，它永远是正的。当标的价格上涨时，仅用 Delta 把看涨期权价格的上升预测得过少，需要加上因 Gamma 而增加的上升数量；当标的价格下跌时，仅用 Delta 把看涨期权价格的下降预测得过多，同样需要考虑因 Gamma 而减少的下降数量。

图 13-6 给出了用 Delta-Gamma 近似得到的期权价格的预估结果。Delta 的近似值是与

期权价格曲线相切的直线，并且一直在期权价格曲线的下方。所以仅用 Delta 估计，不论股价上涨还是下跌，都低估了期权的价格。Delta-Gamma 近似则产生了一条更接近于期权价格曲线的预估线。

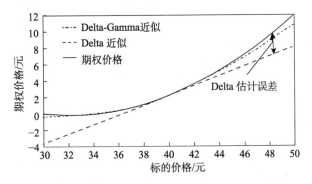

图 13-6　期权价格及其 Delta、Delta-Gamma 估计

**3. Gamma 作为近似判断市场波动率的指标**

由于非线性的原因，当市场波动时，期权价格的变化是不对称的。若标的资产价格上涨 $\alpha$，看涨期权价格将上涨

$$\Delta\alpha + \frac{1}{2}\gamma\alpha^2$$

若标的资产价格下跌 $\alpha$，看涨期权价格将下跌

$$-\Delta\alpha + \frac{1}{2}\gamma\alpha^2$$

正因为这种不对称性的存在，当标的价格发生大的波动时，正的高 Gamma 值的存在总是对期权多头方有利。

## 13.3　期权的时间敏感性 Theta

### 13.3.1　Theta 的含义及计算

Theta($\theta$)描述期权时间价值损耗的快慢程度，表示随着期权剩余期限内每单位时间的流逝，期权价格的变化程度，即期权价格的时间敏感性。Theta 的计算是用期权的价格对时间求一阶偏导数，即

$$\theta = \frac{\partial f}{\partial t}$$

根据 Black-Scholes 期权定价模型，对无收益资产欧式和美式看涨期权，其 Theta 为

$$\theta_C = -\frac{\sigma}{2\sqrt{T}}SN(d_1) - Xre^{-rT}N(d_2)$$

而无收益资产欧式看跌期权的 Theta 为

$$\theta_P = -\frac{\sigma}{2\sqrt{T}}SN(d_1) + Xre^{-rT}N(-d_2)$$

由 Theta 计算公式可知，看涨期权的 Theta 为负，而看跌期权的 Theta 一般也为负。交易所计算并公布的 Theta 值表示，在其他条件不变的情况下，每过一天，期权的时间价值减少的幅度。Theta 通常是以日历日进行计算的，需要考虑非交易日的时间损耗。

**【例 13-3】** 某上证 50ETF 认购期权的价格为 0.188 8，其 Theta 为 -0.321，该期权还有 25 天到期。则在其他条件不变的情况下，下一日期权的理论价格为

$$0.188\ 8 - 0.321/365 \approx 0.187\ 9$$

### 13.3.2 Theta 的性质

图 13-7 给出了不同状态（实值、虚值、平值）期权的 Theta 随距离到期时间的缩短而衰减的情况。图 13-8 和图 13-9 分别给出了三个不同到期期限的看涨期权和看跌期权的 Theta 值随标的价格的变化情况。

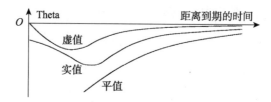

图 13-7  实值、虚值、平值期权的 Theta 随距离到期时间变化情况

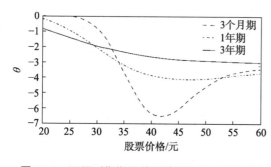

图 13-8  不同到期期限的看涨期权的 $\theta$ 随标的价格的变化情况（$S=40$，$\sigma=30\%$，$r=8\%$）

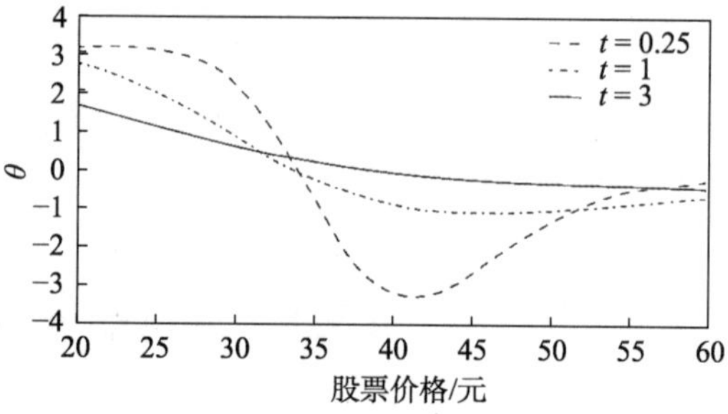

图 13-9  不同到期期限的看跌期权的 $\theta$ 随标的价格的变化情况（$S=40$，$\sigma=30\%$，$r=8\%$）

可以看出 Theta 具有如下特点。

（1）Theta 通常为负。这是因为其他条件不变的情况下，期权的时间价值一般会随着到期时间的缩短而降低；尽管实际中 Theta 为正的情况很少发生，但理论上深度实值看跌期权的 Theta 可以为正值。

（2）Theta 的绝对值随时间流逝而变大。距离到期日较远时，Theta 的绝对值很小，意味着期权价值的衰减较慢；而随着距离到期日越近，Theta 的绝对值变大，意味着期权时间价值的损耗速度开始加快。

（3）越临近到期日，平值期权的 Theta 绝对值越大，其与实值、虚值 Theta 的差异也

在迅速拉开。这是因为平值期权到期行权的不确定性最大,即其时间价值最高,其每单位时间衰减的时间价值要高于实值期权和虚值期权,并且衰减的速度随着到期日的临近而加快。

(4)高波动率期权的 Theta 绝对值比低波动率期权的 Theta 绝对值要高。高波动率的期权有更高的时间价值,所以每天都会损耗更多的时间价值。

### 13.3.3 Theta 的应用

Theta 在构建期权投资组合、管理期权头寸风险方面有较好的应用。值得注意的是,Theta 不同于 Delta 和 Gamma。因为标的资产价格和波动率均具有较大的不确定性,而通过对冲来消除投资组合中标的价格和波动率变动的风险很有意义。但时间的走向却是单方向的,因此投资组合中的 Theta 一般不需要通过对冲来进行消除。在实际中,Theta 的应用主要体现在如下两个方面。

**1. 观察投资组合每日时间价值的衰减情况,辅助决定期权合约的持仓时间**

投资组合的 Theta 即组合中各资产的 Theta 与其头寸的乘积之和。其公式为

$$\Delta = \sum_{i=1}^{n} w_i \theta_i$$

式中,$\theta_i$ 为第 $i$ 种资产的 Theta 值;$w_i$ 为该种资产的头寸。对投资者而言,期权多头的 Theta 值为负,期权空头的 Theta 值为正。

假设某投资者的组合中有 10 手上证 50ETF 看涨期权多头和 5 手上证 50ETF 看跌期权空头,其 Theta 值分别为 −0.005 和 0.001,则其组合的 Theta 值为 (−0.005 × 10 + 0.001 × 5) × 10 000 = −450,这表明,该组合每过一天,时间价值减少 450/365 ≈ 1.232 9 元。

组合的总 Theta 值及期权距离到期日的远近可以作为投资者平仓与否的重要参考指标。若投资者的持仓为长期期权合约,由于 Theta 值很小,时间价值的影响也很小,此时,投资者应重点关注其他期权价格影响因素;相反,若持有短期期权,尤其是平值的短期期权,由于其 Theta 值相当大,就一定要重点关注时间价值的变化,根据时间损耗来选择合适的平仓时机。

**2. 构建交易策略**

时间价值的损耗对期权买方不利,而对期权卖方却有利。因此,卖出期权就是利用时间价值损耗获益的策略。此外,还可以利用不同期权 Theta 的特点不同,通过构建套利头寸获利。如卖出近月看涨(或看跌)期权,买入相同行权价、相同标的资产的远月看涨(或看跌)期权,并持有该组合至近月合约到期时平仓。因为前者 Theta 大,后者 Theta 小,在其他因素较稳定时,两个期权的时间价值之差将随时间流逝变大,投资者可以因此获利。该策略正是日历价差策略。

根据 Theta 的特点可知,一般应选用平值期权构造日历价差组合,因为平值期权的绝对值最大,即时间价值衰减最快。

### 13.3.4 Theta、Delta 和 Gamma 之间的关系

根据 Black-Scholes 偏微分方程：

$$\frac{\partial f}{\partial t} + \frac{\partial f}{\partial S} rS + \frac{1}{2} \frac{\partial^2 f}{\partial S^2} \sigma^2 S^2 = rf$$

根据本章的内容，上述偏微分方程可变为

$$\theta + \Delta rS + \frac{1}{2} \gamma \sigma^2 S^2 = rf$$

衍生产品的价格是其标的资产价格 $S$、行权价 $X$、标的资产价格波动率 $\sigma$、市场无风险利率 $r$、剩余时间 $T$ 的函数。对于特定的期权，$X$ 是常数，如果把标的资产价格波动率 $\sigma$ 和市场无风险利率 $r$ 也都看作常数，那么，衍生产品的价格就是标的资产价格 $S$ 与时间 $T$ 的函数，将其进行泰勒展开得到

$$df = \frac{\partial f}{\partial S} dS + \frac{\partial f}{\partial t} dt + \frac{1}{2} \frac{\partial^2 f}{\partial S^2} (dS)^2 + \frac{1}{2} \frac{\partial^2 f}{\partial S^2} (dt)^2 + \frac{\partial^2 f}{\partial S \partial t} dS dt + \cdots$$

上面展开式的前三项分别是 Delta、Theta、Gamma 造成的衍生产品价格的变化，后面各项是时间的高阶无穷小，可以忽略。因此，在无套利假设之下这一变化就应该是无风险收益。

如果投资组合是 Delta 中性的，则有

$$\theta + \frac{1}{2} \gamma \sigma^2 S^2 = rf$$

如果一个组合既是 Delta 中性的，又是 Gamma 中性的，则有

$$\theta = rf$$

这意味着组合相当于无风险资产。

## 13.4 期权价格的波动率与波动率风险 Vega

### 13.4.1 波动率

**1. 波动率的概念**

波动率（volatility）是衡量期权标的价格波动水平的指标，能够反映出标的价格偏离平均值的幅度。波动率越高，意味着标的价格波动幅度越大。通常情况下，当其他因素不变时，标的价格波动率越高，期权的价格越高，即波动率与期权权利金呈正相关关系。

根据计算方法的不同，波动率可分为历史波动率、隐含波动率、未来波动率、预期波动率，其中较为常用的是历史波动率和隐含波动率。

**2. 历史波动率**

历史波动率（historical volatility）也称实际波动率或已实现波动率，是度量标的价格历史变动的指标。计算时通常取一段时期内每日资产收盘价变动百分比的平均值，并将其年化。实际中历史波动率的计算模型和方法还有很多，不同模型计算的波动率数值有

所不同，但图形几乎一致。在使用历史波动率模型的时候，交易者看重的是波动率模型的稳定性。

**3. 隐含波动率**

隐含波动率（implied volatility）指实际期权价格所隐含的波动率。它是利用 B-S 期权定价公式，将期权实际价格以及除波动率 $\sigma$ 以外的其他参数代入公式而反推出的波动率。期权的实际价格是由众多期权交易者竞争而形成，因此，隐含波动率代表了市场参与者对于市场未来的看法和预期，从而被视为最接近当时的真实波动率。

**4. 波动率微笑**

图 13-10 显示了某一时间，到期日相同、但行权价不同的各期权的隐含波动率情况。可以看出，虚值期权和实值期权的波动率高于平值期权的波动率，形成一条中间低两边高的向上半月形，形状像"微笑"，该现象被称为波动率微笑（volatility smile）。波动率微笑多出现在外汇期权市场。

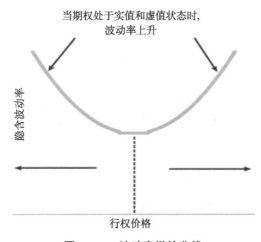

图 13-10　波动率微笑曲线

### 13.4.2　波动率的应用

在其他因素不变的情况下，波动率上涨，无论看涨期权还是看跌期权都会涨；而在波动率下跌的行情中，期权价格会下跌。因此，交易者可利用波动率指标来构建和调整期权交易策略。

可以通过对比历史波动率与隐含波动率发现交易机会。在隐含波动率处于相对低位时，可以买入期权，待波动率上升、期权价格上涨时平仓获利，这就是做多波动率策略；反之，在隐含波动率处于相对高位时，可以卖出期权，待波动率减小、期权价格下降时平仓获利，这就是做空波动率策略。值得注意的是，在等待隐含波动率回归的同时，应利用 Delta 或 Gamma 等对冲降低价格变动风险。

在波动率处于相对低位时，也可以采用买入跨式或宽跨式策略；而在波动率较高时，可以采用卖出跨式或宽跨式策略。

### 13.4.3 Vega 的含义及计算

如前所述，标的价格波动率是影响期权价格的重要因素。Vega($\nu$)正是衡量期权价格对标的价格波动率敏感性的指标，是期权价格对标的价格波动率的一阶偏导数：

$$\nu = \frac{\partial f}{\partial \sigma}$$

根据 Black-Scholes 期权定价模型，不支付红利欧式股票期权的 Vega 为

$$\nu = S\sqrt{T}N'(d_1)$$

【例 13-4】 上证 50ETF 认购期权的价格为 0.188 8，其 Vega 为 0.214，假设在其他条件不变的情况下，上证 50ETF 的波动率由 20%上升为 21%，则期权的理论价格将变为

$$0.188\,8 + 0.214 \times (0.21 - 0.20) \approx 0.190\,9 \text{ 元}。$$

### 13.4.4 Vega 的性质

（1）期权的 Vega 为正。标的价格波动率增加，期权的价值增加；相反，标的价格波动率减小，期权的价值减小。

（2）如图 13-11 显示了期权的 Vega 随标的价格变化而产生的变化。标的资产价格越偏离期权的行权价格 $X$，Vega 越小，期权价格对波动率的变化越不敏感；标的资产价格越接近行权价格，即期权越接近平值，Vega 越大，期权价格对波动率的变化越敏感。因为波动率仅仅影响期权价值中的时间价值部分，其中平值期权的时间价值最大，所以平值期权 Vega 最大。

（3）对于实值期权和虚值期权，当波动率水平很低的时候，Vega 值接近于 0，随着波动率水平的上升而 Vega 值上升，直到波动率水平上升到一定水平后，Vega 值趋于稳定；对于平值期权来说，在隐含波动率很低水平下，平值期权价值是递增的，但是当波动率达到一定水平后，期权价值就开始趋于下降，但是趋于下降的速度很慢。

（4）如图 13-12 显示了期权的 Vega 随距离到期时间变化而产生的变化。可见，期权剩余期限越长，Vega 值越大。一般地，实值期权与虚值期权的 Vega 值随到期时间的临近基本上呈线性变化（直线衰减），但是平值期权的 Vega 值随到期时间的临近呈加速衰减（非线性衰减）。

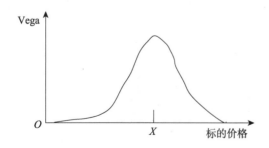

图 13-11　期权 Vega 随标的价格变化而产生的变化（$X$ 为行权价）

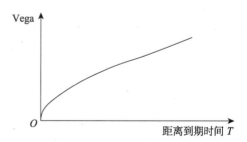

图 13-12　期权的 Vega 随距离到期时间变化而产生的变化

### 13.4.5 Vega 的应用

**1. 投资组合的 Vega 及获取 Vega 收益**

投资组合的 Vega 即组合中各资产的 Vega 与其头寸的乘积之和。其公式为

$$\Delta = \sum_{i=1}^{n} w_i v_i$$

式中，$v_i$ 为第 $i$ 种资产的 Vega 值；$w_i$ 为该种资产的头寸。对于投资者而言，持有期权多头头寸，其 Vega 为正，持有期权空头头寸，其 Vega 为负。

正是由于隐含波动率反映了投资者的预期，投资者可以结合实际波动率的变化情况，对隐含波动率的趋势变化进行判断，并通过动态对冲剥离其他风险（如 Delta、Gamma 等）获取 Vega 收益。

**2. 对冲波动率风险**

Vega 用在制定期权交易策略时的主要目的是对冲波动率变化带来的风险。在期权交易中，为了避免市场出现方向性风险，交易员一般会采取 Delta 中性策略来对冲标的价格波动风险。但当市场波动率不稳定且存在大量跳空行情时，若期权持仓留有较大的 Vega 敞口，便会使交易者即使看对了市场方向，也蒙受损失。

由于标的资产即现货、期货、远期等的 Vega 为零，因此不能用来改变资产组合的 Vega 风险敞口。若要对冲 Vega 风险，必须选取 Vega 值不为零的金融工具，比如期权本身。

值得注意的是，用期权来对冲 Vega 风险虽然会保持 Vega 中性，但可能同时增加了 Gamma 风险，使得资产组合整体风险增大。因此，在考虑 Vega 对冲策略时，也应同时考虑其 Gamma 风险，使得两者的风险对冲后都保持中性。

【例 13-5】 某投资机构持有一个处于 Delta 中性的资产组合，其 Gamma 为 60，Vega 为 80。因为组合面临 Gamma 和 Vega 风险，该机构决定用期权 A 和 B 来进行 Gamma 和 Vega 风险中性对冲。已知期权 A 的 Gamma 为 0.5，Vega 为 1.2，Delta 为 1.8。期权 B 的 Gamma 为 0.8，Vega 为 2.0，Delta 为 2.5。那么，应该持有期权 A 和 B 的头寸各为多少？

假设需要 $W_A$ 手的期权 A 和 $W_B$ 手的期权 B 来对冲，则有

$$\begin{cases} 0.5 W_A + 0.8 W_B + 60 = 0 \\ 1.2 W_A + 2 W_B + 80 = 0 \end{cases}$$

求解上述二元一次方程组，可得 $W_A = -1\,400$，$W_B = 800$。

即，应卖出 1 400 手期权 A，同时买入 800 手期权 B，才能使整体资产组合的 Gamma 和 Vega 风险为零。

但要注意的是，由于卖出 1 400 手期权 A 和买入 800 手期权 B，整体的 Delta 变为 $-1\,400 \times 1.8 + 800 \times 2.5 = -520$。

因此，还需买入 Delta 为 520 的期货或者现货来对冲 Delta 风险。

资产组合的风险敞口及风险对冲情况见表 13-4。

表 13-4 资产组合的 Gamma、Vega、Delta 风险中性对冲

| 风险指标 | 资产组合（对冲前） | 期权 A | 期权 B | 资产组合（Gamma 和 Vega 风险中性对冲后） | 资产组合（Gamma、Vega、Delta 风险中性对冲后） |
| --- | --- | --- | --- | --- | --- |
| Gamma | 60 | 0.5 | 0.8 | 0 | 0 |
| Vega | 80 | 1.2 | 2.0 | 0 | 0 |
| Delta | 0 | 1.8 | 2.5 | −520 | 0 |

## 13.5 期权价格的利率风险 Rho

### 13.5.1 Rho 的含义及计算

在前述章节中，期权定价公式假定无风险利率是恒定的，而在现实中无风险利率是变化的。当无风险利率变化时，期权的价格也会发生相应的变化。Rho($\rho$) 是衡量期权价格对无风险利率敏感性的指标。其定义为期权价格对无风险利率的一阶偏导数。

$$\rho = \frac{\partial f}{\partial r}$$

【例 13-6】 上证 50ETF 认购期权的价格为 0.188 8，其 Rho 为 0.181，假设在其他条件不变的情况下，无风险利率由 3.0% 上升为 3.1%，期权的理论价格将变为

$$0.188\ 8 + 0.181 \times (0.031 - 0.030) \approx 0.189\ 0\ 元$$

### 13.5.2 Rho 的性质

图 13-13 展示了不同到期期限的看涨期权的 Rho 随标的价格变化的情况，而图 13-14 是不同到期期限的看跌期权的 Rho 随标的价格变化的情况，图 13-15 则是不同价值状态的看涨期权的 Rho 随到期时间的变化。期权的 Rho 具有如下性质：

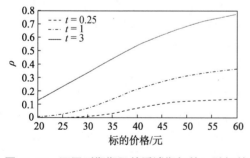

图 13-13 不同到期期限的看涨期权的 $\rho$ 随标的价格的变化（$S$=40，$\sigma$=30%，$r$=8%）

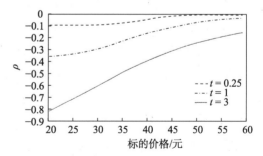

图 13-14 不同到期期限的看跌期权的 $\rho$ 随标的价格的变化（$S$=40，$\sigma$=30%，$r$=8%）

（1）看涨期权的 Rho 为正，看跌期权的 Rho 为负。看涨期权的价格随利率单调递增，而看跌期权的价格随利率单调递减。

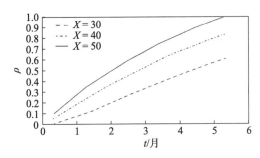

图 13-15　实值、平值、虚值看涨期权 ρ 随 t 的变化

（2）Rho 随标的资产价格的变化：Rho 的代数值随标的价格单调递增。对于看涨期权，标的价格越高，利率对期权价值影响越大；对于看跌期权，标的价格越低，利率对期权价值影响越大。也就是说，越是实值的期权，利率变化对期权价值的影响越大；越是虚值的期权，利率变化对期权价值的影响越小。

（3）Rho 随时间的变化：Rho 随期权到期而单调收敛到 0。也就是说，期权越接近到期日，利率变化对期权价值的影响越小。

## 13.6　关于期权风险指标的总结

交易所计算并公布的期权各风险指标，便于交易者参考。表 13-5 是部分上证 50ETF 期权的风险指标，其中各指标的含义与计算总结于表 13-6 和表 13-7 中。

表 13-5　期权风险指标

| 交易代码 | 合约简称 | Delta | Theta | Gamma | Vega | Rho |
| --- | --- | --- | --- | --- | --- | --- |
| 510050C2109M02850 | 50ETF 购 9 月 2850 | 1.000 | −0.083 | 0.000 | 0.000 | 0.210 |
| 510050C2109M02900 | 50ETF 购 9 月 2900 | 0.974 | −0.134 | 0.480 | 0.052 | 0.208 |
| 510050C2109M02950 | 50ETF 购 9 月 2950 | 0.918 | −0.220 | 1.090 | 0.128 | 0.198 |
| 510050C2109M03000 | 50ETF 购 9 月 3000 | 0.832 | −0.321 | 1.715 | 0.214 | 0.181 |
| 510050C2109M03100 | 50ETF 购 9 月 3100 | 0.601 | −0.445 | 2.567 | 0.328 | 0.133 |
| 510050C2109M03200 | 50ETF 购 9 月 3200 | 0.341 | −0.398 | 2.472 | 0.312 | 0.076 |
| 510050C2109M03300 | 50ETF 购 9 月 3300 | 0.166 | −0.287 | 1.545 | 0.212 | 0.037 |
| 510050C2109M03400 | 50ETF 购 9 月 3400 | 0.075 | −0.172 | 0.817 | 0.120 | 0.017 |
| 510050C2109M03500 | 50ETF 购 9 月 3500 | 0.042 | −0.123 | 0.458 | 0.076 | 0.009 |
| 510050C2109M03600 | 50ETF 购 9 月 3600 | 0.023 | −0.079 | 0.253 | 0.046 | 0.005 |
| 510050C2109M03700 | 50ETF 购 9 月 3700 | 0.016 | −0.068 | 0.172 | 0.035 | 0.004 |
| 510050C2109M03800 | 50ETF 购 9 月 3800 | 0.011 | −0.052 | 0.113 | 0.025 | 0.002 |
| 510050C2109M03900 | 50ETF 购 9 月 3900 | 0.008 | −0.042 | 0.078 | 0.019 | 0.002 |
| 510050C2109M04000 | 50ETF 购 9 月 4000 | 0.008 | −0.048 | 0.072 | 0.019 | 0.002 |
| 510050C2109M04100 | 50ETF 购 9 月 4100 | 0.007 | −0.048 | 0.061 | 0.018 | 0.002 |
| 510050C2109M04200 | 50ETF 购 9 月 4200 | 0.007 | −0.049 | 0.054 | 0.017 | 0.002 |
| 510050C2109M04300 | 50ETF 购 9 月 4300 | 0.005 | −0.039 | 0.040 | 0.013 | 0.001 |
| 510050C2109M04400 | 50ETF 购 9 月 4400 | 0.005 | −0.041 | 0.037 | 0.013 | 0.001 |

资料来源：上海证券交易所网站。

表 13-6　期权各风险指标含义与计算方法总结

| 希腊字母 | 定　　义 | 计 算 方 法 |
|---|---|---|
| Delta | 标的价格变化 1 单位引起期权价格变化的幅度 | 期权价格变化/标的价格变化 |
| Gamma | 标的价格变化 1 单位引起 Delta 变化的幅度 | Delta 值变化/标的价格变化 |
| Vega | 标的价格波动率变化 1 单位引起期权价格变化的幅度 | 期权价格变化/标的价格波动率变化 |
| Theta | 期权的时间价值随时间流逝耗损的速度 | 期权价格变化/时间变化 |
| Rho | 无风险利率变化 1 单位引起期权价格变化的幅度 | 期权价格变化/无风险利率变化 |

表 13-7　期权各风险指标的含义

| | | 看 涨 期 权 | 看 跌 期 权 |
|---|---|---|---|
| Delta | $\dfrac{\partial C}{\partial S}$ | $N(d_1)$ | $-N(-d_1) = N(d_1) - 1$ |
| Gamma | $\dfrac{\partial^2 C}{\partial S^2}$ | $\dfrac{N'(d_1)}{S\sigma\sqrt{T}}$ | |
| Vega | $\dfrac{\partial C}{\partial \sigma}$ | $SN'(d_1)\sqrt{T}$ | |
| Theta | $\dfrac{\partial C}{\partial t}$ | $\dfrac{SN'(d_1)\sigma}{2\sqrt{T}} - rXe^{-rT}N(d_2)$ | $-\dfrac{SN'(d_1)\sigma}{2\sqrt{T}} + rXe^{-rT}N(-d_2)$ |
| Rho | $\dfrac{\partial C}{\partial r}$ | $XTe^{-rT}N(d_2)$ | $-XTe^{-rT}N(-d_2)$ |

## 思考题

1. 简述 Delta、Gamma、Theta、Vega、Rho 的含义和性质。
2. Delta 套期保值有哪些局限性？
3. 简述 Theta、Delta 和 Gamma 之间的关系。
4. 什么是历史波动率和隐含波动率？
5. 在实务操作中，做多 Gamma 和做多 Vega 都希望市场有所波动，但两者之间存在什么区别？

## 习题

1. 某沪深 300 股指看涨期权行权价为 5 000 点，期限为 3 个月，沪深 300 股指当前为 4 950 点。股指波动率为 25%，在期权的有效期内无分红。假定无风险利率为 10%，求该期权的 Delta。

2. 上证 50ETF 看涨期权行权价为 3 元，期限为 3 个月，上证 50ETF 当前价格为 3.150 元，波动率为 25%，在期权的有效期内无分红。假定无风险利率为 10%，求该期权的 Delta。若某机构持有 10 手该期权空头，该如何用上证 50ETF 进行 Delta 中性对冲？

3. 求出第 2 题中的 Gamma，用 Gamma 为 0.05、Delta 为 0.4 的期权做 Gamma-Delta 中性对冲。应怎样操作？

4. 对于第 2 题中的期权，求出该期权的 Theta。假设现在买空 100 手该期权合约，1 周以后，其他变量都没有发生变化，求这期间投资者的收益。

5. 对于第 2 题中的期权，求出该期权的 Vega。假设现在投资者卖空 100 手该期权合约，其他条件不变，上证 50ETF 的波动率由 25%上升为 30%，求投资者的盈亏。

6. 买进一手行权价为 360 元/桶的原油期货看涨期权同时卖出一手行权价为 370 元/桶的原油期货看涨期权的牛市价差组合。

（1）若原油期货价格为 360 元/桶，Delta、Gamma、Theta、Vega、Rho 各是多少？

（2）若原油期货价格为 370 元/桶，Delta、Gamma、Theta、Vega、Rho 各是多少？

# 第 14 章 新型期权

**本章学习目标：**

通过本章学习，学员应该能够：
1. 熟悉新型期权的概念及其衍生方式；
2. 熟悉常见的具有期权特性的证券，对其期权特性进行分析；
3. 熟悉新型期权的分类，识别现实中较为常见的新型期权，分析其特点；
4. 掌握亚式期权的概念、分类及特点，了解其应用场景；
5. 掌握障碍期权的概念与分类。

## 14.1 新型期权概述

### 14.1.1 新型期权的概念及衍生方式

从期权的发展来看，可分为第一代产品和第二代产品。

第一代产品称"plain vanilla"，即标准的欧式期权和美式期权；第二代产品被称为"exotics"。所谓的"exotic options"即我们所说的新型期权，它实质上是在标准的欧式期权和美式期权的基础上衍生出来的证券。新型期权衍生的方式主要有三种。

（1）变异，即将第一代产品的若干合约条款加以修改或变通而形成。如在普通期权的基础上变异出的利率上限、利率下限和利率上下限，再如通过行权价格的变异而形成的亚式期权等。

（2）组合，即将基本期权与其他基本型衍生金融工具进行组合而形成新的期权。如期权和互换组合形成互换期权；远期外汇合约和期权组合形成可变或分利式远期外汇合约；期权与期货组合形成复合期权。

（3）合成，即将基本期权和其他原生金融工具结合形成新的衍生金融工具。如股票与股票期权合成认股权证；债券与期权合成可转换债券等。

大多数新型期权在场外交易。随着衍生市场的发展，金融机构设计的新型期权越来越多，它们几乎对客户的每一特殊需求都设计了相应品种。有时，金融机构还在债券和股票中加入期权以吸引投资者。

### 14.1.2 具有期权特性的证券

许多金融工具和协议都带有期权的特性，如果要对其正确定价和灵活运用，就必须要了解其"期权"特性。以下我们对一些常见的金融工具和协议进行分析。

**1. 可赎回债券**

大多数公司债券都是可赎回的，即发行时就附有赎回条件，规定公司在债券到期前的某段时间可以一定的价格将债券提前赎回。当市场利率较高时，企业发行债券的票面利率也较高；当市场利率降低时，企业可以发行低利率债券，所筹资金可以用来赎回高利率的可赎回债券（callable bonds）。因此，发行可赎回债券对企业有好处。

公司发行一份可赎回债券实质上相当于卖出了一份普通债券（即不可赎回、不可转换)加上买进等数量的该债券的看涨期权。

公司发行可赎回债券也要付出成本，即其票面利率要比相应的普通债券更高一些，才能顺利以票面价值发行。高出的票面利率相当于投资者卖出看涨期权获得的权利金。

### 2. 可转换证券

投资者持有的可转换债券（convertible bonds）及可转换优先股也带有期权特性。可转换证券的投资者有权在将来把债券或优先股转换成一定数量的普通股，而不论当时股票价格怎样。例如，某公司规定面值 100 元的可转换债券可转换成 10 股普通股。若该债券按面值发行，这相当于行权价 10 元/股的股票看涨期权，若未来规定的转换期内股价高于 10 元，则该看涨期权会被行权（即债券转换成股票）。此时，看涨期权为实值期权。

大多数可转换债券发行时都是"虚值很大"的，即只有将来股价涨幅很大投资者才会有利可图。因此可转换债券相当于普通债券加上一个看涨期权。该看涨期权有如下特性：第一，其行权价随可转换证券价格的变化而不断变化；第二，股票要分红，这使该期权的定价更复杂；第三，大多数可转换债券也是可赎回债券，这样就形成了发行者与持有者互相购买了对方看涨期权的局面。在发行者行权买回债券之前，往往允许债券持有者在一个月的时间内考虑是否进行转换（即允许持有者考虑是否履行其看涨期权）。

### 3. 认股权证

认股权证（warrants）类似于公司发行的看涨期权。认股权证与看涨期权的重要区别在于：当期权买方要求行权时，卖方只需交割已发行的股票；而认股权证的买方要求行权时，卖方（发行公司）必须发行新的股票，因此，公司因发行新股而有现金流入。这一差异表明，认股权证与同期限的看涨期权价值会有所不同。

### 4. 抵押贷款

许多贷款协议都要求借方有抵押品以保证贷款的归还。当借方不能按协议还款时，贷方将拥有抵押品的所有权。常见的抵押品有房地产、债券、股票等，其本身价值也是不断变化的。

抵押贷款（collateralized loans）协议对借方来说，隐含了看涨期权条款。假设借方在贷款到期时必须还款数为 $L$，抵押品现价为 $S$，到期时价值 $S_T$。若到期时有 $S_T < L$，则借方不还款更有利；若 $S_T > L$，则还款（即履行看涨期权）更有利。这相当于一行权价为 $L$ 的看涨期权。

## 14.1.3 新型期权的分类

由于新型期权的种类很多，且还在随市场的变化而不断推陈出新，所以无法一一列举。这里，我们将新型期权进行分类，并重点介绍其中常见的一些品种。

### 1. 打包期权

打包期权（packages）是由标准欧式看涨期权、标准欧式看跌期权、远期合约、现金及标的资产本身构成的组合。按照此定义，价差期权与组合期权都属于打包期权。

金融机构常常设计打包期权使之具有零初始成本，这相当于开始买卖打包期权时不用花钱。范围远期合约就是零成本打包期权，它由一个远期多头与一个看跌期权多头和一个看涨期权空头构成，其中两个期权的初始权利金相同。这样，由于远期合约的价值为零，整个打包期权的初始价值也就为 0。

### 2. 非标准美式期权

非标准美式期权的所谓非标准有两种情形。一是只限于有效期内特定日期可以行权。如 Bermudan 期权和美式互换期权，只在特定日期或指定日才能行使权利。二是行权价格在有效期内会有变化，如认股权证。例如，某公司发行 5 年期的认股权证，认股权头两年是 15 元，而在随后两年中为 16 元，最后一年为 18 元。

### 3. 远期开始期权

现在支付权利金但在未来某时刻开始的期权。它们有时被公司用来对雇员实施奖励。例如：开发高新技术产品的某公司现有工资水平不高，为了吸引及鼓励专业技术人员努力工作，由董事会决议，1 年后的 3 年内，允许这些雇员以第一年年末的股价购买该公司股票 5 000 股。这实际上是一个 1 年后开始的有效期 3 年的远期开始期权。

### 4. 复合期权

复合期权即期权的期权，主要有四种类型。

（1）看涨期权 $(T_1, X_1)$ 的看涨期权 $(T_2, X_2)$。

（2）看涨期权 $(T_1, X_1)$ 的看跌期权 $(T_2, X_2)$。

（3）看跌期权 $(T_1, X_1)$ 的看跌期权 $(T_2, X_2)$。

（4）看跌期权 $(T_1, X_1)$ 的看涨期权 $(T_2, X_2)$。

复合期权有两个行权价格和两个到期日。其中前一期权 $(T_1, X_1)$ 可视作一般期权，而后一期权 $(T_2, X_2)$ 则是针对前一期权的权利金进行交易，即以前一期权的权利金与后一期权的行权价做比较而决定是否执行后一期权，行权时以行权价买或卖前一期权。以上括号内 $T_1, X_1$ 分别表示前一期权的到期日与行权价；括号内 $T_2, X_2$ 则分别表示后一期权的到期日与行权价。若以上述看涨期权的看涨期权为例，则当市场上前一看涨期权 $(T_1, X_1)$ 的权利金 $C \geqslant X_2$ 时，后一看涨期权 $(T_2, X_2)$ 才会被行权，行权时以 $X_2$ 买入看涨期权 $(T_1, X_1)$。例如：某投资者买入行权价 $X_2(15)$、到期日 $T_2$（9 月）的看跌期权的看涨期权，该看跌期权行权价 $X_1(400)$、到期日 $T_1$（12 月）。只有市场上看跌期权的权利金高于 15 时，投资者才会执行看涨期权，即以 15 买入看跌期权；只有当标的资产价格 $X_2$ 低于 400 时，投资者才会以 400 卖出标的资产。

### 5. 任选期权

任选期权（chooser options）是赋予购买者将来指定日期选择持有哪一类期权权利的期权。即经过一段指定时期后，持有者具有选择看涨期权或选择看跌期权的权利。

如有两个期权，其中看跌期权到期日 $T_1$、行权价 $X_1$，看涨期权到期日 $X_1$、行权价 $X_2$。随着标的价格的变化及时间的推移，两期权的权利金并不相等，设分别为 $P_p$、$P_c$。现在构造一任选期权,将以上两个期权作为标的,即作为选择对象。购买者支付权利金后,经过 $T$ 时间(比方 1 个月)后,有权选择持有其中任一期权。当然,购买者一定会选择其中权利金大的一个,所以任选期权的价值应当为 $\max(P_p, P_c)$。若购买者选定的看涨或看跌期权的权利金比他支付的任选期权的权利金多,则他有利可图,否则他将亏损。

**6. 两值期权**

两值期权(binary options,bet options)也称打赌期权,是具有不连续收益的期权,主要有两种。一种是现金或无价值看涨期权,在到期日股票价格低于行权价时,两值期权一文不值;而当股票价格超过行权价时,则期权卖方将支付一个固定数额 $Q$ 给期权买方。另一种是资产或无价值看涨期权,若到期日标的资产价格低于行权价,则期权一文不值;若标的资产价格到期时超过行权价,则期权卖方将支付等于资产价格本身的款额给期权买方。

**7. 回望期权**

回望期权(lookback options)的收益依赖于期权有效期内标的资产的最大或最小价格,其标的资产通常是商品。设 $S_1$ 为标的资产曾达到过的最小价格,$S_2$ 为曾达到过的最大价格,$S_T$ 为到期时的最终价格,则回望看涨期权的收益是 $\max(0, S_T - S_1)$,回望看跌期权的收益是 $\max(0, S_2 - S_T)$。由此可见,回望看涨期权实际上是持有者能在期权有效期内以最低价格购买标的资产的期权;回望看跌期权实际上是持有者能在期权有效期内以最高价格出售标的资产的期权。

例如,考虑某商品的回望期权(有效期 3 个月),如果 3 个月内商品的最低价 18 元,最高价 30 元,期权到期时商品价为 22 元,则在到期日回望看涨期权的收益为 22 - 18 = 4 元;回望看跌期权的收益为 30 - 22 = 8 元。

**8. 资产交换期权**

资产交换期权是用一种资产交换另外资产的期权,资产可以是货币、股票等。

例如,从中国投资者的观点看,使用瑞士法郎购买欧元是把一种外币资产交换成另一种外币资产的期权;股票投资是以一种股票交换另一种股票的期权。

此外,金融从业者一般把主流的新型期权分为五类,各类别的特点及典型期权见表 14-1。

表 14-1 新型期权分类

| 新型期权类别 | 特 点 | 代表型产品 |
| --- | --- | --- |
| 路径依赖型期权 | 行权收益依赖于标的资产的价格路径,而不仅仅是特定时点期权标的资产的价格 | 亚式期权、回望期权、阶梯期权 |
| 时间依赖型期权 | 赋予期权的买方在到期前某个时刻选择期权合约的某些特征的权利,决定其到期收益 | 非标准美式期权、任选期权、远期开始期权 |
| 极值依赖型期权 | 当标的资产价格达到某个临界值时,期权合约将被激活或宣告失效 | 障碍期权、自定义执行期权 |
| 支付修正期权 | 对普通期权的到期收益模式进行修正 | 两值期权、指数期权 |
| 多因子期权 | 标的不局限于单一基础资产,标的可以是普通期权,也可以是多个资产形成的组合 | 复合期权、一揽子期权、交换期权、打包期权、彩虹期权 |

对于实际中应用较多的亚式期权和障碍期权，将在 14.2 节、14.3 节中专门讨论。

## 14.2 亚式期权

### 14.2.1 亚式期权的概念与种类

**1. 平均价格亚式期权和平均行权价格亚式期权**

亚式期权（Asian options）的收益依赖于标的资产有效期内某一段时间的平均价格，有平均价格期权和平均行权价格期权两种。

平均价格看涨期权的收益是 $\max(0, S_a - X)$，平均价格看跌期权的收益是 $\max(0, X - S_a)$，其中 $S_a$ 是按预定时期计算的标的资产的平均价。例如：一家美国公司的财务主管期望在明年内平稳地收到来自德国子公司的总额 500 万欧元的现金流，他可以买入亚式期权中的平均价格看跌期权。

平均行权价看涨期权收益为 $\max(0, S - S_a)$，平均行权价看跌期权收益为 $\max(0, S_a - S)$，$S$ 为到期时标的资产价格。平均行权价期权可以保证在一段时间内频繁交易资产所支付的平均购买价格低于最终价格，或所收取的平均销售价格高于最终价格。

**2. 算术平均价格亚式期权与几何平均价格亚式期权**

由于对平均价格的计算方法有算术平均法与几何平均法两种，因计算方法的不同，亚式期权又可以分为：算术平均价格亚式期权与几何平均价格亚式期权。

假设从时刻 0 到时刻 $t$，每隔 $h$ 时间记录一次标的价格，一共可以得到 $N = t/h$ 个价格，其算数平均值为

$$A(t) = \frac{1}{N} \sum_{i=1}^{N} S_{ih}$$

其几何平均值为

$$G(t) = (S_h \times S_{2h} \times \cdots \times S_{ih})^{1/N}$$

或者

$$\ln G(t) = \frac{1}{N}(\ln S_h + \ln S_{2h} + \cdots + \ln S_{ih})$$

以上为离散方法求得的平均值。实际中常用每天的收盘价求价格的平均值。当求平均值的时间间隔缩短时，所求出的平均值就会发生变化。

当用连续方法求平均值时，公式变为如下形式：

$$A(t) = \frac{1}{t} \int_0^1 s_t d_t$$

$$\ln G(t) = \frac{1}{t} \int_0^1 \ln S_t d_t$$

## 14.2.2 亚式期权的价格特点

表 14-2 给出了股票几何平均价格看涨期权与看跌期权的价格。若期数 $N=1$，则平均值即为终期的股票价格，在这种情况下，平均价格看涨期权就是普通看涨期权。

表 14-2 几何平均价格亚式期权的价格（$S=40$，$X=40$，$\sigma=30\%$，$r=8\%$，$t=1$） 美元

| $N$ | 平均价格 | | 平均行权价格 | |
| --- | --- | --- | --- | --- |
| | 看涨期权 | 看跌期权 | 看涨期权 | 看跌期权 |
| 1 | 6.285 | 3.209 | 0.000 | 0.000 |
| 2 | 4.708 | 2.645 | 2.225 | 1.213 |
| 3 | 4.209 | 2.445 | 2.748 | 1.436 |
| 5 | 3.819 | 2.281 | 3.148 | 1.610 |
| 10 | 3.530 | 2.155 | 3.440 | 1.740 |
| 50 | 3.302 | 2.052 | 3.668 | 1.843 |
| 1 000 | 3.248 | 2.027 | 3.722 | 1.868 |
| ∞ | 3.246 | 2.026 | 3.725 | 1.869 |

对价格进行几何平均计算时，相比到期日的股价波动率，$G(t)$ 的波动率肯定会变低，因而可以推测平均价格期权的价值应该随着用于计算平均值的价格期数的增加而降低。表 14-2 清楚地显示了这一特点，看涨期权与看跌期权符合同样的规律。

表 14-2 同样表明，与平均价格期权相反，平均行权价格期权的价值随着计算平均值期数的增加而上升。这是因为时间 0 到 $t$ 之间的平均价格与时点 $t$ 的股价 $S_t$ 正相关。若 $G(t)$ 较高，$S_t$ 也可能处于较高的价位。当计算的频率增加时，会使得 $S_t$ 也与 $G(t)$ 相关性降低，因而使平均行权价格期权的价值增加。为理解这点，先考虑只用到期日的股价计算平均值的情况。此时看涨期权的价值为

$$\max(0, S_t - G(t))$$

$N=1$ 时，$S_t = G(t)$，期权价值等于 0。随着计算的频率增加，二者之间相关性下降，期权的价值也随之增加。

当期权存续期内资产的平均价格与到期日的价格不相等时，这类期权会带来收益。这类期权可以对以下情况提供保险：在一段时间内分期取得某项资产，然后在未来某一时点以一固定价格出售该资产。

## 14.2.3 亚式期权的应用

假设美国某公司每月可收到 1 亿欧元收入。为避免欧元贬值带来损失，公司购买一份价值 12 亿欧元的亚式看跌期权进行套期保值。这样，期权每欧元到期的支付为

$$\max\left(0, X - \frac{1}{12}\sum_{1}^{12} x_i\right), x_i \text{是第} i \text{月欧元兑美元的汇率}$$

如果公司打算保证一个最低水平的平均汇率，使每欧元至少能兑换 0.9 美元，则可设 $X=0.9$。若实际平均汇率低于 0.9，公司将因期权的存在获得 0.9 美元与平均汇率之间的

差额。

此例中，该公司选择了一个算术平均价格看跌期权进行套期保值。该公司还可以选择几何平均价格看跌期权、一系列看跌期权的组合等进行套期保值。表 14-3 是几种不同套期保值方式保值成本的比较。

表 14-3　不同套期保值方式的成本

| 套期保值工具 | 期权费/美元 |
| --- | --- |
| 1 年后到期的看跌期权（1） | 0.275 3 |
| 一系列看跌期权的组合（2） | 0.217 8 |
| 几何平均价格看跌期权（3） | 0.179 6 |
| 算术平均价格看跌期权（4） | 0.176 4 |

表 14-3 中假设当前的汇率为 0.9 美元/欧元，各期权的行权价格为 0.9 美元，美元无风险利率为 6%，欧元无风险利率为 3%，欧元汇率的波动率为 10%。表中套期保值工具（2）是每月一个价值 1 亿欧元的看跌期权的组合，共 12 个普通看跌期权合约，合约分别在 1 个月后、2 个月后、…、1 年后到期，期权费是各个合约期权费的总和；工具（1）、（3）、（4）的期权费则是在 1 年期的假设下计算，并乘以 12 得到的。这样才与系列普通期权的组合在同一基础上形成比较。首先从表中可以看到，亚式期权更便宜，原因在于经价格平均后波动率降低了。还可以看到，用 1 年后到期的期权套期保值不仅效果不好，而且成本还高。另外，在此例中，几何平均价格期权在套期保值的效果上比算术平均价格期权略差，这是由于进行套期保值的资产数量本就是算术平均值而不是几何平均值。

## 14.3　障 碍 期 权

### 14.3.1　障碍期权的概念与分类

障碍期权（barrier options）的收益依赖于标的资产的价格在一段特定的时期内是否达到了一个特定水平。常见的障碍期权有两种。

一种是封顶期权，典型的如 CBOE 的基于 S&P100 和 S&P500 的封顶期权。所谓"封顶"是指期权的收益封顶。如 CBOE 封顶期权的设计目的是使收益不能超过 30 美元，封顶看涨期权在指数收盘价超过行权价 30 美元时会自动执行；封顶看跌期权在指数收盘价低于行权价 30 美元时会自动执行。此外还有许多封顶欧式、美式期权在场外市场进行交易。

另一种是敲出期权和敲入期权。敲出期权与标准期权其他方面都相同，只是当标的资产价格达到一个特定障碍 $H$ 时，该期权作废。敲入期权是指标的资产价格碰到障碍时才可以存在的期权，其他方面也与标准期权相同。一般公司发行的可转换债券中通常包含了一种障碍期权。如某公司发行可转换公司债券时，当股价跨过某个限价时就将投资者手中的债券转换成股票。

## 14.3.2 敲出期权和敲入期权的构建与特点

为了构建一个行权价格为 $X$、到期日为 $t$ 的欧式敲出期权或敲入期权，要先指定一个障碍值 $H$。当标的资产价格跨越障碍值时期权被激活还是被作废取决于其类型。下（降）敲入障碍期权仅在 $t$ 以前标的资产价格降至 $H$ 以下时才得以激活，并成为常规的期权；而下（降）敲出障碍期权（down-and-out barrier option）当资产价格在 $t$ 之前降至 $H$ 以下时就作废了。对这两种期权而言，$H$ 是某个小于标的资产初始价格 $S$ 的指定价格。

此外，在大多数应用中，突破障碍指的是证券价格的收盘价突破 $H$ 的状况。

行权价格 $X$ 和到期日 $t$ 相同的下（降）敲入看涨期权和下（降）敲出看涨期权，在时刻 $t$ 仅有一个期权有效。因此，同时持有这两个期权就相当于拥有一个具有行权价格 $X$ 和到期日 $t$ 的普通看涨期权。如果以 $D_i(s,t,X)$ 和 $D_o(s,t,X)$ 分别表示下敲入看涨期权和下敲出看涨期权的风险中性价值，则

$$D_i(s,t,X) + D_o(s,t,X) = C(s,t,X)$$

其中，$C(s,t,X)$ 是普通看涨期权的价值。由此，确定了 $D_i(s,t,X)$ 或者 $D_o(s,t,X)$ 中的一个，就可以获得另一个。

上（升）敲入障碍期权（up-and-in barrier option）仅当 $t$ 以前标的资产价格升至 $H$ 以上时才得以激活，并成为常规的期权；而上（升）敲出障碍期权（up-and-out barrier option）当资产价格在 $t$ 之前升至 $H$ 以上时就作废了。对这两种期权而言，$H$ 是某个大于标的资产初始价格 $S$ 的指定价格。对上（升）敲入障碍期权和上（升）敲出障碍期权，有

$$U_i(s,t,X) + U_o(s,t,X) = C(s,t,X)$$

其中 $U_i$ 和 $U_o$ 分别是上（升）敲入看涨期权和上（升）敲出看涨期权的价格，$C$ 是普通看涨期权的价格。

由于期权的价格一定是正值，上述两个式子直接证明了障碍期权的价格比普通期权的价格便宜。

## 14.3.3 障碍期权的应用

例如某美国公司要为其 6 个月后收到的一笔欧元进行套期保值。可以使用普通看跌期权，也可以使用下敲入看跌期权与上敲出看跌期权。

表 14-4 列举了具有不同行权价格与不同障碍价格的各种普通看跌期权、下（降）敲入看跌期权与上（升）敲出看跌期权的价格。

表 14-4  普通看跌期权、下敲入看跌期权、上敲出看跌期权的价格　　美元

| 行权价格 | 普通看跌期权 | 下敲入看跌期权 | | | 上敲出看跌期权 | | |
|---|---|---|---|---|---|---|---|
| | | $H=0.80$ | $H=0.85$ | $H=0.95$ | $H=1.00$ | $H=1.05$ | |
| $X=0.80$ | 0.000 7 | 0.000 7 | 0.000 7 | 0.000 7 | 0.000 7 | 0.000 7 | |
| $X=0.90$ | 0.018 8 | 0.006 6 | 0.016 7 | 0.017 4 | 0.018 8 | 0.018 8 | |
| $X=1.00$ | 0.087 0 | 0.013 4 | 0.050 1 | 0.063 3 | 0.084 7 | 0.086 9 | |

表 14-4 中的参数假设为：当前的汇率为 $x_0$ =0.90 美元/欧元，欧元汇率的波动率为 $\sigma$ = 10%，美元无风险利率为 $r_s$ =6%，欧元无风险利率为 $r_e$ =3%，期权到期期限为 $t$=0.50 年。表中期权的价格反映了半年后汇率出现在不同水平上的相对可能性。行权价格为 0.80 的普通期权的价格反映了到期日欧元汇率跌至 0.80 以下的风险中性的概率。两个下敲入看跌期权的敲入价格一个是 0.80，一个是 0.85，只有欧元汇率跌过障碍值，期权才会被"敲入"而激活。然而，对于行权价格为 0.80 的看跌期权，也只有在未来的价格低于行权价格时才有意义。因此，一份障碍值高于行权价格的下敲入看跌期权与一份普通看跌期权是等价的。因此，$X$ = 0.80 这一行中，前三份期权的期权费相等。

再看 $X$ = 0.80 的敲出看跌期权。普通看跌期权与一份障碍价格为 0.95 的上敲出看跌期权之间的差别在于，欧元汇率有可能从 0.90 涨至 0.95，然后又跌回 0.80 以下。在这种情况下，普通看跌期权在到期日会有一定的收益，而敲出看跌期权则因已"敲出"而不存在了。这种情况有多大的可能性呢？注意到普通期权的期权费非常低，仅为 0.000 7 美元，这说明 6 个月内欧元汇率从 0.90 跌至 0.80 的概率本就很小。在这种情况下，欧元汇率在 6 个月内先触及 0.95，再跌至 0.80 以下的概率就更小。因此，障碍期权被敲出，同时普通看跌期权又最终取得收益的概率显然就微乎其微。在这种情况下，敲出这一特性就不会对期权的价值造成大的影响。因而期权费与普通期权没显示出差别。

当行权价格为 1.00 时，障碍值分别为 1.00 和 1.05 的上敲出障碍期权与相同行权价格的普通看跌期权的价值几乎相等。理由是普通看跌期权大部分的价值来自期权处于实值状态的情况，而障碍期权被敲出之后，汇率又下跌到使期权处于实值状态的可能性微乎其微。

可见，障碍期权的吸引力就在于它比普通期权便宜，用其进行套期保值成本更低。

### 思考题

1. 新型期权衍生方式有哪些？
2. 哪些证券具有期权特性？并简要说明。
3. 复合期权有哪几种类型？
4. 亚式期权的价格特点是什么？
5. 什么是障碍期权，常见的有哪些障碍期权？
6. 简述敲出期权和敲入期权的构建与特点。
7. 当计算价格平均值的分期增加时，使用平均价格期权与平均行权价期权，期权的价格发生怎样的变化？解释其原因。
8. 试举出一种用亚式期权套期保值优于普通期权套期保值的例子。
9. 用障碍期权进行套期保值有哪些优势？
10. 举例说明复合期权的应用。
11. 解释为什么当障碍水平大于行权价时，下敲出看跌期权的价值为 0。

## 习题

1. 某 3 个月有效期的石油回望看涨期权，如果 3 个月内石油的最低价为 460 元/桶，期权到期时石油价为 470 元/桶，则在到期日该回望看涨期权的收益是多少？

2. 某 3 个月有效期的石油回望看跌期权，如果 3 个月内石油的最高价为 490 元/桶，期权到期时石油价为 470 元/桶，则在到期日回望看跌期权的收益是多少？

3. 国内某设备出口公司预计明年将均匀持续地收到 1 亿美元收入。该公司希望能保证平均汇率不低于 1 美元=6.5 元人民币。为避免美元贬值带来损失，该公司应怎样应用期权进行套期保值？

4. 某保险公司向生猪养殖户提供了为期 1 个月的豆粕（饲料）价格保险，按保险合同，理赔结算价为 1 个月内豆粕期货价格收盘价的算术平均数，若发生赔付，保险公司的赔付数额=（理赔结算价−目标价格）×保险数量。分析该保险公司面临的风险。它应怎样套期保值？

5. 某美国公司要为其 6 个月后收到的一笔欧元进行套期保值。它决定用普通看跌期权或下敲入看跌期权。假设两个期权的行权价均为 0.9 美元/欧元，其他条件相同。试比较普通看跌期权和障碍价格为 0.85 美元/欧元的下敲入看跌期权。

扫描此码 答案解析

## 即测即练

扫描此码 自学自测

# 第 15 章 信用风险及信用衍生工具

**本章学习目标：**

通过本章学习，学员应该能够：
1. 掌握信用衍生工具的概念与特性；了解信用衍生工具的功能；
2. 掌握信用违约互换、总收益互换、信用期权、信用联结票据的特点与基本结构；
3. 了解信用衍生工具在我国的发展情况。

## 15.1 信用衍生工具概述

### 15.1.1 信用衍生工具的定义

按照国际掉期与衍生工具协会的定义，信用衍生工具是一种使信用风险从其他风险类型中分离出来，并从一方转让给另一方的金融合约。信用衍生工具包括信用违约互换、总收益互换、信用期权、信用关联票据等，其中交易量最大、应用最广泛的为信用违约互换和总收益互换产品。信用衍生工具的交易比较集中，一些大型金融机构在其中发挥着举足轻重的作用。

### 15.1.2 信用衍生工具的特性

**1. 表外性**

信用衍生工具不反映在交易者的资产负债表上，属于表外项目。

**2. 债务不变性**

信用衍生工具交易处理的只是债务的结构成分，对原债务人的债权债务关系没有任何影响。

**3. 可交易性**

信用衍生工具将信用风险从市场风险等其他风险中分离出来，在市场上独立地进行交易，实现了信用风险交易的市场化，从而弥补了传统信用保险、担保等信用工具不可交易的缺陷。

**4. 保密性**

信用衍生工具交易是在风险转嫁方（多为银行等金融机构）与借款人之外的第三方之间进行，无须得到借款人的许可，也不必通知借款人，从而保持了银行对客户记录的机密性和商业秘密，使得银行可在无须破坏银行与借款者良好关系的前提下管理贷款信用风险。

**5. 低成本性**

由于信用风险管理者不需要实际运作贷款或债券资产，操作成本大大降低。

### 6. 灵活性

作为场外衍生工具，信用衍生工具在交易对象、期限、金额、结构等方面可以满足客户的不同需求。无论是风险转嫁方还是投资者，都可以利用这一新型金融工具来合成新的具有特定风险和收益结构的产品，以分散风险或获取收益。

### 7. 杠杆性

信用衍生工具具有很强的杠杆性，对投资者而言不必实际占用资金，就可以得到一笔在传统贷款市场上难以取得的资产组合。

## 15.1.3 信用衍生工具的功能

信用衍生工具的基本功能是对冲信用风险，这也是该金融创新工具诞生的原动力。除此之外，信用衍生工具还在套利、产品重构、价格发现等方面具有不可忽视的作用。

### 1. 套利

用信用衍生工具可以进行监管套利（regulatory arbitrage）和融资套利（funding arbitrage）。

1988年，《巴塞尔协议》对银行业的资本充足率作出了统一规定，即银行的总资本不得低于风险加权后资产总额的8%。对于不同的资产，该协议规定了不同的风险权重，而风险权重视交易对手而定。2004年的《新巴塞尔协议》对1988年的协议进行了修订。根据新协议，商业银行可以通过采取一些降低信用风险的技术，如担保和信用衍生工具等，将风险转移出去，并认可了这些风险转移手段能降低相应资产的风险权重。银行通过信用衍生工具交易实现交易对手的转换，改变资产的风险权重，节约资本并提高资本收益率，这种合理利用监管制度进行的套利就是监管套利。

在融资方面，规模较大、信用等级较高的银行往往比规模较小、信用等级较低的银行有比较优势，因此，信用等级较低的小银行往往难以直接获得高质量借款人的贷款资产。信用衍生工具则可以将低筹资成本的银行的比较优势"租"给高筹资成本的投资者，这些小银行通过出售信用保护间接进入高质量贷款市场，从而获得合意的贷款组合。这种操作实现的套利即为融资套利。除此之外，保险公司、证券公司、投资基金等机构投资者也可利用信用衍生工具交易以低融资成本获得一笔贷款或债券的收益，而不必直接持有信贷资产。

### 2. 产品重构

一方面，由于信用衍生工具在交易对象、期限、金额、结构等方面具有极强的可塑性，投资者可通过信用衍生工具交易进行在现货市场上难以实现的投资，从而创造出理想的风险收益结构。另一方面，银行可通过购买信用风险敞口，实现跨地域、跨行业的合意贷款组合。尤其值得一提的是，对于固定收益投资者而言，信用衍生工具的出现便利了固定收益投资者将信用风险进行分解（分解成违约风险和信用差价风险），然后根据自己持有资产的风险特征，按照特定的战略实行管理，将不愿承担的信用风险对冲掉，同时承担一些愿意承担的信用风险以增加收益。

### 3. 价格发现

信用衍生工具的交易价格实质上是在既定的信息披露条件下，交易双方对标的资产的信用风险的直接定价。通过与市场上公开交易的标的资产的信用差价相比较，投资者还可以得到信用风险价值的另一个直接的市场参考。随着信用衍生工具的逐渐标准化和普及化，信用风险定价的透明度和准确性会大大提高，这有利于信用风险市场定价机制的形成。

## 15.1.4 信用衍生工具的产生与发展

1993 年，信孚银行（Bankers Trust）和瑞士信贷银行金融产品部（CSFP）在日本达成了第一笔信用衍生工具交易，交易对象是偿还价值取决于具体违约事件的票据。20 世纪 90 年代后期以来，信用衍生工具市场迅速增长，目前信用衍生工具已成为全球第三大场外金融衍生产品。信用衍生工具之所以有如此飞速的发展，原因主要包括以下几个方面：首先，银行一直希望有更多的手段解决信用风险过于集中的问题；其次，信用风险管理技术的发展和监管倾向在不断变化，克服、防范信用风险工具的效率不足和流动性不足问题一直是市场比较迫切的需求；最后，传统衍生产品的收益率普遍下降等因素也促进了信用衍生工具这种创新性金融产品的发展。信用衍生工具市场的参与者非常广泛，包括投资银行、商业银行、保险公司、固定收益投资者、高收益市场基金、新兴市场基金以及一些非金融性公司等。

# 15.2 主要的信用衍生工具

## 15.2.1 信用违约互换

信用违约互换又称信贷违约互换、贷款违约保险，是目前全球交易最为广泛的信用衍生工具。国际掉期与衍生工具协会于 1998 年开发出标准化的信用违约互换合约，随后，CDS 交易得到快速发展。信用违约互换的出现解决了信用风险的流动性问题，使得信用风险可以像市场风险一样进行交易，从而转移担保方风险，同时也降低了企业发行债券的难度和成本。

信用违约互换是银行或金融机构通过向交易对手每年支付一定的费用，将银行的信贷资产或所持债券等一系列基础资产或参照信用资产的信用风险剥离，同时转移这些资产因信用事件而产生的潜在损失。信用违约互换的基本原理是，寻求保护的买方（protection buyer）定期支付固定金额或前期费用给保护提供方（protection writer 卖方），作为交换，一旦发生指定的信用事件，信用违约互换的卖方将向买方进行支付或有偿付款。信用事件由法律定义，典型的包括破产、到期未付以及重组、不能履行到期的支付义务等。信用违约互换的交易结构如图 15-1 所示。

信用保护持续到某一特定的到期日。对于这一保护，保护买方定期向保护卖方支付费用，直到信用事件发生或到期。这一费用也被称为"溢价支撑"（premium leg）。实际的支付额取决于 CDS 利差以及经基准惯例（通常 360 天）调整的频次。

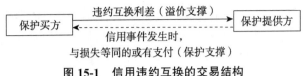

**图 15-1 信用违约互换的交易结构**

在合约的到期日前如果发生信用事件，那么保护卖方向保护买方进行支付，这被称为 CDS 的"保护支撑"（protection leg）。这一支付额等于参照实体资产价格对应的保护面值与合约面值的差额，用以补偿保护买方的损失。

### 15.2.2 总收益互换

总收益互换（total return swap，TRs）是指互换的买方（信用保护买方）在协议期间将参照资产的总收益转移给互换的卖方（信用保护卖方），总收益可以包括本金、利息、预付费用以及因资产价格的有利变化而带来的资本利得。作为交换，信用保护的卖方则承诺向互换的买方交付协议资产增值的特定比例，通常是 LIBOR 向上加点，以及因资产价格不利变化带来的资本亏损。总收益互换在不使协议资产变现的情况下，实现了信用风险和市场风险的共同转移，其交易结构如图 15-2 所示。无论是在信用违约互换中，还是总收益互换中，风险的承担者都无须增加自己的资产负债表规模，而是作为表外业务加以处理。

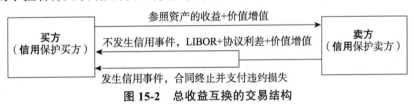

**图 15-2 总收益互换的交易结构**

总收益互换与信用违约互换的区别在于，后者的现金交换只与参考实体是否发生信用事件挂钩，而前者的交易双方除了会转移因参照资产违约带来的损失之外，还会转移市场的利率风险。总收益互换的出现使投资者在不拥有参照资产所有权的情况下获得该资产的全部收益成为可能，因此总收益互换也可被视为合成债券。

投资者通过购买总收益互换间接获得参照资产收益，而不是直接购买参照资产，其原因有很多，如税收因素、会计因素、监管因素等。此外，通过总收益互换"合成持有"参照资产可能会比直接持有参照资产更加容易，尤其是当标的资产市场较小、流动性较差的时候。在一些情况下，参照资产的所有权可能会在总收益互换交易达成的同时转移给互换的买方，但双方会再签订一份互换协议，约定在总收益互换终止之时参照资产的所有权转移回卖方。这类特殊的总收益互换可以理解成"合成回购协议"。

银行可以对其发放的贷款进行总收益互换。其好处是可以使银行在保证客户财物记录机密性的情况下分散贷款的信用风险，且进行互换交易的管理成本低于贷款出售的成本。

此外，总收益互换中还可以加入看涨期权或看跌期权，以形成标的资产收益率的封顶和保底。交易中的融资方可以对浮动利率用封顶或保底来控制融资成本。

### 15.2.3 信用期权

信用期权是一种在信用等级发生不利变化时对冲信用风险的信用衍生工具。例如，为了防范所持有的债券等级下降导致债券价值下跌引发损失,债券投资者可以买入看跌期权。在使用信用期权时,行权价格的确定方法是:将债券等金融资产的现金流按照"无风险利率+信用利差"进行贴现。其中,信用利差=债券等金融资产的收益率－相应的无风险证券的收益率(多为国债收益率)。

### 15.2.4 信用联结票据

信用联结票据(credit-linked note,CLN)是由银行或其他金融机构发行的一种债务工具,是以信用违约互换为标的资产的信用衍生工具。由于信用违约互换属于衍生品,所以在市场上有相当多的投资机构被禁止对其进行投资。于是这些被管制的投资机构便希望通过购买以信用违约互换为基础的债券或票据来绕开管制,以对衍生品进行间接投资。在这些投资需求的推动下,信用联结票据市场在20世纪90年代得以发展起来。在这个市场上,投资人可以自由地购买以信用违约互换为基础支付利息及偿还本金的票据或债券。信用联结票据的利息是与基准市场价格和信用违约互换相联系的。如果在债券的有效期内信用违约互换没有发生违约事件,在到期日投资者可以获得利息和本金的偿付。相反,如果违约事件发生,债券的发行方会停止向投资者支付债券利息,并返还给投资者相当于票面价值减去有偿付款的余额。我们用图15-3反映信用联结票据的现金流情况。

图15-3 信用联结票据的现金流情况

银行可以利用信用联结票据来对冲公司贷款的信用风险。同时,信用联结票据还可以作为一种融资手段,因为其还为发行银行带来了现金收入。从某种意义上来说,信用联结票据是对银行资产的一种重组。而且同其他信用衍生工具一样,贷款本身还保留在银行的账户上。

随着信用联结票据的发展,出现了专门从事信用联结票据业务的金融机构。这些金融机构通常以SPV(special-purpose vehicle)的形式发行信用联结票据,发行的收入可以用于购买安全性较高的资产,例如,国库券或者货币市场资产。有信用风险对冲需求的机构可以同SPV的发行者签署一种纯粹的信用违约互换合约。当违约事件发生时,SPV的发行者负责向购买者赔偿违约资产的损失,这一支付过程由发行SPV的机构所购买的安全性资产作保证。对于SPV的发行者来说,这一交易过程不存在什么风险,它实质上是位于信用保护的需求者(例如,有信用风险对冲需求的银行)和信用保护的提供者之间的中介机构。SPV的购买者是信用保护的提供者,其收入就是安全性资产的利息以及SPV发行者从信用风险对冲机构那里收取的一部分费用。

## 15.3 我国的信用衍生工具

2010年10月29日,中国银行间市场交易商协会发布了《银行间市场信用风险缓释工具试点业务指引》，正式启动了中国版的信用风险缓释（credit risk mitigation，CRM）工具，包括信用风险缓释合约（Credit Risk Mitigation Agreement，CRMA）和信用风险缓释凭证（Credit Risk Mitigation Warrant，CRMW），填补了中国信用衍生工具市场的空白。

近年来，中国债券市场在规模、债券品种、市场参与者数量等方面都发展迅速。在市场大幅扩容的同时集中和积累了一定规模的信用风险敞口，债券市场的风险结构也从单一的利率风险转变为了利率风险和信用风险并存。2014年以后债券违约时有发生，市场波动加剧，不良贷款率提高，信用事件频发。面对庞大的信用债市场规模以及逐步复杂的风险结构，市场对于信用风险管理工具的需求也在不断加大。

在最初两款信用缓释工具交易并不活跃的情况下，2016年9月23日，中国银行间市场交易商协会发布《银行间市场信用风险缓释工具试点业务规则》和《中国场外信用衍生产品交易基本术语与适用规则（2016年版）》。业务规则在原有两款产品的基础上，新增信用违约互换和信用联结票据两类信用缓释工具。新增的信用缓释工具在整体的产品设计上取得了重大进展，从单一债务扩展到了对参考实体的债务组合进行保护，并与商业银行等金融机构的监管法规要求进行了有效衔接；在具体交易要素的设计上，借鉴了国际通行标准，并根据中国的实际情况进行了调整，采用了一系列的标准化安排；在风险管理上，对市场参与者的适当性、杠杆比例也给予了明确约束。同年11月1日，首批CDS交易落地。自此，中国信用风险缓释工具市场再度扬帆起航。表15-1列示了2016年版4款信用风险缓释工具。

表15-1 我国银行间市场信用风险缓释工具

| 项目 | 信用风险缓释合约 | 信用风险缓释凭证 | 信用违约互换 | 信用联结票据 |
|---|---|---|---|---|
| 类型 | 合约类 | 凭证类 | 合约类 | 凭证类 |
| 定义 | 交易双方达成的、约定在未来一定期限内，信用保护买方按照约定的标准和方式向信用保护卖方支付信用保护费用，由信用保护卖方就约定的标的债务向信用保护买方提供信用风险保护的金融合约 | 由标的实体以外的机构创设的、为凭证持有人就标的债务提供信用风险保护的、可交易流通的有价凭证 | 交易双方达成的、约定在未来一定期限内，信用保护买方按照约定的标准和方式向信用保护卖方支付信用保护费用，由信用保护卖方就约定一个或多个参考实体向信用保护买方提供信用风险保护的金融合约 | 由创设机构向投资人创设的、投资人的投资回报与参考实体信用状况挂钩的、附有现金担保的信用衍生工具 |
| 债务种类 | 仅为参考债务，可以为债券、贷款或其他债务 | 仅为参考债务，可以为债券、贷款或其他债务 | 参考实体的一揽子债务，但目前仅限于非金融企业债务融资工具 | 参考实体的一揽子债务，但目前仅限于非金融企业债务融资工具 |
| 债务特征 | 无 | 无 | 参考实体所负债务的一项或多项特征，包括但不限于一般债务、次级债务、交易流通、本币或外币等特征 | 参考实体所负债务的一项或多项特征，包括但不限于一般债务、次级债务、交易流通、本币或外币等特征 |
| 参考债务 | 标的债务 | 标的债务 | 交易有效约定中参考实体的一项或多项债务 | 交易有效约定中参考实体的一项或多项债务 |
| 可交付债务 | 标的债务 | 标的债务 | 由债务种类、债务特征、参考债务等框出的一揽子债务 | 由债务种类、债务特征、参考债务等框出的一揽子债务 |

**思考题**

1. 查阅相关资料，了解我国当前信用衍生工具的市场情况。
2. 解释信用衍生工具的基本概念和原理。
3. 什么是信用违约互换？信用违约互换的基本机制是怎样的？
4. 总收益互换的交易机制是怎样的？其与信用违约互换的最大区别在哪里？
5. 信用衍生工具的功能主要有哪些？
6. 试解释信用联结票据得以发展起来的原因。

**即测即练**

# 参 考 文 献

[1] 杨艳军. 期货与期权投资学[M]. 北京：清华大学出版社，2013.
[2] 王德河. 衍生金融工具[M]. 北京：北京大学出版社，2019.
[3] HULL J C. 期权、期货及其他衍生产品[M]. 9 版. 北京：机械工业出版社，2014.
[4] 中国期货业协会. 股指期货[M]. 2 版. 北京：中国财政经济出版社，2020.
[5] 中国期货业协会. 农产品期货[M]. 北京：中国财政经济出版社，2020.

本书可通过扫描下方二维码进行同步慕课（MOOC）学习

# 教师服务

感谢您选用清华大学出版社的教材！为了更好地服务教学，我们为授课教师提供本书的教学辅助资源，以及本学科重点教材信息。请您扫码获取。

## ▶ 教辅获取

本书教辅资源，授课教师扫码获取

## ▶ 样书赠送

**财政与金融类**重点教材，教师扫码获取样书

 清华大学出版社

E-mail: tupfuwu@163.com
电话: 010-83470332 / 83470142
地址: 北京市海淀区双清路学研大厦 B 座 509
网址: http://www.tup.com.cn/
传真: 8610-83470107
邮编: 100084